国际金融（第三版）

International Finance

刘 园 主编

图书在版编目(CIP)数据

国际金融/刘园主编. —3 版. —北京：北京大学出版社，2017.6
（21 世纪经济与管理规划教材·国际经济与贸易系列）
ISBN 978-7-301-28294-6

Ⅰ．①国… Ⅱ．①刘… Ⅲ．①国际金融—高等学校—教材 Ⅳ．①F831

中国版本图书馆 CIP 数据核字(2017)第 098139 号

书　　名	国际金融（第三版）
	GUOJI JINRONG
著作责任者	刘　园 主编　周 扬　陈浩宇　李捷嵩　万山峰　副主编
责任编辑	李　娟
标准书号	ISBN 978-7-301-28294-6
出版发行	北京大学出版社
地　　址	北京市海淀区成府路 205 号　100871
网　　址	http://www.pup.cn
电子信箱	em@pup.cn　QQ:552063295
新浪微博	@北京大学出版社　@北京大学出版社经管图书
电　　话	邮购部 010-62752015　发行部 010-62750672　编辑部 010-62752926
印　刷　者	天津和萱印刷有限公司
经　销　者	新华书店
	787 毫米×1092 毫米　16 开本　19.5 印张　438 千字
	2007 年 11 月第 1 版　2012 年 9 月第 2 版
	2017 年 6 月第 3 版　2023 年 1 月第 5 次印刷
印　　数	13001—13700 册
定　　价	39.00 元

未经许可，不得以任何方式复制或抄袭本书之部分或全部内容。
版权所有，侵权必究
举报电话：010-62752024　电子信箱：fd@pup.pku.edu.cn
图书如有印装质量问题，请与出版部联系，电话：010-62756370

丛书出版前言

作为一家综合性的大学出版社,北京大学出版社始终坚持为教学科研服务,为人才培养服务。呈现在您面前的这套"21世纪经济与管理规划教材"是由我国经济与管理领域颇具影响力和潜力的专家学者编写而成,力求结合中国实际,反映当前学科发展的前沿水平。

"21世纪经济与管理规划教材"面向各高等院校经济与管理专业的本科生,不仅涵盖了经济与管理类传统课程的教材,还包括根据学科发展不断开发的新兴课程教材;在注重系统性和综合性的同时,注重与研究生教育接轨、与国际接轨,培养学生的综合素质,帮助学生打下扎实的专业基础和掌握最新的学科前沿知识,以满足高等院校培养精英人才的需要。

针对目前国内本科层次教材质量参差不齐、国外教材适用性不强的问题,本系列教材在保持相对一致的风格和体例的基础上,力求吸收国内外同类教材的优点,增加支持先进教学手段和多元化教学方法的内容,如增加课堂讨论素材以适应启发式教学,增加本土化案例及相关知识链接,在增强教材可读性的同时给学生进一步学习提供指引。

为帮助教师取得更好的教学效果,本系列教材以精品课程建设标准严格要求各教材的编写,努力配备丰富、多元的教辅材料,如电子课件、习题答案、案例分析要点等。

为了使本系列教材具有持续的生命力,我们将积极与作者沟通,争取每隔三年左右对教材进行一次修订。无论您是教师还是学生,您在使用本系列教材的过程中,如果发现任何问题或者有任何意见或者建议,欢迎及时与我们联系(发送邮件至 em@pup.cn)。我们会将您的宝贵意见或者建议及时反馈给作者,以便修订再版时进一步完善教材内容,更好地满足教师教学和学生学习的需要。

最后,感谢所有参与编写和为我们出谋划策提供帮助的专家学者,以及广大使用本系列教材的师生,希望本系列教材能够为我国高等院校经管专业教育贡献绵薄之力。

北京大学出版社
经济与管理图书事业部

第三版前言

2014年以来,随着互联网金融的迅猛发展,国际金融格局发生了深刻变化,新兴市场国家开始切身感受到这场始于2008年美国的危机终于沿着美国——欧洲——新兴市场的路径传导到自己的身边:本币汇率的不断下探,外汇储备的迅速流失,证券市场的巨幅震荡,经济增速的止步不前……所有这一切,都预示着在全球经济一体化的今天,国际金融市场的风险传导力量日益加强。

进入2015年,国际金融体系出现的最引人注目的变化,就是由中国倡议并主导的亚洲基础设施投资银行的横空出世和国际货币基金组织接纳中国人民币进入特别提款权的货币篮子,这两大事件是2008年全球金融危机后国际金融市场格局出现的最重大变革。国际金融市场原有格局的改变,各方力量均衡的重构,金融产品的创新,以及互联网金融的异军突起,都使得国际金融这门学科具有了比以往更加重要的研究价值和现实意义。

本版在第二版的基础上,对原有内容进行了大幅度的调整和补充,力求反映国际金融领域的最新变化和发展趋势。新版以"基础篇""实务篇""体系篇""管理篇"四大模块共12章组成,在各章节设置了"教学目的""重点难点""引导案例""阅读专栏""本章提要""思考题"等环节,以便于读者进一步学习和研究。

本版教材仍由对外经济贸易大学博士生导师刘园教授担任主编,周扬、陈浩宇、李捷嵩、万山峰博士担任副主编;此外,林天晨、丁宁、张冬平、彭翱、王健、彭程跃、郑三悦、诺朋、高子超、金战祥均对本书的最后成稿做出了贡献,在此一并致谢。

刘　园

2017年1月于北京

第二版前言

2008年爆发的全球金融危机，至今仍深刻影响着国际金融业的发展趋势，而且使各国经济的复苏进程充满了挑战。无论是金融机构的调整还是金融工具的发展，无论是金融监管的制度设计还是金融产品的研发，均在这场第二次世界大战以来范围最广、烈度最大的危机中重新洗牌。近年来，金融机构经历了重大变革，衍生金融产品承受了市场严峻的拷问，金融市场的培育和金融风险管理之间的博弈关系发生了重大变化。《国际金融》的第二版，正是在国际金融形势发生重大变化的背景下完成的。

在第一版的基础上，根据广大读者的建议，编者更新了第一版所有相关的真实数据和最新的专栏阅读内容，并在每章开头部分为读者提供了引导案例，使第二版的生动性、时效性、可操作性更加突出。新版补充的阅读专栏，有效地延伸了教材的相关知识点，使课程的难度更加适中，课程的广度更加宽阔，也更加符合本科教学的改革方向。此外，基于金融学、经济学、财务管理等专业本科教学大纲的要求，第二版对第一版的内容进行了整合提炼，尽量减少了与其他课程的重复和交叉部分，使第二版的结构安排更加科学合理。

第二版仍由对外经济贸易大学国际经贸学院金融系博士生导师刘园教授担任主编，颜新艳任副主编。此外，韩斌、袁博、郭珺、许荻迪、闫晗、范炳强、袁博、王云升、吕萍、罗亮、董雯、唐润帆等均对本书最后成稿做出了贡献，在此一并致谢。

刘　园
2012年5月

第一版前言

国际金融是一门研究国际间货币、资本运动与交换关系的学科。随着世界经济一体化进程的不断加快,国际金融正日益成为世界经济中最活跃的因素。生产、流通和资本的国际化,把货币与银行的功能提升到了前所未有的高度,而资源在国际间的配置及国际市场的不断拓展又推动了资本在国际间的快速流动。

国际金融是一国宏观经济的重要组成部分,同时又受到各国各自独立的、互不相同的法规、条例和国际惯例的制约。由于各国的历史进程、文化背景、社会制度和经济发展水平存在差异,这种差异有时会导致非常尖锐的冲突。而这种冲突的化解、融合,也构成和丰富了国际金融的内容。

国际金融的主要内容包括:国际收支、国际汇兑、国际结算、国际信用、国际金融市场、国际金融组织和国际货币制度等。这些内容紧密相连、相互影响、相互制约,同时又统一为整体的国际金融。

进入 21 世纪以来,国际金融市场发生了巨大变化:金融产品的创新层出不穷,金融体系的结构重新整合,金融组织的功能迅速加强,金融监管的重点不断调整。为使读者能够高屋建瓴地对国际金融学科进行系统的、全景式的了解和学习,根据国际间货币和资本的运动规律,本书以"基础篇""实务篇""体系篇""管理篇"四大模块共十四章,为读者清晰地勾勒出国际金融的整体框架。

与其他同类教材相比,本书在编写的结构和内容上突出了逻辑性、严谨性、前沿性和国际性。既有基础知识的详尽介绍,又有金融理论的重点评述,还有相关政策的具体解析。本教材在各章节设置了"教学目的""重点难点""引导案例""本章提要""思考题""阅读推荐与网络链接",以便于读者进一步学习和研究。为帮助教师取得更好的教学效果,本书还配有教学 PPT。

本书可供经济、管理类本科生教学使用，同时对企业和金融机构的从业人员也具有很高的实用价值。本书由对外经济贸易大学博士生导师刘园教授担任主编，牟铁钢、刘敏、胡雅珊、王帅荣担任副主编，此外，孙美丹、刘焯、朱旭鹏、叶蕊、张小芳、王立博士等也参与了本书的编写工作。

本书存在的不足之处，敬请学术界同行和读者不吝赐教。

刘　园

2007 年 9 月于北京

目　录

基　础　篇

第一章　国际收支 ·· 3
　第一节　国际收支与国际收支平衡表 ···················· 3
　第二节　国际收支的不平衡及其调节 ···················· 18

第二章　国际收支理论 ·· 23
　第一节　价格—现金流动机制理论 ······················· 24
　第二节　弹性分析理论 ·· 25
　第三节　吸收分析理论 ·· 33
　第四节　货币分析理论 ·· 35
　第五节　政策配合调节理论 ·································· 37
　第六节　蒙代尔—弗莱明模型 ······························ 42

第三章　外汇汇率 ·· 56
　第一节　外汇与汇率概述 ····································· 57
　第二节　汇率的决定及其变动 ······························ 65
　第三节　汇率变动对经济的影响 ··························· 71
　第四节　汇率制度 ·· 72

第四章　汇率决定理论 ·· 80
　第一节　国际收支理论 ·· 81
　第二节　购买力平价理论 ····································· 82
　第三节　利率平价理论 ·· 86
　第四节　现代远期汇率决定理论 ··························· 92
　第五节　资产市场理论 ·· 96

实 务 篇

第五章 国际金融市场 ······ 107
- 第一节 国际金融市场概述 ······ 108
- 第二节 欧洲货币市场 ······ 114
- 第三节 国际金融市场创新 ······ 123

第六章 外汇市场业务 ······ 128
- 第一节 外汇市场 ······ 129
- 第二节 即期外汇交易 ······ 131
- 第三节 远期外汇交易 ······ 135
- 第四节 外汇掉期 ······ 143
- 第五节 套汇、套利和进出口报价 ······ 146

第七章 国际融资业务 ······ 155
- 第一节 国际信贷融资 ······ 156
- 第二节 国际贸易融资 ······ 164
- 第三节 国际证券融资 ······ 175

体 系 篇

第八章 国际货币制度 ······ 183
- 第一节 国际货币制度概述 ······ 184
- 第二节 国际货币制度的演进 ······ 187
- 第三节 欧洲货币一体化 ······ 200

第九章 国际金融组织 ······ 208
- 第一节 全球性国际金融组织 ······ 209
- 第二节 区域性国际金融组织 ······ 219

管 理 篇

第十章 国际储备 ······ 231
- 第一节 国际储备概述 ······ 232
- 第二节 国际储备体系及其发展 ······ 236
- 第三节 国际储备的管理 ······ 242

第十一章 国际资本流动 ······ 253
- 第一节 国际资本流动概述 ······ 254
- 第二节 利用外债的适度规模与我国的外债管理 ······ 260

第三节　国际债务危机与新兴市场国家的资本外逃 …………………… 267

第十二章　金融监管 ………………………………………………………… 278
　　第一节　金融监管概述 …………………………………………………… 279
　　第二节　金融监管的内容与措施 ………………………………………… 282
　　第三节　金融监管的国际合作 …………………………………………… 286
　　第四节　我国的金融监管 ………………………………………………… 289
　　第五节　互联网金融的监管 ……………………………………………… 291

参考书目 …………………………………………………………………… 296
金融经济类网站 …………………………………………………………… 298

基 础 篇

第一章　国际收支
第二章　国际收支理论
第三章　外汇汇率
第四章　汇率决定理论

第一章 国际收支

[教学目的]

通过学习本章,应掌握与国际收支相关的基本概念,熟悉国际收支涵盖的各种经济交易的内容和国际收支平衡表的账户设置及记账规则,学会运用相关理论理解国际收支失衡的原因、失衡的类型、失衡产生的影响和各国政府采取的调节国际收支失衡的措施。

[重点难点]

国际收支的概念,国际收支平衡表的账户设置和记账规则,国际收支不平衡的原因和类型,国际收支调节政策的主要内容。

[引导案例]

2015年前三季度国际收支状况

国家外汇管理局最新公布的国际收支平衡表初步数据显示,三季度我国经常账户顺差3 967亿元人民币;资本和金融账户(含当季净误差与遗漏,下同)逆差3 967亿元人民币,其中,非储备性质的金融账户逆差14 012亿元人民币,储备资产减少10 046亿元人民币。

累计来看,前三季度,我国经常账户顺差13 075亿元人民币;资本和金融账户逆差7 548亿元人民币,其中,非储备性质的金融账户逆差21 734亿元人民币,储备资产减少14 169亿元人民币。

按美元计价,三季度我国经常账户顺差634亿美元,资本和金融账户逆差634亿美元。累计来看,前三季度,我国经常账户顺差2 120亿美元,资本和金融账户逆差1 219亿美元。

资料来源:中国金融新闻网,2015-11-12。

随着各国经济的发展和科学技术的进步,国与国之间的交往与联系也越来越密切。在广泛的国际交往中,必然涉及国际间的收支问题。国际收支是衡量一国经济对外开放的主要工具,它反映了一国与其他国家的商品、服务以及资本和劳动力等生产要素的国际流动过程。国际收支平衡表则系统记录了一国对外经济交易的全部内容,是研究国际金融的起点。

第一节 国际收支与国际收支平衡表

一、国际收支的概念及其特点

国际收支(Balance of Payments,BOP)是指一个国家或地区所有国际经济活动的收入和支出的总和。具体而言,由于国际收支反映的对象——国际经济活动——在内容和形式上随世界经济发展而不断发展,因此国际收支概念的内涵也在不断发展。

16世纪末、17世纪初,由于地理大发现、工业革命的完成,开始有了以国际贸易为主的国际经济活动的迅速发展。对于一国来说,为了能准确了解本国的国际经济活动情况,就提出了国际贸易收支的统计要求,从而产生了"贸易差额"(Balance of Trade)的概念,它表示一国在一定时期内对外商品贸易的综合情况。这个时期是国际收支概念的萌芽时期。

随着世界经济的发展,资本主义国家国际经济交易的内容和范围不断扩大,尤其是20世纪20年代之后,国际资本流动在国际经济中扮演着越来越重要的角色,在这种情况下,贸易差额这个概念已不能全面反映各国国际经济交易的全部内容,于是就出现了"外汇收支"(Balance of Foreign Exchange)的概念,即此时的国际收支概念指的是一定时期内外汇收支的总和。各国间的经济交易只要涉及外汇收支,无论它是贸易、非贸易,还是资本借贷或单方面资金转移,就都属于国际收支范畴。这也是目前许多国家仍在沿用的狭义的国际收支概念。

第二次世界大战结束之后,国际经济活动的内涵、外延又有了新的发展,狭义国际收支的概念已经不能准确、客观地反映实际情况,因为它已不能反映一系列不涉及外汇收支的国际经济活动,如易货贸易、补偿贸易、无偿援助和战争赔款中实物部分、清算支付协定下的记账方式等,而这些方式在世界经济中的影响愈来愈大,于是国际收支的内涵又有了新的发展,形成了广义的国际收支概念。广义的国际收支是指一个国家或地区在一定时期内(通常为一年)在同外国政治、经济、文化往来的国际经济交易中的货币价值的全部系统记录。目前,世界各国普遍采用广义的国际收支概念。

综上所述,国际收支的概念有狭义和广义之分,狭义的国际收支概念是在第一次世界大战以后,到第二次世界大战结束,各国所采用的概念。广义的国际收支概念,则是从第二次世界大战以后才开始广泛流行的。在不同的历史时期,其包含的内容与特点不尽相同。这些内容与特点实际上就是对国际收支活动的基本描述。

(一) 国际收支的概念

世界各国,由于政治、经济、文化等各方面的交往十分频繁,从而在国与国之间形成了债权与债务关系,一国在某一特定时日的债权债务,就综合反映为该国的国际借贷关系,这种国际借贷关系所体现的债权债务,到期时必须以货币形式结清支付,从而形成一国的外汇收入与支出。狭义的国际收支概念是指一国在一定时期内(通常为1年),同其他国家为清算到期的债权债务所发生的外汇收支的总和。在这一时期内,其外汇收支相抵后所出现的差额称为国际收支差额,在一定程度上能够代表该国在国际金融方面的实力与地位。

广义的国际收支概念与狭义的国际收支概念强调的现金基础不同,这一概念强调了国际经济交易的业务基础,即将无需货币偿付的各种"援助"项目和不需现金支付的物资、服务之间的交换以及赊购赊销的信用交易项目均列入国际收支。据此,国际货币基金组织(International Monetary Fund,IMF)对国际收支所做的定义是:"国际收支是特定时期的统计报表,它系统记录某经济实体与世界其他经济实体之间的经济交易,其中包括:① 商品、服务和收益方面的交易;② 该经济实体所持有的货币性黄金和特别提款权的变化,以及它对其他经济实体债权债务关系的变化;③ 无偿的单方转移,以及会计意义上为平衡尚未抵消的上述交易所规定的对应项目。"

(二)国际收支概念的特点

狭义国际收支概念的主要特点是强调现金支付,它所记录的内容是已经结清债权债务关系或已经进行了支付结算的外贸交易往来。不包括已发生债权债务关系或签订贸易合同但尚未清算或尚未进行支付的交易。

而广义国际收支概念的主要特点包括以下三方面:

第一,它是一个流量概念,而不是存量概念,即它不是计算某一时点上的余额或持有额,而是记录一定时期内(通常为一年)的发生额。

第二,它所记录的对外经济交易是指居民与非居民之间的交易,即它强调对外经济交易的参与者是居民,而不是公民。

第三,其内容包括一定时期内发生的所有对外经济交易,而无论其是否已经支付或结清,即它强调交易的发生。

(三)国际收支与国际借贷的区别和联系

人们常常把国际借贷(Balance of International Indebtedness)误认为就是国际收支,实际上它们两者之间既有联系又有区别。国际借贷是指一个国家在一定日期对外债权债务的综合情况,是一个存量概念。国与国之间的债权债务在一定时期内必须进行清算和结算,此过程一定涉及国际间的货币收支问题,债权国要在收入货币后了结债权关系,而债务国要用支付货币来清偿债务,这就是国际收支问题。所以,国际收支是表示一个国家在一定时期内对外货币收支的综合情况,是一个流量概念。因此,这两个概念既有区别,又密切相关。因为有了国际借贷才会产生国际收支,国际借贷是国际收支的原因,国际收支是国际借贷的结果。

二、国际收支平衡表及其主要内容

为了及时、准确地分析和掌握对外经济状况,一国需要将其国际收支活动按照复式簿记原理,分类、分层次编制国际收支平衡表。世界各国国际收支平衡表的结构及其主要内容大都是按照IMF的要求进行编制的。

(一)国际收支平衡表的概念

国际收支平衡表是一个国家按照复式簿记原则,对一定时期居民与非居民之间国际交易的系统记录。它集中反映了该国国际收支的具体构成和总貌。有些国家在编制国际收支表格时,将平衡项目单列,这种表格被称为国际收支差额表;如果包括平衡项目,则被称为国际收支平衡表。

(二)国际收支平衡表的编制原理

国际收支平衡表按照复式簿记原理,采用现代会计普遍使用的借贷记账法进行编制,即"有借必有贷,借贷必相等"。每发生一桩经济交易都要以相等金额同时在相关的借贷账户进行两笔或两笔以上的记录。

国际收支平衡表把全部交易活动划分为贷方、借方、差额三项,分别反映一国一定时期各项对外经济交易的发生额和余额。贷方是记录收入项目或负债增加、资产减少的项目,即记录那些引起本国外汇收入的交易,也称"+"号项目。例如,收回货款或借入款项、出口产品等。借方是记录支出项目或负债减少、资产增加的项目,即记录那些引起本国外汇支出的交易,也称"—"号项目。例如,归还货款或借出款项、进口产品等。差额是记录借方与贷方的算术和,贷方数额大于借方数额为顺差(Surplus),借方数额大于贷方数额为逆差(Deficit)。从每一个单项交易来看,差额总是有正有负,几乎不可能为零。因为一国与他国之间的任何相互交易在金额上都几乎不可能完全相等。但从国际收支平衡表的总差额来看,由于储备资产和错误与遗漏两个项目的设置起到了轧平账户的作用,因而借方总额与贷方总额相等,差额一定为零。这完全是出于会计记账要求账户平衡的需要而设计的。但真实的国际收支差额总是有正有负,尽管数额大小不同,但不是顺差就是逆差,几乎不可能完全相等。

具体地说,凡属于下列情况均应记入贷方:

(1) 向外国提供商品或劳务(输出);

(2) 外国人提供的捐赠与援助;

(3) 国内官方当局放弃国外资产或国外负债的增加;

(4) 国内私人放弃外国资产或国外负债的增加。

凡属于下列情况均应记入借方:

(1) 从外国获得的商品和劳务(进口);

(2) 向外国政府或私人提供的援助、捐赠等;

(3) 国内官方当局的国外资产的增加或国外负债的减少;

(4) 国内私人的国外资产的增加或国外负债的减少。

每一笔交易都必须分别记入上述借贷双方项下有关的四个类别之中,为了便于理解,我们以美国为例,列举七笔交易,来说明国际收支的记账方法。

例 1-1 英国商人从美国购买价值为 50 万美元的汽车 50 辆,付款方式是从英国银行提出美元存款支付货款。这笔交易包含两项内容:一是美国商品出口,应记录在贷方的贸易项目中;二是英国商人的美元存款减少,也就是美国私人对外短期负债减少,应记入借方的金融项目的其他投资项目中,如表 1-1 所示(以下交易记录均同)。

表 1-1 国际收支记账方法

借方(—)		贷方(+)	
A. 贸易项目			
2. 进口	−100	1. 出口汽车	+50
B. 服务项目			
		3. 旅游收汇	+40
C. 初次收入项目			
4. 投资利润汇出	−200		
D. 二次收入项目			
5. 政府捐赠	−80		

(续表)

借方（－）		贷方（＋）	
E. 证券投资项目			
6. 债券投资	－300	7. 发行债券	＋500
F. 其他投资项目			
1. 私人对外短期负债	－50	2. 私人对外短期负债	＋100
3. 私人对外短期资产	－40	4. 私人对外短期负债	＋200
7. 私人对外短期负债	－500	6. 私人对外短期资产	＋300
G. 储备资产项目			
		5. 官方储备	＋80

例 1-2 美国公司向中国购买 100 万美元的纺织品，用纽约银行的美元支票付款。这次经济交易是反映美国从外国获得商品，应该记入借方的贸易项目下；同时，中国在纽约银行的美元存款增加，意味着美国私人对外短期负债增加，应记录在贷方项目的金融项目的其他投资项目中。

例 1-3 德国人在美国旅游，支付了 40 万美元的费用，旅游者所需的美元是在美国银行用欧元兑换的。这项国际交易所涉及的内容有两项：其一，美国为外国居民提供了服务，为服务输出，应在贷方服务项目中记录；其二，美国银行在法兰克福的欧元存款增加，即美国私人对外短期资产增加，应在借方的金融项目的其他投资项目中记录。

例 1-4 在美国直接投资的日商将 200 万美元的投资利润汇回日本。这笔交易所涉及的内容是：其一，这是在美国的直接投资收入，应在借方的收入项目中记录；其二，这笔汇款假定是通过美国银行和日本银行之间的信用进行的，由日本银行代美国银行支付，所以这是美国私人对外短期债务的增加，应在贷方的金融项目的其他投资项目中记录。

例 1-5 美国政府向墨西哥提供了 80 万美元的援助。这笔交易所涉及的两方面内容是：其一，美国政府的对外单方面转移，应在借方的二次收入项目下记录；其二，美国官方对外资产减少，应在贷方的储备资产项目下记录。

例 1-6 美国公民购买加拿大某公司发行的加元债券，折合美元价值为 300 万元。这笔交易所涉及的两项内容是：其一，美国的资本输出，即国外长期资产增加，应在借方的证券投资项目下记录；其二，是美国公民支取加拿大银行的加元存款购买债券，因此是美国私人对外短期资产减少，应在贷方的金融项目的其他投资项目中记录。

例 1-7 法国公民购买 500 万美元为期 10 年的美国公司债券。这笔交易也涉及两项内容：其一是美国的长期资本流入，应在贷方的证券投资项目下记录；其二是法国公民提取在美国银行的美元存款购买债券，是美国私人对外负债减少，应在借方的金融项目的其他投资项目中记录。

经济交易记录日期以所有权变更日期为标准。在国际经济交易中，如签订买卖合同、货物装运、结算、交货、付款等一般都是在不同日期进行的，为了统一各国的记录口径，IMF 明确规定，必须采用所有权变更原则。

按照 IMF 的规定，国际收支平衡表中记录的各种经济交易应包括：

（1）在编表时期内全部结清部分。一笔经济交易如在国际收支平衡表编制时期内结清,则理所当然可以如实记录。

(2) 在这一时期内已经到期必须结清部分(不管实际上是否结清)。例如,在编制时期内已到期应予支付的利息,实际上并未支付,则应在到期日记录,未付的利息作为新的负债记录。又如,某项劳务已提供,但期内尚未获得收入,则应按劳务提供日期登记,未获得收入作为债权记录。

(3) 在这一时期内已经发生(指所有权已变更),但需跨期结算部分。例如,涉及贸易信用的预付货款或延付货款,这类贸易发生时,所有权已变更,因而应在交易发生日期进行记录。就预付货款而言,应在借方记录货物债权,贷方记录支付的货款。就延付货款而言,应在借方记录获得的货物,贷方记录货款负债。收到货物或支付货款时,再冲转债权或货款负债。

(三) 国际收支平衡表的主要内容

根据IMF《国际收支和国际投资头寸手册》(第6版)的规定,国际收支平衡表主要包括四个账户,即经常账户、资本账户、金融账户及错误和遗漏账户(示例见表1-2)。四个账户的细则如下所示:

表1-2 《国际收支和国际投资头寸手册》中的国际收支平衡表示例

国际收支平衡表	贷方	借方	余额
经常账户			
货物和服务			
货物			
服务			
初次收入			
职工报酬			
利息			
公司已分配收益			
再投资收益			
租金			
二次收入			
经常收入和财富等的税收			
非人寿保险盈利净值			
非人寿保险索赔			
经常国际合作			
经常转移杂项			
养老金应享权益变动的调整数			
经常账户余额			
资本账户			
购买或弃置非生产性非金融资产			
资本转移			
资本账户余额			
经常和资本账户净贷方余额或借方余额			

(续表)

国际收支平衡表	贷方	借方	余额
金融账户（以功能分类）			
直接投资			
证券投资			
金融衍生品（非储备）和雇员股票期权			
其他投资			
储备资产			
全部资产或负债变化			
金融账户净贷方余额或借方余额			
错误和遗漏账户			

1. 经常账户

经常账户（Current Account）记录一国一定时期内对外经常性经济交易，反映一国与他国之间资源的实际转移状况。主要是指国际收支狭义概念所包括的内容，即反映一国一定时期内所发生的全部外汇收入和支出，是国际收支平衡表中最基本、最重要的项目，也是决定和影响一国国际收支真实平衡的基本内容。其子项目有三项：货物和服务、初次收入、二次收入。

（1）货物和服务（Goods and Services）

货物即商品贸易或有形贸易，主要指一般商品的进口与出口。除此之外，还包括用于加工的货物、货物修理、非货币性黄金（即不作为储备资产的黄金）等的进出口。一般按离岸价格（FOB）计算。出口记入贷方，进口记入借方。在国际收支平衡表中，货物收支统计数据的来源及商品价格计算的方式在各国不尽相同。按照IMF的规定，货物进出口统计一律以海关统计为准，商品价格一律按离岸价格（Free on Board, FOB）计算。但实际上，有许多国家对出口商品按离岸价格计算，而对进口商品则按到岸价格（Cost Insurance and Freight, CIF）计算。这两种不同的价格条件，在计算进出口总值时，会产生一定的差额。例如，进口商品以CIF计价，其中运费和保险费属于劳务方面的支出，这样就会产生重复入账的项目，结果会影响国际收支平衡表的精确性。

服务即劳务贸易或无形贸易，指由提供或接受劳务服务以及无形资产的使用所引起的收支。其具体内容主要包括运输、旅游、通信、建筑、保险、金融、计算机和信息等服务，专利权和特许权使用费，以及其他商业服务所引起的收支活动。其输出记入贷方，输入记入借方。服务具体包含的项目分列如下：① 运输通信收支。它包括海陆空运商品和旅客运费的收支。有些国家将运输工具的修缮费、港湾费与码头的使用费、船舶注册费等均纳入运输收支的项目。通信方面，属于国际电报、电话、电传、卫星通信等服务项目引起的外汇收支都记入劳务账户下。② 保险收支。凡本国人向外国保险公司投保，则成为保险费的支出；如外国人向本国保险公司投保，则成为保险费的收入。③ 旅游收支。它指本国居民到国外旅游或外国居民到本国旅游而产生的膳费、交通等服务性费用的收支。④ 其他服务收支。如办公费、专利权使用费、广告宣传费、手续费、使领费等项目收支。目前，劳务收支的重要性日趋突出，不少国家的劳务收支在该国的国际收支中占有举足轻重的地位,有的甚至还超出了有形贸易收支。

(2) 初次收入(Primary Income)

初次收入项目包括职工报酬(Compensation of Employees)、利息(Interest)、公司已分配收益(Distributed Income of Corporations)、再投资收益(Reinvested Earnings)、租金(Rent)五项。其中,职工报酬包括非居民职工的工资、薪金、福利等;利息包括跨国投资所获的股息、利息、红利等;再投资收益特指直接权益投资的再投资。在五个项目中,属于本国的收入记入贷方,属于本国的支出记入借方。

(3) 二次收入(Secondary Income)

二次收入项目包括经常收入和财富等的税收(Current Taxes on Income, Wealth, etc.)、非人寿保险盈利净值(Net Nonlife Insurance Premiums)、非人寿保险索赔(Nonlife Insurance Claims)、经常国际合作(Current International Cooperation)、经常转移杂项(Miscellaneous Current Transfers)和养老金应享权益变动的调整数(Adjustment for Change in Pension Entitlements)。

其中,非人寿保险盈利净值既包括在会计期内承保人所收保费的毛收益,也包括承保人通过保费投资产生的应分配收益。非人寿保险索赔即为当期内被保人向承保人提出的索赔额。

经常国际合作指在政府、国际组织间经常性的资金转移,具体包括如下三项:一是为弥补当期开支而进行的转移,如一国政府在自然灾害后以食物、衣服、药品等给予另一国政府的紧急援助;二是年度或定期由国际组织内一国政府向另一成员国政府给予的政策性转移;三是政府对派遣前来进行技术援助的他国签约技术人员支付的工资。

经常转移杂项包括在之前所述项目范围之外的经常转移项目,既包括现金也包括非现金,属于非资本性所有权的转移。内容包括无偿援助、参加国际组织缴纳的会费、捐款、由国际法庭或其他政府处以的罚款和罚金、因战争或其他伤害行为对其他实体造成创伤而支付的赔款等。

养老金应享权益变动的调整数是为了对调整作为经常转移项目处理的当期应付养老金,和作为金融资产项目处理的养老金权益之间的不同而应运而生的。该项从二次收入项目中减去收到的养老金,加上社会支付的养老金。经过调整后经常账户余额就和刨除掉收到和支付时的养老金的经常账户余额相同。

在二次收入项目中,由国外转移至本国的资金记入贷方,由本国转移到国外的资金记入借方。

2. 资本账户

资本账户(Capital Account)反映国际间资产的转移,属资本性所有权的转移。分为购买或弃置非生产性非金融资产和资本转移两部分。

购买或弃置非生产性非金融资产是指非生产创造的有形资产与无形资产,即土地或地下资产、无形资产的买卖。这里关于无形资产的记录与经常账户中服务项下无形资产的记录不同,这里记录的是各种专利权、特许权及各种知识产权的买卖所产生的收支;而经常账户服务项下记录的是由专利权、特许权的使用所发生的费用。

资本转移(Capital Transfer)包括投资捐赠和债务注销。投资捐赠,即固定资产所有权的无偿转移,以及同固定资产的收买或放弃相联系或以其为条件的转移;债务注销,即债权人不索取任何回报而取消的债务。

3. 金融账户

金融账户(Financial Account)反映国际间投资与借贷的增减变化,分为直接投资、证券投资、金融衍生品(非储备)和雇员股票期权、其他投资、储备资产五项。

直接投资(Direct Investment)反映跨国投资者的永久性权益,即拥有控股权或经营权的投资,包括股本资本(控股比例最低为10%)、用于再投资的收益和其他资本。直接投资的主要特征是投资者对另一经济体的企业拥有永久利益,这一永久利益意味着直接投资者和企业之间存在长期的关系,并且投资者对企业经营管理施加相当大的影响。直接投资在传统上主要采用在国外建立分支企业的形式,目前越来越多地采用购买一定比例(一般最低10%)的股票的形式来实现。

证券投资(Portfolio Investment)即跨国投资者对股本证券和债务证券的投资。证券投资是指为了取得一笔预期的固定货币收入而进行的投资,它对企业没有发言权。证券投资交易包括股票、中长期债券、货币市场工具等。投资的利息收支记录在经常项目中,本金还款记录在金融项目中。

金融衍生品(非储备)和雇员股票期权为第6版《国际收支和国际投资头寸手册》新增项目,这一项目从证券投资中拆分而来。金融衍生品是一个与其他金融工具或指标(如利率、汇率、股票或商品价格、信用风险等)相联系的合约,交易金融衍生品与交易标的资产有完全不同的方法。在金融衍生品中不包括非标准化的合同、保险和标准化担保、或有资产和负债、含有其他衍生品的金融工具和正常商业活动中带来的时滞。雇员股票期权是公司授予其雇员在本公司股票上的看涨期权,当公司未来股票价格超过执行价格时,在执行日后雇员可以通过行使期权获得股票,然后将所得股票按市场价格卖出获益。雇员股票期权的价格由相同期权的市场价格或布莱克-斯科尔斯模型决定。

其他投资(Other Investment)指上述两种投资之外的跨国金融交易。这是一个剩余项目,包括所有直接投资、证券投资或储备资产未包括的金融交易,比如长短期的贸易信贷、贷款、货币和存款以及应收款项和应付款项等。

储备资产(Reserve Assets)是指一国官方拥有的国际储备资产,反映一国一定时期国际收支活动的结果,一国国际收支的状况最终都表现为官方储备资产的增减。官方储备资产主要包括以下三类:一是黄金储备,是传统储备形式,现已退居二线。二是外汇储备,以外币表示的流动资产,为一线储备。在IMF的储备头寸,即IMF会员国普通提款权中25%以黄金外汇所缴份额的部分,可自由动用。三是特别提款权(Special Drawing Rights,SDRs),是IMF会员国除普通提款权以外的提款权利,是一种按会员国所缴份额分配的账面资产。

4. 错误与遗漏

错误与遗漏账户(Errors and Omissions)是为了轧平国际收支平衡表借贷方总额而设立的项目。按照复式记账法,国际收支借方总额应与贷方总额相等,差额为零。但实际上国际收支活动的资料来源比较复杂,数据经常会有偏离或不一致;而且在统计工作中,常有可能发生统计误差;加之还有一些人为因素,使得国际收支借贷方总额不能够自动达到平衡。因此,出于会计记账借贷必须平衡的需要,人为地设置了错误与遗漏这一科目进行调整。当国际收支平衡表的各项数字因统计错误而导致总额不平衡时,就将其差额列入此项目,从账面上使国际收支借方总额与贷方总额相等,差额为零。

三、国际收支差额

从会计意义上来看,国际收支借方总额与贷方总额相等,差额为零,所以国际收支总是平衡的。但实际上从每一个具体项目来看,总是有正有负,差额并不为零。这些差额具有真正的经济意义。尽管各国编制国际收支平衡表的格式和口径有所差别,计算国际收支差额的方法也不尽相同,但在考察国际收支状况时,对以下几个项目差额的分析一般都比较重视。

(一) 贸易收支差额

贸易收支差额(Trade Balance)亦称净出口 NX,它是出口额 X 与进口额 M 之差。

$$NX = X - M$$

它集中反映一国在国际市场上的竞争能力,也在一定程度上表现出一国的经济实力。其差额在很大程度上决定一国国际收支的总差额。需要注意的是,理论分析中的进出口不仅包含货物,也往往包括服务。尽管贸易项目仅仅是国际收支的一个组成部分,不能代表国际收支的整体,但是,对于某些国家来说,贸易收支在全部国际收支中所占比重相当大,以至于经常性地把贸易收支作为国际收支的近似代表。此外,贸易收支在国际收支中还有它的特殊重要性。商品的进出口情况综合反映了一国的产业结构、产品质量和劳动生产率状况,反映了该国产业在国际上的竞争能力。因此,即使资本项目比重相当大的发达国家,仍然非常重视贸易收支的差额。

(二) 经常账户差额

经常账户差额(Current Account Balance)即货物和劳务、初次收入加上二次收入等项目的差额。它反映了一国在对外经济关系中所拥有的可支配使用的实际资源的增减变化。可用来分析和衡量一国国际收支的真实平衡状况,对一国对外经济关系及国民经济的健康发展有重要作用和影响。其中,货物进出口差额即贸易收支差额的作用尤为突出。

(三) 资本和金融账户差额

资本和金融账户差额(Capital and Financial Account Balance)即购买或弃置非生产性非金融资产,资本转移,以及直接投资、证券投资、金融衍生品(非储备)和雇员股票期权、其他投资加上储备资产等项目的差额。它主要注重对国际资本流动的分析。资本和金融账户的净额集中反映了一国资本输出输入的规模,对国际收支平衡以及发展中国家利用外资情况的分析有重要作用。尤其是储备资产项目的增减变化在会计上作为平衡国际收支账户使用;并且,储备资产的差额也能反映一国国际收支的顺逆差的数额。但要注意的是,储备资产的记账符号与国际收支的顺逆差的方向正好相反。

(四) 综合差额

综合差额(Overall Balance),亦称国际收支差额,即用经常账户差额加资本和金融账户差额再加错误与遗漏账户的总差额减去储备资产的部分。综合差额为正号,则储备资产记负号,表示该国储备资产增加,国际收支顺差;反之,综合差额为负号,则储备资产记正号,表示该国储备资产减少,国际收支逆差。综合差额的正负与国际收支的顺逆差呈正向关系,即综合差额的盈余表示国际收支的顺差,综合差额的赤字表示国际收支的逆差。

当一国实行固定汇率制时,综合差额的分析意义更为重要。因为,国际收支的各种行为将导致外国货币与本国货币在外汇市场上的供求变动,影响到两个币种比价的稳定性。为了保持外汇市场汇率的稳定,政府必须利用官方储备介入市场以实现供求平衡。所以,综合差额在政府有义务维护固定汇率制时是极其重要的。而在浮动汇率制度下,政府原则上可以不动用官方储备而听任汇率变动,或是动用官方储备调节市场的任务有一定弹性,相应地,这一差额的分析意义略有弱化。

四、国际收支平衡表的分析及其作用

国际收支平衡表集中反映一国国际金融活动的内容、范围、特点及在对外经济关系中所处的地位,因此对国际收支的分析有着很重要的作用。

(一)国际收支平衡表的分析方法

尽管世界各国对国际收支平衡表分析的目的或侧重点不同,但采取的分析方法大致相同,主要包括以下几种:

1. 微观分析法

微观分析法又称差额分析法或静态分析法,是对国际收支平衡表中各个项目的差额分别进行分析的方法。目的在于分析各单个账户的差额及其形成原因,以及对国际收支的影响。通过对各项目具体差额的分析,可以了解一国对外经济交易的构成,以及各项目在整个国际收支账户中的地位和作用,考察国际收支总差额形成的原因。

静态分析的方法和应注意的问题是:

(1)一国贸易收支出现顺差或逆差,主要受多个方面因素的影响,它包括经济周期的更替、财政与货币政策变化所决定的总供给与总需求的对比关系;气候与自然条件的变化;国际市场的供求关系;本国产品的国际竞争力;本国货币的汇率水平等。结合这些方面的资料进行分析,有助于找出编表国家贸易收支差额形成的原因。

(2)服务收支反映着编表国家有关行业的发达程度与消长状况。如运费收支的状况直接反映了一国运输能力的强弱,一般发展中国家总是支出的,而一些经济发达的国家由于拥有强大的商船队而收入颇丰;银行和保险业务收支状况反映了一个国家金融机构的完善状况。分析这些状况之后,对其本国来说可以为寻找改进对策提供依据;对别国来说,为选择由哪个国家提供相关业务的服务提供依据。

(3)资本和金融项目中涉及许多子项目,比如直接投资、间接投资、国际借贷和延期付款信用等,一般来说前三项处于主要地位。直接投资状况反映一国资本国际竞争能力的高低(对发达国家而言)或一国投资利润前景的好坏(对发展中国家而言)。国际借款状况反映一国借用国际市场资本条件的优劣,从而反映该国的国际信誉高低。第二次世界大战后,短期资本在国际间移动的规模与频繁程度都是空前的,它对有关国家的国际收支与货币汇率的变化都有主要影响。因此,研究、分析短期资本在国际间移动的流量、

方向与方式,对研究国际金融动态和发展趋势具有重要意义。

(4) 分析官方储备项目,重点分析国际储备资产变动的方向,因为这些反映了一国对付各种意外冲击能力的变化。错误与遗漏项目,主要分析其数额大小的变化。因为错误与遗漏的规模一方面反映了一国国际收支平衡表虚假性的大小,规模越大,国际收支平衡表对该国国际经济活动的反映就越不准确;另一方面在某种程度上也反映了一国经济开放的程度,一般来说经济越开放,错误与遗漏的规模就越大。

2. 宏观分析法

宏观分析法是把国际收支放在整个国民经济体系中来考察,研究国际收支与宏观经济变量之间的基本关系和相互影响,即把国际收支当作开放经济条件下宏观经济的一个部门和影响宏观经济变动的一个变量,放在宏观经济中去考察。

开放经济条件下,国民收入四部门模型的总需求表达式为:

$$C + I + G + (X - M) = Y$$

国际收支与宏观经济的关系可表示为:

$$X - M = Y - (C + I + G) = Y - A$$
$$TB = Y - A$$

即　　　　　　国际收支差额 = 国民收入 − 国内总支出

从需求角度分析,国民收入是由消费需求 C 加投资需求 I 加政府开支 G 再加对外经济交易需求——出口减进口的净额 $(X-M)$ 共同构成。相对于国民收入 Y,作为国内总需求的 $(C+I+G)$ 可被看作国内总支出 A。而 $(X-M)$,即 TB 作为代表一国对外经济交易即国际收支的指标,与国民收入、国内总支出之间存在着互相影响、互相制约的关系。国际收支的增减变动关系着一国国民收入及支出的水平与结构,关系着整个国民经济的均衡运行;而国民经济其他部门的发展变化也同样会对国际收支产生不同程度的影响,因此要从宏观经济的高度来把握国际收支。

3. 比较分析法

比较分析法又分为纵向比较分析法和横向比较分析法两种。

纵向比较分析法也称动态分析法,即连续分析一国不同时期的国际收支平衡表,考察该国不同时期国际收支变动的趋势及其原因。根据国际收支的发展变化过程,对暂时性和持续性国际收支差额加以区分,分别研究其形成的具体原因,为制定相应的政策和策略提供依据。

横向比较分析法是将本国与其他相关国家的国际收支平衡表进行对照分析,以便找出本国在对外经济关系中存在的问题和矛盾,更好地处理国别关系,推动本国与世界各国的经济合作与交流。

(二) 分析国际收支平衡表的作用

通过分析国际收支平衡表,可以掌握国内外经济状况,研究国际经济关系的发展变化及其原因,为经济预测和经济政策的制定与调节提供依据。所以,对编表国家及其他国家都有很重要的作用。

从宏观经济的角度来看,其作用主要概括为两点:① 通过分析国际收支平衡表,可及时了解和掌握本国国际收支顺逆差状况及其产生的原因与影响,以便采取正确的调节措施;② 通过分析国际收支平衡表,可了解和掌握本国与相关国家之间经济关系的状况及其原因,弄清本国对外经济实力和在国际经济中的地位,为及时、准确地制定对外经济政策提供依据。

从微观经济的角度来看,分析国际收支平衡表对一国的进出口企业有着更为重要的现实意义,主要表现在:① 通过对相关国家国际收支平衡表的分析,有利于准确预测其货币汇率走势,以帮助企业正确选择进出口计价货币;② 通过对相关国家国际收支平衡表的分析,有利于准确预测其政策变化趋势,以帮助企业及时调整进出口国别;③ 根据对相关国家国际收支状况的分析及汇率走势的预测,可帮助企业适当调整其出口商品价格。

阅读专栏　　　　　**2017年中国国际收支平衡表**

单位:亿美元

项目	行次	2017年
1. 经常账户	1	**1 649**
贷方	2	27 089
借方	3	−25 440
1.A 货物和服务	4	**2 107**
贷方	5	24 229
借方	6	−22 122
1.A.a 货物	7	**4 761**
贷方	8	22 165
借方	9	−17 403
1.A.b 服务	10	**−2 654**
贷方	11	2 065
借方	12	−4 719
1.A.b.1 加工服务	13	**179**
贷方	14	181
借方	15	−2
1.A.b.2 维护和维修服务	16	**37**
贷方	17	60
借方	18	−23
1.A.b.3 运输	19	**−561**
贷方	20	372
借方	21	−933
1.A.b.4 旅行	22	**−2 251**
贷方	23	326
借方	24	−2 577
1.A.b.5 建设	25	**36**
贷方	26	122
借方	27	−86
1.A.b.6 保险和养老金服务	28	**−74**
贷方	29	41
借方	30	−115
1.A.b.7 金融服务	31	**18**

（续表）

项目	行次	2017 年
贷方	32	34
借方	33	−16
1.A.b.8 知识产权使用费	34	**−239**
贷方	35	48
借方	36	−287
1.A.b.9 电信、计算机和信息服务	37	**77**
贷方	38	270
借方	39	−193
1.A.b.10 其他商业服务	40	**161**
贷方	41	586
借方	42	−426
1.A.b.11 个人、文化和娱乐服务	43	**−20**
贷方	44	8
借方	45	−27
1.A.b.12 别处未提及的政府服务	46	**−18**
贷方	47	17
借方	48	−35
1.B 初次收入	49	**−344**
贷方	50	2 573
借方	51	−2 918
1.B.1 雇员报酬	52	**150**
贷方	53	217
借方	54	−67
1.B.2 投资收益	55	**−499**
贷方	56	2 349
借方	57	−2 848
1.B.3 其他初次收入	58	**5**
贷方	59	7
借方	60	−3
1.C 二次收入	61	**−114**
贷方	62	286
借方	63	−400
2. 资本和金融账户	64	**570**
2.1 资本账户	65	**−1**
贷方	66	2
借方	67	**−3**
2.2 金融账户	68	**571**
资产	69	−3 782
负债	70	4 353
2.2.1 非储备性质的金融账户	71	**1 486**
资产	72	−2 867
负债	73	4 353

（续表）

项目	行次	2017 年
2.2.1.1 直接投资	74	**663**
2.2.1.1.1 直接投资资产	75	**−1 019**
2.2.1.1.1.1 股权	76	−997
2.2.1.1.1.2 关联企业债务	77	−22
2.2.1.1.2 直接投资负债	78	**1 682**
2.2.1.1.2.1 股权	79	1 422
2.2.1.1.2.2 关联企业债务	80	260
2.2.1.2 证券投资	81	**74**
2.2.1.2.1 资产	82	**−1 094**
2.2.1.2.1.1 股权	83	−377
2.2.1.2.1.2 债券	84	−717
2.2.1.2.2 负债	85	**1 168**
2.2.1.2.2.1 股权	86	340
2.2.1.2.2.2 债券	87	829
2.2.1.3 金融衍生工具	88	**5**
2.2.1.3.1 资产	89	15
2.2.1.3.2 负债	90	−10
2.2.1.4 其他投资	91	**744**
2.2.1.4.1 资产	92	**−769**
2.2.1.4.1.1 其他股权	93	0
2.2.1.4.1.2 货币和存款	94	−370
2.2.1.4.1.3 贷款	95	−397
2.2.1.4.1.4 保险和养老金	96	0
2.2.1.4.1.5 贸易信贷	97	−194
2.2.1.4.1.6 其他	98	192
2.2.1.4.2 负债	99	**1 513**
2.2.1.4.2.1 其他股权	100	0
2.2.1.4.2.2 货币和存款	101	1 055
2.2.1.4.2.3 贷款	102	496
2.2.1.4.2.4 保险和养老金	103	7
2.2.1.4.2.5 贸易信贷	104	−12
2.2.1.4.2.6 其他	105	−32
2.2.1.4.2.7 特别提款权	106	0
2.2.2 储备资产	107	**−915**
2.2.2.1 货币黄金	108	0
2.2.2.2 特别提款权	109	−7
2.2.2.3 在国际货币基金组织的储备头寸	110	22
2.2.2.4 外汇储备	111	−930
2.2.2.5 其他储备资产	112	0
3. 净误差与遗漏	113	**−2 219**

注：本表根据《国际收支和国际投资头寸手册》（第 6 版）编制；"贷方"按正值列示，"借方"按负值列示，差额等于"贷方"加上"借方"，本表除标注"贷方"和"借方"的项目外，其他项目均指差额；本表计数采用四舍五入原则。

资料来源：国家外汇管理局。

第二节　国际收支的不平衡及其调节

由于国际收支不平衡会给本国对外经济关系及国内经济发展带来严重的负面影响，所以一国宏观经济调控所追求的目标之一就是国际收支平衡。

一、国际收支的平衡与失衡

由于国际收支平衡表运用现代会计借贷记账法进行编制，因而借方总额与贷方总额相等，账面上总是平衡的。但不能只从账面上来判断实际国际收支的平衡与否。因此，首先需要明确国际收支平衡表与国际收支平衡两个概念的区别和联系，才能真正弄懂国际收支平衡与失衡的含义。

（一）国际收支平衡的含义

判断一国国际收支是否平衡，需要弄清以下三组概念。

1. 国际收支的账面平衡与真实平衡

国际收支账面平衡是指国际收支平衡表的账面平衡。从会计意义上，国际收支平衡表的账面总额总是平衡的。其中虽然某些账户可能出现赤字，但可以用其他账户的盈余来弥补。例如，经常账户的差额可用资本和金融账户的净额来平衡；所有交易项目的差额，可用官方储备资产来弥补。这是由编制国际收支平衡表所依据的复式簿记原理和借贷记账法所决定的，但这并非国际收支的真实平衡。

国际收支真实平衡是指国际收支在经济意义上的平衡。事实上，一国的国际收支活动是由各种各样的对外经济交易引起的，不可能做到收支完全相抵。因此，一国真实的国际收支活动往往不是顺差，就是逆差，只是数额大小的不同而已。

分析一国国际收支是否平衡，最直观的办法就是从国际收支平衡表的账面上，根据储备资产项目的增减变动数额来判断。国际收支顺差则储备资产增加，国际收支逆差则储备资产减少。

2. 国际收支的主动平衡与被动平衡

一国国际收支记录的全部对外经济交易可以分为自主性交易（Autonomous Transactions）和弥补性交易（Accommodating Transactions）。由自主性交易形成的国际收支平衡为主动平衡，由弥补性交易带来的国际收支平衡为被动平衡。

自主性交易也称事前交易，是交易者出于特定经济目的自主进行的交易。如经常账户的各项交易及资本和金融账户中的一些交易，包括资本转移、购买或弃置非生产性非金融资产、直接投资等，大都是出于获取经济利益的目的自发进行的交易。这种自发交易引起的收支活动，总是会产生差额。或者收大于支，或者支大于收，不可能完全相等。

弥补性交易也称事后交易，主要是指金融账户中由官方调节性措施引起的短期资本流动及储备资产变动。当自主性交易出现较大差额，需要动用储备资产或利用短期投融资人为地进行弥补或调节时，才由弥补性交易达成国际收支的被动平衡。

由自主性交易达成的主动平衡才是各国国际收支平衡追求的目标。自主性交易的平衡与否是判断一国国际收支真实平衡的标准。

3. 国际收支的数额平衡与内容平衡

国际收支的数额平衡主要是指一定时期内一国对外经济交易在价值量上的平衡;国际收支的内容平衡主要是指各种国际收支活动在结构上的平衡。如果一国国际收支真实平衡,则其量与结构都应该平衡。由弥补性交易达成的平衡可能只是量的平衡,而结构不平衡则会给一国经济带来一些负面影响。如通过吸引短期资本流动弥补经常项目逆差,将加重该国外债负担;储备资产的骤增或骤减影响该国货币供求关系变动与本币币值稳定等。所以,只有量与结构的同时平衡才是真实平衡。

(二)国际收支的不平衡及其原因

为了及时调节国际收支的不平衡,需要分析其产生的具体原因,以便采取相应措施。根据其形成原因,国际收支不平衡可以分为以下几种类型:

1. 周期性不平衡

周期性不平衡(Cyclical Disequilibrium)即各国处于经济周期的不同阶段所引起的国际收支失衡,如处于周期高涨阶段的国家可能因进口增加而出现暂时性的贸易逆差。

2. 结构性不平衡

结构性不平衡(Structural Disequilibrium)即各种结构性因素引起的国际收支不平衡,如美国的科技进步这种结构性因素使各国资本大量流入美国,并使一些国家出现逆差。

3. 货币性不平衡

货币性不平衡(Monetary Disequilibrium)即货币供给增加通过物价上升引起该国出现贸易逆差。

4. 收入性不平衡

收入性不平衡(Income Disequilibrium)即长期增长速度的差异引起的国际收支失衡;在其他条件不变的前提下,增长快的国家会因进口增加而出现逆差;但是,当增长伴随劳动生产率下降时,成本下降也可能引起出口更为迅速地增加。

5. 偶然性不平衡

偶然性不平衡(Temporary Disequilibrium)即随机因素造成的国际收支不平衡,如自然灾害、战争、国际商品价格的偶发变动等。

一般说来,偶然性和周期性不平衡都具有不同程度的临时性,政府无须采用力度较大的政策来调节。货币性不平衡对症下药的措施是采用紧缩性货币政策控制货币供给。较难对付的是结构性不平衡,因为各项结构调整措施都只能长期生效,政府不得不对国际收支进行直接管制。

(三)国际收支不平衡对一国经济的影响

尽管对大多数发展中国家而言,国际收支不平衡问题突出表现在长期国际收支逆差给本国经济带来的不利影响上,但持续大量的国际收支顺差对一国经济也有一定的负面影响。

1. 国际收支逆差的消极影响

第一,它可能恶化就业状况和降低经济发展速度,无论是贸易逆差还是资本净流出,都会产生类似影响。

第二,它在浮动汇率制下会导致本币对外贬值,可能引起贸易条件恶化;汇率不稳定也可能加大贸易和投资活动中的风险。

第三,当政府在逆差情况下维持汇率稳定时,则会使外汇储备减少;当外汇储备减少到一定程度时,该国会出现国际支付的困难乃至发生国际债务危机。

第四,若政府采取各种国际收支逆差调节政策,可能对国民经济运行形成冲击,如利率上升的紧缩效应以及直接管制造成的资源配置扭曲。

2. 国际收支顺差的消极影响

第一,它通过外汇储备的增加造成货币供给增加,影响政府物价稳定目标的实现。

第二,一个国家的持续顺差意味着其他国家出现持续逆差,这会加剧国际矛盾,可能引起对方的报复行为,不利于对外经贸关系的长远发展。

第三,在浮动汇率制下,顺差造成本币对外升值,这对该国商品的国际竞争力有消极影响。

第四,若政府在顺差情况下力图维持汇率稳定,就要干预外汇市场并相应增加外汇储备;外汇储备一旦超出适度规模,该国就要付出很高的机会成本,即相应的官方资本输出是以牺牲本国经济发展为代价的。

二、国际收支的调节

无论一国国际收支是逆差还是顺差,只要它对该国经济的正常发展产生了严重的负面影响,就必须采取相应措施进行调节。但相对而言,国际收支逆差给一国经济带来的消极影响更为突出,因此对逆差的调节更受世界各国政府的关注。

市场机制对国际收支失衡的自发调节存在一定局限性,影响了其国际收支调节作用的发挥,甚至可能造成一国经济外部均衡与内部均衡的冲突,偏离国民经济正常发展的轨道,因此,在国际收支出现严重不平衡而市场调节机制失灵或有缺陷时,世界各国大都采取干预的方式,对国际收支失衡进行政策调节。

(一)外汇缓冲政策

所谓外汇缓冲政策,即利用外汇储备调节外汇市场的供求关系,以缓冲国际收支不平衡对本国经济带来的冲击和影响。具体做法是通过中央银行在外汇市场上买卖外汇改变外汇供求关系的方式,对国际收支进行调节。实际上,这种政策的作用主要是抵消国际收支失衡带来的消极影响,并且是一种只适宜国际收支短期不平衡所使用的政策。因为任何国家的外汇储备规模都是有客观限制的,如果中央银行在外汇市场上长期大量吞吐外汇,势必导致储备过多或枯竭,引发新的矛盾,尤其是对逆差国来说,实施外汇缓冲政策要求政府必须持有一定量的外汇储备作为外汇基金。而一国在一定时期内储备资产的量是有限的,特别是当资本大量外逃时,这一政策难以奏效。

(二)汇率政策

汇率政策是指一国通过调整其货币的汇率,以影响进口和出口,调整贸易收支,从而调整国际收支的政策措施。

在固定汇率制条件下,如果一国国际收支出现逆差,则政府可以通过采取本币法定贬值的办法进行调节。实质上,这种政策的实施是政府有意识地利用国际收支的汇率调节机制来调节国际收支失衡。因为在固定汇率制条件下,汇率对国际收支的自发调节机制失灵,只能采用政府干预的方式,人为调整本币汇率,以达到调节国际收支失衡的目的。

一般来讲,本币贬值可以使本国出口商品的外币价格下降,而使本国进口产品的本币价格上升,从而有利于出口,不利于进口,使国际收支得到改善。但汇率调整政策效果的实现需要具备一些前提条件。它不仅取决于本国进出口商品需求弹性的大小,还取决于国际上对该国本币贬值政策的反应。其调节过程如图1-1所示。

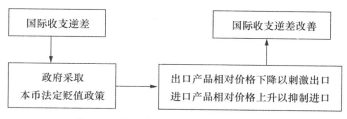

图1-1 国际收支失衡的汇率政策调节

（三）财政政策和货币政策

政府可以通过在国内采取相应的财政、货币政策以影响物价和利率,从而影响进出口与资本流动,改善国际收支失衡状况。如果一国出现国际收支逆差,则可以采取紧缩性政策。通过提高税率、缩减财政支出的紧缩财政政策,以及提高利率、减少货币供给量、紧缩银根的货币政策,抑制社会总需求与进口需求,降低物价,以刺激出口,减少进口,吸引资本流入,使国际收支逆差得到改善。其调节过程如图1-2所示。

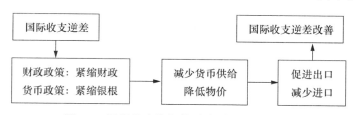

图1-2 国际收支失衡的财政、货币政策调节

采用财政、货币政策对国际收支进行调节需要协调与国内经济平衡的矛盾。如在国内经济衰退的情况下,就不能用牺牲本国经济增长的紧缩政策调节国际收支逆差。

（四）行政管制政策

政府可以采用直接干预国际经济交易的政策和措施,以达到调节国际收支失衡的目的。政府的行政管制可分为三种类型：

（1）财政管制,即在关税、补贴、出口信贷等方面采取相应对策。如一国国际收支存在严重逆差时,政府可以采取出口退税、出口补贴、出口信贷优惠等奖出限入政策,以支持本国出口,来改善国际收支逆差。

(2) 外汇管制,即对汇率、外汇买卖、资本流动及国际结算等方面规定一系列鼓励或限制性政策,以维持外汇市场的稳定和国际收支的平衡。

(3) 贸易管制,即对进出口贸易直接实施干预政策。如采用进口许可证、进口配额及其他非关税壁垒等贸易保护措施,以避免国际收支的失衡。但这种直接干预的政策往往可能引起国际社会的不满和指责。

(五) 国际经济合作

在一国国际收支不平衡出现时,还可以寻求国际社会的帮助和支持,加强国际经济和金融的合作。如成立国际金融机构,协调各国金融政策,以及开展贸易谈判、利用国际信贷等。

国际货币基金组织(IMF)、世界银行、世界贸易组织(WTO)是国际经济合作较为成功的典范。例如,IMF调节各国国际收支短期不平衡,协调各国金融政策,维持国际金融秩序等;世界银行帮助各国调节国际收支长期不平衡,提供国际信贷支持等;WTO协调各国贸易收支不平衡,组织国际贸易谈判等。它们从不同方面对世界各国国际收支失衡的调节起着不同程度的帮助作用。

本章提要

1. 国际收支是指一个国家或地区所有国际经济活动的收入和支出。它强调对外经济交易的参与者是居民,而不是公民;强调交易的发生,无论其是否已经支付或结清。

2. 国际收支是一个流量的概念,而与之相关联的国际借贷却是一个存量的概念。

3. 各国国际收支平衡表的内容有所差异,但主要项目基本一致,包括经常项目、资本项目、金融项目以及错误与遗漏项目。国际收支平衡表按照复式簿记原理,采用现代会计普遍使用的借贷记账法进行编制。

4. 国际收支平衡表是各国经济分析的重要工具。分析国际收支平衡表一般可采用微观分析、宏观分析和比较分析三种方法。

思考题

1. IMF的国际收支概念的基本内涵是什么?
2. 国际收支平衡表由哪四大账户组成?
3. 国际收支的主动平衡与被动平衡的差异表现在什么地方?
4. 造成国际收支差额的主要原因有哪些?
5. 调节国际收支差额的手段主要有哪些?

第二章 国际收支理论

[教学目的]

通过学习本章,应了解国际收支的弹性分析法、吸收分析法及货币分析法的内容及基本原理,正确认识各种理论的贡献和局限性,掌握运用相关理论解释现实问题的方法。

[重点难点]

马歇尔—勒纳条件,J曲线效应,斯旺模型,蒙代尔—弗莱明模型。

[引导案例]

2015年第二季度中国货币政策执行报告

2015年上半年,中国经济运行在合理区间,结构调整积极推进,发展活力有所增强。消费对经济增长的贡献继续提升,基础设施投资增长较快,贸易顺差继续增加。工业经济运行积极因素增多,第三产业比重进一步提高。就业基本稳定,消费价格温和上涨。但行业、地区经济发展走势存在分化,经济回稳的基础还需进一步巩固,内生增长动力尚待增强。上半年GDP(国内生产总值)同比增长7%,CPI(居民消费价格)同比上涨1.3%。

人民银行按照党中央、国务院统一部署,继续实施稳健的货币政策,更加注重松紧适度,适时适度预调微调。综合运用公开市场操作、中期借贷便利、常备借贷便利等多种工具,两次普降金融机构存款准备金率,在人民银行分支机构全面推开常备借贷便利操作,保持了银行体系流动性总体充裕。三次下调人民币存贷款基准利率,公开市场逆回购操作利率先后七次下调,引导市场利率平稳适度下行,促进实际利率维持基本稳定,从量价两个方面保持货币环境的稳健和中性适度。改进合意贷款管理,适当调整政策参数,三次实施定向降准,引导金融机构加大对小微企业、"三农"、重大水利工程建设和中西部地区的信贷支持。通过PSL(抵押补充贷款工具)为开发性金融机构支持棚户区改造提供长期稳定、成本较低的资金来源。进一步推进利率市场化,将人民币存款利率浮动区间上限扩大为基准利率的1.5倍,放开小额外币存款利率浮动区间上限,启动面向企业和个人的大额存单发行交易。信贷资产证券化进一步推进,中小微企业发行非金融企业债务融资工具的规模扩大。政策性、开发性金融机构资本金补充和存款保险机制建设取得突破性进展。

稳健货币政策效果逐步显现。银行体系流动性充裕,货币信贷平稳较快增长,贷款结构继续改善,利率水平明显下降,人民币汇率保持基本平稳。2015年6月末,广义货币供应量M2余额同比增长11.8%。人民币贷款余额同比增长13.4%,比年初增加6.6

万亿元,同比多增 5 371 亿元。社会融资规模存量同比增长 11.9％。6 月份非金融企业及其他部门贷款加权平均利率为 6.04％,同比回落 0.92 个百分点。6 月末,人民币对美元汇率中间价为 6.1136 元,比上年末升值 0.09％。

资料来源:http://www.pbc.gov.cn/(中国人民银行)。

国际收支理论是国际金融的重要基础理论之一,它起源于 15—16 世纪重商主义时期,但具有较强的系统性和广泛影响的国际收支理论,是金本位时期英国经济学家大卫·休谟(David Hume)提出的国际收支自动调节理论。金本位制崩溃以后,各国纷纷实行浮动汇率制,因而产生了以马歇尔供求弹性分析理论为基础的国际收支的弹性分析法。20 世纪 50 年代,随着凯恩斯主义的流行,出现了国际收支的吸收分析理论,并在西方学术界取得了支配地位。20 世纪 60 年代末后,现代货币主义盛行,国际收支的货币分析理论开始流行。第二次世界大战后,由于世界经济逐渐趋于一体化,开放程度较高的西方国家经常发生内部平衡与外部平衡的矛盾,于是由罗伯特·蒙代尔(Robert Mundell)首先提出的政策配合理论,经过许多经济学家的补充和完善,形成了实用性较强并具有较高地位的国际收支综合调节理论。

第一节　价格—现金流动机制理论

价格—现金流动机制(Price-Cash Flow Mechanism)理论被看作是最早的国际收支调节理论。这一理论是英国经济学家大卫·休谟在 1752 年提出的。该理论认为在金本位制下,国际收支具有自动调节的机制。

一、价格—现金流动机制理论的基本观点

价格—现金流动机制理论认为,市场机制可以自动调节国际收支,而无须政府干预。认为一国的贸易差额会引起货币黄金的流入、流出,从而改变商品的相对价格,而商品相对价格的变化又会改变贸易差额,从而使国际间货币黄金量的分配恢复正常。这一过程完全是由市场机制自动发挥作用,而不必政府干预。

一国如果发生国际收支逆差,就会引起黄金外流,从而使本国货币供给减少,导致国内物价下跌。国内物价下跌可以增强其出口产品的竞争力,促使出口增加;同时,逆差国物价下跌还使进口产品的相对价格上升而不利于进口,促使进口减少,因而起到自动调节国际收支、改善国际收支逆差的作用。其调节过程如图 2-1 所示。

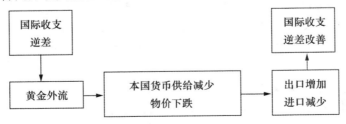

图 2-1　价格—现金流动机制理论的国际收支调节过程

二、对价格—现金流动机制理论的评价

价格—现金流动机制理论的重要贡献在于：该理论从货币数量的角度出发，揭示了国际收支与货币数量及物价变动三者之间存在的一种自动循环、互相制约的内在联系，系统阐明了市场机制对国际收支的自动调节作用。这一理论不仅对当时西方各国国际收支调节的实践具有指导意义，而且对当前国际收支市场调节机制作用的认识和运用，仍具有重要的理论和现实意义。

价格—现金流动机制理论的局限性在于：该理论只考虑货币数量，而未考虑其他因素对国际收支的影响，是一种局部静态分析，而且是一种适用于金本位制的国际收支调节理论。只有在没有资本流动、实行自由放任和公平贸易、进出口商品价格弹性足够大，以及各国严格执行金本位制等条件下，该理论所阐释的基本原理才能较为充分地体现。

第二节 弹性分析理论

20世纪30年代大危机后，各国经济陷入萧条，为了转嫁国内危机，刺激本国经济复苏，各国纷纷放弃金本位制，而实行浮动汇率制，并竞相采用货币贬值的政策来调节国际收支。于是，国际收支的弹性分析理论（Elasticity Approach）应运而生。

弹性分析理论是由英国经济学家阿尔弗雷德·马歇尔（Alfred Marshall）首先提出，后经英国经济学家琼·罗宾逊（Joan Robinson）和美国经济学家阿巴·勒纳（Abba Lerner）等人的补充、发展而形成的一种适用于纸币流通制度的国际收支调节理论，是马歇尔的供求弹性理论在国际贸易和国际金融领域的延伸。由于该理论主要是围绕进出口商品的供求弹性展开分析，因而被称为"弹性分析法"。

一、一般的弹性分析

国际收支的一般弹性分析是在其他条件不变的前提下，考察汇率政策在不同弹性值下对国际收支（针对的是贸易收支）的影响。汇率对国际收支的影响要受到多种弹性值的制约，如外汇供给或需求弹性、出口和进口供给或需求弹性等。这里的一般指在弹性分析中，未对各种弹性值做出特别规定的情况。

（一）本币贬值对本国出口的作用

在图2-2的简单两国模型中，(a)表示贬值对本国出口品供求的影响。期初，该经济处于 E 点，出口需求曲线 D_0 与出口供给曲线的交点决定了出口量 X_0 和出口价格 P_X^0，本币对外贬值使出口需求曲线由 D_0 右移到 D_1 的位置，该经济的均衡点由 E 点移到 F 点。从中可以看到的结论是：① 本币贬值使出口量增加；② 本币贬值使出口品的本币价格上升；③ 本币贬值使出口额增加，表现为由 $P_X^0 E X_0 O$ 增加至 $P_X^1 F X_1 O$。

图2-2(b)表示本币贬值对外国进口品供求的影响。期初，该外国处于 G 点，其进口品外币价格为 $P_{X_0}^*$，进口量为 X_0^*，$OX_0 = OX_0^*$，反映本国出口量即外国进口量。本币贬值使外国的进口供给曲线由 S_0^* 右移到 S_1^* 的位置。该线右移反映在每一既定的外币价格水平上，本国出口商愿意向外国提供更多的进口供给量，因为贬值可使本国出口商用

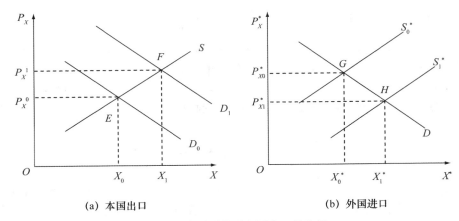

(a) 本国出口　　　　　　　　(b) 外国进口

图 2-2　本币贬值对本国出口的作用

同样外汇收入换回更多本币。该外国将由 G 点移到 H 点。我们从中得到的结论是：① 本币贬值使外国进口增加（由 $X_0^* X_1^*$ 表示其增量）；② 本币贬值使外国进口品的外币价格下降，即本国出口品的外币价格下降；③ 本币贬值对外国进口额的影响要取决于弹性，外国进口额的变动是不确定的。在图形上，外币进口额由 $P_{X0}^* G X_0^* O$ 变为 $P_{X1}^* H X_1^* O$，二者的大小从直观上无法确定。

为进一步讨论此问题，需引入出口需求弹性，其定义方程为，

$$E_{Xd} = -(dX/X)/(dP_X^*/P_X^*) \tag{2-1}$$

该式表明，出口需求弹性 E_{Xd} 定义为出口量变动率除以出口品外币价格变动率。该式前面加上负号，说明这里定义的是出口需求弹性的绝对值。在一般情况下，出口量和出口外币价格变动方向应是相反的。

如果出口需求弹性大于 1，那么货币贬值引起的出口品外币价格下降幅度就会小于出口量的增加幅度，从而贬值会使该国出口的外汇收入增加；反之，若出口需求弹性小于 1，则贬值会使外币表示的出口额减少。

（二）本币贬值对本国进口的作用

在图 2-3(a) 中，期初本国处于 M 点，进口供给曲线 S_0 与进口需求曲线 D 的交点决定了该国进口量为 V_0，进口本币价为 P_V^0，本币对外贬值使进口供给曲线由 S_0 向左上方移动到 S_1 的位置。由于外币汇率上升，进口供给者将要求更高的本币价，才能保证外币价维持下去。这使本国均衡点由 M 点移到 N 点。由此得到的结论是：① 本币贬值使进口品本币价上升；② 本币贬值使进口量减少；③ 本币贬值对进口的本币支出的影响不确定，我们不能直观地看出 $P_V^0 M V_0 O$ 和 $P_V^1 N V_1 O$ 的大小。

在图 2-3(b) 中，期初该外国处于 A 点，其出口量 V_0^* 相当于本国进口量 V_0。当本币对外贬值后，外国出口需求曲线 D_0^* 会向左移到 D_1^* 的位置；因为购买同样外汇要付出更多本币，从而在任何外币价格下对外国产品的出口需求都会减少。外国出口供给曲线位置未变，外国均衡点由 A 点移到 B 点。由此可以得到的结论是，本币对外贬值会导致：① 外国的出口量减少；② 外币出口价由 P_{V0}^* 下降到 P_{V1}^*；③ 外币表示的外国出口额，即本

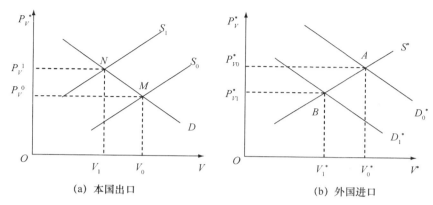

(a) 本国出口　　(b) 外国进口

图 2-3　本币贬值对本国进口的作用

国进口额,由 $P_{V_0}^* A V_0^* O$ 下降到 $P_{V_1}^* B V_1^* O$。

上述讨论表明,本币贬值肯定使外币表示的进口支出减少,但是,用本币表示的进口支出的变动则要取决于进口需求弹性。其定义方程式可表示为:

$$E_{Vd} = -(dV/V)/(dP_V/P_V) \tag{2-2}$$

进口需求弹性表示进口品本币价格变动率所导致的进口量变动率。式中的负号使 E_{Vd} 表现为绝对值。

如果进口需求弹性大于 1,那么货币贬值引起的进口品本币价格上升幅度就会小于进口量的下降幅度,二者乘积将会变小,即本币贬值会使进口所用的本币支出减少;反之,若进口需求弹性小于 1,则本币贬值会使本国进口额(本币价值)增加。

（三）商品需求弹性与外汇供求曲线的形状

由于弹性分析不考虑国际资本流动,所以外汇供求派生于商品供求。在人们购买外汇只是为了购买外国商品以及外汇供给源自外国人购买本国商品的假设前提下,外汇供给和需求曲线的形状是由商品需求弹性决定的。

1. 外汇需求曲线的形状

外汇需求曲线 D_f 反映汇率与外汇需求量的对应关系。在弹性分析中,不考虑资本流动,外汇需求量等于进口的外汇支出。由图 2-3(b)可知,本币贬值或外币汇率 e 上升时,本国进口的外汇支出(或外国出口的外币收入)肯定减少,从而 D_f 线向右下方倾斜,其斜率为负值。

2. 外汇供给曲线的形状

外汇供给曲线 S_f 反映汇率与外汇供给量的对应关系。外汇供给量等于本国出口的外汇收入。由图 2-2(b)可知,本币贬值时,本国出口的外汇收入(或外国进口的外汇支出)的增加或减少要取决于出口需求弹性。如图 2-4 中 AB 区间所示,若出口需求弹性大于 1,本币贬值会使出口外汇收入增加,即外汇供给量增加,从而 S_f 线具有正斜率;如 B 点所示,若出口需求弹性等于 1,汇率变动不会改变出口外汇收入,即外汇供给量不变;如 BC 区间所示,若出口需求弹性小于 1,本币贬值将会使出口的外汇收入减少,即外汇供给量减少,从而 S_f 线会出现负斜率。

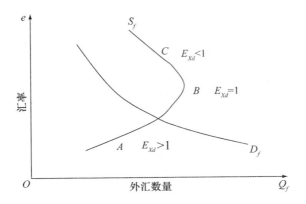

图 2-4　商品需求弹性与外汇供求曲线的形状

（四）外汇供求弹性与净出口

外汇供给弹性指汇率变动率所导致的外汇供给量变动率，表示为：

$$E_{fs} = (dQ_{fs}/Q_{fs})/(de/e) \tag{2-3}$$

式中，E_{fs} 为外汇供给弹性，Q_{fs} 为外汇供给量。外币汇率上升对出口外汇收入即外汇供给量的影响是不确定的。

外汇需求弹性指汇率变动率所导致的外汇需求量变动率，表示为：

$$E_{fd} = (dQ_{fd}/Q_{fd})/(de/e) \tag{2-4}$$

式中，E_{fd} 为外汇需求弹性，Q_{fd} 为外汇需求量。外币汇率上升对进口外汇支出即外汇需求量的影响是确定的，只会使后者减少。

外汇供求数量与进出口额的关系可表示为：

$$Q_{fs} = P_X^* \cdot X \tag{2-5}$$

$$Q_{fd} = P_V^* \cdot V \tag{2-6}$$

用数学方式表明外汇供给量即出口外汇收入，外汇需求量即进口外汇支出。将(2-5)式和(2-6)式代入(2-3)式和(2-4)式，得到：

$$E_{fs} = [(dP_X^*/P_X^*) + (dX/X)]/(de/e) \tag{2-7}$$

$$E_{fd} = [(dP_V^*/P_V^*) + (dV/V)]/(de/e) \tag{2-8}$$

净出口 NX^* 的定义方程为：

$$NX^* = P_X^* \cdot X - P_V^* \cdot V = Q_{fs} - Q_{fd} \tag{2-9}$$

该式表明净出口是出口额与进口额之差，或外汇供给量超过外汇需求量的部分。对该式微分，得到：

$$dNX^* = d(P_X^* \cdot X) - d(P_V^* \cdot V) \tag{2-9a}$$

将(2-7)式和(2-8)式代入(2-9a)式，整理得到：

$$dNX^* = (de/e)(P_X^* \cdot X \cdot E_{fs} - P_V^* \cdot V \cdot E_{fd}) \tag{2-10}$$

该式表明贬值政策（外币汇率上升或 $de/e>0$）改善贸易收支（$dNX^*>0$）的条件是：出口额与外汇供给弹性之积大于进口额与外汇需求弹性之积。在贸易收支平衡时，只要外汇供给弹性大于外汇需求弹性，本币贬值就可改善贸易收支。

(五) 商品供求弹性与净出口

1. 出口商品供给弹性与外汇供给弹性

首先，引入出口商品供给弹性的定义。

$$E_{Xs} = \frac{dX/X}{dP_X/P_X} = \frac{dX/X}{d(eP_X^*)/(eP_X^*)} = \frac{dX/X}{d(e/e) + d(P_X^*/P_X^*)} \quad (2-11)$$

该式表明出口供给弹性是出口品本币价格变动率所导致的出口量变动率。出口供给的主体是本国出口商，它关心的是出口本币价格。由于 $P_X = eP_X^*$，即出口本币价格是汇率与出口外币价格之积，该式的展开也可反映出口供给弹性与出口外币价格 P_X^* 的关系。

求解，得到：

$$\frac{dP_X^*}{P_X^*} = \frac{-E_{Xs}}{E_{Xs} + E_{Xd}} \frac{de}{e} \quad (2-12)$$

$$\frac{dX}{X} = \frac{E_{Xs} \cdot E_{Xd}}{E_{Xs} + E_{Xd}} \frac{de}{e} \quad (2-13)$$

它们反映出出口品外币价格变动率以及出口量变动率与出口商供给弹性之间的关系。将(2-12)式和(2-13)式代入(2-7)式，得到：

$$E_{fs} = \frac{E_{Xs}(E_{Xd} - 1)}{E_{Xs} + E_{Xd}} \quad (2-14)$$

该式反映了外汇供给弹性与出口供给弹性之间的关系。

由(2-3)式和(2-14)式，得到：

$$\frac{dQ_{fs}}{Q_{fs}} = E_{fs} \frac{de}{e} = \frac{E_{Xs}(E_{Xd} - 1)}{E_{Xs} + E_{Xd}} \frac{de}{e} \quad (2-15)$$

该式表明了外汇供给量的变动率（或本国出口外汇收入的变动率）与出口供给弹性之间的关系。

2. 进口商品供给弹性与外汇需求弹性

进口品供给弹性指进口外币价格变动率所导致的进口量变动率，写成

$$E_{Vs} = (dV/V)/(dP_V^*/P_V^*) \quad (2-16)$$

式中，P_V^* 为进口品的外币价格，因为进口供给的主体身处国外，关心的是外币价格。

解(2-2)式和(2-16)式，得到：

$$\frac{dP_V^*}{P_V^*} = \frac{-E_{Vd}}{E_{Vs} + E_{Vd}} \frac{de}{e} \quad (2-17)$$

$$\frac{dV}{V} = \frac{-E_{Vs}E_{Vd}}{E_{Vs} + E_{Vd}} \frac{de}{e} \quad (2-18)$$

它们反映进口供给弹性与进口品外币价格变动率以及进口量变动率之间的关系，将(2-17)式和(2-18)式代入(2-8)式，得到：

$$E_{fd} = \frac{-E_{Vd}(1 + E_{Vs})}{E_{Vs} + E_{Vd}} \quad (2-19)$$

该式反映了进口品供给弹性与外汇需求弹性的关系。

由(2-4)式和(2-19)式，得到：

$$\frac{\mathrm{d}Q_{fd}}{Q_{fd}} = E_{fd}\frac{\mathrm{d}e}{e} = \frac{-E_{Vd}(1+E_{Vs})}{E_{Vs}+E_{Vd}}\frac{\mathrm{d}e}{e} \qquad (2\text{-}20)$$

该式表明了外汇需求量变动率(或本国进口外汇支出变动率)与进口品供给弹性的关系。

3. 商品供求弹性与净出口

将(2-14)式和(2-19)式代入(2-10)式,得到:

$$\mathrm{d}NX^* = \frac{\mathrm{d}e}{e}\left[\frac{E_{Xs}(E_{Xd}-1)}{E_{Xs}+E_{Xd}}P_X^* \cdot X - \frac{E_{Vd}(1+E_{Vs})}{E_{Vs}+E_{Vd}}P_V^* \cdot V\right] \qquad (2\text{-}21)$$

该式表明本币贬值($\mathrm{d}e/e>0$)改善贸易收支($\mathrm{d}NX^*>0$)的条件是:

$$\frac{E_{Xs}(E_{Xd}-1)}{E_{Xs}+E_{Xd}}P_X^* \cdot X > \frac{E_{Vd}(1+E_{Vs})}{E_{Vs}+E_{Vd}}P_V^* \cdot V \qquad (2\text{-}22)$$

本节的讨论建立在只有价格能影响贸易收支的基础之上,而且隐含假定汇率政策通过价格调整贸易收支的过程瞬间完成,因此,使用上述分析进行实证研究会有明显的局限性。

另外,弹性理论为政府运用汇率政策调节贸易收支提供了理论依据,对那些实行可调整的钉住汇率制的发展中国家具有明显的现实意义。本节讨论得出的基本结论由(2-21)式给出。下面我们将继续说明,若补充一些假设,本币贬值改善贸易收支的条件将发生相应的变化。

二、特殊的弹性分析

这部分讨论在一些给定的弹性条件下,汇率政策在调节贸易收支中的作用。此外,这一部分还将引进时间因素,考察汇率政策随时间推移而发生的调节作用的变化。

(一)马歇尔—勒纳条件

在1997年爆发的东南亚货币危机中,泰国、马来西亚、印尼、菲律宾、新加坡、韩国等国货币贬值已达30%—70%,但是其贸易收支却在一段时间里未得到改善。贬值的国际收支调节效应失灵,有多方面的原因。马歇尔—勒纳条件未得到满足是可能的解释之一。

马歇尔—勒纳条件(Marshall-Lerner Condition)指进出口供给弹性无穷大的前提下,如果进出口需求弹性之和大于1,则本币贬值可改善贸易收支。

在需求约束型经济中,只要经济未实现充分就业,且工资具有弹性,就可以认为供给弹性是无穷大的。在这种新增假设前提下,(2-21)式可以简化为:

$$\mathrm{d}NX^* = (\mathrm{d}e/e)[P_X^* \cdot X(E_{Xd}-1) - P_V^* \cdot VE_{Vd}] \qquad (2\text{-}23)$$

若进一步假设期初贸易收支平衡,则(2-23)式可变为:

$$\mathrm{d}NX^* = (\mathrm{d}e/e)P_X^* \cdot X(E_{Xd}+E_{Vd}-1) \qquad (2\text{-}24)$$

本币贬值即外币升值,$\mathrm{d}e/e>0$,改善贸易收支表现为$E_{Xd}+E_{Vd}>1$。

该式为马歇尔—勒纳条件的数学表达式。需要注意的是:① 该式以期初贸易平衡为条件;② 它不考虑资源约束和工资刚性,以供给弹性无穷大为条件;③ 贬值针对的是有效汇率,它未考虑钉住汇率制下的锚币可能发生的浮动。一般说来,该条件主要适用于发达国家汇率政策调节效率分析。

为进一步理解该条件,我们首先从外国购买者角度进行讨论。在图 2-2(b)中,本币贬值意味着进口供给增加,外国进口品的外币价格下降,外国进口量增加。但是,在图 2-2(a)中,本国出口供给曲线变为水平线,本国出口供给弹性无穷大的假设使出口品的本币价格并未由于出口需求增加而上升。因此,若出口供给弹性无穷大,本币贬值率与出口品外币价格下降率相等。该解释的数学表述是:

$$P_X = P_X^* \cdot e, \quad dP_X/P_X = dP_X^*/P_X^* + de/e \tag{2-25}$$

因为 $dP_X/P_X = 0$,所以 $dP_X^*/P_X^* = -de/e$。

其次,从本国购买者的角度来看,本币贬值意味着进口供给减少,如图 2-3(a)所示。它引起进口品本币价格上升和进口量减少。但是,外国供给弹性无穷大的假设使进口品外币价格未变,从而进口品本币价格上升幅度与本币贬值率相等。该解释的数学表述是:

$$P_V = P_V^* \cdot e, \quad dP_V/P_V = dP_V^*/P_V^* + de/e \tag{2-26}$$

因为 $dP_V^*/P_V^* = 0$,所以 $dP_V/P_V = de/e$。

这样,E_{Xd} 和 E_{Vd} 的分母都可用 de/e 来替代,$E_{Xd} + E_{Vd}$ 可表述为 $(dX/X - dV/V)/(de/e)$。如果它大于 1,即净出口增加幅度大于本币贬值幅度,贸易收支得以改善。

讨论:逆差和顺差条件下的不同弹性要求。

马歇尔—勒纳条件是在假设贸易收支平衡时推导出来的。但是政府通常是在贸易收支逆差时才运用贬值政策。由(2-21)式可得到:

$$dNX^* = \frac{de}{e} \cdot P_X^* \cdot X \left(E_{Xd} - 1 + \frac{P_V^* \cdot V}{P_X^* \cdot X} E_{Vd} \right) \tag{2-27}$$

逆差意味着 $P_V^* \cdot V/(P_X^* \cdot X) > 1$。这样,即使 E_{Vd} 与 E_{Xd} 之和略小于 1,贬值都可能使 $dNX^* > 0$。

同理,在顺差条件下,$P_V^* \cdot V/(P_X^* \cdot X) < 1$,贬值改善贸易收支对于进口需求弹性的要求也会相应变严格。

(二) 小国弹性分析

前面的两国模型中的弹性分析并不适用于小国。对于小国来说,无论外国是否充分就业,进口供给弹性都可假设为无穷大。因为该国进口太少,不足以影响世界市场价格。更为重要的是,小国出口也不足以改变世界市场价格,对其出口品的需求弹性 E_{Xd} 也是无穷大的。这样,(2-21)式可简化为:

$$dNX^* = \frac{de}{e}(P_X^* \cdot X \cdot E_{Xs} + P_V^* \cdot V \cdot E_{Vd}) \tag{2-28}$$

为简化分析,考察期初贸易收支平衡情况:

$$dNX^* = (de/e)P_X^* \cdot X(E_{Xs} + E_{Vd}) \tag{2-29}$$

该式表明,只要出口供给弹性与进口需求弹性之和大于 0,贬值($de/e > 0$)就能改善贸易收支($dNX^* > 0$)。由于我们是按绝对值对弹性加以定义的,所以小国只要对本币贬值,就能改善贸易收支。

当然,这种分析有一个隐含前提,即小国的出口品具有独特性。若现实中许多小国同时向世界市场出口同一种产品,则上述分析便不能成立。

(三)双重零弹性模型

对于受到战争严重损害的国家,如 21 世纪初的伊拉克和阿富汗,出口能力一时难以增加,基本物资的进口也无法压缩,出口供给和进口需求弹性都很小。在模型分析中,我们可假设 E_{xa} 和 E_{va} 均为 0。将这两种弹性值代入(2-21)式,得到 $dNX^* = 0$。这说明汇率变动与贸易差额无关。

如果出口供给和进口需求均为零弹性,则外汇供给和外汇需求也是零弹性,或者说外汇供给和外汇需求曲线都是垂直线。这两条曲线无交点,意味着外汇市场处于不稳定状态。其政策含义是,在这种特殊时期,政府应规定官方汇率。

(四)进出口缺乏弹性条件下贬值的滞胀效应

本币贬值一般都会推动国内物价上涨。首先,贬值会引起进口品本币价格上升,这会拉动国内物价上涨。当进口缺乏弹性时,贬值会使人们对进口品的本币支出增加,从而实际收入中用于购买本国产品和服务的份额相应下降,这会加剧失业压力,并可能对收入产生消极影响。如果出口富有弹性,贬值对收入可能出现积极的影响。但是,如果出口也缺乏弹性,贬值使出口额同时减少,则该国可能出现停滞局面。贬值是否带来通货膨胀和经济停滞,取决于进出口商品的需求弹性。

(五)J 曲线效应

J 曲线效应(J-Shaped Curve Effect)指贬值对贸易收支的影响存在滞后性。在本币贬值的初期,虽然出口品外币价格和进口品本币价格已经变化,但是出口量的增加和进口量的减少都是不明显的。这是因为搜寻商品信息、寻找新的贸易伙伴、组织谈判、调整生产和装船等业务活动都需要时间。因此,在图 2-5 所示的 t_1 以前的时间,该国净进口反而扩大(B 点低于 A 点)。贬值之前签订的合同和库存,也导致进出口商品存在短期的需求刚性。经过一段时间调整,贬值带来的国际竞争力才使出口额增加和进口额减少(其条件是马歇尔—勒纳条件成立),使该经济逐步改善贸易收支。在某一时点(t_2),当该国实现贸易收支平衡时,贬值对净出口的促进作用开始减弱。这是因为此后的贸易收支顺差会推动该国的通货膨胀,而物价上升会部分抵消贬值的作用。针对这种情况,鲁迪格·多恩布施(Rudiger Dornbusch)提出以紧缩性财政政策配合贬值的汇率政策,以解决贸易逆差和避免通货膨胀。

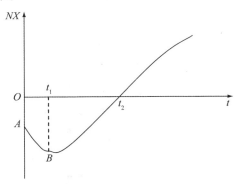

图 2-5　J 曲线效应

(六)冲击期、短期和长期弹性

J曲线效应给我们的一种启示是,弹性值会随着时间维度而变化。人们一般把时间分为三种层次:冲击期(Shock-period)指按6个月计算出来的出口和进口需求弹性;短期(Short-run)针对的是1年的弹性;长期(Long-run)通常针对2年,学术界尚未对此达成共识。

各国具体情况不同,货币贬值改善贸易收支的滞后时间也有所不同。据IMF对发达国家进出口需求弹性的估计,冲击期的弹性值一般不能满足马歇尔—勒纳条件,短期的弹性值基本上能够满足马歇尔—勒纳条件,长期的弹性值经常能成倍超出马歇尔—勒纳条件(进出口需求弹性之和大于2)。

进出口需求弹性在很大程度上取决于经济结构。如1973年第一次石油冲击时,石油的难以替代性和中东国家在石油生产中的垄断地位,使短期进口弹性和出口弹性都很小。但是,随着节能技术的发明和推广、需求结构的调整和替代能源(核电站等)的出现,进口需求弹性逐渐变大。同时,中东国家反复出现的搭便车博弈,也使石油供给弹性变大。弹性值的变化,导致世界市场石油价格的不稳定。

在其他条件不变的前提下,本节讨论的各种模型都具有明显的理论价值。但是,由于影响进出口的因素不仅是价格,因而该理论的局限性也是明显的。特别是对于我国而言,进口更多地受到非价格因素的影响,这是我国作为发展中的经济转型国家的特点所决定的。

第三节 吸收分析理论

吸收分析理论(Absorbing Approach),也被称为支出分析理论,最早是由美国经济学家西德尼·亚历山大(Sidney Alexander)在凯恩斯理论的国民收入方程式的基础上提出的。由于他把总支出称为总吸收,所以被称作吸收分析理论。它以凯恩斯宏观经济理论为基础,把国际收支作为国民经济的一个有机组成部分,建立国民收入四部门模型,用定量分析的方法考察国际收支与国民收入总量及其各变量之间的关系。

一、吸收分析理论的基本公式

凯恩斯封闭型国民收入均衡公式为:
$$Y = C + I + G \tag{2-30}$$

式中,Y为总收入,C为消费支出,I为投资支出,G为政府支出。国民经济只有消费、投资和政府三部门,没有对外经济部门。$C+I+G$为国内总支出,即总吸收,用A表示。$Y=A$,即总收入=总吸收。

在开放经济条件下,国民经济应包括对外经济部门。以$(X-M)$即进出口代表对外经济部门,即国际收支,则开放型国民收入均衡公式为:
$$Y = C + I + G + (X - M) \tag{2-31}$$

移项后,得到:
$$(X - M) = Y - (C + I + G)$$

$(X-M)$ 是进出口差额,用 NX 表示。因此,公式可写成:
$$NX = Y - A \tag{2-32}$$
即 国际收支差额＝总收入－总吸收

公式说明,国际收支差额 NX 的形成与国民收入及国内支出总量密切相关。国际收支平衡意味着总收入等于国内总支出;国际收支顺差意味着总收入大于总支出;而国际收支逆差则是总支出大于总收入。所以,改善国际收支逆差可以通过减少总支出或增加总收入两种办法进行。

二、吸收分析理论调节国际收支的政策

吸收分析理论根据一国经济生产是否达到充分就业的具体情况,分别采取以下两种不同的政策来调节国际收支。

(一) 国内未充分就业,采取支出转换政策

非充分就业意味着有闲置资源,因此可以用增加总收入的办法来调节国际收支。政府有关部门可以通过采取支出转换政策,刺激本国出口扩大,改善国际收支。

由于国内总支出会随着国民收入增长而增长,国内必须在本币对外贬值的同时,实行紧缩性财政政策和货币政策,以抑制进口需求,使国内总支出的增加 ΔA 小于总收入的增加 ΔY,即边际吸收倾向小于 1,$(\Delta A/\Delta Y)<1$,从而使出口增长快于进口增长,保证国际收支逆差得以改善。

(二) 国内充分就业,采取支出变更政策

充分就业意味着没有闲置资源,增加总收入只会导致通货膨胀。因此,只能用减少国内总支出的办法来调节国际收支。而对国际收支的调节同样可以从国内经济和对外经济两个渠道进行。

一方面,对内通过采取紧缩性的财政政策和货币政策,压缩国内吸收,使进口需求下降,减少进口,把压缩下来的资源转移到出口部门;同时,使出口商品的国内需求下降,相对增加出口数量。

另一方面,对外进行本币贬值,相对降低本国出口商品的价格,来刺激国外对其出口商品的需求,同时抑制其进口需求。

三、对吸收分析理论的评价

吸收分析理论的主要贡献在于:吸收分析理论与弹性分析理论一样,都是运用本币贬值的办法来调节国际收支逆差,但吸收分析理论指出,只有在能够增加收入或减少支出的条件下,本币贬值才是有效的。因而,它强调通过国内财政政策和货币政策的配合,进行需求管理,压缩或转移国内需求,把资源从国内需求中解放出来,转向出口部门,这样才能成功地改善国际收支,保持一国内部经济与外部经济的平衡。因此,吸收分析理论是有效需求管理理论的延伸和扩展。除此之外,吸收分析理论建立在国民收入四部门模型基础上,综合考虑了多种因素的相互作用,并分析了本币贬值对国民收入和国内支

出的影响,是一般均衡分析,对宏观经济管理理论与实践具有重要意义。

吸收分析理论的局限性表现在:该理论仍是一种没有资本流动的以贸易收支为研究对象的国际收支理论;该理论假定生产要素的转移机制可以轻而易举地实现,背离市场经济的客观实际;该理论以单一国家为分析模式,未涉及其他相关的国家。实际上,进出口价格与数量不以一方意志为转移,而受制于进出口双方的意向与决定。

第四节 货币分析理论

货币分析理论(Monetary Approach)是随着货币主义的兴起而出现的一种国际收支调节理论。它认为国际收支主要是一种货币现象,影响国际收支的根本因素是货币供给量。一国货币供给量的增加只要与真实国民收入的增长保持一致,就可以保持国际收支的平衡与稳定。它反对凯恩斯主义者运用财政政策、货币政策调节国际收支的做法,主张一国政府只需要控制货币供给量,根据国内需要执行稳定的货币政策,即所谓"单一规则行事",将一国货币供给的增长稳定在与国民收入平均增长率相同的水平上,就能经常保持国民经济和国际收支的均衡与稳定,其国内经济与国际收支就都可以自动实现平衡。

同时它还认为,国际收支作为与一国货币供求相联系的一种货币现象,又是一国货币供求关系的自动调节机制。一方面,国际收支的顺逆差取决于一国货币供给增长与真实国民收入增长是否一致;另一方面,国际收支顺逆差又对一国货币供给进行自动调节。顺差可以形成本币投放而增大一国货币供给,逆差则可造成本币回笼而减少一国货币供给。

因此,货币分析理论主张自由放任的国际收支调节政策。

一、货币分析理论的假设条件

货币分析理论的假设条件与现代货币主义主流思想一脉相承,主要包括以下几个方面:

(1) 一国货币需求是实际收入、价格和利率的稳定函数,在长期内可以看作一个不变的常数。

(2) 货币中性,即货币供给的变化不会影响实物产量。

(3) 货币供给与外汇储备同方向变化。

(4) 各国采取固定汇率制,国际收支的调节不依赖汇率变动,而主要靠储备变化进行。

(5) 一国贸易商品的价格与利率接近世界市场水平。

二、货币分析理论的基本观点

一国的货币需求 M_d 是国民收入 Y 和利率 r 的稳定函数,即 $M_d = f(Y, r)$。

一国的货币供给 M_s 可以分为两部分:D 为国内创造部分,即通过国内银行信用体系创造的货币供给,可由中央银行或政府人为控制;R 为来自国外的部分,即国际储备,是通过国际收支活动获得的,其形成的货币供给量主要由市场决定。$M_s = D + R$。

由 $M_s = D + R$,移项得到:$R = M_s - D$。

假定长期内一国的货币需求等于货币供给,国民经济为均衡经济,即 $M_s = M_d$,则 $R = M_s - D$,可转换为:$R = M_d - D$,即国际储备＝一国货币需求－国内信用创造。

由于一国货币需求在一定时期内是稳定的,所以国际储备的增减变化取决于由中央银行或政府控制的国内信用创造的多少。同时,作为国际收支活动的最终结果,国际储备的增减变化对一国货币供给量的大小又具有自动调节功能。

如果一国一定时期国内货币供给大于货币需求,则会引起通货膨胀、物价上升,因而不利于出口,有利于进口,出现贸易账户逆差;同时,货币供给过多,还可能导致利率下降,资本外流,出现资本账户逆差,从而导致国际收支逆差。但国际收支逆差使国际储备减少,又会自动调节国内货币供给,使得由外汇占款构成的本币投放减少,因而减少货币供给量,使物价下跌;反之亦然。

其调节过程如图 2-6 所示。

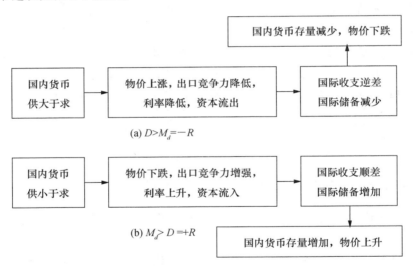

图 2-6　一国货币供给量与国际收支调节之间的关系

三、对货币分析理论的评价

货币分析理论的贡献表现在:重新强调了在国际收支分析中对货币因素的重视;它不是仅仅以经常项目为研究对象,而是考虑了包括资本流动在内的全部国际收支因素,强调国际收支的整体均衡,是一种相对更全面的一般均衡分析;与弹性分析理论和吸收分析理论相比,货币分析理论考虑了资本流动对国际收支的影响。

货币分析理论的缺陷在于:一些基本假设不一定符合现实状况;同时,它过分强调货币因素的作用,而忽视了其他因素的作用;另外,它过分强调自由放任,忽视了政府干预的作用,显然有失偏颇。

第五节 政策配合调节理论

政策配合调节理论是凯恩斯有关国际收支理论的一种学说,是凯恩斯学派经济学家蒙代尔(Mundell)于 1962 年提出的,之后英国经济学家米德(Meade)、荷兰经济学家丁伯根(Tinbergen)、澳大利亚经济学家斯旺(Swan)等人又对这一理论有所发展和补充。该理论主张一国在制定和实施经济政策时要兼顾到国内经济和国外经济两个方面,既要达到内部平衡,也要达到外部平衡,不能顾此失彼。所谓内部平衡,是指一国在保持国内物价稳定的同时,实现充分就业和经济增长;外部平衡,是指一国国际收支的平衡和汇率的稳定。这两种平衡是有机联系的。所谓政策配合,则主要是指政府将财政政策与货币政策进行适当配合和运用,以便达到一国内部平衡与外部平衡同时实现的目标。

根据凯恩斯主义和货币主义宏观经济管理及国际收支调节理论,一国出现外部不平衡时,可以采取的对策有三种:第一,支出变更政策,也称作支出调整政策,即政府运用财政政策和货币政策调节控制社会总需求或总吸收,以实现国际收支平衡的目标;第二,支出转换政策,即政府通过汇率政策、工资政策和价格政策的调整,使国内价格和国外相对价格发生变化,以实现支出在本国产品和外国产品之间的转换,调节国际收支的失衡;第三,直接管制,包括财政性管制、货币性管制及贸易管制。但由于直接管制损害国际贸易,不利于资源合理配置,往往受到其他国家的反感和抵制,容易激化国际矛盾,所以有效调节国际收支的政策主要是支出调整政策和支出转换政策。

另外,对国际收支的调节不能只从某一单方面进行,追求国际收支的单方面平衡,而必须将其纳入国民经济管理的整体框架中,各种政策相互配合,才能实现一国内部经济和外部经济同时平衡的最高目标。

一、米德冲突

英国经济学家米德在分析上述国际收支调节政策时指出,一国如果只使用一种支出调整政策或支出转换政策对宏观经济运行进行调节,就可能发生内部平衡与外部平衡的冲突,这就是所谓的米德冲突(Meade conflict)。

例如,当一国国内存在通货膨胀,而国际收支为顺差时,只用一种支出调整政策进行调节,就会引起内外部平衡之间的冲突;反之,当一国国内存在严重失业,而国际收支为逆差时,只用一种支出调整政策进行调节,也会引起内外部平衡之间的冲突。其表现如表 2-1 所示。

表 2-1 单一支出调整政策引起的米德冲突

经济情况		政策调整	扩张性支出调整政策		紧缩性支出调整政策	
国内经济	国际收支		内部	外部	内部	外部
通货膨胀	顺差		加剧通胀	得到改善	消除通胀	更加不平衡
严重失业	逆差		扩大就业	更加不平衡	失业加剧	得到改善

支出转换政策包括汇率变动、工资水平变动和价格变动,其效应都会反映到实际汇率的变动上。如本币对外贬值、降低国内工资水平、降低国内商品价格,都会因提高本国出口商品的竞争能力,而产生外汇实际汇率上升、本币实际汇率下降的效应。当一国国内存在严重失业,而国际收支为顺差时,只用一种支出转换政策,即只采用实际汇率变动政策进行调节,就会引起内外部平衡之间的冲突;反之,当一国国内存在通货膨胀,而国际收支为逆差时,只用实际汇率变动政策进行调节,也会引起内外部平衡之间的冲突。其表现如表2-2所示。

表2-2 单一支出转换政策引起的米德冲突

经济情况	政策调整	本币实际汇率下降政策(本币贬值)		本币实际汇率上升政策(本币升值)	
国内经济	国际收支	内部	外部	内部	外部
通货膨胀	顺差	扩大就业	更加不平衡	失业加剧	得到改善
严重失业	逆差	加剧通胀	得到改善	消除通胀	更加不平衡

二、丁伯根法则

荷兰经济学家丁伯根通过对上述国际收支调节政策的有效性进行分析认为,一国要想达到一个经济目标,政府至少要运用一种有效的政策工具进行调节;而要想实现多个经济目标,政府至少要运用多种独立、有效的政策工具进行调节。这就是著名的丁伯根法则(Tinbergen's Rule)。而从上述各种政策与一国宏观经济目标之间的联系,以及各国国际收支调节的实践证明来看,丁伯根法则是成立的。

三、政策配合理论

现实经济生活中,由于各国在国际收支调节过程中常会遇到米德冲突问题,因此,根据丁伯根法则,最好的选择就是多种政策的合理配合和运用,以求同时实现内部平衡和外部平衡。另外,还要根据一国内外经济失衡程度和各种政策调节效力的不同,选择不同的政策搭配。

（一）斯旺模型

斯旺模型是由澳大利亚经济学家斯旺提出的。他运用凯恩斯主义理论,将国际收支纳入宏观经济管理整体框架中,通过分析国内支出和外汇汇率之间的对应关系,以及经济失衡的各种不同表现,总结出一国经济内部平衡与外部平衡同时实现所需要的条件,并通过图形进行描述,如图2-7所示。

1. 斯旺模型的含义

在图2-7中,横轴 A 代表国内总支出,纵轴 e 代表外汇汇率。Y 代表内部平衡线,在这条线上的点都意味着充分就业和物价稳定。B 代表外部平衡线,在这条线上的点都意味着国际收支平衡。

内部平衡线 Y 从左上方往右下方倾斜,说明在国内总支出减少的同时,需要外汇汇率上升或本币贬值政策的配合,从而使出口增加、进口减少,才能维持内部平衡;反之,在

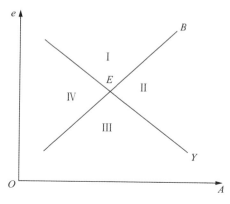

图 2-7 斯旺模型

国内总支出增加的同时,必定是外汇汇率下降或本币升值,从而使进口增加、出口减少,以维持内部平衡。Y 线右边 Ⅰ 和 Ⅱ 区的任意一点都表示在一定汇率水平下,国内总支出大于总收入,因而存在通货膨胀;反之,Y 线左边 Ⅳ 和 Ⅲ 区的任意一点都表示在一定汇率水平下,国内总支出小于总收入,因而存在失业。

外部平衡线 B 从左下方往右上方倾斜,说明在国内总支出减少的同时,需要外汇汇率下降或本币升值政策的配合,从而使进口增加、出口减少,才能维持外部平衡;反之,在国内总支出增加的同时,必定是外汇汇率上升或本币贬值,从而使出口增加、进口减少,以维持外部平衡。B 线右边 Ⅱ 和 Ⅲ 区的任意一点都表示在一定的国内总支出水平下,外汇汇率低于或本币汇率高于均衡水平,导致国际收支逆差;反之,B 线左边 Ⅰ 和 Ⅳ 区的任意一点都表示在一定的国内总支出水平下,外汇汇率高于或本币汇率低于均衡水平,导致国际收支顺差。

在图 2-7 中,只有两条曲线相交的 E 点意味着内部平衡与外部平衡的同时实现,反映了国内支出和外汇汇率政策的最佳组合。在 Y 线上除 E 点之外的其余各点意味着内部平衡的同时伴随着外部的不平衡,在 B 线上除 E 点之外的其余各点则意味着外部平衡的同时伴随着内部的不平衡。而不在两条线上的任意一点都意味着内外部同时失衡的状态。

2. 斯旺模型的单一政策调节

在斯旺模型中,有些情况下是可以采取一种政策进行调节的。

第一种情况:在表示一国同时处于国内失业和国际收支逆差状态的 Ⅲ 区,政府可以采取一种支出转换政策进行调节,即通过提高外汇汇率或降低本币汇率的办法,在改善国际收支逆差的同时减少失业。

第二种情况:在表示一国同时处于国际收支顺差和国内通货膨胀状态的 Ⅰ 区,政府可以采取一种支出转换政策进行调节,即通过降低外汇汇率或提高本币汇率的办法,在减少国际收支顺差、实现外部平衡的同时,抑制国内通货膨胀。

第三种情况:在表示一国同时处于国内失业和国际收支顺差状态的 Ⅳ 区,政府可以采取一种支出变更或调整政策进行调节,即通过扩大国内总支出的办法,在刺激经济增长、扩大就业的同时,消除国际收支顺差,实现对外经济平衡。

第四种情况:在表示一国同时处于国内通货膨胀和国际收支逆差状态的Ⅱ区,政府可以采取一种支出变更或调整政策进行调节,即通过缩小国内总支出的办法,在抑制通货膨胀的同时,改善国际收支逆差,实现对外经济平衡。

3. 斯旺模型的政策配合调节

在斯旺模型中其他大多数情况下,只运用一种政策进行调节就会出现"米德冲突"。例如,在失业和国际收支逆差并存情况下,为了解决失业必须实行扩张的财政、货币政策。而为了消除逆差必须实行紧缩的财政、货币政策。因此,如果只运用一种政策调节,则无论怎样选择,一个目标的实现总是以牺牲另一个目标为代价。

为了避免米德冲突,斯旺认为,可以根据丁伯根法则,针对经济失衡的性质和情况及不同政策的效力,采取支出调整政策和支出转换政策搭配的办法,对各种失衡情况进行调节。实践中,大多数国家以财政、货币政策调节内部均衡,以汇率政策调节外部均衡,或者根据内外均衡状况采取相应的政策搭配。表2-3简要说明了支出调整政策与支出转换政策的搭配情况。

表 2-3 支出调整政策与支出转换政策的搭配

区间	经济状况	支出变更政策	支出转换政策
Ⅰ	通货膨胀/国际收支顺差	紧缩	本币升值
Ⅱ	通货膨胀/国际收支逆差	紧缩	本币贬值
Ⅲ	失业/国际收支逆差	扩张	本币贬值
Ⅳ	失业/国际收支顺差	扩张	本币升值

但是,由于一国内外经济失衡的程度和各种政策调节效力有所不同,因此还需要通过斯旺模型中内部平衡线和外部平衡线的斜率来判断经济失衡的性质和情况,从而有针对性地采取不同政策配合的方法进行调节。

第一种情况(见图 2-8):内部平衡线 Y 的斜率(绝对值)大于外部平衡线 B 的斜率,意味着汇率变动条件下,维持外部平衡所引起的支出变动大于维持内部平衡所引起的支出变动,从而说明支出转换政策即汇率调整政策对外部平衡影响较大。而在支出变动条件下,维持内部平衡所引起的汇率变动大于维持外部平衡所引起的汇率变动,所以,说明支出调整政策对内部平衡影响较大。

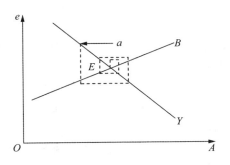

图 2-8 Y 的斜率(绝对值)大于 B 的斜率

如图 2-8 所示,如果一国经济处于 a 点,则意味着国际收支顺差与国内通货膨胀并存。在这种情况下,政府就不能只用一种支出调整政策进行调节,因为实行支出紧缩政策会使国际收支更加失衡;但也不能只用一种支出转换政策进行调节。虽然用支出转换政策降低汇率可以在减少国际收支顺差的同时抑制国内通货膨胀,但由于汇率政策对内部经济失衡调整的效力较小,达不到应有的效果,所以仍需要两种政策搭配,用支出转换政策调节对外经济以实现国际收支平衡,用支出调整政策调节国内经济以实现内部平衡,即政府用支出转换政策降低外汇汇率以减少顺差,同时采用支出调整政策实行紧缩性支出政策,以消除国内通货膨胀。调节的结果是经济沿逆时针方向朝 E 点收敛,实现其内部与外部的同时平衡。

第二种情况(见图 2-9):外部平衡线 B 的斜率大于内部平衡线 Y 的斜率(绝对值),意味着汇率变动条件下,维持内部平衡所引起的支出变动大于维持外部平衡所引起的支出变动,从而说明支出转换政策即汇率调整政策对内部平衡影响较大。而在支出变动条件下,维持外部平衡所引起的汇率变动大于维持内部平衡所引起的汇率变动,说明支出调整政策对外部平衡影响较大。

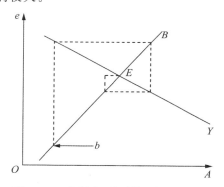

图 2-9 Y 的斜率(绝对值)小于 B 的斜率

如图 2-9 所示,如果一国经济处于 b 点,意味着国际收支逆差与国内衰退并存。在这种情况下,政府也不能只用一种支出调整政策进行调节,因为实行支出扩张政策会使国际收支更加失衡;但也不能只用一种支出转换政策进行调节。虽然用支出转换政策提高汇率可以在减少国际收支逆差的同时刺激国内经济增长,但由于汇率政策对外部经济失衡调整的效力较小,达不到应有的效果,所以仍需要两种政策搭配,用支出转换政策即汇率调整政策调节国内经济以实现内部平衡,用支出调整政策调节对外经济以实现国际收支平衡,即政府应采用支出调整政策即实行紧缩性支出政策以减少逆差;同时,用支出转换政策提高外汇汇率以刺激经济增长,扩大就业。调节的结果是经济沿顺时针方向朝 E 点收敛,实现其内部与外部的同时平衡。

(二)蒙代尔的政策配合理论

针对斯旺模型的缺陷,蒙代尔考虑了资本流动因素,并将要选择和搭配的政策分为财政政策和货币政策两种类型。蒙代尔认为财政政策对国内经济的作用通常大于对国际收支的作用,而货币政策对国际收支的作用要大于对国内经济的作用。他认为,财政政策主要表现为政府开支的增减,其对国内经济活动比对国际收支活动的调节作用大;货币政策主要表现为国内外利率的差异,它促使资本在国际间流动,对国际收支影响较大。所以,可以通过财政政策和货币政策的适当配合进行调节,同时实现内部平衡和外部平衡。表 2-4 简要描述了其关于实现内外均衡的政策配合情况。

表 2-4　实现内外均衡的政策配合简表

经济情况		财政政策(对内)	货币政策(对外)
国内经济	国际收支		
衰退	逆差	扩张(扩大政府开支)	紧缩(升利率降物价)
衰退	顺差	扩张(扩大政府开支)	膨胀(降利率升物价)
膨胀	逆差	紧缩(缩减政府开支)	紧缩(升利率降物价)
膨胀	顺差	紧缩(缩减政府开支)	膨胀(降利率升物价)

(三) 对政策配合调节理论的评价

米德冲突和丁伯根法则所阐述的理论已经在各国内外经济调节实践中得到了很好的验证。而斯旺模型与蒙代尔的政策配合理论对各种政策在内外经济均衡中的作用分析,也有一定的理论意义和实际意义。

但这些理论大都是局部静态分析,往往失之于片面。如斯旺模型只考虑进出口变动与汇率及国内支出的关系,而忽视了资本流动的作用。同时,这些理论都要求有严格的假设条件。如斯旺模型的建立就需要有可获得充分信息以完成模型中关于斜率的绘制、实行浮动汇率制等严格的假设条件,与现实不一定相符;而蒙代尔的政策配合理论则暗含着一个假设,即财政政策和货币政策互相独立。但现实经济生活中,财政政策和货币政策很难截然分开。而且可采取的政策措施很多,并不止财政政策和货币政策两种。另外,这些理论对 20 世纪 70 年代以后出现的滞胀(Stagflation)现象也无法解释。

第六节　蒙代尔—弗莱明模型

蒙代尔—弗莱明模型(Mundell-Fleming Model)是在蒙代尔的政策配合理论基础上,通过弗莱明(Fleming)和其他一些经济学家的补充和完善,将表示国际收支均衡的 BP 曲线引入标准的 IS-LM 模型,并将其扩展为 IS-LM-BP 模型而建立起来的。其重点是分析资本流动因素对模型的影响;同时,着重阐述在不同汇率制条件下一国如何通过政策调节实现内外经济的同时均衡。

一、IS-LM-BP 模型的基本原理

IS-LM-BP 模型可用一个以利率 i 为纵坐标,以国民收入 Y 为横坐标的直角坐标系图形来表示,见图 2-10。图中 E 点表示内外经济同时均衡,并且对应于充分就业条件下的国民收入水平 Y_f,以及适合于内外经济同时均衡条件下投资与资本流动的利率水平 i_f。

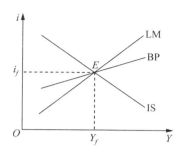

图 2-10　IS-LM-BP 模型

在西方经济学中,IS 曲线表明了产品市场均衡的条件,即在 IS 曲线上任意一点都表明在给定的利率及其相对应的国民收入水平上,投资正好等于储蓄,才能达到产品市场的均衡。其中,I 表示投资,S 表示储蓄。投资是利率的减函数,储蓄是收入的增函数。当收入增加引起储蓄增加时,利率必须下降以相应增加投资,才能保持产品市场的均衡。因此,在 IS-LM-BP 模型坐标图上,IS 曲线是一条向右下方倾斜的曲线,斜率为负值。

LM 曲线则表明了货币市场均衡的条件,即在 LM 曲线上任意一点都表明在给定的利率及其相对应的国民收入水平上,货币需求正好等于货币供给,才能达到货币市场的均衡。其中,L 表示货币需求,M 表示货币供给。L 分为两部分:L_1 表示对货币的交易需求,是收入的增函数;L_2 表示对货币的投机需求,是利率的减函数。M 是可以由政府调控的外生变量。在货币供给量既定的条件下,只能调节对货币的不同需求来实现货币市场的均衡。当收入增加引起货币交易需求增加时,则利率必须上升使对货币的投机需求减少,以抵消收入增加对货币交易需求增加的影响。因此,在 IS-LM-BP 模型坐标图上,LM 曲线是一条向右上方倾斜的曲线,斜率为正值。

而 BP 曲线表明了国际收支均衡的条件。国际收支主要包括经常项目与资本和金融项目两大项目。其中,经常项目主要反映一国商品和劳务的进出口,以及收益、经常转移等内容;而资本和金融项目主要反映一国资本流入和流出的内容。在凯恩斯主义宏观经济学四部门国民经济均衡模型中,常常以贸易差额($X-M$)来代表经常项目差额及国际收支差额进行分析;而在蒙代尔—弗莱明模型中则将国际资本流动因素引入,进行全面的国际收支差额分析。

如果不考虑资本流动因素,只考察经常项目,则用 IS-LM-BP 模型反映国际收支均衡的 BP 曲线是一条与 Y 垂直的直线。因为这一坐标系假设,代表经常项目差额的贸易差额($X-M$)是收入 Y 的函数,只受收入的影响,而与利率无关。而这时的内外经济均衡状况表现为 IS 曲线、LM 曲线和 BP 曲线相交并对应于充分就业条件下的国民收入 Y_f 的点 E 上,如图 2-11 所示。

如果引入资本流动因素,全面考察国际收支均衡状况,则可能出现三种情况,如图 2-12 所示。

第一种情况:当资本完全流动时,反映国际收支均衡的 BP 曲线是一条与 Y 平行的水平线。资本完全流动意味着实现了国际金融市场的一体化,各国间不存在任何资本流动的障碍,本国利率与国际市场利率 i^* 完全一致,从而意味着任何经常项目的差额都可以

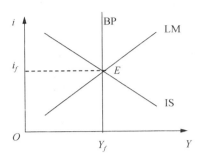

图 2-11 无资本流动情况下的 IS-LM-BP 模型

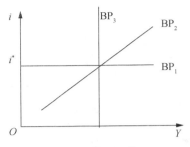

图 2-12 资本流动情况下的 IS-LM-BP 模型

通过资本流动来弥补,从而实现国际收支的均衡。由于国际市场利率 i^* 是个外生变量,国际收支的不均衡主要表现在本国利率与国际市场利率不一致的情况下。因此,在这条水平线 BP 曲线的上方各点,都表示本国利率高于国际市场利率,资本流入大于资本流出,国际收支处于顺差状态;而 BP 曲线的下方各点,则意味着国际收支处于逆差。

第二种情况:当资本不完全流动时,反映国际收支均衡的 BP 曲线是一条具有正斜率、向右上方倾斜的曲线。这时,仍然把进出口贸易差额($X-M$)近似地看作经常项目差额,并称其为净出口。当净出口为负值时,意味着进口大于出口,经常项目为逆差;当净出口为正值时,意味着出口大于进口,经常项目为顺差。而将资本流入和流出的差额称作净资本流出。当净资本流出为负值时,意味着资本流入大于资本流出,资本和金融项目为顺差;当净资本流出为正值时,意味着资本流出大于资本流入,资本和金融项目为逆差。只有当净出口正好与净资本流出相等时,即当国际收支两大项目的差额正好互补,国际收支的差额为零时,才能达到一国国际收支的均衡。而在 BP 曲线上的任意一点都表明在给定的利率及其相对应的国民收入水平上,净出口正好等于净资本流出,从而达到一国国际收支的均衡。在 IS-LM-BP 模型坐标图上,进口是收入的增函数,而资本流出是利率的减函数。当收入增加使进口增加、净出口为负值而经常项目为逆差时,利率必须上升使资本流出减少,净资本流出也相应减少;而资本和金融项目为顺差时,两大项目差额才能互相抵消,国际收支才能达到均衡。因此,BP 曲线是一条向右上方倾斜的曲线,具有正斜率。但由于模型假设资本流动对利率的变动比货币需求对利率的变动更为敏感,所以在一般情况下,BP 曲线的斜率要小于 LM 曲线的斜率。

第三种情况:当资本完全不流动时,则与只考察经常项目差额的结果一样,反映国际收支均衡的 BP 曲线是一条与 Y 垂直的直线。

二、IS-LM-BP 基本模型中宏观经济调节的政策选择

根据西方经济学理论,在三部门国民收入模型分析中,国民收入的均衡主要表现在坐标图中除去 BP 曲线后,IS 曲线和 LM 曲线相交并对应于充分就业条件下的国民收入 Y_f 的点 E 上。而在由蒙代尔—弗莱明模型引入资本流动因素后的四部门国民收入模型分析中表明,一国要想达到内部平衡与外部平衡同时实现的目标,就必须使 IS 曲线和 LM 曲线及 BP 曲线这三条曲线也正好相交于 E 点,并且这一交点 E 也必须对应于充分就业条件下的国民收入 Y_f。

但实际上,这种理想状态不可能经常存在,而经常出现的是以下三种情况。

第一种情况:IS$_0$ 曲线和 IM$_0$ 曲线并不相交于充分就业条件下国内经济均衡的 E_f 点上,而是相交于 E_0 点上;同时,在 E_0 点上的国际收支也未处于 BP 曲线上。所以,国内经济与对外经济均处于不平衡状态(见图 2-13)。

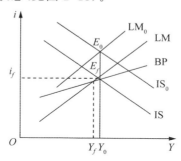

图 2-13 国内经济与对外经济均处于不平衡状态

第二种情况:IS 曲线和 LM 曲线相交于充分就业条件下国内经济均衡的 E 点上,但反映国际收支平衡的 BP 曲线未能通过 E 点,即国际收支处于非均衡状态(见图 2-14)。

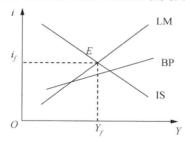

图 2-14 国内经济平衡但对外经济处于不平衡状态

第三种情况:IS$_0$ 曲线和 LM$_0$ 曲线相交于 E_0 点,而 BP 曲线也通过 E_0 点,但 E_0 点不是对应于充分就业条件下的国民收入 Y_f,而是对应于非充分就业条件下的国民收入 Y_0(见图 2-15)。

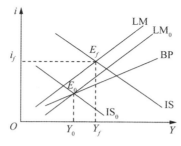

图 2-15 非充分就业状态下的内外经济同时平衡状态

所以,实际经济中无论这三种情况中的哪一种情况出现,都需要政府采用宏观经济政策进行调节,以实现内外经济的同时均衡。而宏观经济调节政策的选择可以有三种类型,即移动或调节 IS 曲线、移动或调节 LM 曲线与移动或调节 BP 曲线。

(一)移动或调节 IS 曲线的政策选择

在蒙代尔—弗莱明模型的分析中,IS 曲线的移动主要表现为对国内经济的调节。所以,运用财政政策进行调节更为有效。扩张性财政政策可以使 IS 曲线向右移动;紧缩性财政政策可以使 IS 曲线向左移动。同时,在开放经济条件下,贸易差额是国民收入的函数,因此,净出口成为影响一国投资需求和消费需求的一个有机组成部分。所以,对国际收支经常项目的调节也会导致 IS 曲线的移动。采用使净出口增加的政策可以使 IS 曲线向右移动;而采用使净出口减少的政策则可以使 IS 曲线向左移动。

(二)移动或调节 LM 曲线的政策选择

LM 曲线表示一国一定时期货币供给与货币需求的均衡。而在国民经济非均衡状态下,LM 曲线的移动则表示政府通过货币政策的运用对宏观经济进行调节。扩张性货币政策可以使 LM 曲线向右移动,紧缩性货币政策则使 LM 曲线向左移动。同时,在开放经济条件下,外汇储备也成为一国货币供给的一个有机组成部分,所以外汇储备的变动也会导致 LM 曲线的移动。采取使外汇储备增加的政策可以导致货币供给增加从而使 LM 曲线向右移动,采取使外汇储备减少的政策则可以导致货币供给减少从而使 LM 曲线向左移动。

(三)移动或调节 BP 曲线的政策选择

移动或调节 BP 曲线有两种情况:一种情况是 BP 曲线未能与表示在充分就业条件下国内经济均衡的 E 点相交,意味着国际收支自身虽然是平衡的,但未达到与国内经济在充分就业条件下的同时平衡,所以需要采取政策使 BP 曲线移动,以达到与国内经济同时均衡的目标;另一种情况是在国际收支自身失衡的前提下对其进行调节,从而使其首先回到 BP 曲线上,然后再进一步谋求与国内经济的同时均衡。

移动或调节 BP 曲线的政策包括调整汇率、国内利率和国内商品价格,以及采取行政干预等措施。如果在采取本币升值的汇率政策和提高国内商品价格政策的同时,降低国内利率,则会起到抑制出口和导致资本流出,使国际收支顺差减少的作用,从而使 BP 曲线向右移动;而如果在采取本币贬值的汇率政策和降低国内商品价格政策的同时,提高国内利率,则会起到鼓励出口和导致资本流入,使国际收支逆差减少的作用,从而使 BP 曲线向左移动。此外,采取贸易管制、外汇管制及财政管制等行政干预措施,同样可以起到使 BP 曲线移动的作用,其作用过程也同样是通过影响进出口和资本流动而调节国际收支,从而影响 BP 曲线的位置移动。

但是,由于调整汇率、国内利率和国内商品价格的政策,以及采取行政干预的措施,都有可能影响到 IS 曲线和 LM 曲线,所以无论运用哪一种政策,都要根据一国国内经济是否处于充分就业的均衡状态来进行选择。

三、资本完全流动情况下的蒙代尔—弗莱明模型

在蒙代尔—弗莱明模型分析中,在资本完全流动情况下,反映国际收支均衡的 BP 曲线是一条对应于国际市场利率的水平线。而蒙代尔—弗莱明模型分析的对象是开放的小型国家。因此,这条水平线同时也是反映小国国际收支均衡的 BP 曲线。在小国的蒙

代尔—弗莱明模型分析中,本国利率是由外国利率决定的,所以本国利率与外国利率相等。一旦本国利率有所变化,就会以很快的速度引起资本流动,从而使利率回到原来的水平。因此,小国的 BP 曲线就是一条对应于国际市场利率的水平线。但在开放的大型国家及其他国家的蒙代尔—弗莱明模型分析中,BP 曲线的位置与小国是不同的。

(一) 小国的蒙代尔—弗莱明模型及其政策调节

在不同的汇率制度下,小国在运用宏观经济政策对国内经济与国际收支进行调节时,货币政策和财政政策的效果是不同的。

1. 在浮动汇率制条件下

在浮动汇率制条件下,小国的蒙代尔—弗莱明模型表明,政府采用货币政策调节国内经济失衡是比较有效的,而采用财政政策调节国内经济失衡是缺乏效力的。

如图 2-16 所示,假定一国虽国际收支处于均衡状态,但国内经济却处于非充分就业状态,即图中点 E_0 对应的 Y_0 处,需要用扩张性货币政策进行调节。这时,政府可以通过增加货币供给的政策使 LM_0 曲线右移到 LM_1,以解决失业问题。同时,货币供给增加使利率下跌至点 E_1,导致资本流出,引起国际收支顺差减少或逆差增加,从而使外汇供求关系发生变化。在浮动汇率制下,外汇供应减少会引起外汇汇率上升,进而会刺激出口而导致净出口增加。而净出口增加不但正好弥补了由于资本流出而产生的逆差,使国际收支恢复原有的均衡,而且还使 IS_0 曲线也向右移动至 IS_1,与同向右移的曲线 LM_1 在利率与收入新的组合点 E_f 上相交,从而达到内外经济在充分就业条件下的同时均衡。

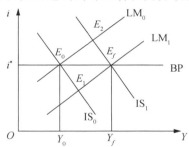

图 2-16 小国蒙代尔—弗莱明模型的政策调节

仍沿用图 2-16,假定一国国际收支处于均衡状态,而国内经济处于非充分就业状态,但政府要用扩张性财政政策进行调节。通过增加政府支出可以使 IS_0 曲线向右移动至 IS_1。同时,政府支出增加会引起对货币的需求增加,从而使利率上升至点 E_2,导致资本流入,使国际收支顺差增加或逆差减少,从而使外汇供求关系发生变化。在浮动汇率制下,外汇供应增加会引起外汇汇率下跌,进而会抑制出口而导致净出口减少。净出口减少虽然弥补了由于资本流入而产生的顺差,使国际收支恢复均衡,但同时会使 IS_1 曲线向左移动而回到 IS_0 曲线的位置,从而抵消了政府扩张性财政政策的效果。

2. 在固定汇率制条件下

在固定汇率制条件下,小国的蒙代尔—弗莱明模型表明,采用货币政策调节国内经济失衡是缺乏效力的,而采用财政政策调节国内经济失衡是比较有效的。

仍沿用图 2-16,假定一国国际收支处于均衡状态,而国内经济处于非充分就业状态,政府要用扩张性货币政策进行调节。虽然增加货币供给在使 LM_0 曲线右移至 LM_1 的同时，也使利率下跌和资本流出，但在固定汇率制下，国际收支顺差减少或逆差增加所引起的外汇供求关系变化并不能直接导致汇率的变化，从而也不能带来净出口的增加，因此由资本流出造成的国际收支逆差只能动用外汇储备进行平衡。而外汇储备减少导致货币供给减少，使 LM_1 曲线左移而又回到 LM_0 曲线的位置，从而抵消了政府扩张性货币政策的效果。

仍沿用图 2-16，假定一国国际收支处于均衡状态，而国内经济处于非充分就业状态，但政府要用扩张性的财政政策进行调节。虽然增加政府支出在使 IS_0 曲线右移至 IS_1 的同时，也使利率上升，资本流入，但在固定汇率制下，国际收支顺差增加或逆差减少只会带来外汇储备的增加。而外汇储备增加导致货币供给增加，从而使 LM_0 曲线右移至 LM_1，与同向右移的曲线 IS_1 在利率与收入新的组合点 E_f 上相交，从而达到内外经济在充分就业条件下的同时均衡。

（二）大国的蒙代尔—弗莱明模型及其政策调节

与小国的蒙代尔—弗莱明模型不同，大国的蒙代尔—弗莱明模型假设大国的财政、货币政策不仅能有效地改变本国利率，而且还能通过资本流出影响外国利率。尽管在均衡状态下，本国利率仍与外国利率相等。但重建新的均衡会导致出现一条新的 BP 曲线。因此，大国的蒙代尔—弗莱明模型得出的相应结论将与小国有所不同。而且，在不同的汇率制度下，大国在运用宏观经济政策对国内经济与国际收支进行调节时，其采用货币政策和财政政策的效果也是不同的。

1. 在浮动汇率制条件下

在浮动汇率制条件下，大国的蒙代尔—弗莱明模型表明，大国政府运用货币政策调节国内经济失衡的效力不如小国，但运用财政政策调节国内经济失衡的效力要强于小国。

如图 2-17 所示，假定一国国际收支虽处于均衡状态，但国内经济却处于非充分就业状态，即图中点 E_0 对应的 Y_0 处，需要用扩张性的货币政策进行调节。

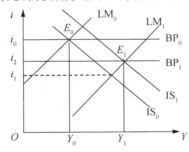

图 2-17 浮动汇率制下大国的货币政策调节

这时，政府可以通过增加货币供给的政策使 LM_0 曲线右移到 LM_1，以解决失业的问题。同时，货币供给增加使利率下跌至点 i_1，导致资本流出。而本国资本流出一方面表现为外国资本流入而使其货币供给增加，利率下降，从而使本国与外国重建新的由 i_0 跌至 i_2 的均衡利率，以及新的 BP_1 曲线；另一方面，资本流出引起本国国际收支顺差减少或逆差增加,从而使外汇供求关系发生变化。在浮动汇率制下,外汇供应减少引起外汇汇率上升,因而刺激出口而导致净出口增加。而净出口增加使 IS_0 曲线也向右移动至 IS_1,与同向右移的曲线 LM_1 及新的 BP_1 曲线在利率与收入新的组合点 E_1 上相交,从而达到在新的 BP_1 曲线上内外经济的同时均衡。但由于新 BP_1 曲线的位置低于原 BP_0 曲线的位置,因此,IS_0 曲线右移至 IS_1 与新 BP_1 曲线相交的移动幅度不如小国模型大,因而对国内经济的改善程度也不如小国。与此同时,均衡利率处于较低水平。

如图 2-18 所示,仍假定一国国际收支虽处于均衡状态,国内经济处于非充分就业状态,即图中 E_0 对应的 Y_0 处,但需要用扩张性的财政政策进行调节。

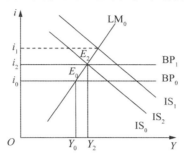

图 2-18 浮动汇率制下大国的财政政策调节

通过增加政府支出使 IS_0 曲线向右移动至 IS_1。同时,政府支出增加会引起对货币的需求增加,从而使利率上升至点 i_1,导致资本流入。而资本流入本国一方面表现为外国资本流出并使其货币供给减少,利率上升,从而使本国与外国重建新的由 i_0 升至 i_2 的均衡利率,以及新的 BP_1 曲线;另一方面,资本流入导致本国出现国际收支顺差。在浮动汇率制下,国际收支顺差使外汇供应增加,引起外汇汇率下跌,因而会抑制出口导致净出口减少。而净出口减少使得 IS_1 曲线向左回移。当 IS_1 曲线向左移至 IS_2 曲线位置时,与新的均衡利率 i_2 及新的 BP_1 曲线相交于点 E_2 上。因此,在实现了国际收支新的均衡的同时也实现了国内经济新的均衡。但由于 IS_1 曲线的回移并未像小国一样回到点 E_0 对应的 Y_0 处,只是回移到与 LM_0 曲线相交的 IS_2 曲线上点 E_2 对应的 Y_2 处,因而对国内经济有所改善,从而强于小国。但与此同时,均衡利率处于较高水平。

2. 在固定汇率制条件下

在固定汇率制条件下,大国的蒙代尔—弗莱明模型表明,大国政府运用货币政策调节国内经济失衡的效力要强于小国,而运用财政政策调节国内经济失衡的效力不如小国。

如图 2-19 所示,仍假定一国国际收支虽处于均衡状态,但国内经济却处于非充分就业状态,即图中点 E_0 对应的 Y_0 处,需要用扩张性的货币政策进行调节。

政府通过增加货币供给的政策使 LM_0 曲线右移到 LM_1,以解决失业问题。同时,货币供给增加使利率下跌至点 i_1,导致资本流出。而本国资本流出一方面表现为外国资本流入并使其货币供给增加,利率下降,从而使本国与外国重建新的由 i_0 跌至 i_2 的均衡利率,以及新的 BP_1 曲线;另一方面,资本流出导致本国出现国际收支逆差。但是,在固定汇率制下,由资本流出造成的国际收支逆差只能动用外汇储备进行平衡。而外汇储备减少

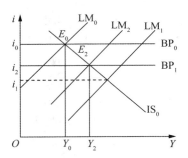

图 2-19 固定汇率制下大国的货币政策调节

导致货币供给减少,从而使 LM_1 曲线左移。当 LM_1 曲线左移到 LM_2 曲线的位置时,与新的均衡利率 i_2 及新的 BP_1 曲线相交于点 E_2 上。因此,在实现了国际收支新的均衡的同时也实现了国内经济新的均衡。而由于 LM_1 曲线的回移幅度小于小国,并未像小国一样回到点 E_0 对应的 Y_0 处,只是回移到与 IS_0 曲线相交的 LM_2 曲线上点 E_2 对应的 Y_2 处,因而对国内经济有所改善,从而强于小国。但与此同时,均衡利率处于较低水平。

如图 2-20 所示,仍假定一国国际收支虽处于均衡状态,但国内经济处于非充分就业状态,即图中 E_0 对应的 Y_0 处,需要用扩张性的财政政策进行调节。

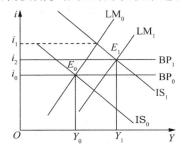

图 2-20 浮动汇率制下大国的财政政策调节

通过增加政府支出使 IS_0 曲线向右移动至 IS_1。同时,政府支出增加引起对货币的需求增加,从而使利率上升至点 i_1,导致资本流入。而资本流入本国一方面表现为外国资本流出并使其货币供给减少,利率上升,从而使本国与外国重建新的由 i_0 升至 i_2 的均衡利率,以及新的 BP_1 曲线;另一方面,资本流入导致本国出现国际收支顺差。但在固定汇率制下,国际收支顺差不会直接影响汇率,而只会增加外汇储备。外汇储备增加导致货币供给增加,从而使 LM_0 曲线右移至 LM_1,与同向右移的 IS_1 曲线以及新的 BP_1 曲线在利率与收入新的组合点 E_1 上相交,从而达到内外经济的同时均衡。但由于新 BP_1 曲线的位置高于原 BP_0 曲线的位置,因此, IS_0 曲线右移至 IS_1 与新 BP_1 曲线相交的移动幅度不如小国模型大,因而对国内经济的改善程度也不如小国。

(三)两国的蒙代尔—弗莱明模型及其政策调节

在资本完全流动情况下,一国采取的经济政策不仅会使本国经济状况发生改变,而且通过资本流动的国际传导影响到他国的经济运行。两国的蒙代尔—弗莱明模型就是通过分析两个相关国家之间政策效应的传递,揭示在资本完全流动情况下,一国政策调节的国家效应与国际效应。

1. 在固定汇率制下

在固定汇率制下,一国扩张性货币政策和财政政策调节不仅有利于本国经济的改善,而且也有利于他国的经济增长。

如图 2-21 所示,假定 a 国与 b 国同处于国际收支均衡和国内非充分就业状态,即图中点 E_0 和 E_0^* 对应的 Y_0 和 Y_0^* 处,因此,a 国要用扩张性的货币政策进行调节。

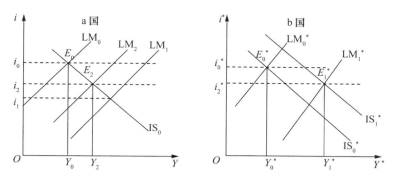

图 2-21　固定汇率制下两国货币政策效应的传递

a 国政府通过增加货币供给的政策可以使其获得与大国一样的效果,即图 2-21 中点 E_2 对应的 i_2 和 Y_2,利率下降、就业和收入增加。但同时,a 国利率下降导致其资本流出而进入 b 国。b 国由于资本流入而产生国际收支顺差,在固定汇率制条件下,储备增加导致其货币供给增加。因此,在使其利率由 i_0^* 下降至 i_2^* 与 a 国变动后的利率 i_2 相等的同时,也使其 LM_0^* 曲线右移至 LM_1^*。而 a 国收入增加引起其进口增加,而表现为 b 国的出口增加,使 b 国的 IS_0^* 右移至 IS_1^* 与 LM_1^* 相交,因此 b 国经济在点 E_1^* 达到新的均衡。因此,a 国的扩张性货币政策不仅改善了本国经济,而且促进了 b 国的收入增长。

与上述假定相同,如图 2-22 所示,a 国与 b 国同处于国际收支均衡和非充分就业状态,即图中点 E_0 和 E_0^* 对应的 Y_0 和 Y_0^* 处,但这时 a 国要用扩张性的财政政策进行调节。

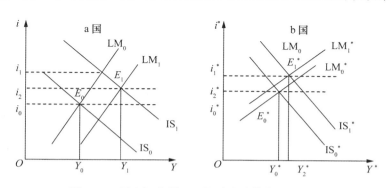

图 2-22　固定汇率制下两国财政政策效应的传递

a 国政府通过增加政府支出的政策仍然可以使其获得与大国一样的效果,即图中点 E_1 对应的 i_2 和 Y_1,利率上升、就业和收入增加。但同时,a 国利率上升导致其资本流入而

b 国资本流出。b 国由于资本流出而产生国际收支逆差。在固定汇率条件下,b 国国际收支逆差使得储备减少从而导致其货币供给减少。因此,在使其利率由 i_0^* 上升至 i_2^* 与 a 国变动后的利率相等的同时,也使其 LM_0^* 曲线左移至 LM_1^*。而 a 国收入增加引起其进口增加,表现为 b 国的出口增加,使 b 国的 IS_0^* 右移至 IS_1^* 与 LM_1^* 相交,因此,b 国经济在点 E_1^* 达到新的均衡。因此,a 国的扩张性财政政策不仅改善了本国经济,而且促进了 b 国的收入增长。

2. 在浮动汇率制下

在浮动汇率制下,一国扩张性货币政策的实施有利于本国经济的改善,但却使他国的收入减少;而一国扩张性财政政策的实施则不仅有利于本国经济的改善,也有利于他国的收入增加。

沿用上述假定,如图 2-23 所示,a 国与 b 国同处于国际收支均衡和非充分就业状态,即图中点 E_0 和 E_0^* 对应的 Y_0 和 Y_0^* 处,但这时 a 国要用扩张性的货币政策进行调节。

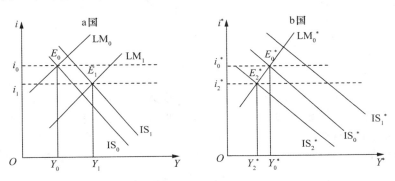

图 2-23 浮动汇率制下两国货币政策效应的传递

a 国政府通过增加货币供给的政策可以使其获得与大国一样的效果,即图 2-23 中点 E_1 对应的 i_1 和 Y_1,利率下降,就业和收入增加。a 国收入增加引起其进口增加,表现为 b 国的出口增加,使 b 国的 IS_0^* 右移至 IS_1^*。但与此同时,a 国利率下降导致其资本流出而 b 国资本流入,从而引起 b 国国际收支顺差。在浮动汇率制下,b 国外汇供应增加引起外汇汇率下跌,因而又导致其净出口减少。而净出口减少使其 IS_1^* 曲线又向左移动至 IS_2^* 与 LM_0^* 相交于点 E_2^*,在较低收入水平上形成新的平衡。因而 a 国实施的扩张性货币政策虽有利于本国经济的改善,但却使他国的收入减少。

仍沿用上述假定,如图 2-24 所示,a 国与 b 国同处于国际收支均衡和非充分就业状态,即图中点 E_0 和 E_0^* 对应的 Y_0 和 Y_0^* 处,但这时 a 国要用扩张性的财政政策进行调节。

a 国政府通过增加政府支出的政策仍然可以使其获得与大国一样的效果,即图 2-24 中点 E_2 对应的 i_1 和 Y_2,利率上升,就业和收入增加。a 国利率上升导致其资本流入而 b 国资本流出。b 国由于资本流出而产生国际收支逆差。在浮动汇率制条件下,b 国外汇供应减少使得外汇汇率上升而刺激其出口。而 b 国出口增加使其 IS_0^* 右移至 IS_1^*。与此同时,a 国收入增加引起其进口增加,而表现为 b 国的出口增加,又使 b 国的 IS_1^* 继续右移至 IS_2^* 与 LM_0^* 相交。因此,b 国经济在点 E_2^* 达到新的均衡。因此,a 国的扩张性财政政策不仅改善了本国经济,而且促进了 b 国的收入增长。

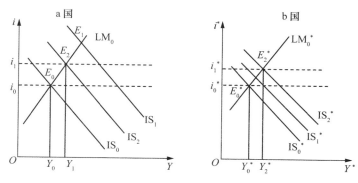

图 2-24 浮动汇率制下两国财政政策效应的传递

（四）资本完全流动情况下的蒙代尔—弗莱明模型分析小结

从对资本完全流动情况下小国的蒙代尔—弗莱明模型及其政策调节的分析中可以看到,在固定汇率制条件下,用财政政策调节国内经济比用货币政策调节国内经济更为有效。而在用货币政策调节国内经济缺乏效力的同时,扩张的货币政策却由于引起利率下跌而导致资本流出,使国际收支出现新的不平衡。因此,说明货币政策在调节对外经济关系时是富有效力的,从而在一定程度上印证了蒙代尔政策配合理论中,所谓财政政策对国内经济调节的作用较大而货币政策对国际收支的影响较大的结论。但在浮动汇率制下,这一结论就不一定成立,而必须加以修正。

此外,虽然在分析中采用的只是国内存在失业和经济衰退的经济失衡案例,而实际经济中的经济失衡有多种表现,但其原理是相通的,可以进行类推。

至于资本不完全流动情况下和资本完全不流动情况下的蒙代尔—弗莱明模型,也可以运用上述原理进行类推。

四、对蒙代尔—弗莱明模型的评价

蒙代尔—弗莱明模型是开放经济条件下,运用财政、货币政策配合调节一国内部经济和外部经济均衡的重要工具。蒙代尔—弗莱明模型对在不同汇率制度下财政、货币政策效力的分析,不仅对国际收支理论产生重大影响,同时也对各国政府为达到同时实现内外经济均衡目标的实践提供了有益的指导。

但蒙代尔—弗莱明模型也有其局限性,其分析中需要有一系列严格的假设条件,如总供给是一条水平曲线,具有完全弹性,产出完全由总需求决定,因此价格水平不变;同时,名义汇率等于实际汇率,汇率变动只取决于国际收支,并且不存在对汇率的预期等,与现实不一定相符。

阅读专栏　　　　　　　　**美联储的量化宽松货币政策**

量化宽松货币政策实施的前三个阶段,美联储更多的是履行"最后贷款人"职能,运用"非常规"货币政策工具,发挥着紧急救助作用,缓释市场流动性紧缺,目标是迅速遏制经济金融的"自由落体式"急速下滑,稳定社会公众预期。

随着上述目标的完成,美联储开始从前台回归幕后,发挥推动经济金融实现复苏的功能,重点转为运用"非常规"货币政策工具,树立市场信心,解决信用缺失,引导市场长期利率下降,刺激消费和投资恢复性增长,逐渐使社会资本成为推动经济金融恢复增长的内生性动力源,促进经济金融走上正常发展轨道。

美联储自2008年11月至2014年10月实施的三次量化宽松货币政策就是上述政策思路的具体体现。

1. 第一次量化宽松货币政策

此项政策自2008年11月起开始实施,2010年6月结束,美联储共计购买有价证券1.725万亿美元,具体包括抵押贷款支持证券1.25万亿美元、国债3 000亿美元、机构债1 750亿美元,向市场注入流动性,创美联储救市的新纪元。第一次量化宽松货币政策的实施,使市场流动性进一步扩大,金融机构流动性满足程度提高,市场悲观情绪有效缓释,挤兑发生的可能性大为下降,金融风险上升趋势得到遏制并出现下降,由此也导致市场短期利率开始下降,进而引起市场长期利率降低,切实稳定了金融市场,防止了经济金融危机的进一步恶化。第一次量化宽松货币政策具有过渡性质,兼有前期缓解市场流动性紧缺与后期引导市场长期利率下降的双重职能。

2. 第二次量化宽松货币政策

2010年11月至2011年6月,美联储实施了第二次量化宽松货币政策,其核心举措是共计购买财政部发行的长期债券6 000亿美元,其中每月购买750亿元,同时自2011年9月开始实施"扭转操作",卖出4 000亿美元的3年及以下期限的短期国债,并买入相同金额6—30年期限的长期国债。目的是以此提振市场信心和解决市场信用缺失,重在引导市场长期利率下降,尤其是"扭转操作"的意图更加明显,以有效降低社会融资成本,推动消费和投资上升,刺激经济金融复苏,并带动失业率下降。但由于美国当时面临的主要问题不是流动性不足而是市场需求不足,此项政策所释放的流动性并未完全进入美国实体经济,而是部分涌入新兴经济体,引发了其通货膨胀和资产泡沫,所以对美国经济金融复苏刺激的政策效果并不明显。

3. 第三次量化宽松货币政策

2012年9月至2014年10月,美联储实施了第三次量化宽松货币政策,其主要举措是每月购买400亿美元抵押贷款支持证券,同时继续完成2011年9月实施的"扭转操作"规模至2012年年末,从2013年开始每月实施"扭转操作"450亿美元(后来规模有所下降),累计购买资产1.7万亿美元。上述举措的主要目的是通过继续向市场释放流动性,引导市场长期利率下降,解决美国国内投资增长不明显、就业市场依然疲软的问题。

但在有效刺激美国经济发展的同时,也使其处于"利率洼地",导致美国投资者在套利动机的驱使下加大对海外的投资,尤其是对新兴经济体的投资,而且导致美元贬值引起国际大宗商品价格上涨和全球通货膨胀压力加大。

资料来源:蓝虹、穆争社,"量化宽松货币政策的全景式回顾、评价与思考",《上海金融》,2015年第7期。

 **本章提要**

1. 价格—现金流动机制理论认为:一国贸易差额会引起货币黄金的流入、流出,从而改变商品的相对价格,而商品相对价格的变化又会改变贸易差额,从而使国际间货币黄金量的分配恢复正常。

2. 弹性分析理论认为:如果一国采取汇率变动的办法来调节国际收支逆差,则本币贬值会引起进出口商品的相对价格变动,由于进出口的需求弹性存在差异,国际收支会因此而得到改善。

3. 吸收分析理论是在国民收入方程式的基础上提出的。它与弹性分析理论一样,都运用本币贬值的办法来调节国际收支逆差,但吸收分析法指出,只有在能够减少支出或增加收入的条件下,本币贬值才是有效的。

4. 货币分析理论强调了在国际收支分析中对货币因素的重视,考虑了包括资本流动在内的全部国际收支因素,是一种相对更全面的一般均衡分析。

5. 政策配合理论主要说明利用单一的政策不可能使内外部同时达到均衡,必须配合使用两种或两种以上的政策才能达到目标。

思考题

1. 马歇尔—勒纳条件的主要观点是什么？什么是J曲线效应？
2. 如何理解"吸收分析理论是有效需求管理理论的扩展和延伸"？
3. 货币分析理论的基本观点是什么？
4. 什么是米德冲突、丁伯根法则？
5. 斯旺认为支出调整政策和支出转换政策应怎样搭配？
6. 试评价蒙代尔—弗莱明模型。

第三章　外汇汇率

[**教学目的**]

通过学习本章，应正确理解外汇的动态与静态概念和汇率的概念，外汇的种类以及外汇在国际经济贸易中的作用；熟练掌握汇率的直接标价法、间接标价法和美元标价法；熟悉按不同标准划分的各种汇率种类及其相互间关系、固定汇率制和浮动汇率制的内涵和各种表现形态。

[**重点难点**]

外汇和汇率的概念及其主要分类，直接标价法、间接标价法及其转换，套算汇率的计算，固定汇率制度与浮动汇率制度的利弊分析。

[**引导案例**]

央行推进人民币汇率制度改革新举措

当前我国外汇市场健康发展，交易主体自主定价和风险管理能力不断增强。为顺应市场发展的要求，加大市场决定汇率的力度，建立以市场供求为基础、有管理的浮动汇率制度，中国人民银行决定扩大外汇市场人民币兑美元汇率浮动幅度，有关事宜如下：自2014年3月17日起，银行间即期外汇市场人民币兑美元交易价浮动幅度由1%扩大至2%，即每日银行间即期外汇市场人民币兑美元的交易价可在中国外汇交易中心对外公布的当日人民币兑美元中间价上下2%的幅度内浮动。外汇指定银行为客户提供当日美元最高现汇卖出价与最低现汇买入价之差不得超过当日汇率中间价的幅度由2%扩大至3%，其他规定仍遵照《中国人民银行关于银行间外汇市场交易汇价和外汇指定银行挂牌汇价管理有关问题的通知》(银发[2010]325号)执行。

中国人民银行将继续完善人民币汇率市场化形成机制，进一步发挥市场在人民币汇率形成中的作用，增强人民币汇率双向浮动弹性，保持人民币汇率在合理、均衡水平上的基本稳定。

为增强人民币兑美元汇率中间价的市场化程度和基准性，中国人民银行决定完善人民币兑美元汇率中间价报价。自2015年8月11日起，做市商在每日银行间外汇市场开盘前，参考上日银行间外汇市场收盘汇率，综合考虑外汇供求情况以及国际主要货币汇率变化向中国外汇交易中心提供中间价报价。

资料来源：http://www.pbc.gov.cn/(中国人民银行)。

世界上绝大多数国家都有自己的货币,然而这些货币尽管在本国可以自由流通,但是一旦跨越国界,它们便失去了自由流通的特性。由于各国所用的货币不同,国际上又没有统一的世界货币,各国从事国际经济交往以及其他业务都要涉及本国货币与外国货币之间的兑换,由此便产生汇率这一概念。汇率的变化受宏观、微观经济中许多因素的影响,也反过来影响国际收支中各个账户的变化和一国经济的运行。因此,对外汇和汇率的研究就成为国际金融研究的重要课题之一,掌握有关外汇和汇率的基本知识是研究整个国际金融问题的基础。

第一节 外汇与汇率概述

外汇的产生是商品流通和商品经济发展的必然结果。汇率是外汇市场的价格信号。下面我们首先从外汇与汇率的基本概念入手来对它们进行研究。

一、外汇

由于各国货币制度不同,各国货币的价格标准和价格符号不同,所以一国的货币通常只能在本国流通。当清偿国际间的债权债务时,需要进行国与国之间的货币兑换,这种金融活动就是国际汇兑,这也是外汇的最初含义。

(一)外汇的含义

外汇有动态与静态两种含义,一般是指静态含义。

静态的外汇含义描述的是外汇作为一种物质的特性,即外汇是指一国所持有的、以外币表示的、可以用于国际结算和支付的流通手段和支付手段。其具体形态包括:存放在国外银行的外币资产或以外币表示的银行存款;可以在国外得到偿付的、以外币表示的各种商业票据和支付凭证;外国政府库券和其他外币有价证券;其他对外债权及外币现钞等。

动态的外汇含义描述的是外汇作为一种活动的特性,即外汇是指把一国货币兑换成另一国货币并借以清偿国际间债权债务关系的一种专门性经营活动。早期的外汇概念指的就是这种国际汇兑活动。

IMF 为了在国际间统一口径,给外汇下的定义是:外汇是货币行政当局(中央银行、货币管理机构、外汇平准基金组织及财政部)以银行存款、财政部库券、长短期政府证券等形式所持有的在国际收支逆差时可以使用的债权。

我国《外汇管理条例》规定:"本条例所称外汇,是指下列以外币表示的金融资产:① 外国货币,包括纸币和铸币;② 外币支付凭证,包括票据、银行存款凭证、邮政储蓄凭证等;③ 外币有价证券,包括政府债券、公司债券、股票等;④ 特别提款权、欧洲货币单位;⑤ 其他外汇资金。"

与 IMF 的定义相比,我国的定义有两个特点:① 不强调外汇的官方持有性;② 外汇不仅包括生息资产,也包括外国货币和支付凭证等流通手段。

IMF 的定义与我国的定义都属于广义的静态外汇。

我们通常所说的外汇是狭义的静态外汇。狭义的静态外汇是指以外币表示的、可直接用于国际结算的支付手段和工具。从这个意义上讲,只有放在国外银行的外币存款,以及索取这些存款的外币票据和外币凭证才是外汇。

在理论上,人们在讨论外汇交易时,为简化分析,将外汇看成外国货币。在现实生活中,外汇作为金融资产,它的交易伴随着国际资本流动。或者说,外汇市场并不完全独立存在,它是融入国际货币市场或国际资本市场的一个无形市场。

(二)外汇的特征

作为外汇必须具备以下三个特征:

(1)外汇必须以本国货币以外的外国货币来表示。即使本国货币及以其表示的支付凭证和有价证券等,可用作国际结算的支付手段或国际汇兑,但对本国居民来说仍不是外汇。

(2)外汇必须是可以自由兑换的货币。一种货币能够自由兑换成其他货币或者其他形式的资产时,才能作为国际支付和国际汇兑的手段。

(3)外汇具有普遍接受性。外汇必须在国际上可以得到偿付,能为各国所普遍接受,才能承担国际支付的责任。

(三)外汇的种类

外汇的种类可以从不同角度、以不同标准或根据不同的研究目的来划分,但常用的划分主要有以下几种:

1. 按能否自由兑换分为自由外汇和记账外汇

自由外汇(Free Foreign Exchange)亦称现汇,是指那些可以在国际金融市场上自由买卖、在国际支付中广泛使用并可以无限制地兑换成其他国家货币的外汇,如美元(USD)、英镑(GBP)、日元(JPY)、港元(HKD)等货币。持有这种外汇,既可以互相自由兑换,也可以向第三国进行支付,而且被世界各国普遍接受。

记账外汇(Foreign Exchange Account)亦称双边外汇或协定外汇,是指用于贸易协定或支付协定项下双边清算所使用的外汇。一般是在两国签订协议后,在双方中央银行或指定银行设立双边清算账户,以协定中规定的货币作为记账货币,两国之间发生的外汇收支均以记账货币为单位记入对应的清算账户。最后,以相互抵消的方式清算在协定范围内所发生的债权债务。记账外汇所使用的货币既可以是协定国任何一方的货币,也可以是第三国货币。但它不能自由兑换成其他国家货币,也不能对第三国进行支付,只能在协定国之间使用。

2. 按外汇买卖的交割期限分为即期外汇和远期外汇

即期外汇(Spot Exchange)即现汇,是指在国际贸易或外汇买卖成交后两个营业日内办理交割的外汇。

远期外汇(Futures Exchange)即期汇,是指买卖双方按商定的汇率订立合约、在约定日期办理交割的外汇。一般期限为3—6个月,其中3个月期限较为普遍。

交割是指买卖双方履行交易合约,款货授受,进行实际收付的行为。

3. 按来源和用途分为贸易外汇和非贸易外汇

贸易外汇(Foreign Exchange of Trade)是指商品进出口,即有形贸易收支所使用的外汇。

非贸易外汇(Foreign Exchange of Invisible Trade)是指劳务进出口,即无形贸易收支及单方面转移收支等方面所使用的外汇。

4. 按外币形态分为外币现钞和外币现汇

外币现钞是指外国钞票、铸币。现钞主要从国外携入,属于广义外汇。

外币现汇是在货币发行国本土银行的存款账户中的自由外汇。现汇是由境外携入或寄入的外汇票据,经本国银行托收后存入,为狭义外汇。

除以上常见划分外,外汇还有许多种分类,如官方外汇、私人外汇、黑市外汇、劳务外汇、旅游外汇、留成外汇等。

(四) 外汇的作用

外汇是随着国际经济交往的发展而产生的,反过来又推动国际经贸关系的进一步发展,它在国际政治、文化、科技交往中起着重要的纽带作用。

1. 充当国际结算的支付手段

在世界经济交往中,如果没有可兑换的外汇,那么每一笔交易都必须以充当"世界货币"的黄金来支付结算,而黄金在各国间的运送,既要支付大量的运送费,又会耽误支付的时间,给有关方面造成资金占压,同时要承担很大风险。以外汇充当国际结算的支付手段,则能解决这一难题。利用国际信用工具,通过在有关银行账户上的转账或冲抵的方法来办理国际支付,这种国际间非现金的结算方式,既安全迅速又简单方便,还可节省费用,加速资金周转,促进国际经贸关系的发展。

2. 实现国际间购买力的转移

当今世界各国实行的是纸币流通制度,一般情况下,一国货币不能在别国流通,对别国市场上的商品和劳务没有直接的购买力。而外汇作为国际支付手段被各国普遍接受,它使不同国家间的货币购买力的转移得以实现,极大地促进了世界各国在经济、政治、科技、文化等领域的相互交流。

3. 调剂国际间的资金余缺

由于世界经济发展不平衡,各国资金的余缺程度不同,客观上需要在世界范围内进行资金的调剂。不同国家的资金调剂,不能像一国范围内资金余缺部门那样直接进行。外汇的可兑换性使各国余缺资金的调剂成为可能,从而推动国际信贷和国际投资活动,使资金的供求在世界范围内得到调节,对于国际金融市场的繁荣以及世界经济的快速发展起到巨大的推动作用。

4. 充当国际储备资产

国际储备是指一国货币当局所持有的,能随时用来支付国际收支差额,干预外汇市场,维持本币汇率稳定的流动性资产。国际储备由货币性黄金、外汇储备、在IMF的头寸及特别提款权构成。其中,外汇储备是当今国际储备的主体,其所占比重及使用频率均最高。外汇储备的主要形式是国外银行存款与外国政府债券,能充当储备货币的是那些可自由兑换、被各国普遍接受、价值相对稳定的货币。

二、汇率

汇率是进行外汇买卖、实现货币相互转换的基础和依据。国际贸易及国际间债权债务清偿、资本国际转移等活动，都要求将一国货币兑换或换算成另一国货币。但是由于各国货币的名称和定值标准不同，一国货币究竟可以折合为多少他国货币，就需要有一个兑换率，于是就产生了汇率问题。

（一）汇率的概念

外汇作为一种资产，它可以和其他商品一样进行买卖。商品买卖中是用货币购买商品，而货币买卖是用货币购买货币。汇率（Foreign Exchange Rate）又称汇价，即两国货币比率或比价，也即以一国货币表示的另一国货币的价格。例如，USD 1＝CNY 6.682，即以人民币表示美元的价格，说明人民币与美元的比率或比价。外汇是实现两国之间的商品交换和债务清偿的工具，是两种不同货币的买卖行为；汇率是买卖外汇的价格。因此，可以说：外汇是对兑换行为的质的表述，汇率则是对兑换行为的量的度量。

在不同的环境下，汇率有不同的称谓。直观上看，汇率是一国货币折算成另一国币的比率，因此汇率又可称为"兑换率"；从外汇交易的角度来看，汇率是一种资产价格，即外汇价格。外汇作为一种特殊的商品，可以在外汇市场上买卖，这就是外汇交易，进行外汇交易的外汇必须有价格，即"汇价"，它是以一国货币表示的另一国货币的价格。由于外汇市场上的供求经常变化，汇价也经常发生波动，因此汇率又称为"外汇行市"；在一些国家，如我国，本币兑换外币的汇率通常在银行挂牌对外公布，这时汇率又称为"外汇牌价"。

（二）汇率的标价方法

折算两个国家的货币，先要确定用哪个国家的货币作为基准。由于确定的基准不同，就存在外汇汇率的两种标价方法：直接标价法和间接标价法。此外，根据外汇市场惯例，还有一种美元标价法和非美元标价法，现分别介绍如下：

1. 直接标价法

直接标价法（Direct Quotation）亦称应付报价，即以本币表示外币的价格，是以单位外币作为标准，折合为若干数量本币的方法。这是除英、美两国外，其他国家所采用的方法。用这种标价方法计算时，外币的数额固定不变，而本币的数额则随着外币币值或本币币值的变化而变化。

例如，USD 1＝CNY 6.682↑↓即以美元作为外币，其数额固定不变，而人民币作为本币，其数额则随着外币币值或本币币值的变化而变化。外汇汇率上升，则如箭头↑所示，则等式右端的本币数额增加；外汇汇率下跌，则如箭头↓所示，则等式右端的本币数额减少。

2. 间接标价法

间接标价法（Indirect Quotation）亦称应收报价，即以外币表示本币的价格，是以1单位本币作为标准，折合为若干数量外币的方法。世界上只有英、美两国采用此方法。所以，间接标价法标出的实际上是英镑和美元的价格。用这种标价方法计算时，本币的数额固定不变,而外币的数额则随着本币币值或外币币值的变化而变化。

例如,GBP 1=JPY 130.5674↓↑即以英镑作为本币,其数额固定不变,而以日元作为外币,其数额则随着本币币值或外币币值的变化而变化。外汇汇率上升,则如箭头↓所示,则等式右端的外币数额减少;外汇汇率下跌,则如箭头↑所示,则等式右端的外币数额增加。

3. 美元标价法与非美元标价法

美元标价法与非美元标价法是国际外汇市场买卖外汇报价的习惯做法,在国际间已约定俗成,形成惯例。

随着外汇市场的迅速发展和外汇交易的全球化,对于外汇交易双方来说,一笔交易所涉及的两种货币可能没有一种属于本币,如英国某银行与德国某银行进行一笔外汇交易,而买卖的货币分别是美元和日元,这时就很难确切地用直接标价法或间接标价法的概念对报价进行规范。如果延用各国国内使用的汇率标价方式,就会由于交易各方标价方法的不同而出现报价混乱的情况。传统的、用于各国的直接标价法和间接标价法已很难适应国际外汇市场的发展,全球化的外汇交易需要一种统一的汇率表示方式。于是国际外汇市场上逐步形成美元标价法与非美元标价法。

在美元标价法下,美元作为基准货币,其他货币是标价货币;在非美元标价法下,非美元货币作为基准货币,美元是标价货币。在国际外汇市场上,除英镑、澳元、新西兰元、欧元、南非兰特等几种货币采用非美元标价法以外,其余大多数货币均采用美元标价法。这一惯例已被世界市场参与者接受。

当外汇市场报道,美元兑瑞士法郎汇率水平为0.9745时,即表明1美元=0.9745瑞士法郎。如果英镑兑美元汇率水平为1.2975,即表明1英镑=1.2975美元。

在统一外汇市场惯例标价法下,市场参与者不必区分直接标价法还是间接标价法,都按市场惯例进行报价和交易。货币升值或贬值可以通过汇率数额的变化直接反映出来。

综上所述,在谈到外汇汇率上涨或下跌时,首先要明确其标价方法,然后才能正确理解其含义。

(三)汇率的种类

汇率可以按照不同标准,从不同角度、根据不同需要划分为各种不同的种类。

1. 按银行业务操作情况分为买入价、卖出价、中间价和现钞价

买入价和卖出价是在银行与非银行客户交易时所使用的汇率,也叫商人汇率。其买入和卖出是站在银行角度而言,其价格是银行买入外汇或卖出外汇时所使用的汇率。

买入价(Buying Rate),即买入汇率,是银行买入外汇时所使用的汇率。

在直接标价法下,外汇的买入价是前一数字,即数字较小的一个。例如,USD 1=CNY 6.671—6.698,意味着银行所买的外汇是单位美元,在等式的左端。银行买外汇是收进美元,付出人民币。而付出的人民币数额就是等式右端带有下划线的数字,即单位外汇——美元的买入价。

在间接标价法下,外汇的买入价是后一数字,即数字较大的一个。例如,USD 1=CNY 6.671—6.698,意味着银行所买的外汇是若干人民币,在等式的右端,即带有下划

线的数字。银行买外汇是收进人民币,付出美元;而这时美元是本币。

卖出价(Selling Rate),即卖出汇率,是银行卖出外汇时所使用的汇率。

在直接标价法下,外汇的卖出价是后一数字,即数字较大的一个。例如,USD 1＝CNY 6.671－<u>6.698</u>,意味着银行所卖的外汇是单位美元,在等式的左端。银行卖外汇是付出美元,收进人民币。而收进的人民币数额就是等式右端带有下划线的数字,即单位外汇——美元的卖出价。

在间接标价法下,外汇的卖出价是前一数字,即数字较小的一个。例如,USD 1＝CNY <u>6.671</u>－6.698,意味着银行所卖的外汇是若干人民币,在等式的右端,即带有下划线的数字。银行卖外汇是付出人民币,收进美元;而这时美元是本币。

中间价,即中间汇率(Middle Rate)或挂牌价格,往往是官方汇价。它是外汇买入价和卖出价的平均数,是市场报价时所使用的汇率,也叫同业汇率,一般在银行间外汇市场上使用。

现钞价,即现钞汇率,是买卖外币现钞时使用的汇率。外币现钞买卖一般为外汇零售业务。由于外币现钞不能直接用于大宗国际贸易支付,而只能运回其母国才能正常使用,因此可能会发生运费、保险费等费用。所以,外币现钞的买入价要比外汇买入汇率低,是从外汇买入价中扣除掉将其运往其母国的运费和保险费以后的价格,但其卖出价与外汇相同。

2. 按照交割期限分为即期汇率和远期汇率

即期汇率,即现汇汇率(Spot Exchange Rate),是外汇买卖成交后在两个营业日内进行交割时所使用的汇率。一般即期外汇交易都是通过电话、电报、电传方式进行,因此,即期汇率就是电汇汇率,同时也是外汇市场上的基本汇率。

远期汇率,也称期汇汇率(Forward Exchange Rate),是外汇买卖成交后,按照约定在到期日进行交割时所使用的汇率。远期汇率常以对即期汇率的升水或贴水来报价。升水(Premium)意味着远期汇率比即期汇率高,$P=F>S$;贴水(Discount)意味着远期汇率比即期汇率低,$D=F<S$;平价(Par)意味着远期汇率与即期汇率相等,不升不贴,$F=S$。

即期汇率主要是由外汇交易当时的供求状况所决定的,而远期汇率则主要是由约定的到期日时的外汇交易供求状况所决定的。一般说来,即期汇率较高,因为短期内可以兑现,风险较小;而远期汇率则低一些,因为它要经过一段时间才能兑现,风险较大。

3. 按外汇交易的结算方式分为电汇汇率、信汇汇率和票汇汇率

电汇汇率(Telegraphic Transfer Rate)是以电信方式进行外汇交易时使用的汇率,即以电信方式通知付款时所使用的汇率。由于国际上不同外汇市场之间较大金额的外汇买卖通常都使用电话、电报、电传等电信方式进行,所以电汇汇率成为外汇市场上的基本汇率。

信汇汇率(Mail Transfer Rate)是以信函方式进行外汇交易时使用的汇率,即以信函方式通知付款时所使用的汇率。由于以信函方式收付外汇的时间远比电汇慢,所以信汇汇率一般比电汇汇率低。

票汇汇率(Draft Transfer Rate)是以汇票、支票或其他票据作为支付方式进行外汇买卖时所使用的汇率。分为即期和远期两种。即期票汇是现汇汇票,为见票即付汇票;

远期票汇是期汇汇票,即在约定的到期日付款的汇票。即期票汇汇率是银行买卖即期票汇时使用的汇率;远期票汇汇率是银行买卖远期票汇时使用的汇率。由于以票汇方式收付外汇的时间也比电汇慢,所以票汇汇率一般也比电汇汇率低。

由于使用电汇方式可以保证在两个营业日内完成交割,付款时间短,从而可避免汇率波动风险;同时,由于银行不能利用客户的在途汇款资金做短期周转,因此电汇汇率要高于信汇汇率和票汇汇率。

4. 按汇率制度分为固定汇率和浮动汇率

固定汇率(Fixed Exchange Rate)即固定比价,是指两国货币比价基本固定,其波动范围被限制在一定幅度内。所谓固定比价,并不是一成不变的,而是一般不做大的变动,小变动则被限制在一定幅度内。

浮动汇率(Floating Exchange Rate)即可变汇率,是指可以由货币行政当局自主调节或由外汇供求关系自发影响其涨落的汇率。其浮动的类型还可以进行进一步的划分:按政府是否干预,可分为自由浮动与管理浮动;按照浮动的形式,可分为单独浮动与联合浮动;等等。

5. 按交易对象分为银行同业汇率和商人汇率

银行同业汇率是指银行同业之间买卖外汇的汇率,即中间汇率。在我国现行外汇市场上即为同业汇率。

商人汇率是指银行对非银行客户买卖外汇的汇率,即买入汇率和卖出汇率。

6. 按换算标准分为基础汇率和套算汇率

基础汇率(Basic Rate)是指一国货币同关键货币的比价,如美元对其他国家货币的汇率。套算汇率(Cross Rate)又称交叉汇率,指两国货币通过各自对第三国货币的汇率套算出的汇率。

7. 按管理程度分为官方汇率和市场汇率。

官方汇率(Official Exchange Rate)是指由国家外汇管理当局确定公布的汇率,市场汇率(Market Exchange Rate)是由外汇市场供求关系状况决定的汇率。官方汇率又可进一步分为单一汇率和多重汇率。单一汇率为无国别、无货物来源等差别的汇率,是 IMF 要求会员国使用的汇率。多重汇率即对不同国别、不同货物来源分别规定差别汇率,是外汇管制的一种方法。

8. 按营业时间分为开盘汇率和收盘汇率

开盘汇率是银行在营业日开始营业时,对首笔外汇买卖报出的第一个外汇牌价(Foreign Exchange Quotations);收盘汇率是银行在营业日结束营业前,报出的最后一个外汇牌价。这种划分一般在浮动汇率条件下使用。

9. 按外汇资金性质和用途分为贸易汇率和金融汇率

贸易汇率是指用于进出口贸易及其从属费用方面的汇率。金融汇率主要是指资金转移和旅游支付等方面的汇率。

10. 按外汇收付的来源与用途分为单一汇率和多种汇率

单一汇率是指一国对外仅有一个汇率,各种不同来源与用途的收付均按此计算,或本币对各种外币的即期外汇交易的买卖价不超过2%者。

多种汇率又称复汇率,是指一国货币对某一外国货币的汇价因用途及交易种类的不同而规定有两种以上的汇率,或本币与各种外币的即期外汇交易的买卖价超过2%者。

11. 按测算方法分为名义汇率、实际汇率和有效汇率

名义汇率是指官方公布的汇率或在市场上通行的、没有剔除通货膨胀因素的汇率。

实际汇率 e_r 是能够反映国际竞争力的汇率。与名义汇率不同的是,它反映了物价因素对汇率的影响。它有两种基本表达方式:

(1) 用价格水平加权的实际汇率,可表述为:

$$e_r = e(P^*/P) \tag{3-1}$$

式中,P^* 和 P 分别表示外国和本国的价格水平;P^*/P 表示国际相对价格,可看成名义汇率 e 的权数。实际汇率可反映一个国家的国际竞争力(针对价格竞争)。在其他条件不变的前提下,实际汇率上升,表示该国国际竞争力提高。对(3-1)式做对数差分,有:

$$\Delta \ln e_r = \Delta \ln e + \Delta \ln P^* - \Delta \ln P \tag{3-2}$$

从(3-2)式可以看出,实际汇率变动率 $\Delta \ln e_r$ 反映的是名义汇率变动率 $\Delta \ln e$ 与两国通货膨胀率差额($\Delta \ln P^* - \Delta \ln P$)之和。外币汇率上升、外国物价上升和本国物价下降,都是表现本国商品国际竞争力提高的核心因素。

在理论分析中,人们习惯使用该实际汇率概念。但是,在经验分析中,它有明显的局限性,即物价水平作为若干种商品和服务价格的加权平均数,缺少相应的统计数据。

(2) 用价格指数加权的实际汇率。鉴于价格水平数据难以获得,人们使用价格指数代替价格水平,实际汇率则表述为:

$$e_r = e(P_t^*/P_t) \tag{3-3}$$

式中,P_t^* 和 P_t 分别为 t 期外国和本国的价格指数。价格指数具有大量的统计数据,因此该实际汇率概念具有可操作性。但是,各国在编制价格指数时,选择的基期不同,容易给人们造成混淆。此外,它只适用于跨时分析,在静态分析中价格指数不能说明什么问题。

有效汇率是指用本币数量表示的一篮子外币的加权平均值。其定义方程为:

$$EER = \sum_{i=1}^{n} W_i e_i \tag{3-4}$$

式中,n 为一篮子货币中的货币种类数,e_i 为第 i 种外币的汇率(直接标价法),W_i 为第 i 种外币在计算中的权数。一篮子货币中货币种类的选择以及权数的计算主要由本国与其他国家对外经贸往来的密切程度确定。

一个国家要同多个国家发生经济往来,要与多个国家产生货币兑换关系,从而会出现多种汇率。这些汇率的走势可能不同。例如,人民币在对日元升值的同时,可能对欧元贬值,同时对美元保持稳定。在宏观经济分析中,如果人们要研究汇率变动对宏观经济的影响,使用针对任何一个国家货币的汇率都是不够准确的,这时需要使用有效汇率的概念。

第二节 汇率的决定及其变动

分析研究决定和影响汇率变动的因素,是制定对外经济政策的依据和基础,是一国宏观经济管理,尤其是对外经济关系调控的一个重要组成部分。

一、决定汇率的基础

货币具有的或代表的价值是决定汇率水平的基础,汇率在这一基础上受其他因素的影响而变动,形成现实的汇率水平。同时,货币制度又是汇率存在的基本客观环境,决定了汇率决定的机制。纵观历史,国际货币制度的演变大致经历了以下两个历史阶段:金本位制和纸币本位制。

(一) 金本位制下汇率的决定与变动

1. 金本位制下汇率的决定

金本位制是指以黄金为货币制度的基础,黄金直接参与流通的货币制度。它是从19世纪初到20世纪初资本主义国家实行的货币制度。从广义的角度来看,金本位制具体包括金币本位制、金块本位制和金汇兑本位制三种形式,其中金币本位制是典型的金本位制,后两种是削弱了的、变形的金本位制。在典型的金本位制下,各国货币均以黄金铸成,金铸币有一定重量和成色,有法定的含金量;金币可以自由流通、自由铸造、自由输出输入,具有无限清偿能力;辅币和银行券可以按其票面价值自由兑换为金币。金本位制发展到后期,国际货币制度从金币本位制演变成金块本位制和金汇兑本位制,这是因为黄金产量跟不上经济发展对货币日益增长的需求,黄金参与流通、支付的程度下降,其流通、支付手段职能逐步被以其为基础的纸币所替代。

在典型的金本位制下,金币本身在市面上流通,铸造的金币与可兑换的银行券以1∶1的严格比例保持互换,这时两种货币之间含金量之比即铸币平价(Mint Parity),就成为决定两种货币汇率的基础。铸币平价是金平价(Gold Parity)的一种表现形式。所谓金平价,是指两种货币含金量或所代表的含金量的对比。例如,在1925—1931年间,英国规定1英镑的纯金量为113.0016格令(Grains),美国规定1美元的纯金量为23.22格令,这样英镑与美元之间的汇率即为 GBP 1=113.0016/23.22=USD 4.8665,即1英镑金币的含金量等于1美元金币含金量的4.8665倍。这就是英镑与美元之间汇率的决定基础,它建立在两国法定的含金量基础上。因此,作为汇率基础的铸币平价是比较稳定的。

2. 金本位制下汇率的变动

在金本位制下,汇率的决定基础是铸币平价。但在实际经济中,外汇市场的汇率水平以铸币平价为中心,在外汇供求关系的作用下上下浮动,并且其上下浮动被界定在铸币平价的上下各一定界限内,这个界限就是黄金输送点(Gold Point)。黄金输送点是指在金本位制下外汇汇率波动引起黄金输出和输入国境的界限,它等于铸币平价加(减)运送黄金的费用。这是因为金本位制度下黄金可以代替货币、外汇汇票等支付手段用于清偿国际债务,只是黄金的运送需要一定的费用。对一国来说,由于债务清偿手段选择黄金还是外汇取决于外汇市场上外汇汇率是否上涨超过铸币平价加上向外输出黄金的各种费用（或外汇汇率是否下降超过铸币平价减去从外国输入黄金的各种费用），因此铸币平价加（减）黄金运送费用则构成黄金输出（入）点，亦即汇率波动的上下限。

例如，英镑与美元的铸币平价为 GBP 1＝USD 4.8665，英美两国之间运送 1 英镑黄金的费用为 0.02 美元，则汇率变动的上下限为：

$$上限＝铸币平价＋运送费用$$

即 GBP 1＝USD 4.8665＋USD 0.02＝USD 4.8665

$$下限＝铸币平价－运送费用$$

即 GBP 1＝USD 4.8665－USD 0.02＝USD 4.8465

因此，GBP 1＝USD 4.8465 称为美国的黄金输入点、英国的黄金输出点。

在金块本位制和金汇兑本位制下，由于黄金已经较少或者根本不再充当流通手段和支付手段，典型金本位制下的黄金自由输出输入受到不同程度的限制，此时货币的汇率由纸币所代表的金量之比决定，即由法定平价决定，实际汇率则因供求关系而围绕法定平价上下波动。法定平价也是金平价的一种表现形式。在上述两种金本位制下，由于黄金不能自由输出输入、黄金输出（入）点已经不复存在，汇率决定的基础依然是金平价，但其波动幅度则由政府决定和维持，政府通过设立外汇平准基金来维护汇率的稳定。

（二）纸币本位制下汇率的决定与变动

遭受第一次世界大战的破坏，以及 1929—1933 年资本主义经济危机的冲击，金本位制宣告崩溃，开始进入纸币流通时期。第二次世界大战后，国际货币制度过渡到布雷顿森林体系阶段。从纸币制度产生之日起，各国政府就规定了本国货币所代表的（而不是所具有的）含金量，即代表的一定价值。因此，纸币本位制下，金平价不再成为汇率决定的基础，各国货币之间的汇率也就由各自所代表的价值纸币来确定。同时，在纸币本位制下，汇率无论是固定的还是浮动的，纸币本身的特点使得汇率丧失了保持稳定的基础；外汇市场上的汇率波动也不再受黄金输送点的制约，波动可以变得无止境，任何能够引起外汇供求关系变化的因素都会造成汇率的波动。

纸币所代表的价值量是纸币本位制下决定汇率的基础。但是，在现实经济生活中，由于各国劳动生产率水平的差异、国际经济交往的日益密切、金融市场的一体化及信息传递技术的进步等因素，纸币本位制下货币汇率的决定不仅受本国经济和政策等因素的影响，还会受其他诸多因素的影响。

二、影响汇率变动的主要因素

汇率的变动受很多因素的影响，其中既包括经济因素，也包括政治因素、心理因素及其他因素。各因素之间在相互联系的同时也相互制约，并且其作用的强弱也经常发生变化，有时以这些因素为主，有时以另一些因素为主，而同一种因素在不同的国家或在同一国家的不同时期所发挥的作用也不尽相同。因此，汇率变动的原因是极其错综复杂的。但从根本上来说，影响汇率变动的主要因素是一些基本的经济因素。它们都是通过影响外汇的供求关系而导致汇率变动的，这些基本经济因素主要包括以下几个方面：

(一) 国际收支状况

国际收支对汇率变动的影响,需要区分两种情况,即在不同的汇率制度下,国际收支对汇率有不同的影响。

在浮动汇率制下,由于汇率受市场自发作用的调节,因此国际收支状况对一国的汇率变动会直接产生影响。其作用过程为:一国国际收支逆差可导致本国外汇供给的减少或外国对本币需求的减少,从而造成市场上的外汇供不应求或本币供过于求,引起外汇汇率上涨,本币汇率下跌;反之,一国国际收支顺差则引起外汇汇率下跌,本币汇率上涨。

在固定汇率制下,由于汇率是由官方人为控制的,因此国际收支状况不会直接导致汇率变动,但它会带来汇率变动的压力。例如,长期、大量的国际收支逆差往往是本币法定贬值的信号。政府往往迫于市场作用的压力而改变汇率。

(二) 通货膨胀率差异

通货膨胀(Inflation)对汇率变动的影响是长期性的,而且可以从不同方面表现出来。

通货膨胀对汇率变动的影响,首先表现在国内货币供给过多造成通货膨胀和物价上涨,导致本国出口商品和劳务在世界市场上的价格竞争能力降低,从而使出口需求减少。与此同时,国内通货膨胀、物价上涨还会导致进口价格相对降低而刺激进口需求增加,从而使国际收支产生逆差。而一国国际收支逆差则导致其外汇供不应求,引起本币贬值和外汇汇率上升。

其次,一国货币的对内贬值,将会降低其本币在国际上的信誉,不可避免地会影响到其对外价值,导致其本币汇率下跌。

(三) 利率差异

利率对汇率变动的影响一般是短期性的,但表现较为剧烈,尤其是在浮动汇率制条件下。

首先,利率影响汇率变动,主要通过对国际收支资本项目的影响而发挥作用。因为在开放经济条件下,国际间利率的差异往往会引起短期资本在国际间的流动。本币利率高的国家会发生资本流入,本币利率低的国家会引起资本流出。而资本的流入流出则会引起外汇市场的供求关系发生变化,从而对汇率变动产生影响。其具体的作用过程表现为:

利率高——资本流入——国际收支顺差——外汇供大于求——外汇汇率下跌、本币升值
利率低——资本流出——国际收支逆差——外汇供不应求——外汇汇率上涨、本币贬值
这一作用过程如图 3-1 所示。

图 3-1 利率通过资本流动影响汇率变动

其次,利率对汇率变动的影响,还通过对国际收支经常项目的影响而发挥作用。利率可以通过与国内货币供给政策的联系而影响物价水平。一般情况下,提高本币利率往

往伴随着国内货币供给减少及信用紧缩政策,以至于引起物价下跌,从而影响进出口和国际收支乃至汇率。其具体作用过程表现为:

利率高——伴随着国内货币供给减少和信用紧缩——物价下跌——有利于出口,不利于进口——国际收支顺差——本币升值

利率低——伴随着国内货币供给增加和信用扩张——物价上涨——不利于出口,有利于进口——国际收支逆差——本币贬值

这一作用过程如图 3-2 所示。

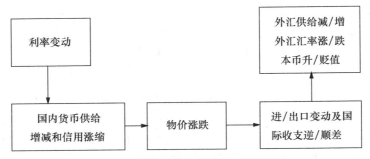

图 3-2　利率通过进出口影响汇率变动

(四) 经济增长率

一国经济增长率高的低对汇率变动的影响较为复杂,可能出现以下几种情况:

(1) 发展中国家一般表现为在国内经济增长的同时,伴随着国际收支逆差,从而影响汇率。这主要是由于发展中国家经济增长率的提高会引起国内需求水平的提高,而发展中国家又往往依赖于增加进口以弥补国内供给的不足,从而导致其出口增长慢于进口增长,使其国际收支出现逆差,造成本币汇率下跌。其过程如图 3-3 所示。

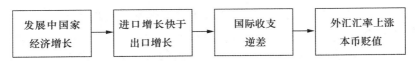

图 3-3　发展中国家经济增长对汇率的影响

(2) 出口导向型国家则与上述情况相反。出口导向型国家的经济增长主要表现为出口的增长,进而导致其国际收支出现顺差,以至于影响汇率。其过程如图 3-4 所示。

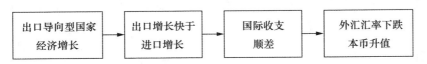

图 3-4　出口导向型国家经济增长对汇率的影响

(3) 经济增长也反映一国经济实力的变化。从市场参与者的心理角度分析,一国经济增长表明该国经济实力的提高,从而会增强外汇市场上对其货币的信心,提高其本币信誉,导致其本币汇率上升。当然,在其他条件不变的情况下,如果各国经济增长率同步变化,就不会对汇率产生太大影响。

（五）财政赤字

一国财政赤字对汇率变动的影响较为复杂。一般说来，庞大的财政赤字说明财政支出过度，会引发通货膨胀，导致国际收支经常项目恶化，使一国货币汇率下降。但这种情况是否会发生，主要取决于弥补财政赤字的方法。

在市场经济条件下，如果采用财政性发行的方法来弥补财政赤字，就会导致国内通货膨胀和物价上涨，利率下降，不仅不利于本国出口，而且还导致资本流出，从而使国际收支恶化，本币汇率下降。

如果通过紧缩信贷来弥补财政赤字，则会导致国内利率上升，物价下跌，不仅有利于本国出口，而且还吸引资本流入，从而改善国际收支，使本币汇率趋于坚挺。

（六）外汇储备

中央银行所持有的外汇储备表明了一国干预外汇市场、维持本币汇率的能力。但一国外汇储备对汇率变动的影响较为有限，而且只能在短期内起作用。这是因为在一定时期内，一国的外汇储备毕竟是一个有限的量。

（七）政策因素

政府机构是外汇市场的交易主体之一，故政府可直接通过外汇买卖来影响汇率。但是，政府出售外汇的努力取决于其持有的外汇储备的规模，其购买外汇的行为也要受到外汇储备机会成本的影响。

在中央银行参与外汇市场交易不足以实现政府的汇率政策目标时，政府可借助外汇管制来限制外汇供求关系，以使汇率变动在政府可以接受的范围之内。

政府其他经济政策也会对汇率产生间接影响。例如，扩张性财政政策会通过刺激增长，引起进口增加，带来本币对外贬值压力。紧缩性货币政策会通过抑制通货膨胀和利率上升，引起贸易顺差和资本流入，最终导致本币对外升值。

政府的贸易政策既可能刺激出口（如出口退税），又可能限制进口（如非关税壁垒），对汇率也有较长期的影响。

政府还可以与他国政府进行政策协调，共同采取干预汇率的措施。

在现实生活中，政策因素往往通过改变市场心理预期而影响汇率。政府是外汇市场上最有实力的交易者，因此政府的意图具有特别强的影响力。在很多情况下，领导人发布公开讲话之后，无须政府采取实际干预行为，市场汇率的变化就能够达到政府期待的目标值。

（八）市场心理预期

若人们预期外币汇率上升，资本就会流出，外币汇率就会上升。这说明汇率预期具有自我实现的功能。

人们对其他价格信号和宏观经济变量的预期也有类似特点。例如，若人们产生通货膨胀预期，就会抢购，以避免物价上升给自己带来的损失，而人们的行为恰好使物价上升成为现实。所以，通货膨胀预期会引起外币汇率上升。其他变量的预期也会产生类似作用。

人们的预期受多种因素的影响。人们的文化素质和知识水平不同，使得同样的因素会使不同的人产生不同的预期。搜寻信息的成本也决定了不同人掌握的信息是不相同的。一项新闻,不论它是谣言,还是严肃的报道,一旦对人们的预期产生重大影响,就会通过人们的外汇交易行为影响汇率。

（九）重大国际国内政治事件

重大国际国内政治事件也是影响汇率变化的因素,因政治事件对经济因素会发生直接或间接影响,而汇率变化对政治事件尤为敏感。国际上的军事行动,如 1991 年的海湾战争,2003 年 3 月 21 日美英联军发动的对伊拉克的战争,2001 年 9 月 11 日恐怖分子对纽约世贸中心的突发袭击,均对美元汇率发生重大影响。1991 年 8 月 19 日在苏联发生的对当时总统戈尔巴乔夫的非常事件,曾使美元对当时马克的汇率在两天内剧升 1 500 点,为第二次世界大战后造成汇率波动最大的一次国际政治事件。此外,一国首脑人物的政治丑闻、错误言论以及主管金融外汇官员的调离任免都会对短期汇率走势产生不同影响。

阅读专栏　　　　　人民币汇率波动

央行新闻发言人在答记者问时就明确表示,从国际、国内经济金融形势看,当前不存在人民币汇率持续贬值的基础。

一是中国经济增速相对较高。2015 年上半年,面对复杂严峻的国际、国内环境和各种困难挑战,中国经济仍增长 7%,从全球横向比较看仍保持了较高的增速。7 月份,货币供应量和信贷总额的较大波动应是临时的、可控的,中国仍将坚持稳健的货币政策。近期主要经济指标企稳向好,经济运行出现积极变化,为人民币汇率保持稳定提供了良好的宏观经济环境。

二是中国经常项目长期保持顺差,2015 年前 7 个月货物贸易顺差达 3 052 亿美元,这是决定外汇市场供求的主要基本面因素,也是支持人民币汇率的重要基础。

三是近年来人民币国际化和金融市场对外开放进程加快,境外主体在贸易投资和资产配置等方面对人民币的需求逐渐增加,为稳定人民币汇率注入了新动力。

四是市场预期美联储加息导致美元在较长一段时间内走强,市场对此已在消化之中。未来美联储加息这一时点性震动过后,相信市场会有更加理性的判断。

五是中国外汇储备充裕,财政状况良好,金融体系稳健,为人民币汇率保持稳定提供了有力支撑。

"在有管理的浮动汇率制度下,人民币汇率中间价的波动是正常的,不仅是中间价市场化程度提高的体现,也是市场供求在汇率形成中决定性作用的反应。"该发言人提醒,亦需看到,在完善人民币汇率中间价报价后,做市商报价和进行市场交易试探并寻求外汇市场供求均衡点的过程都需要一定的时间,"这些都有可能会临时性加大人民币汇率中间价的波动。短暂的磨合期过后,外汇市场日内的汇率波动以及由此带来的人民币汇率中间价的变动将会逐渐趋向合理、平稳。"

资料来源:付碧莲,"人民币风暴",《国际金融报》,2015 年 8 月 17 日第 1 版。

第三节　汇率变动对经济的影响

在当今的浮动汇率制度下，汇率的变动频繁而剧烈。汇率变动对一国的国内经济、国际收支及整个世界经济都有重大影响。货币升值或贬值的影响就结果而言正好相反。

一、汇率变动对一国国际收支的影响

汇率变动对一国国际收支产生的直接影响表现在以下几个方面：

（一）汇率变动对贸易收支的影响

一国货币汇率变动，会使该国进出口商品价格相应涨落，抑制或刺激国内外居民对进出口商品的需求，从而影响进出口规模和贸易收支。例如，一国货币对外汇率下跌即本币贬值，则以本币表示的外币价格高涨，出口收汇兑换成本币后的数额增多。出口商为扩大销售，增加出口，有可能降低出口商品的外币售价，而获得本币的数额不会较前减少。与此同时，一国货币汇率下跌，以本币表示的进口商品的价格上涨，从而抑制本国居民对进口商品的需求。在一般情况下，出口的扩大，进口的减少，有利于汇率下跌国家的贸易收支的改善。如果一国货币汇率上涨，其结果则与上述情况相反。

（二）汇率变动对非贸易收支的影响

1. 汇率变动对无形贸易收支的影响

一国货币汇率下跌，则外国货币兑换本国货币的数量增加，外币的购买力相对提高，本国商品和劳务相对低廉。与此同时，本国货币兑换外币的数量减少，则意味着本币购买力相对降低，国外商品和劳务价格变得昂贵了。这有利于该国旅游与其他劳务收支状况的改善。如果汇率上升，其作用则与此相反。当然，汇率变动的这一作用，须以货币贬值国国内物价不变或上涨相对缓慢为前提。

2. 汇率变动对单方转移收支的影响

一国货币汇率下跌，如果国内价格不变或上涨相对缓慢，则一般对该国的单方转移收支会产生不利影响。以侨汇为例，侨汇多系赡家汇款，货币贬值后，旅居国外侨民只需汇回国内少于贬值前的货币，就可以维持国内亲属的生活需要，从而使该国侨汇收入减少。一国货币如果对外升值，其结果则相反。

（三）汇率变动对资本流动的影响

汇率频繁变动会使得国际资本流动的风险增大，从而影响国际资本流动的正常进行；同时，汇率波动还会刺激投机活动，引起短期资本在国际间的频繁流动，从而不但冲击各国正常的经济秩序，不利于一国经济的平稳发展，而且也影响国际资本的正常流动。

（四）汇率变动对国际储备的影响

一方面，汇率变动主要通过对进出口及资本流动的影响引起外汇储备的增减变化，即汇率变动通过影响国际收支而引起储备变动；另一方面，汇率变动还会使外汇储备的实际价值发生变化。例如，关键货币的汇率下跌，使该储备货币持有国受到无形损失。

二、汇率变动对国内经济的影响

（一）汇率变动对国内物价的影响

一国货币汇率下跌，一方面有利于出口，使国内商品供应相对减少，货币供给增加，促进物价上涨；另一方面会使进口商品的本币成本上升而带动国内同类商品价格上升。若货币汇率上升，一般则是相反。

（二）汇率变动对国民收入与就业的影响

一国货币汇率下跌，由于有利于出口而不利于进口，将会使闲置资源向出口商品生产部门转移，并促使进口替代品生产部门的发展。这将使生产扩大、国民收入和就业增加。这一影响是以该国有闲置资源为前提的。如果一国货币汇率上升，则会抑制生产、降低国民收入和就业。

三、汇率变动对国际经济的影响

（一）汇率不稳，加深西方国家争夺销售市场的斗争，影响国际贸易的正常发展

某些发达国家汇率不稳，利用汇率下跌，扩大出口，争夺市场，引起其他国家采取报复性措施，或实行货币对外贬值，或采取保护性贸易措施，从而产生贸易战和货币战，破坏了国际贸易的正常发展，对世界经济的景气产生不利影响。

（二）汇率不稳，影响某些储备货币的地位和作用，促进国际储备货币的多元化

由于某些储备货币国家的国际收支恶化，通货不断贬值，汇率不断下跌，影响到其储备货币的地位和作用，如英镑、美元；而有些国家的情况则相反，其货币在国际结算领域中的地位和作用日益加强，如日元和欧元；因而促进国际储备货币多元化局面的形成。

（三）汇率不稳，加剧投机和国际金融市场动荡，同时促进国际金融业务不断创新

汇率不稳，促进了外汇投机的发展，造成了国际金融市场的动荡与混乱，如1993年夏季，欧洲汇率机制危机就是由于外汇投机造成的。与此同时，汇率不稳还加剧了国际贸易与金融的汇率风险，进一步促进期权、货币互换和欧洲债券等业务的出现，使国际金融业务形式与市场机制不断创新。

第四节 汇率制度

汇率制度是指一国对本币与外币的比价做出的安排与规定，安排与规定的内容不同，就有不同的汇率制度。第二次世界大战以后，主要发达国家建立的汇率制度经历了两个阶段：1945—1973年春的固定汇率制度，1973年春以后的浮动汇率制度。但广大的发展中国家仍实行不同形式的固定汇率制度。

一、固定汇率制度

（一）固定汇率制度的概念

固定汇率制度（Fixed Rate System），就是两国货币比价基本固定，并把两国货币比价的波动幅度控制在一定的范围之内。固定汇率制度分为以下两个阶段：

1. 金本位体系下的固定汇率制

在金本位体系下，两国之间货币的汇率由它们各自的含金量之比——金平价来决定，汇率波动的最高界限是铸币平价加运金费用，即黄金输出点；汇率波动的最低界限是铸币平价减运金费用，即黄金输入点。由于黄金输送点和物价的机能作用，把汇率波动限制在有限的范围内，对汇率起到自动调节的作用，从而保持汇率的相对稳定。在第一次世界大战前的35年间，美国、英国、法国、德国等国家的汇率从未发生过升值或贬值的波动。

实行金本位体系的35年是自由资本主义繁荣昌盛的"黄金时代"，固定汇率制保障了这一时期国际贸易和信贷的安全，方便了生产成本的核算，避免了国际投资的汇率风险，推动了国际贸易和国际投资的发展。但是，1914年第一次世界大战爆发，各国停止黄金输出输入后，金本位体系即告解体。第一次世界大战到第二次世界大战之间，各国货币基本上没有遵守统一的汇率规则。

2. 布雷顿森林体系下的固定汇率制

布雷顿森林体系下的固定汇率制，也称为以美元为中心的固定汇率制。1944年7月，在第二次世界大战即将结束的前夕，45个同盟国在美国新罕布什尔州的布雷顿森林召开了"联合和联盟国家国际货币金融会议"，通过了以美国财长助理怀特提出的以"怀特计划"为基础的《国际货币基金协定》和《国际复兴开发银行协定》，总称布雷顿森林协定，从此开始了布雷顿森林体系。

布雷顿森林体系下的汇率制度，简单地说就是美元与黄金挂钩，其他货币与美元挂钩的"双挂钩"制度。具体内容为：美国公布美元的含金量，1美元的含金量为0.888671克，美元与黄金的兑换比例为1盎司黄金=35美元。其他货币按各自的含金量与美元挂钩，确定其与美元的汇率。这就意味着其他国家货币都钉住美元，美元成为各国货币围绕的中心。各国货币对美元的汇率只能在平价上下各1%的限度内波动，1971年12月后调整为平价上下2.25%波动，超过这个限度，各国中央银行有义务对外汇市场进行干预，以保持汇率的稳定。只有在一国的国际收支发生"根本性不平衡"时，才允许该国货币贬值或升值。各会员国如需变更平价，则必须事先通知IMF，如果变动的幅度在旧平价的10%以下，IMF应无异议；若超过10%，则须取得IMF同意。如果在IMF反对的情况下，会员国擅自变更货币平价，则IMF有权停止该会员国向IMF借款的权利。

布雷顿森林体系下的固定汇率制，实质上是一种可调整的钉住汇率制，它兼有固定汇率与弹性汇率的特点，即在短期内汇率要保持稳定，这类似金本位制度下的固定汇率制；但它又允许在一国国际收支发生根本性不平衡时可以随时调整，这一点类似于弹性汇率制。

1971年8月15日，美国总统尼克松宣布美元贬值和美元停兑黄金，布雷顿森林体系开始崩溃。后来尽管1971年12月十国集团达成了《史密森协议》,宣布美元贬值,由1盎司黄金等于35美元调整到38美元,汇兑平价的幅度由1%扩大到2.25%,但到1973年2月,美元第二次贬值,欧洲国家及其他主要资本主义国家纷纷退出固定汇率制,布雷顿森林体系彻底瓦解。

(二) 固定汇率制度的作用

1. 固定汇率对国际贸易和投资的作用

与浮动汇率相比较,固定汇率为国际贸易与投资提供了较为稳定的环境,降低了汇率的风险,便于进出口成本核算以及国际投资项目的利润评估,从而有利于对外贸易的发展,对某些西方国家的对外经济扩张与资本输出有一定的促进作用。

但是,在外汇市场动荡时期,固定汇率制度也易于招致国际游资的冲击,引起国际外汇制度的动荡与混乱。当一国国际收支恶化,国际游资突然从该国转移,换取外国货币时,该国为了维持汇率的界限,不得不拿出黄金外汇储备,从而引起黄金的大量流失和外汇储备的急剧缩减。如果黄金外汇储备急剧流失后仍不能平抑汇价,该国最后有可能采取法定贬值的措施。一国的法定贬值又会引起与其经济关系密切的国家同时采取贬值措施,从而导致整个汇率制度与货币体系的极度混乱与动荡,影响国际贸易和投资活动的正常进行。

2. 固定汇率对国内经济和国内经济政策的影响

在固定汇率制下,一国很难执行独立的国内经济政策。

(1) 固定汇率制下,如果一国需要紧缩投资、治理通货膨胀,该国就要提高利息率,但却因此吸引了外资的流入。相反,为刺激投资而降低利率,又会引起资金的外流。

(2) 固定汇率使一国国内经济暴露在国际经济动荡之中,由于一国有维持固定汇率的义务,因此当其他国家的经济出现各种问题而导致汇率波动时,该国就须进行干预,从而也受到相应的影响。例如,外国出现通货膨胀而导致其汇率下降,本国为维持固定汇率而抛出本币购买该贬值外币,从而增加本国货币供给,诱发了本国的通货膨胀。

(三) 固定汇率制度的主要优缺点

固定汇率制度的主要优点是其有利于国际经济交易和世界经济的发展。缺点主要有以下几方面:第一,汇率基本不能发挥调节国际收支的经济杠杆作用;第二,有牺牲内部平衡之虞;第三,削弱了国内货币政策的自主性;第四,易引起国际汇率制度的动荡与混乱;第五,造成实际资源的浪费。

二、浮动汇率制度

(一) 浮动汇率制度的概念

所谓浮动汇率制度(Floating Rate System),即对本国货币与外国货币的比价不加以固定,也不规定汇率波动的界限,而听任外汇市场根据供求状况的变化自发决定本币对外币的汇率。外币供过于求,外币汇率就下跌;求过于供,外币汇率就上涨。

(二) 浮动汇率制度的类型

全球金融体系自1973年3月以后,以美元为中心的固定汇率制不复存在,取而代之的是浮动汇率制。实行浮动汇率制的国家大都是世界主要工业国,其他大多数国家和地区仍然实行钉住的汇率制度,其货币大都钉住美元、日元等。

在实行浮动汇率制后,各国汇率体系趋向复杂化、市场化。在浮动汇率制下,各国不再规定汇率上下波动的幅度,各国中央银行也不再承担维持汇率波动上下限的义务,各国汇率根据外汇市场中的外汇供求状况自行浮动和调整。同时,一国国际收支状况所引起的外汇供求变化成为影响汇率变化的主要因素:国际收支顺差的国家,外汇供给增加,外国货币价格下跌、汇率下浮;国际收支逆差的国家,对外汇的需求增加,外国货币价格上涨、汇率上浮。汇率上下波动是外汇市场的正常现象,一国货币汇率上浮,就是该国货币升值,下浮就是贬值。

浮动汇率制是对固定汇率制的进步。随着全球国际货币制度的不断改革,IMF 于 1978 年 4 月 1 日修改"国际货币基金组织条文"并正式生效,实行"有管理的浮动汇率制"。由于新的汇率协议使各国在汇率制度的选择上具有很强的自由度,所以现在各国实行的汇率制度多种多样,有单独浮动、钉住浮动、弹性浮动、联合浮动等。

单独浮动是指一国货币不与其他任何货币固定汇率,其汇率根据市场外汇供求关系来决定。目前,包括美国、英国、德国、法国、日本等在内的三十多个国家实行单独浮动。

钉住浮动是指一国货币与另一货币保持固定汇率,随后者的浮动而浮动。一般通货不稳定的国家可以通过钉住一种稳定的货币来约束本国的通货膨胀,提高货币信誉。当然,采用钉住浮动方式,也会使本国的经济发展受制于被钉住国的经济状况,从而蒙受损失。目前全世界约有一百多个国家或地区采用钉住浮动方式。

弹性浮动是指一国根据自身发展需要,对钉住汇率在一定弹性范围内可自由浮动,或按一整套经济指标对汇率进行调整,从而避免钉住浮动汇率的缺陷,获得外汇管理、货币政策方面更多的自主权。目前,巴西、智利、阿根廷、阿富汗等十几个国家采用弹性浮动方式。我国自 1994 年汇率并轨以来,目前实行的也是以市场供求为基础的、单一的、有管理的浮动汇率制度。

联合浮动是指国家集团对成员国内部货币实行固定汇率,对集团外货币则实行联合的浮动汇率。欧盟(欧共体)11 国 1979 年成立了欧洲货币体系,设立了欧洲货币单位,各国货币与之挂钩建立汇兑平价,并构成平价网,各国货币的波动必须保持在规定的幅度之内,一旦超过汇率波动预警线,有关各国应共同干预外汇市场。1991 年欧盟签订了《马斯特里赫特条约》,制定了欧洲货币一体化的进程表。1999 年 1 月 1 日,欧元正式启动,欧洲货币一体化得以实现。

(三)浮动汇率制度的作用

1. 浮动汇率对金融和外贸的影响

一般来讲,实行浮动汇率在国际金融市场上可防止国际游资对某些主要国家货币的冲击,防止外汇储备的流失,使货币公开贬值或升值的危机得以避免。从这个角度看,它在一定程度上可保持西方国家货币制度的相对稳定。即使一国货币在国际市场上大量被抛售,因为该国无维持固定比价的义务,所以无须立即动用外汇储备大量购进本国货币,这样本国的外汇储备就不至于急剧流失,外汇市场也不至于发生重大动荡。但是,浮动汇率波动的频繁与剧烈,也会增加国际贸易的风险,使进出口贸易的成本加大或不易核算,影响对外贸易的开展。

2. 浮动汇率对国内经济和国内经济政策的影响

与固定汇率相比,浮动汇率下一国无义务维持本国货币的固定比价,因而一国政府得以根据本国国情,独立自主地采取各项经济政策。同时,由于在浮动汇率下,为追求高利率的投机资本往往受到汇率波动的打击,因而减缓了国际游资对一国的冲击,从而使其货币政策能产生一定的预期效果。

由于各国没有维持固定汇率界限的义务,所以,在浮动汇率下一国国内经济受到他国经济动荡的影响一般相对较小。

(四)浮动汇率制度的优缺点

浮动汇率制度的主要优点是:① 汇率能发挥调节国际收支的经济杠杆作用;② 有利于各国自主决定其货币政策;③ 只要国际收支失衡不特别严重,就没有必要调整财政、货币政策,从而不会以牺牲内部平衡来换取外部平衡的实现;④ 减少了对储备的需要和资源的浪费,并使逆差国避免了外汇储备的流失。

浮动汇率制的主要缺点:① 汇率频繁与剧烈的波动,使进行国际贸易、国际信贷与国际投资等国际经济交易的经济主体难以核算成本和利润,并使它们面临较大的汇率波动所造成的外汇风险损失,从而对世界经济发展产生不利影响;② 为外汇投机提供了土壤和条件,助长了外汇投机活动,这必然会加剧国际金融市场的动荡和混乱。

三、联系汇率制度

联系汇率制度是介于固定汇率制度与浮动汇率制度之间的混合体制。香港地区政府于 1983 年 10 月 15 日宣布两项措施,其中一项措施是重新安排发钞的程序,发行银行在发钞前,必须以 1 美元兑 7.8 港元的汇率向外汇基金交纳等值美元,以换取"负债证明书"作为法定的发行准备;同时,发行银行可以"负债证明书"同样基准价(7.8 港元)向外汇基金赎回美元,这项措施于同年 10 月 17 日起生效。

联系汇率制对香港地区的经济稳定与发展起到过积极的作用。联系汇率制曾在最危急的关头 1983 年挽救了香港经济,稳定了港元汇率。金融体系稳定后,香港地区经济开始迅速复苏。联系汇率制具有极大的承受突发事件冲击的能力。在 1987 年的股灾、1990—1991 年的海湾战争、1997 年的东南亚金融危机等诸多事件的冲击下,港元对美元的汇率均能保持在 1∶7.8 左右水平,没有出现持久或大幅度的偏离,表现了联系汇率制对突发事件冲击的承受力。在十几年的运作中,联系汇率制基本实现了最初目标——稳定港元汇价进而稳定整个金融体系,这也是联系汇率制最本质、最主要的作用。

当然联系汇率制也有其不足之处。联系汇率实际上是港元对美元的固定汇率,联系汇率制的最大代价在于它失去了利率和货币量两大货币政策工具,不能通过控制利率和货币供应增长率来达到调节香港经济的目的;面对高通货膨胀,政府缺乏有效的金融工具加以控制;要维持联系汇率的稳定,港元价值必须随美元升降,港元不能国际化。表面看来港元与美元的兑换率牢不可破,但联系汇率有其弱点,若处理不好,港元汇价就有发生危机的可能。

香港地区的流通货币稍多于 800 亿港元,联系汇率规定每发行 7.8 港元必须存款 1

美元在外汇基金,外汇基金现有资产超过 4 500 亿港元。绝大部分是以外币为单位的资产,其中包括政府历年存放在外汇基金积蓄下来的财政盈余。有这样庞大的储备,5 倍于流通领域的资产做后盾,外国炒家很难攻破香港地区的联系汇率。不过香港地区的总存款额已有 24 000 亿港元,其中约 1 万亿港元早已被港人转为外币存款,剩下的港元存款差不多有 14 000 亿港元。如何防止港人大量兑换外币是联系汇率制能否维持的焦点所在。首先,须保持一定的外汇储备;其次,政府的收支不仅要平衡,而且应稍有盈余,使存放在外汇基金的财政储备足够丰厚,财政储备越丰厚,对港元产生信心危机的概率便会越低;最后,应进一步加强香港金融管理局的作用。

尽管现行的联系汇率制不是完美无缺的制度,但迄今为止,这种制度已被证明经受住了金融危机的冲击,发挥了稳定港元汇价的作用,而对香港地区经济的稳定繁荣做出的贡献显然超出了实行该制度所付出的代价。因此,在目前的政治经济环境中,联系汇率制是香港地区所能采取的比较适宜的汇率制度。

阅读专栏　　　　　"三元悖论"与人民币汇率制度选择

"三元悖论"原则是由克鲁格曼首次明确提出的。克鲁格曼在其著作《萧条经济学的回归》中详细阐明了该理论。该理论认为,要同时达到本国货币政策的独立性、汇率的稳定性以及资本的完全流动性在理论上是不可能实现的,最多只能选择其中两个,而必须放弃另外一个。

基于"三元悖论"的政策组合

"不可能三角"形象地说明了"三元悖论",其中三个顶点就是三个政策目标:货币政策独立性、汇率稳定性和资本流动性。三条边表示三种政策组合。

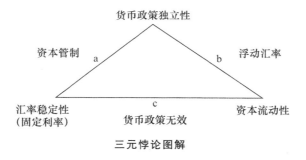

三元悖论图解

第一种组合(边 a)表示货币当局追求货币政策的独立性、实行固定汇率制度,因此货币当局必须进行严格的资本管制。我国在 2005 年汇率改革以前基本属于这种情况。但这种管制是有代价的,它在保证经济不受投机资金冲击的同时也将自己的资本市场与国际资本市场隔绝开来,不能充分地利用两个市场两种资源。

第二种组合(边 b)表示货币当局追求货币政策的独立性并允许资本自由流动,这种情况下货币当局必须放弃固定汇率制度,转而实行浮动汇率制度。该政策意味着国家要承担浮动汇率带来的风险,如各种交易的不确定性提高,从而给贸易和投资都带来较高的交易成本。需要指出的是,目前美国等许多发达国家都倾向于这种政策组合。

第三种组合(边 c)表示货币当局实行资本自由流动和固定汇率制度,在这种组合之下,货币政策将趋于无效,国内利率水平的高低不由本国市场上的货币供给和需求决定,因为存在资本的自由流动,任何利率上的微小差异都会引起国内外资金的套利行动,因此国内利率和国际市场利率保持一致。

"三元悖论"对我国汇率制度选择的启示

从 1994—2006 年我国宏观经济政策搭配实践来看,政府采用财政、货币政策来实现经济增长、物价稳定、促进就业的内部经济目标,同时通过买卖外汇储备来稳定因国际收支失衡而引发的人民币汇率波动。我国现行的汇率制度存在如下问题:

(1) 存在较多的资本管制。由于我国外汇供求的市场机制不包括用于资本账户内的外汇,这使得外汇供求的市场机制受到很大程度的削弱。不仅如此,在我国鼓励外资、吸引外资的政策引导下,事实上只对资本的流出实施了管制,国内对外国资本主要采取行政性指引的措施,缺乏市场化的操作,不利于外国资本流入结构的优化,不能利用外资的进入促进国内经济结构的转变和优化。

(2) 产生升值预期。由于汇率涉及的问题很复杂,小幅度升值在与市场预期存在较大差异的情况下,必然会导致进一步升值的市场预期的产生。人民币升值将意味着外汇储备缩水,政府将要为这一损失买单。特别是近几年以来,美国金融危机恶化,为拯救美国经济,美国政府启动了将近万亿的救市计划,而这些计划的支出最终要通过增发美元来实现,由此美元未来贬值预期强烈,我国 1.9 万亿元的外汇储备的贬值风险无疑是巨大的。

(3) 影响货币政策的独立性。当外汇储备规模的变动影响到国内经济目标的实现时,在当前的汇率制度下往往通过冲销操作来缓解这一矛盾。从冲销干预的效果来看,冲销干预并没能协调政策目标之间的冲突。经济发展带来的国际收支失衡必然通过外汇储备的变动,对基础货币投放产生影响,从而削弱货币政策的独立性,影响到国内物价稳定目标的实现。

本章提要

1. 广义的外汇是指把一国货币兑换成另一国货币并借以清偿国际间债权债务关系的一种专门性经营活动。

2. 汇率又称汇价,即以一国货币表示的另一国货币的价格。汇率有以下分类:固定汇率、浮动汇率;基本汇率、套算汇率;买入汇率、卖出汇率、中间汇率;即期汇率和远期汇率;等等。

3. 实际汇率是能够反映国际竞争力的汇率,反映了物价因素对汇率的影响,可用价格水平或价格指数加权求得。

4. 影响汇率变动的因素有国际收支情况、通货膨胀水平、利率水平等。汇率变动对一国的国内经济、国际收支以及整个世界经济都有重大影响。

5. 汇率制度是指一国货币当局对本国汇率水平的确定、汇率变动的基本方式等问题所做的一系列安排或规定。汇率制度可分为固定汇率制度、浮动汇率制度和联系汇率制度。不同的汇率制度对干预一国货币汇率的形式和效果有着很大的差异。

思考题

简答题

1. 什么是外汇？外汇的三个基本特征是什么？
2. 简述汇率上升或下降对经济的影响。
3. 固定汇率制度有何特点？浮动汇率对经济有什么影响？

选择题

1. 中国香港特区的港元与其他货币的表示方法实施的是（　　）。
   A. 直接标价法　　　B. 间接标价法　　　C. 港元标价法　　　D. 美元标价法
2. 一位日本客户要求日本银行将日元兑换成美元，当时市场汇率为 $1＝JPY 118.70/80，银行应选择的汇率为（　　）。
   A. 118.70　　　　　B. 118.75　　　　　C. 118.80　　　　　D. 118.85
3. 一般而言，相对通货膨胀率持续较高的国家，其货币在外汇市场上将会趋于（　　）。
   A. 升值　　　　　　B. 贬值　　　　　　C. 不升不降　　　　D. 升降无常

第四章　汇率决定理论

[教学目的]

通过学习本章,应能熟练掌握和运用购买力平价理论;熟练掌握和运用利率平价理论;掌握资产市场理论中汇率的货币论和汇率的超调模式。

[重点难点]

购买力平价理论,利率平价理论,资产市场理论。

[引导案例]

人民币汇率形成机制进一步改革

2015年8月11日,在岸人民币兑美元(CNY)收盘贬值1.87%,收报6.325,创下1994年人民币官方与市场汇率并轨以来的最大单日跌幅。截至北京时间17:10,离岸人民币兑美元(CNH)报6.379,跌2.64%。

中国人民银行把人民币兑美元中间价下调了1.86%,创下最大降幅纪录,引发离岸人民币跌逾2%、在岸人民币跌1.7%。中国人民银行承诺,未来中间价将会更贴切地反映市场价格。

人民币加入特别提款权,但由此导致的人民币贬值有可能爆发区内各国货币竞争性贬值,不排除中国人民银行出手干预汇市的可能。亚洲国家货币全线下跌,澳元/美元一度跌1.44%至0.7306;新西兰元/美元一度跌1.24%至0.6537;挂钩美元的港元也一度下跌0.11%至7.761。

中国人民银行研究局首席经济学家马骏对今天完善人民币汇率中间价报价做出解读。这是一个技术层面的变化,主要目的是解决过去一段时间中间价与市场汇率持续偏离的问题。此项改革有利于提高人民币汇率中间价的市场化程度及其基准性。今天的中间价与昨天的中间价相比,出现近2%的贬值,主要原因是今天中间价与昨日收盘价之间的差价的大幅收窄。这是此次完善报价所带来的一次性调整,不应该被解读为人民币将出现趋势性贬值。

资料来源:《第一财经日报》,2015年8月12日A4版。

汇率决定理论专门研究汇率是由哪些因素决定的,以及这些因素之间又是如何相互影响的。对汇率决定的研究尽管已有相当长的历史,但目前仍是国际金融理论研究中较新的领域。因为在20世纪的绝大部分时间里,汇率不是由市场行情决定,而是被政府人为固定的。第一次世界大战前的金本位制下,世界上主要货币的价值均与黄金形成固定比值;第二次世界大战后形成的布雷顿森林体系,使大部分货币的价值与美元形成固定比值;1973年布雷顿森林体系崩溃后,浮动汇率制开始推行,汇率波动异常剧烈,对汇率决定的研究才又重新活跃起来。

第一节 国际收支理论

国际收支理论考虑了贸易收支对汇率的影响,认为国际收支的状况决定着外汇供求,进而决定汇率。国际收支理论分为传统国际收支理论和现代国际收支理论两个流派。

一、传统国际收支理论

传统的国际收支说也称为国际借贷说(Theory of International Indebtedness),是由英国经济学家戈森(G. J. Goschen)1861年在《外汇理论》一书中提出的,在第一次世界大战前颇为流行。

(一)国际借贷的含义

所谓国际借贷,其实就是国际收支账户的广义概念,即由商品的进出口、劳务、服务及资本交易等引起的国际收支活动。正是由于"国际借贷"实际上就是国际收支的主要内容,所以其学说又被称为国际收支说。

国际借贷可分为国际流动借贷和国际固定借贷两部分。国际流动借贷,是指已经进入实际收支阶段的债券和债务,即进入支付阶段的交易,是指国际收支中已发生外汇收支的部分,即国际收支狭义概念的内容;而国际固定借贷,是指借贷或交易关系虽已发生,但尚未进入实际支付阶段的那部分交易。

(二)国际借贷学说的主要观点

一国货币汇率的变动,由外汇的供求决定,而外汇的供求取决于该国对外流动借贷的状况。国际流动借贷活动会产生国际间流动债权和流动债务的关系,进而影响对外汇的供求关系,导致汇率的变动。

当一国对外流动债权(或外汇收入)大于其对外流动债务(或外汇支出)时,其外汇供给大于需求,因此外汇汇率下降。

当一国对外流动债务(或外汇支出)大于其对外流动债权(或外汇收入)时,其外汇需求大于供给,因此外汇汇率上升。

当一国对外流动借贷平衡时,外汇收支相等,于是汇率处于均衡状态。

简单地说,国际借贷说的基本观点是,一国汇率的变动取决于外汇市场的供给和需求对比。

二、现代国际收支理论

国际借贷说的缺陷是,没有说清楚哪些因素具体影响外汇供求,限制了这一理论的应用价值。这一缺陷在凯恩斯提出的现代国际收支理论中得到了弥补。第二次世界大战后,许多学者应用凯恩斯模型来说明影响国际收支的主要因素,进而分析了这些因素如何通过国际收支作用到汇率,从而形成了国际收支理论的现代形式。

该理论认为,外汇汇率取决于外汇的供求。由于国际收支状况决定着外汇的供求,因而汇率实际取决于国际收支。经常账户收支是影响外汇供求的决定性因素。一国经常账户收支状况取决于该国国民收入状况(国民收入下降,进口需求缩减,贸易收支改善,本币汇率上升;国民收入上升,进口需求扩大,贸易收支恶化,本币汇率下降)。资本与金融账户收支也会影响汇率:本国利率相对高于外国利率,由于本国资产与外国资产之间具有相互替代性,而会导致资本内流,外汇供给增加,对本币的需求增大,从而本币汇率上升;反之,本国利率相对低于外国利率,则会导致资本外流,市场上本币供给增加,对外币的需求增大,从而本币汇率下跌。其理论的特点在于,特别强调经常账户的作用,而且还强调国民收入与外汇供求及汇率之间有密切联系,认为对发展中国家来说,由于其经济增长严重依赖于进口,因而其经济增长和国民收入的增加会导致其国际收支逆差产生,本币汇率下跌。

1981年,美国经济学家V.阿尔吉(V. Argy)在其出版的著作中对凯恩斯主义汇率理论做了改进和深化,从而形成新凯恩斯主义汇率理论。后者对前者的改进之处主要包括:第一,它不仅分析了本国国民收入变化对经常项目收支的影响,而且还分析了外国国民收入的变化、本国与外国价格水平对经常账户收支的影响;第二,它分析了汇率预期,以及本国货币政策、财政政策与工资水平对汇率的影响。

三、对国际收支理论的评价

国际收支理论不能被视为完整的汇率决定理论,只是进行深入分析时可利用的一种重要工具。其主要特点是具有浓厚的凯恩斯主义色彩,是从宏观经济角度,而不是从货币数量角度研究汇率,是现代汇率理论的一个重要分支。国际收支的两种学说都说明了短期内汇率波动与外汇供求、国际收支的关系,并且现代国际收支理论还分析了汇率波动与国民收入的关系,具有重要的理论意义和现实意义。但它是一种局部静态分析,只解释了一种因素的作用;同时,其中的假设不符合实际,其对汇率波动与外汇供求之间关系的描述,只适用于市场机制发达国家。有发达的外汇市场,才会有真正的外汇供求关系。另外,凯恩斯主义过分强调经常账户收支的作用,而且对经济增长与汇率之间的关系的分析也不一定符合实际。

第二节 购买力平价理论

购买力平价理论(Theory of Purchasing Power Parity,PPP)是国际金融学中历史最为悠久的汇率理论之一。自卡塞尔(G. Cassel)提出该理论后,它就不断遭受各种批判。但是,它至今仍构成开放宏观经济研究中的基本假设之一,其在不断发展过程中显示出很强的生命力。购买力平价理论中包含了一价定律(The Law of One Price)的思想,即同种商品的价格应该相等,只不过购买力平价理论所包含的一价定律是在开放经济条件下的一价定律,因此需要考虑汇率因素。

早在 16 世纪,西班牙就出现过一价定律的提法。此后,又有人提出过类似购买力平价的观点。但是,他们的观点缺乏系统性。目前,人们公认购买力平价是卡塞尔于 1916 年提出并于 1922 年加以完善的。

一、封闭经济中的一价定律

一价定律是购买力平价的理论基础。一价定律假设交易成本为零。这里的交易成本指商品交换过程中的各种代价,如搜寻信息成本、谈判成本、履约成本及运费成本和运输过程中的利息成本等。

一价定律是指在不考虑交易成本的条件下,相同的物品在不同市场上出售,按同一货币计量的商品价格应该是相同的。该价格理论可表述为:

$$P_a = P_b \tag{4-1}$$

式中,P_a 和 P_b 分别为某物品在 a、b 两地的价格。若 $P_a > P_b$,则会出现套利机会,这会刺激人们到 b 地购买并将商品运到 a 地出售。这样的行为又会改变两地的供求关系,最终使两地价格相等。

一价定律只适用于贸易物品。非贸易物品无法实现空间转移,故同一非贸易物品在两地可存在不同价格。

若考虑到交易成本 c,则一价定律可修正为:

$$P_a = P_b + c \tag{4-2}$$

式中,交易成本 c 包括收集信息成本、谈判成本、履约成本、运输成本及销售期间的人力成本和利息负担等。它可能大于 $0(P_a > P_b)$,也可能小于 $0(P_b > P_a)$。

二、开放经济之间的一价定律

这里的开放经济指不存在贸易壁垒的经济。由于各国使用各自的货币,一价定律可表示为:

$$P = eP^* \tag{4-3}$$

式中,P 为用本币表示的价格,P^* 为用外币表示的价格,e 为外币汇率(直接标价法表示的汇率)。

在固定汇率制下,它的成立依靠商品套利。若 $P > eP^*$,人们就会将外国商品运进国内,这会使该商品外币价格上升、本币价格下降,直至该等式成立。

在浮动汇率制下,若 $P > eP^*$,商品套利还会使外币汇率上升。因为购买外国商品,就需要购买外国货币,从而改变外汇市场的供求关系。

在现实生活中,一价定律经常会遇到挑战。这主要是因为该理论的假设条件(完全开放和交易成本为 0)有悖于现实。当然,这不能否认一价定律存在理论价值。

三、绝对购买力平价

将(4-3)式变形,得到:

$$e = P/P^* \tag{4-4}$$

该式被称为绝对购买力平价(Absolute Purchasing Power Parity),即汇率取决于两国商品绝对价格的比值。由于一个国家生产多种商品,绝对购买力平价的精确表达式为:

$$e = \sum_{i=1}^{n} W_i P_i \Big/ \sum_{i=1}^{n} W_i^* P_i^* \qquad (4-5)$$

式中,W 为权数,通常用该商品在销售额中的比重来衡量;n 为商品种类,为分析简化这里假设两国商品种类相同。

绝对购买力平价是由一价定律推导出来的,然而一价定律和购买力平价是存在差别的,一价定律适用于单个商品的情况;购买力平价理论适用于价格水平,即一篮子基准商品的组合价格水平。所以,即使一价定律不成立,绝对购买力平价也可能成立。例如,甲国有一半商品价格高于乙国,另一半商品价格低于乙国,这样,所有商品价格都不符合一价定律。但是,绝对购买力平价所针对的是价格的加权平均数,它存在成立的可能性。又如,只要存在贸易壁垒,一价定律便不能成立。但是,只要各国对进口和出口的限制程度相同,绝对购买力平价仍有成立的可能性。

四、相对购买力平价

对(4-4)式取对数微分,可得到:

$$\mathrm{d}\ln e = \mathrm{d}\ln P - \mathrm{d}\ln P^* \qquad (4-6)$$

该式被称为相对购买力平价(Relative Purchasing Power Parity),即汇率变动率等于两国通货膨胀率之差。

相对购买力平价还有另一种表述方法,由(4-4)式可以得到:

$$e_t = P_t / P_t^* \qquad (4-4a)$$

$$e_{t+1} = P_{t+1} / P_{t+1}^* \qquad (4-4b)$$

$$\frac{e_{t+1}}{e_t} = \frac{P_{t+1}/P_{t+1}^*}{P_t/P_t^*} = \frac{P_{t+1}/P_t}{P_{t+1}^*/P_t^*} \qquad (4-7)$$

该式是相对购买力平价的另一种表述。对其两边减1,可以得到(4-6)式。

相对购买力平价可以突破交易成本对一价定律的限制。只要交易成本与商品价格成正比,就可得到:

$$P = eKP^* \qquad (4-8)$$

式中,K 等于1表示一价定律成立。但是,只要 K 不等于1,无论其大于1还是小于1,一价定律都不能成立。对该式取对数微分,得到:

$$\mathrm{d}\ln P = \mathrm{d}\ln e + \mathrm{d}\ln K + \mathrm{d}\ln P^* \qquad (4-9)$$

只要 K 为常数,则 $\mathrm{d}\ln K$ 为0,相对购买力平价就能够成立。

虽然相对购买力平价由绝对购买力平价推导而来,但是相对购买力平价比绝对购买力平价更具有可操作性。一方面,一国政府通常不会采用国际标准的商品篮子来计量本国价格指数;另一方面,(4-5)式代表的绝对购买力平价要求两国采用相同的商品篮子进行比较。所以当我们不得不使用政府公布的价格统计数据评估购买力平价时,绝对购买力平价将变得没有意义。相对购买力平价可直接用物价指数进行计算,而物价变动趋势有明显的经济学意义。同时,交易成本的存在使得绝对购买力平价通常不会被满足,但只要那些使得实际情形偏离绝对购买力平价的因素随时间基本不变,那么相对价格的变化率之差仍约等于汇率变动率,即相对购买力平价依旧成立。

五、购买力平价的理论基础和基本思路

（一）购买力平价的理论基础

卡塞尔的购买力平价有两个理论基础:其一是货币数量论,即物价水平与货币数量成正比,因此汇率的变动归根结底又取决于两国货币供给的情况;其二是货币中立原理,即货币量的变化不改变实际变量,如产出、就业、产业结构和生产率等,从而它只影响物价水平,而不改变商品的相对价格。

从形式上看,购买力平价与价值理论可以统一。但是,其提出者卡塞尔十分明确地主张放弃"空洞的价值学说"。抛弃价值来讨论汇率决定,削弱了其理论深度。然而,这也使人们更容易把握现象,使问题简化。

（二）购买力平价理论的基本思路

购买力平价理论认为,人们之所以需要外币,是因为外币在外国具有对一般商品的购买力;而外国人之所以需要他国本币,是因为他国本币在其国内具有对一般商品的购买力。所以,两国货币汇率主要是由两国货币在其本国所具有的购买力决定的。

六、对购买力平价理论的评价

（一）购买力平价理论的局限性

卡塞尔本人在提出购买力平价时,已经指出一系列可能使汇率偏离购买力平价的因素:第一,各国对进口和出口的限制不同;第二,国际贸易中运输成本的存在;第三,外汇市场可能出现大规模投机行为;第四,长期资本的国际流动;第五,人们对通货膨胀的预期;第六,实际因素可能引起相对价格的变动;第七,金融当局对外汇市场的干预等。卡塞尔本人的批判可以看成对货币因素购买力平价的补充和完善。

此外,问题还在于实际因素也可影响价格,忽略实际因素的作用是该理论的重大缺陷。其在理论上以货币数量论为前提,假定货币数量是影响物价的唯一因素,并认为货币供给决定物价水平,在本质上是因果颠倒的。同时,这一理论只是局部静态分析,只分析物价因素对汇率的影响,排除了非贸易收支、资本流动及政府干预等其他因素的作用;其对物价的计算也只包括贸易商品,只看到贸易商品价格对汇率的影响,这显然有失偏颇。另外,其假定条件过于严格,即假定两国货币购买力具有可比性,这在现实中是很难做到的。实际上,一些国家之间的劳动生产率、价格体系及生产和消费结构有很大差异,其货币购买力很难真正具备可比性。此外,计算绝对购买力平价时如何确定基期,在实践中也是很难操作的。尽管如此,购买力平价理论仍是世界各国估算汇率所普遍接受和使用的一种最简便的方法,对西方国家汇率理论及其政策有重大影响。

（二）购买力平价理论的贡献

购买力平价理论说明在纸币流通条件下,纸币的购买力是汇率决定的基础。这一解

释符合纸币流通条件下汇率决定的规律；同时，购买力平价理论还分析了通货膨胀对汇率变动的影响，解释了汇率变动的长期趋势，从而为汇率的预测和调整提供了依据；此外，购买力平价理论从货币的基本功能出发，利用简单的数学表达式，对汇率水平和物价水平，以及汇率变动与两国通货膨胀率的关系做了描述，它成为经济学家和政府部门计算均衡汇率的常用方法。

第三节 利率平价理论

利率平价理论的基本思想可以追溯到 19 世纪下半叶，由凯恩斯于 1923 年在其《论货币改革》一书中首先提出，后来又经一些西方经济学家逐步发展而成。与购买力平价相比，利率平价是一种短期的分析，即从短期来看，货币供给通过改变利率来改变汇率；而从长期来看，货币供给将会导致价格的变化，并影响汇率。

利率平价理论分为两种：抵补利率平价（Covered Interested-rate Parity, CIP）和非抵补利率平价（Uncovered Interested-rate Parity, UIP）。

一、非抵补利率平价

与购买力平价关系的机制类似，利率平价关系的机制也是一价定律。因此，利率平价关系也是产生于寻求收益的套利活动。为了清楚地描述这一过程，我们分析一个案例。假设本国的利率水平为 i，外国的利率水平为 i_f，即期汇率为 S（直接标价法）。

若投资者手中持有一笔可自由支配的资金，打算进行为期 1 年的储蓄投资。假设资金在国际间移动不存在任何限制与交易成本。如果投资于本国金融市场，则每 1 单位本国货币到期可增值为 $1+i$。

如果投资于外国金融市场，需分三步实施投资计划：第一步，将本币在即期外汇市场上换成外币，1 单位本币在即期外汇市场上可兑换为 $1/S$ 单位外币；第二步，将这 $1/S$ 单位的外币存入外国银行，存期 1 年，期满可增值为 $1/S \times (1+i_f)$；第三步，存款到期后，将外币存款本利和在外汇市场上换成本币。假定此时的汇率为 S_e，则这笔外币可兑换成的本币为 $(1+i_f) \times S_e/S$。由于 1 年后的即期汇率是不确定的，因此这两种投资方式的最终收益难以确定，取决于投资者对期末汇率的预期。

如果 $1+i > (1+i_f) \times S_e/S$，则投资于本国金融市场；如果 $1+i < (1+i_f) \times S_e/S$，则投资于外国金融市场。

众多投资者面临同样的选择，导致外汇市场上资金的流动。在前一种情况下，资金从外国流向本国，外汇市场上因外国货币售卖增加而使 S 下降，同时人们预期未来将高利率的本国货币换回低利率的外国货币的行为将增加，从而使 S_e 上升，汇率的变动将最终导致两种投资的收益相同；后一种情况下，资金从本国流向外国，外汇市场上 S 上升同时 S_e 下降，直至使不等式变为等式。外汇市场均衡时，将满足：

$$1+i = (1+i_f) \times S_e/S \tag{4-10}$$

$$S_e/S = 1 + (S_e - S)/S = 1 + \Delta S_e \tag{4-11}$$

将(4-10)式带入(4-11)式可得到：

$$1 + i = (1 + i_f)(1 + \Delta S_e) \tag{4-12}$$

由(4-12)式可以导出：

$$i = i_f + \Delta S_e + i_f \Delta S_e \approx i_f + \Delta S_e$$

或

$$i - i_f = \Delta S_e$$

这就是非抵补的利率平价条件。式中，i 和 i_f 分别表示本国与外国的利率；ΔS_e 表示本币预期贬值率。它的经济含义是：预期的汇率变动率等于两国货币利率之差。当非抵补利率平价成立时，如果本国利率高于外国利率，则意味着市场预期本币在远期将贬值，即期将升值。

值得指出的是，投资者将面临投资期内预期汇率变动造成的风险暴露，所以随着远期外汇市场的发展，根据对汇率的预期进行非抵补套利活动已经越来越少，更多的是抵补套利。所以下面我们着重讨论抵补套利。

二、抵补利率平价

(一)抵补套利

抵补套利(Covered Interest Arbitrage)指厌恶风险的投资者将套利与掉期结合起来的投资行为。掉期(Swap)是将买入(卖出)即期外汇和卖出(买入)远期外汇同时进行的外汇交易，它可避免未来即期汇率的不确定性给投资者带来的外汇风险。远期合约所规定的远期汇率是确定的，投资者可据此事先明确其投资收益。

投资者进行抵补套利的条件是能够获得抵补利息差额(Covered Interest Differential)，即投资收益将来值与其机会成本之差，表现为：

$$CD = (1 + i^*)F_e/e - (1 + i) > 0 \tag{4-13}$$

式中，CD 表示抵补利息差额，F_e 为远期汇率。为理解该式，设投资者打算用 1 元本币进行为期 1 年的抵补套利。在即期外汇市场上，1 元本币可换取 $1/e$ 的外币。该外币 1 年投资所获本利和为 $(1+i)/e$。在远期外汇市场上，投资者按远期汇率将其售出，得到的 1 元本币对外投资的将来值为 $(1+i^*)F_e/e$。式中，$1+i$ 为 1 元本币在国内投资的收益，也是其对外投资的机会成本。鉴于抵补套利消除了外汇风险，只要 CD>0，投资者便会对外投资。

将(4-13)式展开，可以得到：

$$CD = F_e/e - 1 - i + i^* F_e/e + (ei^*/e - ei^*/e)$$
$$= (F_e - e)/e - (i - i^*) + (F_e - e)i^*/e > 0 \tag{4-14}$$

在该展开式中，右端最后一项数值很小，人们通常将其忽略。因此，投资者对外投资的条件可简化为：

$$(F_e - e)/e > i - i^* \tag{4-15}$$

该式左端表示外汇升水率。该式表明若升水率大于利率差，则人们将对外投资。同理，若 CD<0，则会出现资本流入。

(二)抵补利率平价

上述推理说明，只要存在抵补利息差额，就会出现资本跨国流动。但是，资本流动本身会导致抵补利息差额消失。

在图 4-1 中 CIP 表示抵补利率平价线，它是一条向右上方倾斜的 45°直线，线上任何一点都能使抵补利率平价成立。

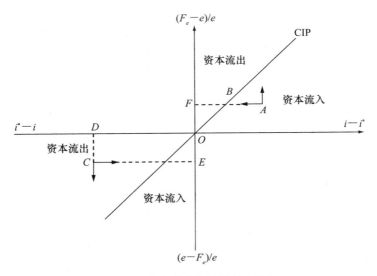

图 4-1　资本流动与抵补利率平价

抵补利率平价可表示为：

$$(F_e - e)/e = i - i^* \tag{4-16}$$

该式表明升水率等于利率差。它说明在厌恶风险的前提下，资本停止跨国流动的条件。因为抵补利率平价成立意味着抵补利息差额为 0，投资者完全丧失了跨国投资的动力。

为说明资本跨国流动会导致抵补利率平价成立，设经济处于 CIP 线右方任一点 A。此时，升水率 FO 小于利率差 FA，资本将会流入。投资者将资本转入本国，外国利率将会上升，本国利率将会下降，从而利率差将会变小，由 A 点向左箭头所示。同时，投资者要卖出即期外汇并买入远期外汇，引起即期汇率下降且远期汇率上升，从而升水率变大，由 A 点向上箭头所示。A 点的两个箭头表示资本流动将使它移到抵补利率平价线上，即资本流动会使抵补利率平价成立。

如果经济处于 CIP 线左方，如 C 点，贴水率 EO 小于利率差 DO（此时是外国利率高于本国利率）。在这种情况下，资本将会流出。这首先会使本国利率上升和外国利率下降，由 C 点向右箭头所示。同时，投资者购买即期外汇使即期汇率上升，卖出远期外汇使远期汇率下降，由 C 点向下箭头所示。资本流动同样使 C 点移向 CIP 线。

上述分析也表明在资本流动的作用下，高利率国家货币的远期汇率低于即期汇率，低利率国家货币的远期汇率高于即期汇率。

（三）套利资金供给弹性与抵补利率平价

在上述分析中，有一个隐含的假设条件，即套利资金的供给弹性无穷大。在当代国际金融市场上，该假设大体能够成立。但是，对于发展中国家来说，该假设未必能够成立。下面分两种情况讨论套利资金供给弹性对抵补利率平价的影响。

1. 外国套利资金供给弹性与资本流入

外国套利资金供给弹性 E_s^* 指外国套利资金供给 K^* 对外国利率 i^* 的敏感程度。

$$E_s^* = (\mathrm{d}K^*/K^*)/(\mathrm{d}i^*/i^*) \tag{4-17}$$

外国投资者到本国投资是为了获取利润 π^*。

$$\pi^* = K^* e(1+i)/F_e - K^*(1+i) \tag{4-18}$$

K^* 的外国套利资金通过即期外汇交易获得的本币为 $K^* e$，1 年期投资的本币本利和为 $K^* e(1+i)$，在远期外汇交易中可转换为外币收益将来值为 $K^* e(1+i)/F_e$。这笔套利资金的机会成本为 $K^*(1+i^*)$。

外国投资者将资金转移到本国，会通过改变资金供求关系而使外国利率上升。

$$i^* = i^*(K^*), \quad \mathrm{d}i^*/\mathrm{d}K^* > 0 \tag{4-19}$$

外国投资者的目标是追求利润最大化，令 π^* 对 i^* 的一阶导数为 0，由(4-18)式可以得到：

$$e(1+i)/F_e - [(1+i^*) + K^*(\mathrm{d}i^*/\mathrm{d}K^*)] = 0 \tag{4-20}$$

将(4-17)式代入(4-20)式，经过整理，得到：

$$\frac{F_e}{e} = \frac{1+i}{1+i^* + i^*/E_s^*} \tag{4-21}$$

将(4-21)式两边减 1，得到：

$$\frac{F_e - e}{e} = \frac{i - i^* - i^*/E_s^*}{1 + i^* + i^*/E_s^*} \tag{4-22}$$

如果出自简化目的，令(4-22)式右端分母为 1，则有：

$$\frac{F_e - e}{e} = i - i^* - i^*/E_s^* \tag{4-23}$$

将(4-23)式与(4-16)式所示抵补利率平价进行比较，可以看到若 E_s^* 为无穷大，则两式相同。

2. 本国套利资金供给弹性与资本输出

本国套利资金供给弹性 E_s 的定义方程为：

$$E_s = (\mathrm{d}K/K)/(\mathrm{d}i/i) \tag{4-24}$$

式中，K 表示本国套利资金供给。本国投资者在对外投资中所能获取的利润 π 可表示为：

$$\pi = K(1+i^*)F_e/e - K(1+i) \tag{4-25}$$

式中，K/e 表示本国套利资金在即期外汇市场上所能换取的外汇，$K(1+i^*)/e$ 为对外投资 1 年所获取的外币本利和，$K(1+i^*)F_e/e$ 为该外币本利和在远期外汇市场上所能换回的本币收益将来值。$K(1+i)$ 表示本国套利资金的机会成本。

投资者对外投资会导致本国利率上升，有：

$$i = i(K), \quad \mathrm{d}i/\mathrm{d}K > 0 \tag{4-26}$$

令(4-25)式中 π 的一阶导数为 0，并考虑到 i 是 K 的增函数，可以得到：

$$(1+i^*)F_e/e - [1+i+K(\mathrm{d}i/\mathrm{d}K)] = 0 \tag{4-27}$$

将(4-24)式代入(4-27)式,经过整理,得到:

$$\frac{F_e}{e} = \frac{1+i+i/E_s}{1+i^*} \tag{4-28}$$

将(4-28)式两边减1,得到:

$$\frac{F_e-e}{e} = \frac{i-i^*+i/E_s}{1+i^*} \tag{4-29}$$

为简化起见,设(4-29)式分母为1,则有:

$$\frac{F_e-e}{e} = i-i^*+i/E_s \tag{4-30}$$

如果本国是一个发展中国家,那么弹性可能较小,它对资本流动构成较大约束。

(四)对抵补利率平价的检验

在国际金融活动中,简单的抵补利率平价表现出极大的实用性。由于该模型有一系列假设条件,人们需要不断对它进行检验,以考察环境的变化是否影响它对实践的指导作用。最常用的检验方法是中性带分析(The Neutral Band Analysis)和回归分析(Regression Analysis)。

1. 中性带分析

中性带分析是通过图形,考察远期升水率与利率差的现实关系是否超越某种界限,以判定抵补利率平价是否成立的检验方法。

在图4-2中,横轴表示利率差,纵轴表示远期升水率。45°线表示抵补利率平价线CIP,其上任何一点都能使远期升水率等于利率差。CIP线左方的点,如 A 点,应导致资本流出,因为抵补利息差额 CD 大于 0。CIP线右方的点,如 B 点,应导致资本流入,因为 CD 小于 0。

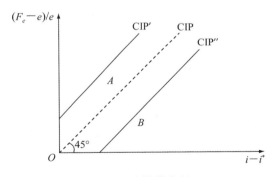

图 4-2 中性带分析

但是,在抵补套利活动中可能存在交易成本。如对外投资时,购买即期外汇和出售远期外汇会面临银行买卖差价的问题,借取本币存放外币会面临存贷利率不同的问题,购买外国证券和出售本国证券可能面临税费问题。只有抵补利息差额能够补偿交易成本,人们才会对外投资。

CIP′线反映针对资本输出的修正抵补利率平价线。其方程为:

$$CIP' = (F_e-e)/e - (i-i^*) - C_f' = 0 \tag{4-31}$$

$$(F_e - e)/e = i - i^* + C'_f$$

式中,CIP′为资本流出的抵补利率平价;C'_f为资本输出的各种交易成本占资本输出额的比重。CIP′线高于无交易成本的抵补利率平价线 CIP,二者的垂直距离反映单位交易成本C'_f。

在资本输入时,无交易成本的抵补利息差额为:

$$CD = e(1+i)/F_e - (1+i^*) > 0 \quad (4\text{-}32)$$

式中,e为单位外币换取的本币数量;$e(1+i)$为1年本币投资本利和,$e(1+i)/F_e$为1年投资折成的外币本利和;$1+i^*$为单位外币投资的机会成本。

若加入资本输入的交易成本C''_f,则有:

$$CD'' = e(1+i)/F_e - (1+i^*) - C''_f > 0 \quad (4\text{-}33)$$

式中,CD″为有交易成本的针对资本输入的抵补利息差额。因此,针对资本输入的修正抵补利率平价线 CIP″为:

$$CIP'' = e(1+i)/F_e - (1+i^*) - C''_f = 0 \quad (4\text{-}34)$$

$$\frac{F_e - e}{e} = \frac{i - i^* - C''_f}{1 + i^* + C''_f} \quad (4\text{-}35)$$

该方程的近似表达式为:

$$(F_e - e)/e = i - i^* - C''_f \quad (4\text{-}36)$$

该式也是 CIP″的近似表达式。CIP″线低于 CIP 线,二者的垂直距离为C''_f。

人们运用中性带分析对抵补利率平价进行了多次检验,绝大多数检验都证明偏离极小,只能用千分数表示;也有个别检验发现有时偏离较大,这是因为抵补套利只能使人们规避国际投资中的汇率风险。但是,在针对发展中国家的资本流动中,还存在主权风险,这种环境是抵补套利和抵补利率平价模型所未予考虑的。

2. 回归分析

针对抵补利率平价方程,其经验检验式为:

$$(F_e - e)/e = \alpha + \beta(i - i^*) + \mu \quad (4\text{-}37)$$

式中,α和β为估计系数,μ为误差项。如果抵补利率平价严格成立,则α基本为 0,β应等于 1。误差项应是非自相关的。

在现实检验中,人们发现在欧洲货币市场的交易中,抵补利率平价得到了经验数据有力的支持。这是因为那里的交易以银行同业拆放为主,交易成本很低。

三、利率平价理论的基本思路

利率平价理论研究了各国货币利率的差异对其即期汇率及远期汇率的决定与变动的影响,认为两国货币的利差不仅对其即期汇率的决定和变动有重要作用,而且还决定和影响其远期汇率。由于各国之间存在利率差异,投资者为了获得更大收益,总是将资本从利率低的国家转移到利率高的国家进行套利,因此增加了对利高货币的需求,导致其即期汇率上升。而在短期资本流入利高货币国家赚取利差收益的同时,投者往往会做一个对冲交易,即在远期外汇市场,按远期汇率卖空远期利高货币进行抵补,避免利高货币汇率下跌的风险,从而导致远期利高货币供给增加,使其远期汇率下跌。其基本思路如图 4-3 所示。

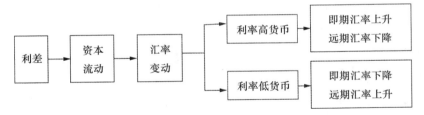

图 4-3　利率平价理论的基本思路

四、对利率平价理论的评价

利率平价理论阐明了利率和汇率之间的关系，合理解释了利率差异和资本流动对即期汇率及远期汇率的影响和作用，对西方国家利率政策的运用有很好的指导作用。但它把利率变动当作是决定汇率的基础和影响汇率变动的唯一因素，则有失片面，因此不能解释当两国利率并无差异时汇率的变动。一方面，利率平价理论并不是一个独立的汇率决定理论，而是描述利率与汇率的相互关系，以及它们之间是相互影响的；另一方面，两国利差并不是决定汇率的基础。利率差异只会影响两国货币即期汇率发生变动，而无法说明均衡时即期汇率的决定，同时利差也不是影响汇率变动的唯一因素。

第四节　现代远期汇率决定理论

抵补利率平价只考虑了远期外汇交易中的套利者行为，而忽略了贸易者和投机者行为，这种理论缺陷削弱了其说服力。在此背景下，人们提出了现代远期汇率决定理论。

一、套利者行为

套利者即在国际货币市场上进行抵补套利的个人或法人。在抵补利率平价讨论中已考察了他们的行为，据(4-15)式有：

$$CD = (F_e - e)/e - (i - i^*) \tag{4-38}$$

我们假设人们购买远期外汇的数量与抵补利息差额存在某种线性关系，则有：

$$Q = Q(CD), \quad dQ/dCD < 0 \tag{4-39}$$

式中，Q 为人们购买远期外汇的数量。若 $CD=0$，即抵补利率平价成立，套利者不会从事投资活动，从而不参与远期外汇交易。若 $CD>0$，则对外投资有利可图，投资者可赚取升水率高于利率差的差额；于是，他将在即期外汇市场上购买即期外汇，并同时在远期外汇市场上卖出远期外汇。由于 Q 为买入远期外汇数量，故 $dQ/dCD<0$。同理，若 CD 小于 0，投资者将把资本转入本国，出售即期外汇并购买远期外汇（$Q>0$）。

在图 4-4 中，设本国利率 i、外国利率 i^* 和当时的即期汇率 e_0 都是既定的。F_0 为能使抵补利率平价成立的远期汇率。套利者曲线 A 反映远期汇率与远期外汇交易量的对应关系。它必然过 F_0 点，因为抵补利率平价成立时，人们不会购买或出售远期外汇。

若远期汇率高于 F_0，如 F_1 所示，则套利者将对外投资，出售远期外汇（在掉期交易中

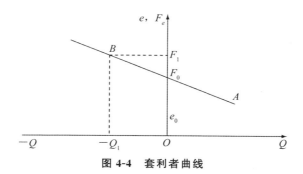

图 4-4 套利者曲线

与购买即期外汇同时进行),如$-Q_1$所示。同理,若远期汇率低于F_0,套利者将购买远期外汇。因此,套利者曲线由左上方向右下方倾斜。

二、贸易者行为

贸易者特指厌恶风险的进出口商。为分析简化,设进出口商均在1年期限付出或收到外汇。

(一) 出口商的避险选择

设出口商有两种避免外汇风险的方法。一种方法为出售远期外汇。由于远期汇率F_e是远期外汇合约加以规定的,其单位外币收入的本币将来值TR_1得以固定下来。

$$TR_1 = F_e \tag{4-40}$$

另一种方法为BSI法(Borrow-Spot-Invest),即先借入单位外币,按目前的即期汇率将其换成本国货币,然后用其进行国内投资。这种方法得到的本币将来值为:

$$TR_2 = e(1+i)/(1+i^*) \tag{4-41}$$

式中,$1/(1+i^*)$为出口商借入的外币数量,该借款的将来值正好与单位外币出口收入相等,不用再另外考虑偿还问题。$e/(1+i^*)$为外币借款的本币现在值。该式右端表示第二种方法可获得的本币将来值。

出口商进入远期外汇市场的条件是:

$$F_e > e(1+i)/(1+i^*) \tag{4-42}$$

该式可简化为:

$$(F_e - e)/e - (i - i^*) > 0 \tag{4-43}$$

在图4-5的左边,即F_0T'线表示出口商曲线。F_0是能使抵补利率平价成立的远期

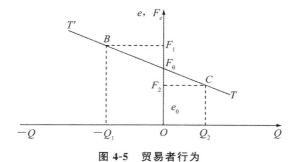

图 4-5 贸易者行为

汇率,也正好是出口商不进行远期外汇交易的远期汇率。若远期汇率(F_1)高于 F_0,则卖出远期外汇可给出口商带来更多的本币收入,出口商将出售 $-Q_1$ 所示远期外汇。

(二)进口商的避险选择

设进口商也有两种避免外汇风险的方法。一种方法是购买远期外汇,其 1 年后支付单位外币的本币成本将来值为:

$$TC_1 = F_e \tag{4-44}$$

另一种方法是 BSI 法,即进口商先借入本币,在即期外汇市场上把其换成外币,然后进行外币投资。1 年后,他再用外币投资收益支付进口款项。这种办法的成本是:

$$TC_2 = e(1+i)/(1+i^*) \tag{4-45}$$

式中,$e(1+i^*)$ 为进口商现在借入的本币数量;经过即期外汇交易,他可获得的外币为 $1(1+i^*)$;经过 1 年的对外投资,该外币的将来值正好为 1,可归还单位外币的货款。但是,借取 $e(1+i^*)$ 的本币,在 1 年后要归还 $e(1+i)/(1+i^*)$ 的本币。

进口商进入远期外汇市场的条件是:

$$F_e < e(1+i)/(1+i^*) \tag{4-46}$$

该式可简化为:

$$(F_e - e)/e < (i - i^*) \tag{4-47}$$

在图 4-5 的右边,即 $F_0 T$ 线表示进口商曲线。若远期汇率低于 F_0,则购买远期外汇可降低进口商的成本。若远期汇率为低于 F_0 的 F_2,则进口商可购买 Q_2 的远期外汇。

在图 4-5 中,$T'T$ 表示贸易者曲线,它也和套利者曲线一样由左上方向右下方倾斜。

三、AT 曲线

AT 曲线反映套利者和贸易者在各种远期汇率下共同购买或出售远期外汇的数量。它是贸易者曲线与套利者曲线的水平相加。在图 4-6 中,F_0 表示能使抵补利率平价成立的远期汇率,贸易者和套利者都不会进入远期外汇市场。若远期汇率为 F_1,贸易者(进口商)购买的远期外汇为 OQ_1,套利者购买的远期外汇为 OQ_2,他们共同购买的远期外汇为 OQ_3。AT 线过 F_0 和 B 点,它也是由左上方向右下方倾斜的。其行为方程可表示为:

$$Q = f(CD), \quad dQ/dCD < 0 \tag{4-48}$$

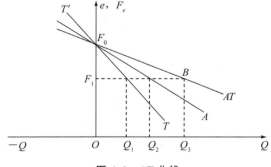

图 4-6　AT 曲线

四、投机者行为

当套利者和贸易者进入远期外汇市场后,需要寻找另外的交易者。我们将承担外汇风险的交易者称为投机者。投机者根据自己对未来即期汇率的预期来决定是否进入远期外汇市场。他们不参与远期外汇交易的条件是:

$$F_e = e^e \tag{4-49}$$

式中,e^e 为预期的未来即期汇率。若其与远期汇率 F_e 相等,则无论其选择买入还是卖出,都将无利可图。

在图 4-7 中 e^e 为投机者预期的未来即期汇率。若远期外汇市场上的远期汇率也正好等于 e^e,投机者将不进行远期外汇交易。但是,只要远期汇率不等于 e^e,投机者都会进入远期外汇市场。如 F_1 大于 e^e,投机者将卖出远期外汇,因为到期时他可按 e^e 这种较低的即期汇率买入即期外汇以履行合同,并使自己有利可图。同理,若远期汇率为 F_2,低于其预期的未来即期汇率,他将购买远期外汇。这里需要注意的是,对投机者而言,Q 表示卖出远期外汇的数量;因为他们是贸易者和套利者的交易对手,一方的卖出就是另一方的买入。根据上述说明,投机者曲线 S 会向右上方倾斜。投机者卖出远期外汇的条件是:

$$Q = Q(F_e - e^e), \quad dQ/d(F_e - e^e) > 0 \tag{4-50}$$

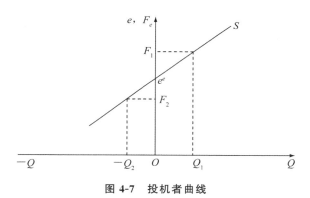

图 4-7 投机者曲线

五、均衡远期汇率的决定

均衡远期汇率是能够使远期外汇市场供求平衡的远期汇率。

在图 4-8(a)中,投机者预期的未来即期汇率较低。在这种情况下,投机者将卖出 Q_1 的远期外汇,而贸易者(进口商)和套利者共同买入 Q_1 的远期外汇,均衡远期汇率为 F^*。显然,若远期汇率高于 F^*,投机者打算卖出的远期外汇将大于其他人打算购买的远期外汇,这会迫使远期汇率降到 F^* 的水平。

在图 4-8(b)中,投机者预期的未来即期汇率较高。在这种情况下,投机者将买入远期外汇,贸易者(出口商)和套利者将卖出远期外汇,均衡远期汇率 F^* 将使远期外汇需求和供给量都是 $-Q_2$。

在这两种情况下,均衡远期汇率都会偏离能使抵补利率平价成立的远期汇率 F_0。

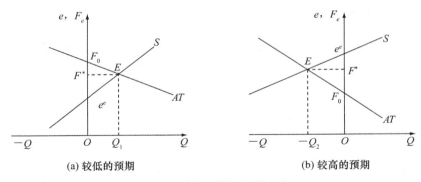

(a) 较低的预期　　　　　　　　　(b) 较高的预期

图 4-8　均衡远期汇率的决定

投机者预期的未来即期汇率与市场远期汇率之间的差额被人们看作为风险报酬（Risk Premium）。与套利者和贸易者不同，投机者在远期外汇交易中承担了风险。如果某个投机者预期的未来即期汇率被此后的事实证明是不准确的，他将会蒙受损失。这种风险报酬最终是由贸易者和套利者来支付的，他们付出了一定的代价，但是规避了外汇风险。

在正常情况下，预期的未来即期汇率对市场远期汇率的偏离不会很大。其一，远期汇率是投机者预期未来即期汇率的重要参照物。其二，在资本具有较大流动性的现代经济中，S 线和 AT 线都比较平缓。此外，或许最为重要的原因是，人们进行了多次检验，证明了远期汇率大抵满足抵补利率平价关系。

因此，现代远期汇率决定理论尽管具有明显的理论意义，但是它的现实意义并不明显。商业银行在公布其远期外汇交易的牌价时，基本上仍然参照抵补利率平价。

第五节　资产市场理论

资产市场理论（The Theory of Portfolio Market）是在国际资本流动迅速发展的背景下于 20 世纪 70 年代中期以后发展起来的一种重要的汇率理论。同传统的汇率决定理论相比，资产市场理论的突出特点是将商品市场、货币市场和证券市场结合起来进行汇率决定的分析。

本节介绍的资产市场理论主要有以下三个假设：第一，外汇市场是有效的，也就是市场的当前价格反映了所有可能得到的信息；第二，分析对象是高度开放的，本国无法影响到国际市场上的利率；第三，资金是完全流动的，也就是说抵补的利率平价始终成立。

根据对于本币资产与外币资产的可替代性的不同假定，资产市场学说可以分为货币分析法与资产组合分析法：货币分析法认为两种资产可以完全替代，而资产组合分析法则认为两者不能完全替代。在货币分析法下，根据本国价格水平弹性的不同假设，又分为弹性价格的货币分析法与黏性价格的货币分析法（即汇率超调理论）。以下我们将逐一介绍。

一、弹性价格的汇率货币分析法

弹性价格的汇率货币分析法,又称"汇率的货币论"(Monetary Approach to Exchange Rate),是由美国经济学家约翰逊(H. G. Johnson)、蒙代尔(R. A. Mundell)于20世纪70年代初创立的一种汇率理论。该理论实际是购买力平价理论的现代翻版。

(一) 假设条件

汇率的货币论是现代货币主义主流思想在汇率理论方面的延伸,其假设条件也与其主流思想相适应,主要包括以下几个方面:

第一,具备高度发达的资本市场,即资本充分流动、本国和外国资产之间充分可代替。

第二,具备高效率的商品市场,商品的自由套购能保证购买力平价在国际市场有效发挥作用。

第三,具备高效率的外汇市场,市场参加者能根据所有信息做出合理预期,其预期能较大地影响市场上的汇率。

除此之外,在价格的弹性假设下,我们认为总供给曲线是垂直的。

(二) 基本模型

本国货币市场的平衡条件为:

$$M_d^s = P_d Y_d^a e^{-\beta i_d} \tag{4-51}$$

式中,M 为货币供给;Y 为总产出;i 为利率;e 为自然对数的底;下标 d 代表本国。将(4-51)式两边取对数为:

$$p_d = m_d^s - \alpha y_d + \beta i_d \tag{4-52}$$

式中,p、m、y 分别为 P、M、Y 的对数形式。同理可得国外货币供求的平衡条件为:

$$p_f = m_f^s - \alpha y_f + \beta i_f \tag{4-53}$$

根据购买力平价条件有:

$$e = p_d - p_f \tag{4-54}$$

将(4-52)式与(4-53)式带入(4-54)式中可得:

$$e = (m_d^s - m_f^s) - \alpha(y_d - y_f) + \beta(i_d - i_f) \tag{4-55}$$

以上即为弹性价格的货币分析法的基本模型。可以看到,汇率由本国与外国货币供应量、总产出的差额以及利率的差额共同决定。

(三) 主要观点

根据如上模型,我们看到汇率是由货币市场的存量均衡所决定的,并主要受名义货币存量、实际国民收入水平、实际利率和预期通货膨胀等因素的互动影响,因此,得出的主要结论是:

第一,当一国名义货币存量增加时,由于总供给曲线垂直,导致国内物价水平同货币供给量等比例上涨,总产出与利率水平不发生变化。看(4-54)式,p_d 上升,e 上升,本币将会发生贬值。同理,当外国货币供应量增加时,本币将升值。

第二,一国实际国民收入增加,导致货币需求上升,在名义货币供应量不变的情况下,会引起国内物价下降,通过购买力平价作用,导致本币升值。从(4-55)式上来看,y_d上升,e将会下降,将得到相同结论。相反,当外国国民收入升高时,本币贬值。

第三,当一国名义利率上涨时,该国实际货币余额需求下降,从而抑制物价上涨,本国货币趋向升值。从(4-55)式上来看,i_d上升,e将会下降,将得到相同结论。相反,当外国名义利率上涨时,本国货币趋向贬值。

(四) 对其评价

汇率的货币论强调货币市场及货币供求关系对汇率的影响,有重要的理论意义与实际价值。它指出了货币因素在汇率决定和变动过程中的作用,并指出一国货币供应量增多,会引起本国汇率的下跌,这是符合实际的,从而纠正了第二次世界大战后汇率研究中忽视货币因素的缺陷;同时,该理论把汇率问题的研究同货币政策的运作协调起来,从而为浮动汇率制度下汇率成为国家宏观调控政策的重要工具产生了重要作用。

需要指出的是,弹性价格的货币分析法可以看作是长期的汇率决定理论:由于假定垂直的总供给曲线,所以货币供给量的变化不会导致总产出的变化;同样,长期的利率也不取决于货币供给。所以从(4-54)式与(4-55)式可以看出,货币供给的变化才会导致价格的同等变化(注意它们都是对数形式),从而导致汇率的变化。

除上述各因素外,汇率的货币论还关注了预期对汇率的影响。认为预期的通货膨胀率对本国汇率升降有重要影响,特别在短期内对汇率影响更大。为了理解方便,我们将在汇率超调理论中予以介绍。

另外,汇率的货币论只考虑货币数量对汇率的影响,而未考虑其他诸多方面的因素,因而也是一种局部静态分析;并且由于该理论以购买力平价为基础,因此与购买力平价理论具有同样的缺陷。

二、黏性价格下的汇率货币分析法(汇率超调理论)

汇率超调(Exchange Rate Overshooting)理论是由美国经济学家鲁迪格·多恩布什在1976年提出的。他也强调货币市场均衡对汇率变动的作用,但他认为:从短期来看,商品市场价格由于具有黏性,对货币市场失衡的反应很慢,而证券市场的反应却很灵敏,因而利率立即发生变动。这样,货币市场的失衡就完全由证券市场来承受,从而形成利率的超调,即利率的变动幅度大于货币市场失衡的变动幅度。如果资本在国际间自由流动,利率的变动必然引起套利活动和汇率变动,而且汇率的变动幅度也大于货币市场失衡的变动幅度。这就是所谓的汇率超调现象。

(一) 汇率超调理论的基本模型

汇率超调理论中,货币需求和供给的基本公式与货币论中的公式是相同的。现在让我们将预期的作用引入到模型当中。根据利率平价条件,预期的汇率 Ee 满足以下条件:

$$Ee - e = i_d - i_f \tag{4-56}$$

整理可得:

$$e = Ee - i_d + i_f \tag{4-57}$$

当货币供给量发生变动时,从长期看价格水平的变化率(通货膨胀率)会等于货币供

给量的变化率,远期汇率变动率将会等于通货膨胀率,即

$$\frac{\mathrm{E}e}{e_0} = \dot{M_d}/M_d^0 \qquad (4-58)$$

但是在短期内,由于价格水平是黏性的,短期内购买力平价不成立,且总供给曲线并不垂直。以货币增加为例,短期内,总供给曲线变化如图4-9所示。

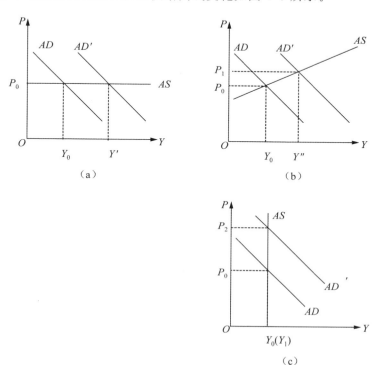

图 4-9 短期总供给曲线变化

如图,长期价格水平会上升到 P_2,但是短期内只能从 P_0 变动到 P_1。而在货币市场,短期内由于价格水平的黏性,导致货币供给曲线向右移动,利率下降,在短期内导致短期汇率的波动大于长期汇率变动,即汇率超调。

所以在一次货币增加中,各变量的变动随时间的变化如图4-10所示。

(二) 汇率超调理论的基本思路

汇率超调理论的基本思路由以下几个方面的内容构成:第一,汇率是由货币供求关系所决定的;第二,货币供求关系不仅影响物价,而且还影响利率;第三,利率和物价的变动都会影响汇率;第四,由于物价黏性,利率对货币供求关系的变化比物价更为敏感,货币供求关系变化对物价的影响作用迟缓,因而利率承受了过大的压力,所以利率变动幅度往往比货币供求关系变化的幅度更大,国际资本流动超过其应有的幅度,从而导致汇率变动的幅度也更大,出现所谓的"汇率超调";第五,利率、汇率及商品价格的变动,引起套利、套汇及套购商品的活动,最终导致两国汇率的均衡。

其基本思路如图4-11所示。

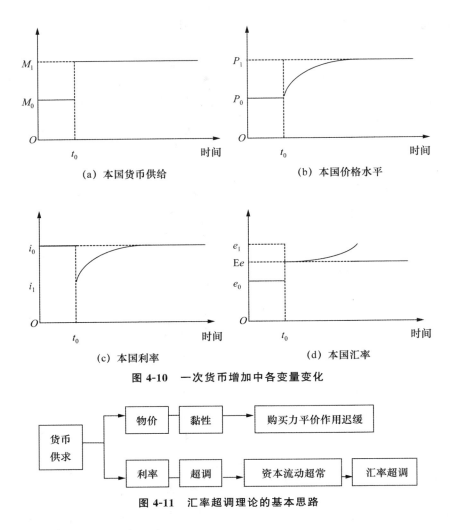

图 4-10 一次货币增加中各变量变化

图 4-11 汇率超调理论的基本思路

（三）对汇率超调理论的评价

汇率超调理论不仅说明了短期内汇率变动的原因,而且说明了其变动的强度,因此有利于人们认识短期内的汇率变动。它是货币主义的动态分析,但也包括了货币主义理论的所有缺陷,它将汇率的变动完全归因于货币市场的失衡,有失偏颇。

三、汇率的资产组合平衡模式

汇率的资产组合平衡模式(Portfolio Balance Model of Exchange Rate)是托宾(J. Tobin)的资产选择理论(Theory of Portfolio Selection)的应用,由库礼(P. Kouri)等提出。该理论接受了多恩布什的价格在短期内具有黏性的看法,因而认为在短期内汇率取决于资产市场的均衡。

（一）汇率的资产组合平衡模式的基本思路

汇率的资产组合平衡模式的基本思路可以分为三个层次:第一,汇率变动取决于市场上各种外汇流动资产的增减变化;第二,各种外汇流动资产的增减变化是由于投资者调整其外汇流动资产比例或结构所引起的;第三,投资者对其外汇流动资产比例或结构的调整,往往引起资本在国际间的大量流动,以及市场上外汇供求关系的变化,从而对汇率变动产生影响。其基本思路如图 4-12 所示。

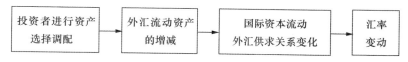

图 4-12 汇率的资产组合平衡模式的基本思路

(二)汇率的资产组合平衡模式的基本原理及概念

汇率的资产组合平衡模式所指的流动资产,既包括外国资产,也包括本国资产;既包括不能生息的手持现金,也包括可以生息但收益率各异的存款、有价证券等资产。其主要是指以本币或外币表示的有价证券和货币、存款等金融资产。

流动资产的选择,是指投资者调整其持有的本币资产和外汇资产,以及调整其持有的有价证券和货币等资产之间的比例与结构,以选择一套投资收益和风险对比关系的最佳方案和资产组合的行为。

由于不同币种、不同形式流动资产的收益和风险大小各异,且经常发生变动,因此投资者根据理性行为准则,不断调整其资产组合的比例与结构,直至各种资产的预期边际收益率相等为止,因而各种流动资产的预期边际收益率和相对风险的变动会引起汇率的变动。因此,该理论强调资产市场对汇率的影响要比商品市场和劳务市场对汇率的影响更为重要。

从实际经济生活中也可以看到,自从 1973 年世界各国普遍实行浮动汇率制以来,受国际收支、通货膨胀、利率和经济增长等各种因素的影响,货币比价经常发生变动。不仅一国中央银行拥有大量的外汇储备,各大金融机构和跨国公司也拥有大量外币金融资产和欧洲货币存款,于是金融资产的选择变得越来越重要。保持哪种金融资产以获得最大收益就成为持有者或投资者需要慎重考虑的问题,因此流动资产市场说应运而生。

(三)对汇率的资产组合平衡模式的评价

汇率的资产组合平衡模式论证了短期内资产市场的均衡对汇率的影响,具有重要的实际意义。因为从实际情形看,投资者因选择和持有本国或外国金融资产而引起的国际资本流动在很多时候都超过经常项目差额,所以在短期内,资产市场的均衡对汇率变动有重要作用。但该学说只分析资本项目,完全不考虑经常项目,尤其是商品和劳务进出口对汇率的影响,显然是一种局部静态分析;另外,其限制条件严格,要求必须是在国内金融市场发达、对外开放程度很高、外汇管制宽松的情况下,因此这一理论有很大的局限性。

阅读专栏　　　　　　　　　　巨无霸价格与汇率

一价定律告诉我们,在自由贸易的条件下,两个国家生产和消费的同一种商品,其价格上的差异不会超过运输成本,汇率将移动到使两个国家同一种商品的价格相同的水平上(当以此汇率转换时)。表 4-1 列示了 1995 年 8 月"巨无霸"在美国和其他八个国家的价格(第 2 栏),表中同时列出了 1995 年 8 月这八个国家货币对美元的汇率,以 1 美元外国货币的数量表示(第 3 栏)。

表 4-1　"巨无霸"价格对比

国家(货币)	"巨无霸"价格	实际汇率(外国货币/美元)	"巨无霸"美元的价格	购买力平价汇率(外国货币/美元)	高估(+)和低估(-)情况
澳大利亚(AUD)	A $2.06	1.36	$1.51	1.08	+26%
英国(GBP)	£1.45	0.65	$2.23	0.76	-15%
加拿大(CAD)	C $2.27	1.36	$1.67	1.19	+14%
法国(FRF)	Fr 15.4	5.06	$3.04	8.10	-38%
德国(DEM)	DM 3.9	1.48	$2.64	2.05	-28%
意大利(ITL)	L 3700	1 623	$2.28	1 947	-17%
日本(JPY)	¥322	96.9	$3.32	169.5	-43%
瑞士(CHF)	SFr 4.89	1.23	$3.98	2.57	-52%
美国(USD)	$1.90	—	—	—	—

资料来源:劳埃德·B.托马斯著,《货币、银行与金融市场》,机械工业出版社 1999 年版。

"巨无霸"的国外价格和实际汇率使我们可以把 1995 年外国"巨无霸"的美元价格与美国国内"巨无霸"的价格 1.90 美元进行比较(第 4 栏)。"巨无霸"的美元价格从瑞士最高的 3.98 美元到澳大利亚最低的 1.51 美元不等。第五栏是相应的购买力平价汇率,以各国"巨无霸"的国外价格(第 2 栏)除以其美元价格 1.90 美元得出。由于各国"巨无霸"的美元价格不同,因而相应的 PPP 汇率与实际汇率也不同。如果国外"巨无霸"比美国便宜,那么实际汇率(外国货币除以美元)比 PPP 汇率高,美元被高估。如果国外"巨无霸"比美国的贵,那么实际汇率就低于 PPP 汇率,美元被低估。

从这个例子可以看出,在 1995 年 8 月美元相对于表中八个重要国家货币中的 6 种货币被低估。"巨无霸"在欧洲和日本的价格高于美国。实际上这种简单的发现与 1995 年和 1996 年经过精心测算得出的美元被低估的结论是一致的。这些发现说明,即使忽略差旅费,一个美国人在美国旅游比到国外旅行更便宜(除了澳大利亚和加拿大)。

 本章提要

1. 一价定律是购买力平价的理论基础,是指在不考虑交易成本的条件下,相同的物品在不同市场上只能有相同的价格。

2. 购买力平价理论说明在纸币流通条件下,纸币的购买力是汇率决定的基础。这一解释符合纸币流通条件下汇率决定的规律。

3. 利率平价理论分为抵补利率平价和非抵补利率平价。利率平价理论阐明了利率和汇率之间的关系,合理解释了利率差异和资本流动对即期汇率及远期汇率的影响和作用。

4. 资产市场理论特别强调金融资产市场均衡对汇率变动的影响,它将商品市场、货币市场和证券市场结合起来进行汇率决定的分析。

思考题

1. 什么是一价定律?它有什么假设?它的适用范围是什么?
2. 购买力平价理论的贡献有哪些?
3. 什么是抵补套利?利率平价理论的基本思路是什么?
4. 对汇率货币论的评价是怎样的?
5. 汇率超调理论的基本观点有哪些?

21世纪经济与管理规划教材

国际经济与贸易系列

实 务 篇

第五章　国际金融市场
第六章　外汇市场业务
第七章　国际融资业务

第五章　国际金融市场

[教学目的]

通过学习本章,应熟悉国际金融市场的概念和构成,重点掌握国际货币市场、国际资本市场的组成部分,以及欧洲货币市场的概念、特点和作用,把握国际金融市场发展的趋势,尤其是国际金融市场创新的内涵及方式、金融创新工具的特点及具体应用等。

[重点难点]

国际货币市场和国际资本市场的构成,欧洲货币市场的概念、特点和经济影响,金融创新的内涵及各种工具的应用。

[引导案例]

外汇衍生产品推出

外汇衍生产品的宗旨就是为法人客户应对其面临的利率或汇率风险进行主动管理,以既有负债或预期现金流为基础,开展的套期保值类衍生产品业务。

在后危机时代的外汇衍生产品中其产品功能更加回归理性,而且主要适应的是企业的避险需求而不是投资需求。从近年企业避险衍生产品的发展趋势来看,衍生产品依然是国际一流企业管理财务风险的重要工具。据 2009 年国际掉期及衍生工具协会(ISDA)年会报道,世界 500 强企业中排名前 100 位的企业都在使用衍生工具进行交易,其中超过 94% 的世界超大型企业在场外衍生品市场交易以管理商业风险和宏观经济风险。其所属行业有基础材料、消费品、技术、医疗保健、工业、基础设施、能源和服务部门等。而人民币外汇期权交易对于中国进出口企业来讲,因为具有可以锁定不利方向风险、保留有利方向获利、表达客户观点、调整成本、买入期权不受信用额度限制等其他产品不可比拟的特点,将会成为中国进出口企业特别是"走出去"企业避险的有利武器。

资料来源:朱启松,"试论人民币外汇期权交易推出的意义",《商业时代》,2012 年第 8 期。

在经济全球化背景下,国际金融市场在全球市场的重要性日益显著。尤其是自 20 世纪 80 年代以来,随着生产和投资的国际化,国际金融市场在世界经济的发展中发挥着越来越显著的作用,不仅推动了货币信用的国际化,而且也促进了国际资本、国际贸易乃至整个世界经济的国际化。

第一节　国际金融市场概述

国际金融市场的概念通常涵盖了世界上所有国际金融中心,这些国际金融中心伴随着资本主义世界市场的发展,常以其所在地名称命名,如伦敦国际金融中心、纽约国际金融中心等,并由此构成了整个国际金融市场。在国际金融市场上经营的业务主要包括货币的兑换、国际借贷及证券交易等,据此可以划分为各种不同类型的市场。

一、国际金融市场的概念

(一) 国际金融市场的广义和狭义概念

国际金融市场是指在国际间进行资金融通或金融产品的买卖的场所,也就是在居民与非居民之间,或者非居民与非居民之间进行国际性金融业务活动的场所。国际金融市场与国内金融市场的显著不同之处在于:资金借贷关系涉及非居民;业务活动范围跨越国境;交易中使用的货币为多国货币;业务活动比较自由开放,较少受某一国政策、法令的限制。

国际金融市场有广义和狭义之分。广义的国际金融市场,是指进行各种国际金融业务活动的场所,这些业务活动包括资金的借贷、外汇与黄金的买卖。因此,传统上的国际金融市场包括货币市场(一年以内短期资金的借贷)、资本市场(一年以上中长期资金的借贷)、外汇市场、黄金市场。另外,20世纪70年代以来形成和发展起来的国际金融期货和期权市场也是国际金融市场的组成部分。上述几类国际金融市场是紧密联系的。狭义的国际金融市场,仅指从事国际间资金借贷活动的市场,又称国际资金市场,包括国际货币市场和国际资本市场。

(二) 国际金融市场与国内金融市场的区别与联系

为了进一步理解国际金融市场的概念,有必要分析一下国际金融市场与国内金融市场的区别与联系。

1. 国际金融市场与国内金融市场的区别

(1) 市场运作范围不一。国内金融市场的活动领域局限于一国领土内,市场的参与者限于本国居民;而国际金融市场的活动领域则超越国界,其参与者涉及境外居民或多国居民。

(2) 市场业务活动不一。国内金融市场的业务活动一般不使用外汇,也不必通过外汇市场进行;而国际金融市场的业务活动必然涉及外汇交易活动,而且要通过外汇市场进行,外汇市场是国际金融市场的中心市场之一。

(3) 市场管制程度不一。国内金融市场必须受到货币当局的直接干预(含暗地干预),市场运行在很大程度上受到行政力量的左右;而发达的国际金融市场则基本不受所在国金融当局的管制,市场运行一般很少受到干预,甚至完全不干预。

2. 国际金融市场与国内金融市场的联系

(1) 国内金融市场是国际金融市场得以发展的基础。世界上一些主要的国际金融市场,都是在原先国内金融市场的基础上发展而成的,这些国际金融市场中的金融机构、银行制度以及涉外业务与国内金融市场都有着密切的联系。

(2) 国内金融市场的货币资金运动与国际金融市场的货币资金运动互相影响。国内金融市场的利率发生变动,会通过各种方式影响到国际金融市场上利率的变化;国内金融市场上货币流通发生变化而导致的币值变动,也同样会影响国际金融市场上汇率的变动。

(3) 国内金融市场上的某些大型金融机构,同样也是国际金融市场运作的主要参与者。

二、国际金融市场的形成和发展

国际金融市场是随着国际贸易的发展与扩大而产生和发展的。从最早的国际清算中心,到国际金融市场的出现,直至今天的欧洲货币市场,这个过程持续了几个世纪。

(一) 国际金融市场的形成

17世纪末,随着美洲大陆的发现,资本主义全球市场体系逐步形成。在这个过程中,英国成为世界经济的主要力量。为适应资本主义经济增长对资金的需求,为迅速发展的对外贸易提供国际汇兑和国际清算,英格兰银行于1694年正式成立。伦敦在成为世界经济中心、国际贸易中心的同时,也成为国际汇兑、国际结算和国际信贷中心,这标志着现代国际金融市场开始形成。伦敦国际金融中心建立以后,随着世界各国对外贸易和投资的快速增长,英国以外的主要资本主义国家的国内金融市场也相继发展成为国际金融中心,如瑞士的苏黎世、法国的巴黎、意大利的米兰、德国的法兰克福、美国的纽约等。

国际金融市场在现代经济中的作用是非常重要的,国际贸易、国际资本借贷、外汇买卖及证券交易和保险业务都离不开国际金融市场。虽然各国都有一些大城市从事国际金融活动,但并非所有开展国际金融业务的城市都能称之为国际金融市场。成为能够全面开展国际金融业务的国际金融市场需要具备一定的条件:

(1) 稳定的政局。这是最基本的条件。如果一国政局动荡,经常发生政变或大的变革,就无法保证国内经济和金融的稳定,更谈不上建立一个国际金融市场了。

(2) 自由开放的经济体制。它主要包括自由开放的经济政策与宽松的外汇管制。自由开放的经济政策,容易加强与世界各国的经济金融往来,并进行各种形式的经济金融合作;而自由宽松的外汇管制或取消外汇管制,就充分保证了国际资金的自由出入,容易形成国际资金的集散地,进而形成国际金融市场。

(3) 健全的金融制度和发达的金融机构。如果一国金融制度和法规不健全,就无法保障金融活动高效地进行,而量少质弱的金融机构更没有能力担负从事国际金融业务的重职。因此,这个条件也是国际金融市场形成的必要条件。

(4) 现代化的通信设施与交通方便的地理位置。一国或地区要成为国际金融中心,必须有完善的通信设施,并且具有不断吸收高新科技的能力,这样才能迅速准确地保证国际信息的通畅。而良好的地理位置,容易吸引各种参与者,方便其交易,进而增加各种国际金融业务。

(5) 训练有素的国际金融人才。这是指一国或地区要拥有既具备现代国际金融专业知识,又具备丰富实际经验的国际金融专门人才。拥有这些人才,才能为国际金融市场提供高质量、高效率的各种服务。

只有具备了这些条件,才有可能成为国际借贷、国际结算和外汇买卖及黄金交易的中心,从而形成国际金融市场。

(二)国际金融市场的发展

伦敦作为世界最主要的国际金融中心的时间长达两百多年。第一次世界大战后,伦敦作为国际金融中心的地位开始衰落,第二次世界大战的爆发,加速了这种衰落。第二次世界大战后,全球国际金融市场发生了重大的演变,基本经历了如下三个阶段:

1. 纽约、苏黎世和伦敦的"三足鼎立"

第二次世界大战后,在伦敦国际金融中心地位不断下降的同时,美国经济实力迅速增强,以压倒性优势成为世界经济的领头羊,其经济实力主要表现在:占资本主义世界工业生产的1/2,占出口贸易额的1/3,占黄金储备的2/3,占发达国家资本输出额的1/3。美元因此成为最主要的国际结算货币,纽约成为世界最大的国际金融中心。因得益于"永久中立国"的特殊地位,瑞士避免了第二次世界大战战火的洗礼,瑞士法郎成为西欧国家中唯一保持自由兑换的货币,这一优势加速了苏黎世国际金融中心的发展。

2. 欧洲货币市场的形成和发展

欧洲货币市场是对离岸金融市场的概括和总称,离岸市场是从事境外货币存贷的市场,代表了国际金融市场新的发展阶段。20世纪60年代,西欧经济迅速崛起,美国经济地位相对下降,其国际收支出现持续的巨额贸易逆差,美元大量外流。流出的美元主要集中在伦敦,成为"欧洲美元",伦敦也因此成为最大的欧洲美元市场。同时,随着西欧国家货币自由兑换和资本自由流动的恢复,境外货币的种类不断增加,出现了欧洲英镑、欧洲德国马克、欧洲法国法郎,于是欧洲美元市场演变成欧洲货币市场。欧洲货币市场逐步演变成国际金融市场的核心。

3. 发展中国家和地区国际金融市场的建立

第二次世界大战后,不少发展中国家取得了政治独立,走上了发展本国经济的道路,建立和发展金融市场成为发展国民经济的重要条件。经过较长时期的发展,部分国家和地区的金融市场已具备了相当规模,并逐步成长为新兴的国际金融中心,如新加坡、巴林、科威特、中国香港等。发展中国家和地区国际金融市场的建立,促进了国际金融市场的全球化进程。

三、国际金融市场的类型

(一)按市场功能分类

1. 国际货币市场

国际货币市场是指以短期金融工具为媒介进行的期限在1年内的融资活动的交易市场,是短期资金市场或短期金融市场。主要交易对象是商业票据、国库券、银行承兑票据、短期可转让存款单等准货币。因这些金融工具流动性好、变现能力强、偿还期短、风险性小,和货币有差不多的性质,所以将其交易市场称为货币市场。

2. 国际资本市场

国际资本市场是指借贷期限在1年以上的中长期资金市场。主要交易对象有股票、债券、国债、中长期票据等。其作用主要是为各国政府、机构、企业提供经济建设所需要的资金,为已经发行的证券提供具有充分流动性的交易市场。

3. 国际外汇市场

国际外汇市场是以外汇银行为中心,由各类外汇供给者和需求者以及中间机构组成的,专门从事外汇买卖、外汇资金调拨、外汇资金结算等活动的场所或网络。

4. 国际黄金市场

国际黄金市场是指专门从事黄金买卖的市场。虽然IMF在1976年已开始了黄金非货币化的过程,但由于黄金同货币的传统联系以及人们的传统观念,黄金市场还是被广泛地看作金融市场的一个组成部分。伦敦、苏黎世、纽约、芝加哥和香港的黄金市场是世界上最重要的黄金市场。

黄金市场可以分为实物黄金市场和黄金期货期权市场两部分。实物黄金主要以金条和金块形式进行买卖,官方或民间铸造的金币、金质奖章、珠宝首饰也在市场上买卖。实物黄金市场基本上是即期市场,为套期保值而做的远期交易是它的补充。市场参与者由三部分组成:黄金交易商在市场上买入和卖出黄金;经纪人从中牵线搭桥,赚取佣金和价差;银行为这些活动融通资金。黄金期货交易是指在合同规定的某个时间内,承诺交割或者接受和购买特定数额的黄金;黄金期权交易是指期权购买者在协议价格(或实施价格)上买卖实物黄金或黄金期货合同的权利。

(二) 按融资渠道分类

1. 国际信贷市场

国际信贷市场是指在国际金融市场上以金融机构为媒介融通资金的市场,是各国资金需求者通过银行进行资金融通的场所,它是早期融资的主要渠道。目前,国际信贷市场以银行同业拆借为主体,形成了多个国际信贷中心。

2. 国际证券市场

国际证券市场是指发行和交易各种有价证券的市场,包括国际债券和国际股票市场。20世纪80年代后,国际金融市场的证券化趋势形成,国际证券市场的融资规模超过了信贷市场,成为国际筹资的主要渠道。

(三) 按交易对象所在区域和交易币种分类

1. 在岸国际金融市场

在岸(On-shore)国际金融市场是指居民与非居民之间进行资金融通及相关金融业务的场所。其中,居民主要是国内投资者,非居民主要是外国筹资者,经营的货币是市场所在国货币,市场的资金来源一般由市场所在国提供,市场所在国是资本净提供国,它受市场所在国政府政策与法令的管辖。一般是由地方性和区域性市场逐步发展成为全球性的市场,是国内金融市场的延伸。它是传统的国际金融市场。

2. 离岸国际金融市场

离岸(Off-shore)国际金融市场又称为"境外市场"(External Market),经营对象(交易货币)包括除市场所在国货币以外的西方主要货币;借贷关系涉及非居民与非居民之间的借贷;业务活动不受任何国家政府政策法令管辖。所有离岸市场结合成整体,就是通常所说的欧洲货币市场,它是第二次世界大战后形成并发展起来的新兴国际金融市场。20世纪60年代以来,原来的一些传统国际金融中心出现了脱离当地法规管理的倾向,而一些以前并没有国际金融服务设施基础的地区,由于政府为繁荣本地经济,实行了非常宽松的金融管制政策,或者根本不加管制,征税较低或者免税,加上地理位置适中,往往能吸引大批金融实业家的大量资金流入,而迅速发展成为新兴的国际金融市场。离岸市场是目前最主要的国际金融市场,它是既不受货币发行国政府法令管制,又不受市场所在国政府法令管制的金融市场。

四、国际金融市场发展的新趋势

2008年金融危机后,经过八、九年的恢复调整,从欧元区重债国债务问题日趋缓和、以美国为代表的高风险资本价格逐步回调等信号可以看出,当前国际金融市场的整体环境有一定的改善,处于一个相对稳定的环境中。但是,英国脱离欧盟、朝鲜半岛地缘政治危机、中东难民危机、美国新总统2017年政策的转向,对整个东北亚、欧洲经济乃至世界经济都产生了巨大影响,导致国际金融市场出现了全新的变化。

(一)国际资本的流向逆转

目前,世界经济增长格局出现了南降北升的局面,国际金融市场也随之产生变化,其中主要是由于新兴经济体发展放缓和经济发达国家自主增长力渐强而造成的。因此,随之而来的就是流通资金将青睐于发达经济体,从新兴经济体向发达经济体流动。

(二)信贷环境结构性分化

在世界经济体资金货币政策分化和世界经济体高速复苏格局的大形势驱动下,全世界资金利率发生了严重的结构性分化。主要表现在两个方面:第一,新兴经济体和发达经济体资金结构性分化。一些新兴经济体主要采用资金货币量化宽松政策,实施多次降息,其主要目的就是压低信贷利率;美联储等发达经济体表示将尽快结束采用多年的货币量化宽松政策,但在短时期内不会立刻提高基准利率,以维持国际金融市场中长期利率的稳定。而新兴经济体由于受到本币贬值和通货膨胀的影响,不能继续实行宽松货币政策,只有无奈地被迫加息。第二,发达经济体长期与短期利率的分化。美联储从2016年年底开始在金融危机爆发后采取量化宽松政策后八年重新回到加息的轨道,不仅如此,中长期信贷利率也开始上升,法、德等欧元区核心国家国债利率都有不同程度的提高,美国10年期国债利率已经回调至近几年的高点。

(三)美国对国际金融市场影响力上升

随着美国经济在后金融危机时代率先出现复苏迹象,美联储对利率杠杆的把控对全球资本流动产生了前所未有的影响力。美联储的每一次议息会议都会给今天的全球金融市场带来巨大的冲击。新兴市场国家货币的贬值、资本的外流已经成为这些国家政府面临的最大风险。

(四)互联网金融对传统金融业的发展提出巨大挑战

第一,银行经营管理模式随时受到环境变化带来的冲击;第二,发达经济体的银行业率先发展将带动全球银行业的发展;第三,网络虚拟化银行业大力发展。为此,未来的银行业将有很大的创新,但在创新的同时也必将给国际金融市场带来潜在的冲击和风险。

五、国际金融市场的作用

在市场经济条件下,金融往往是一国国民经济的命脉和血液,这同样也适用于国际金融与世界经济的关系。

(一)国际金融市场促进了世界经济的发展

国际金融市场是世界各国资金的集散中心。国际金融市场上的各种贸易融资方式为国际贸易提供了充足的资金融通,也为资金短缺国家利用外资扩大本国生产提供了便利。如欧洲货币市场促进了当时的联邦德国和日本经济的复兴;亚洲美元市场对亚太地区的经济建设也起了积极作用。发展中国家的大部分资金也都是在国际金融市场上筹集的。可以说,某些国家或地区就是通过在国际金融市场上的借贷来筹集资金,推动经济发展的。

(二)国际金融市场推动经济全球化的发展

第二次世界大战以后,世界经济一体化程度不断发展,在这个过程中,跨国公司扮演了重要的角色。跨国公司的典型特征就是在世界范围内实现资源的有效配置,包括生产组织形式、经营活动方式和市场营销手段的国际化。跨国公司的所有这些活动都或多或少地依赖于国际金融市场的存在。因此,国际金融市场是跨国公司在全球范围内获取外部资金的最重要来源,并由此推动了世界经济全球化的发展。

(三)国际金融市场有利于调节各国国际收支

国际收支既是一国经济对外开放程度的客观反映,又会反作用于一国的经济发展与稳定。各国的国际收支总是处于一种不均衡状态。国际金融市场的产生与发展,为国际收支逆差国家提供了一条调节国际收支的渠道,即逆差国可以到国际金融市场上举债或筹资,能在很大程度上缓和国际收支失衡造成的压力,从而更灵活地规划经济的发展。

(四)国际金融市场提供规避风险的场所

随着国际金融市场自由化趋势的发展,利率、汇率和股票价格的波动越来越剧烈,由此导致各种金融资产的价格也在不断波动。国际金融市场以及实体经济市场的参与者,为了管理各种金融风险,必然寻求规避风险的新途径。国际金融市场中的期货、期权等衍生产品为投资者提供了有效的风险管理手段。

(五)国际金融市场促进了全球资源的合理配置

国际金融市场是一个高度竞争的市场,资金总是流向经济效益最好、资金收益最高的国家或地区,这就使国际金融市场上的资金利用效率大大提高。国际金融市场上的各种金融资产的价格,如利率、汇率等的形成,是基于众多的交易者对未来市场走势的预期,这些价格信息不仅充分反映了金融资产的供求关系,而且也对全球真实资源的最优配置发挥着重要的调节作用。

当然,国际金融市场同样不可避免地存在一些消极影响。国际金融市场在缓和国际收支严重失衡的同时,向广大逆差国家提供了大量的贷款,埋下了国际债务危机的隐患。近年来,拉丁美洲、墨西哥的债务危机给国际信贷带来了强烈冲击。巨额短期国际游资的投机性流动,也会对有关国家独立执行货币政策产生较大的制约作用,常常造成一国进而导致世界外汇市场的剧烈波动。日益加强的国际金融市场的一体化趋势,使国际间不稳定因素的传播更加迅速,增大了世界经济动荡的可能性。这些问题,需要我们在积极利用国际金融市场的同时加强防范。

第二节 欧洲货币市场

欧洲货币市场(European Currency Market)不同于传统的国际金融市场,它是不受市场所在国法令管辖、真正国际化的金融市场。其借贷货币包括市场所在地国家境外的所有可兑换货币。这些货币统称为"欧洲货币"或"境外货币"。借款人可以在这个市场上任意选择借贷货币的种类。借贷关系为外国借款人与外国放款人的关系,欧洲货币市场是非居民可以自由地参加交易的市场,因而常被称为离岸金融市场或境外金融市场。欧洲货币市场的主要业务是从事中长期货币借贷和欧洲债券业务。

一、欧洲货币市场概述

欧洲货币并非欧洲国家的货币,"欧洲"不是一个地理概念,而是指"境外""离岸"的含义,只是由于境外存放和借贷业务开始于欧洲,故习惯上称为欧洲货币。欧洲货币亦称境外货币,指在货币发行国境外流通的货币,已不限于市场所在国货币,而是包括所有可自由兑换的货币。欧洲货币市场也称作离岸金融市场,是指在一国境外进行该国货币的流通、投资、借贷、证券发行等业务的市场。但需注意的是,"在岸金融市场"和"离岸金融市场"的区别主要不是境内和境外的区别,而是市场管理体制的区别,即欧洲货币市场的经营活动可以不受任何国家金融法规条例的制约。

例如,为了适应欧洲货币市场发展的趋势,美国于1981年在境内设立了"国际银行设施"(International Banking Facilities,IBFs),开办欧洲货币业务。虽然在国际银行设施里存贷的美元在美国境内,但是它按欧洲货币市场的规则运行,因而也被叫作欧洲美元。IBFs不是一个具有实体的独立的银行体系,而是在美国境内的美国或外国银行开立的以经营欧洲货币和欧洲美元的账户,此体系的资产独立,与总行的账户分开。IBFs准许上述银行吸收非居民存款,同时准许贷款给非居民,因此国际银行设施也属于离岸金融市场。设立IBFs的意义在于吸引巨额资本流入美国,改善美国国际收支状况。

欧洲货币市场是国际金融市场的核心和主体,是一个真正意义上的国际金融市场,它向全世界各国的政府、企业、居民开放。市场内可以经营各种自由兑换货币,开展各种类型的金融业务,不受任何政府、法令的限制。欧洲货币市场有如下特点:

(1) 欧洲货币市场分布于全世界,是通过现代化的通信手段,将各个国际金融中心的经营活动结成统一不可分割的整体,由经营境外货币的国际银行网络构成。经营欧洲货币的银行称为"欧洲银行",通常是大型的跨国银行,除了经营欧洲货币借贷业务,也经营国内银行业务。欧洲货币市场的最大特点是其经营活动可以不受任何国家金融法规条例的制约。

(2) 通常意义上的货币市场是短期资金借贷市场,而欧洲货币市场不仅经营短期资金借贷,也经营中长期资金借贷,具有很强的信贷创造机制。进入该市场的存款,经过银行之间的辗转放贷使信用得到扩大。

(3) 具有独特的利率结构。一般说来,国际金融市场利率是以该货币国内金融市场利率为基础的。但是,欧洲货币市场的存款利率略高,而贷款利率略低,存贷款利率差额较小。这是因为不受法定准备率的限制,银行可以减少准备金的负担;同时,税费负担少,可以降低融资者的成本。

(4) 具有调拨方便和选择自由的特点。在欧洲货币市场上存在大量的跨国银行,且境外货币的调拨不受市场所在国外汇管制的约束。由于它很少受到管制,这里迅速出现各种各样的金融工具创新,使人们可以根据自己的需要,更为灵活地选择借贷方式。

表 5-1 更直观地呈现了欧洲货币市场的特点。

表 5-1 欧洲货币市场特点

特点	具体表现
独特的利率体系	以 LIBOR 为基准形成独特的利率体系:其存款利率高于货币发行国的存款利率;而贷款利率略低于其国内贷款利率
资金调度灵活,手续方便	资金不受管辖,周转极快,调度十分灵便
交易额大,是批发交易市场	以银行间交易为主,银行同业拆借占很大比重;市场上的存款人和借款人是大客户,易有整存整取的特点
不受任何国家金融法规的限制	它是一个超国家或无国籍的资金市场:一方面,货币在发行国境外借贷,货币发行国无权加以管制;另一方面,市场所在国无权也无法对其进行管理,而且还采取优惠措施
不以所在国经济实力为基础	只要市场所在国或地区政治稳定、通信发达、政策优惠、管制放松,即使本身没有巨额的资金积累,也可能发展成一个离岸的国际金融中心,如卢森堡、开曼、巴哈马等
借贷关系发生在非居民之间	外国投资者和外国筹资者之间的关系

二、欧洲货币市场的产生和发展

欧洲货币市场最早的经营活动是在 1957 年出现的。20 世纪 60 年代和 70 年代欧洲货币市场迅速发展起来。它最初发源于欧洲,但随着欧洲货币市场的形成和发展,其业务不断增加,范围不断扩大,其分布地区也早已不仅仅限于欧洲,还包括亚洲、北美洲、拉丁美洲及中东等地区,目前已扩展到全球。

(一) 欧洲货币市场产生与发展的原因

欧洲货币市场是在 20 世纪 50 年代后期产生、60 年代发展起来的。促成其产生和发展的原因很多,主要包括以下几个方面:

(1) 生产和资本的国际化发展是促成欧洲货币市场产生和发展的最深刻的经济根

源。第二次世界大战后由第三次科技革命带动所引起的生产和资本的国际化,以及技术、市场和经济的全面国际化,以跨国公司的海外投资和全球扩张及国际贸易的空前发展为主要表现。尤其是跨国公司的经营活动,不仅要求公司内部资金调拨有较大弹性,而且要求有更加国际化的国际融资支持和全面的金融服务。这就必然导致国际金融市场的进一步国际化和全球化。因此,欧洲货币市场是适应跨国公司全球扩张的经营活动及国际贸易空前发展的要求而产生的。

(2) 大量游离于境外的美元资金的存在为欧洲货币市场的形成提供了前提条件。欧洲美元早在20世纪50年代初期就已经出现了。当时由于东西方关系恶化搞冷战,苏联及东欧国家就将其持有的美元余额存入欧洲国家的银行,形成了最早的一笔欧洲美元。第二次世界大战结束后,美国实施"欧洲复兴计划",对西欧进行大量援助,从而导致了美元外流。到60年代以后,美国出现大量国际收支逆差所导致的美元外流,这也是欧洲美元形成的一个因素。此外,70年代的两次石油涨价形成的巨额石油美元,又回流到欧洲市场,也为欧洲美元借贷提供了大量资金来源。

(3) 西方各国货币政策的实施是直接触发和促进欧洲货币市场的形成和发展的导火线。1957年英国发生英镑危机,英国政府因此加强了外汇管制。为限制英镑外流,英国货币当局一方面提高了英镑利率,另一方面禁止其银行对非英镑区的居民提供英镑贷款。因此,英国商业银行纷纷转而经营美元存放款业务。这样,一个在美国境外专门经营美元存放款业务的资金市场在伦敦出现,这就是欧洲货币市场的雏形。

20世纪60年代以后,美元危机频频发生。美国政府为限制美元外流,也实行金融管制。1963年,美国采取了征收利息平衡税的政策,规定美国居民购买外国债券所获得的高于本国债券的利息收益,必须作为税款无偿交给美国政府。这等于关上了美国的大门,迫使外国筹资者转向欧洲货币市场。1965年,美国又实行"自动限制贷款计划",限制其银行和金融机构对非居民的贷款能力。1968年,美国进一步加强对外直接投资的限制,颁布"国外直接投资规则",限制资金外流。这些措施,不但没能阻止美元大量外流,反而促使美国企业和金融机构将资金调往海外营运,使海外分行的海外经营活动加强,推动了欧洲货币市场的发展。同时,由于美国坚持执行1933年银行法中的"Q条例"对活期存款不付息、定期存款规定利率最高上限的政策,限制了银行吸收存款的能力,也导致国内资金外流到利率较高的国际金融市场,从而加速了欧洲货币市场的发展。

到20世纪70年代初,当时的联邦德国、日本及瑞士等国为防止本币升值,也采取限制性措施,如对非居民的本币存款采取不付息甚至倒收利息等办法进行管制。另外,当时日、欧对美贸易的巨额顺差导致日元和马克产生升值压力。为了减轻这种压力,同时也为了维护布雷顿森林体系和美元汇率的稳定,西欧、日本等国被迫采取抛售本币购进美元的措施,导致其本币外流,因而产生境外马克、境外日元及境外瑞士法郎等境外货币,从而起到为欧洲货币市场增加币种、扩大规模的作用。

此外,自20世纪50年代后期以来,西方各国放松或取消了外汇管制,一些发展中国家也对离岸金融中心的业务施以各种优惠政策。例如,跨国银行外币借贷业务可以不受国内金融法令法规管制,可以享受各种税收优惠,可以自由汇出利润,以及货币可以自由兑换、允许资本自由流动等政策的实施,都为欧洲货币市场的产生提供了必要条件,为其发展铺平了道路。

（二）欧洲货币市场发展的进程

欧洲货币市场的发展过程大致可分为三个阶段。

第一阶段是从1957年到1973年，为其早期发展阶段。在这一阶段，英美两国的金融政策及严厉的金融管制是导致欧洲货币市场产生、发展的重要原因。

第二阶段是从1974年到1980年，为其市场迅速扩展阶段。在这一阶段，其经营的货币种类及规模，以及资金供给和需求进一步扩大。主要原因是布雷顿森林体系的崩溃和国际经济关系发生的结构性变化，即由过去的美国独霸世界转变为当时美、日、西欧的三足鼎立及后来的多元化结构。

在这一阶段，美国持续巨额贸易逆差，导致美元继续大量外流。同时，日本、西欧则迫于本币升值压力不断采取抛本币购美元的措施，导致日元、马克及西欧其他国家货币大量外流。再加上石油美元的形成，为欧洲货币市场提供了更多的资金供给。而石油提价使非产油国家的石油进口费用猛增，不得不向欧洲货币市场借贷；发展中国家则急于利用外资发展民族经济而大量对外举债，从而为欧洲货币市场提供了更多的资金需求。美国政府在1974年被迫取消"利息平衡税"，并允许其银行跨国经营，加强了跨国银行在欧洲货币市场中的作用。另外，跨国公司的全球发展战略，促进了拉丁美洲和亚洲及中东一些新的离岸金融中心的形成，从而形成密布全球的欧洲货币市场网络。

第三阶段从1981年开始，是欧洲货币市场在调整中不断向纵深发展的阶段。这一阶段现在仍在继续。其主要表现或特点为欧洲货币市场发生的结构性变化及经营范围的不断扩大和深化。

在这一阶段，美国实行高利率、高汇率政策，曾一度造成国际金融市场的剧烈动荡，使欧洲货币市场发生结构性变化。受国际债务危机的影响，欧洲银行信贷收缩，但欧洲债券市场则迅速发展，出现金融市场证券化发展趋势。

另外，金融市场国际化发展的新变化使欧洲货币市场经营的范围不断扩大和深化。1981年，美国纽约开辟了金融业自由区，建立国际银行业设施，允许跨国银行在美国境内经营欧洲美元业务。1986年，日本东京建立国际金融离岸市场，使欧洲日元信贷和欧洲日元债券在东京离岸金融市场和欧洲货币市场广泛开展起来。由此，欧洲货币也发生结构性变化，出现了"治外货币"。欧洲货币不仅可以在境外经营，而且可以在境内经营。

（三）欧洲货币市场与离岸金融市场

欧洲货币市场形成后范围不断扩大，它的分布地区已不限于欧洲，很快扩展到亚洲、北美洲和拉丁美洲。欧洲货币市场最大的金融中心是伦敦，加勒比海地区巴哈马、欧洲地区卢森堡的业务量略逊于伦敦，其他各大金融中心也分散地经营其境外货币的业务。

欧洲货币市场与离岸金融中心同为经营境外货币市场，前者是境外货币市场的总称或概括，后者则是具体经营境外货币业务的一定地理区域，吸收并接受境外货币的储存，然后再向需求者贷放。根据业务对象、营运特点、境外货币的来源和贷放重点的不同，可分为四种离岸金融中心：① 功能中心，指集中诸多的外资银行和金融机构，从事具体的存储、贷放、投资和融资业务；② 名义中心，指纯粹记载金融交易的场所，这些中心不经营具体的金融业务,只从事借贷投资业务的转账或注册等事务手续,因此亦称为"记账中心",其目的是逃避税收和金融管制;③ 基金中心,主要用来吸收境外资金,贷放给本地区借款人;④ 收放中心,主要用来筹集本地区多余的境外货币,贷放给世界各地的借款人。

三、欧洲货币市场的构成

欧洲货币市场按借贷方式、借贷期限和业务性质,可分为欧洲货币信贷市场与欧洲债券市场。

(一) 欧洲货币信贷市场

1. 欧洲货币短期信贷市场

该市场主要进行1年以内的短期资金拆放,最短的为日拆。但随着国际金融业务的不断拓展,有的期限也延至1—5年。该市场借贷业务主要靠信用,无须担保,一般通过电话或电传即可成交,成交额以百万或千万美元以上为单位。这个市场的存款大多数是企业、银行、机关团体和个人在短期内的闲置资金;这些资金又通过银行提供给另一些国家的企业、银行、私人和官方机构做短期周转。例如,英国政府多年来就是从该市场借入欧洲货币,换成英镑,用于正常开支。

欧洲货币短期信贷市场的业务有以下四个特点:① 期限短,一般多为3个月以内;② 批发性质,一般借贷额都比较大,有的年份有1亿美元甚至更大的交易;③ 灵活方便,即在借款期限、借款货币种类和借款地点等方面都有较大的选择余地,这也是欧洲货币市场对借款人的最大吸引力之一;④ 利率由双方具体商定,一般低于各国专业银行对国内大客户的优惠放款利率,但比伦敦银行同业拆放利率高,由经营欧洲货币业务的大银行于每个营业日按伦敦银行同业拆放利率商定公布。

2. 欧洲货币中长期信贷市场

这个市场与欧洲货币债券市场合称为欧洲资本市场。该市场信贷期限都在1年以上。这个市场的筹资者主要是世界各地私营或国营企业、社会团体、政府以及国际性机构。资金绝大部分来自短期存款,少部分来自长期存款。该市场贷款额多在1亿美元以上,往往由几家或十几家不同国家的银行组成银团,通过一家或几家信誉卓著的大银行牵头贷款,即辛迪加贷款。由于这类贷款期限较长,贷款人与借款人都不愿承担利率变动的风险,因此,该种贷款利率多为浮动利率,并根据市场利率变化每3个月或半年调整一次。利率一般以伦敦银行同业拆放利率为基础,再根据贷款金额大小、时间长短以及借款人的资信加上不同幅度的附加利息(一般为0.25‰—0.5‰)。由于中长期信贷金额大、期限长,因此,借贷双方都需签订合同,有的合同还需经借款方的官方机构或政府方面担保。

欧洲货币中长期信贷市场的业务也有四个特点:① 期限长,数额大,一般为1—3年,有的是5年或更长,最长的可达10年以上;② 以辛迪加贷款为主,分散了提供中长期贷款的风险;③ 吸引力强,它对贷款人和借款人都非常方便从而极具吸引力;④ 必须签订贷款协定,有的还须政府担保,协定主要包括币种、期限、数量、利率、货币选择权条款、违约和保证条款等。

(二) 欧洲债券市场

1. 欧洲债券市场的概念

欧洲货币债券市场是指发行欧洲货币债券进行筹资而形成的一种长期资金市场。它是国际中长期资金市场的重要组成部分,也是欧洲货币市场的重要组成部分。

目前,欧洲债券市场上的债券种类主要有五种:① 普通固定利率债券,其特点是债券发行时,利率和到期日已做明确规定;② 浮动利率债券,其特点是利率可以调整,多为半年调整一次,以 6 个月期的伦敦银行同业拆放利率或美国商业银行优惠放款利率为准,加上一定的附加利息;③ 可转换债券,其特点是购买者可按发行时规定的兑换价格,把它换成相应数量的股票;④ 授权证债券,其特点是购买者可获得一种权利(而非责任),并据此按协定条件购买某些其他资产,类似对有关资产的买入期权;⑤ 合成债券,具有固定利率债券和利率互换合同的特点。

2. 欧洲货币债券市场的特点

欧洲债券是一种新型的国际债券,它是一种境外债券,像欧洲货币不在该种货币发行国内交易一样,也不在面值货币国家债券市场上发行。

欧洲债券市场有以下几个特点:

(1) 债券的发行者、债券面值和债券发行地点分属于不同的国家。例如,A 国的机构在 B 国和 C 国的债券市场上以 D 国货币为面值发行的债券,即为欧洲债券。这个债券的主要发行人是各国政府、大跨国公司或大商人银行。

(2) 债券发行方式以辛迪加为主。债券的发行方式,一般由一家大专业银行或大商人银行或投资银行牵头,联合十几家或数十家不同国家的大银行代为发行,大部分债券是由这些银行买进,然后转到销售证券的二级市场或本国市场卖出。

(3) 高度自由。债券发行一般不需经过有关国家政府的批准,不受各国金融法规的约束,所以比较自由灵活。

(4) 不影响发行地国家的货币流通。发行债券所筹措的是欧洲货币资金,而非发行地国家的货币资金,故这个债券的发行对债券发行地国家的货币资金流动影响不太大。

(5) 货币选择性强。发行欧洲债券,既可在世界范围内筹资,也可安排在许多国家出售,还可以任意选择发行市场和债券面值货币,筹资潜力很大。如借款人可以根据各种货币的汇率、利率和其他需要,选择发行欧洲美元、英镑、马克、法郎、日元等任何一种或几种货币的债券,投资者亦可选择购买任何一种债券。

(6) 债券的发行条件比较优惠。其利息通常免除所得税或者不预先扣除借款国家的税款。此外,它的不记名发行方式还可使投资者逃避国内所得税。因此,该债券对投资者极具吸引力,也使筹资者以较低的利息成本筹到资金。

(7) 安全性较高,流动性强。欧洲债券市场的主要借款人是跨国公司、各国政府和国际组织。这些借款机构资信较高,故对投资者来说比较安全;同时,该市场是一个有效的和极富有活力的二级市场,持券人可转让债券取得现金。

(8) 市场反应灵敏,交易成本低。欧洲债券市场拥有两个大型清算系统,从而使该市场能够准确、迅速、及时地提供国际资本市场现时的资金供求和利率汇率的动向,缩小债券交割时间,减少交割手续。世界各地的交易者可据此快速进行交易,极大地降低了交易成本。

(9) 金融创新持续不断。欧洲债券市场是最具有活力的市场之一,它可以根据供求情况,不断推出新的或组合产品,并把国际股票市场、票据市场、外汇市场和黄金市场紧密地联系在一起,有力地推动了国际金融一体化与世界经济一体化。

四、欧洲货币市场的作用及其未来发展趋势

欧洲货币市场的产生有着深刻的经济根源,是适应世界经济发展的要求应运而生的。而且,欧洲货币市场的产生及其发展对促进整个世界经济及各国经济的发展都起到了重要作用。但同时,它本身所具有的一些特点,也给世界经济和国际金融领域带来一些负面影响。而在其未来发展中,这些负面影响的存在可能会引起更多的关注,因而影响到其未来的发展趋势。

(一) 欧洲货币市场的作用

随着欧洲货币市场的产生和发展,它在国际金融市场中的重要性越来越大,给世界经济也带来了重大影响。

1. 积极作用

(1) 使国际金融市场联系更紧密,促进了生产、市场、资本的国际化。随着生产国际化的发展,国际经济关系不断扩大,这就要求加强各国之间的货币金融联系。过去由于国界的分割,传统上国际金融市场实际上是相互隔绝的。欧洲货币市场在很大程度上打破了这种隔绝状态,将大西洋两岸,甚至全球的金融中心联系在一起,从而促进了国际资本的活动。

(2) 促进了一些国家的经济发展。欧洲货币市场作为最大的国际资金市场,对发达国家和发展中国家,特别是发展中国家的经济发展做出了巨大贡献。据世界银行统计,20世纪七八十年代,发展中国家从国际货币市场上借入的资金,绝大部分是从欧洲货币市场借来的。依靠欧洲货币市场的资金,很多国家解决了国内生产建设资金不足和外汇短缺的难题,使经济得到迅速恢复和发展,而且外资的流入往往伴随着一些先进技术和生产设备的引入,对发展中国家加快发展意义重大。

(3) 促进了国际贸易和国际投资活动的开展。从世界各国经济发展的历史看,对外贸易是刺激经济增长的重要途径。第二次世界大战后,工业国家国民生产总值与对外贸易额都有较大幅度的增长。而欧洲信贷的支持,对外贸易融通资金的便利,是国际贸易迅速发展的重要推动力。

(4) 帮助一些国家解决国际收支逆差问题。欧洲货币市场方便了短期资金的国际流动,特别是促进了石油美元的再循环。据IMF统计,1974—1981年,世界各国经常项目逆差总额达8 100亿美元,而各国通过国际金融市场筹集的资金总额达7 530亿美元,此期间,欧洲货币市场所吸收的石油输出国的存款达1 330亿美元。可见,在解决国际收支失衡问题上,欧洲货币市场发挥着重要的媒介作用。

2. 消极作用

(1) 使国际金融变得更加脆弱,导致国际金融市场的动荡。欧洲货币市场的借贷业务有一个突出特点,就是"存短放长",欧洲货币存款绝大部分是1年以下的短期资金,有

时比例高达 95%。但自 20 世纪 70 年代以来,借贷期限却趋于长期,跨国公司和其他国际客户对中长期资金的需求增加很快,使欧洲货币放款多半是中长期的。这种信贷结构的不平衡是明显的,金融市场一有风吹草动,就会造成资金周转不灵,而且这些资金通过银行的多次转存,形成锁链式的借贷关系。特别是辛迪加贷款涉及的银行很多,加上欧洲货币市场是高度自由的市场,缺乏中心领导机构,不像国内金融系统有中央银行做后盾,一旦客户纷纷挤兑存款,就会造成许多银行出现流动性危机,很可能会引发金融灾难。

(2) 使外汇投机增加,对外汇市场产生重大影响。由于欧洲货币市场的大部分短期资金几乎全部用于外汇投机交易,套汇套利相互结合,规模庞大,大量资金通过这类活动在几种货币之间频繁移动,往往使汇率发生剧烈波动,甚至造成大规模的国际金融动荡。1995 年以来,美元兑日元大幅度贬值,就与国际金融市场抛售大量美元、抢购日元及其他硬通货有关,欧洲美元对金融危机起了推波助澜的作用。

(3) 破坏了各国金融政策的推行。如西方国家为了控制国内通货膨胀而采取紧缩政策,提高利率、限制货币投放、紧缩信贷,但由于欧洲货币市场的存在,该国的银行、工商企业可以在这个市场借到利息较低的欧洲货币,从而削弱或抵消了政府所实行的紧缩货币政策效果。20 世纪 60 年代,美国政府曾通过提高利率来抑制通货膨胀,但美国银行却大量借入欧洲美元贷给工商企业,使得政府的紧缩政策效果不明显。一些国家为刺激经济而放松银根,但大量国内资金又会追求高利率而流向欧洲货币市场,导致金融当局为了防止资本外流而又不得不提高利率、收缩银根。

(4) 加剧了世界性的通货膨胀。欧洲货币市场为一国的闲置资金转化为另一国的经营资金提供了大量新增的信贷扩张手段,增加了货币流通速度。一些国家由于资金大量输入,而扩大了国内的货币供给,引起所谓的"输入性通胀"。此外,欧洲银行的贷款条件往往很宽松,导致借款人因较易借得款项而往往借贷过多,造成经济过热,使通货膨胀加剧。因此,有人指责欧洲货币市场是 20 世纪 60 年代后期 70 年代初期世界性通货膨胀的重要原因之一。

(二) 欧洲货币市场的未来发展趋势

欧洲货币市场在发展过程中进一步表现出其彻底的国际化特点。这一特点对世界经济和国际金融的积极作用是很明显的,但其消极作用也很突出。如何扬长避短是其未来发展趋势预测的主要内容。

一方面,未来的欧洲货币市场仍将获得进一步的发展。其原因如下:

(1) 欧洲货币市场营运资本和借贷业务空前的国际化,符合国际经济一体化的需要。跨国公司的国际化经营,需要欧洲货币市场这样高度国际化的融资场所和金融服务;跨国银行的业务活动需要在这一市场上调剂其资金余缺;发展中国家也需要从这个市场上为本国经济发展进行筹资,发达国家也需要这样一个市场为其过剩资金寻找出路。

(2) 西方各国继续推行金融自由化政策也将促进欧洲货币市场的进一步发展。西方各国大都实行资本自由流动、货币自由兑换及利率市场化政策,这些都是欧洲货币市场继续存在和发展的有利条件。尤其是美国国际银行设施的建立和日本东京离岸金融市场的开放,对欧洲货币市场的发展产生重大促进作用。

（3）金融工具的不断创新也将对欧洲货币市场的发展起到促进作用。金融工具的不断创新使国际融资活动更加便利，投资选择的机会更多，资金的流动性更高，从而刺激欧洲货币市场资金供求的增加，促进其进一步的发展。

但是，另一方面，欧洲货币市场的发展今后将受到较多的管制。其主要原因是其消极影响越来越受到国际金融界更多的关注。从20世纪70年代以来，一些西方国家和国际金融机构就不断提出要求管理欧洲货币市场的建议和措施。1971年，国际清算银行成员国的代表就通过了这些国家将不再继续在欧洲货币市场安排存款的决议，以减少国际游资的数量。1978年年底，由十国集团、瑞士、卢森堡等国代表组成的巴塞尔委员会提出采取集中平衡的办法对银行活动加以管制，即要求银行将其国外分行的业务纳入其全面的资产负债表中，提高其法定的资本充足率，以达到减少游资的目的。

1979年，同欧洲货币市场有关的一些国家提出，用行政办法做出规定或签订相应的国际协定，限制各国中央银行在欧洲货币市场上的业务活动，并提出应对各国欧洲银行实行统一的存款准备金制度、互相协调各国对银行的管制政策及规定中长期贷款数额等政策建议。因此，欧洲货币市场今后会受到较多的管制。在欧洲货币市场上国际性银行业之间的竞争今后将趋于更加激烈和复杂。美国国际银行设施的建立，影响了欧洲货币的资金流向和地区分布，使欧洲货币市场的结构产生了重大变动。美国的各大银行在激烈的国际银行业竞争中，依靠其政府的支持提高了竞争能力，在欧洲货币市场上夺得了更大的市场份额。其他各国政府也逐步效仿，采取相应措施支持本国金融业开展欧洲货币业务。一方面，加强对欧洲货币市场的监管和控制，将其消极作用限制在尽可能小的范围内；另一方面，增强本国银行的竞争能力，支持其对国际金融市场份额的争夺。

五、欧洲货币市场与人民币国际化

2009年7月2日，国务院六部委发布跨境贸易人民币结算试点管理办法，中国跨境贸易人民币结算试点正式启动。经过几年的发展，人民币国际化形成了以跨境贸易结算为突破口，以香港地区等人民币离岸业务为依托的格局。这一发展思路和操作模式是任何主权国家货币国际化从未有过的新鲜探索。

之所以发展离岸人民币市场，是因为它具有以下好处：首先，离岸市场可以为在岸市场资本账户的逐渐开放提供缓冲带；其次，离岸市场可以完善人民币汇率的定价机制，倒逼国内金融体制的改革；再次，离岸市场的存在与发展为部分机构和企业率先从事人民币跨境业务提供境外对接点；最后，离岸人民币市场的建立可以推进人民币国际化的进程。

然而，应该看到，跨境贸易人民币结算量的增长和人民币离岸业务的繁荣只是人民币国际化的手段，而非最终目的，利弊权衡下合理的决策并不意味着对潜在风险的绝对免疫。离岸人民币市场存在着以下风险：首先，离岸人民币回流渠道的拓宽会增加中央银行货币调控的成本；其次，离岸市场可能为国际资本冲击在岸市场提供便利；最后，过度倚重离岸市场会给未来人民币定价权带来不确定性，如果在岸市场不能有效对接离岸市场，那么离岸市场的过度发展也有可能使得在岸市场逐渐边缘化。

因此，建立和发展人民币离岸市场是一把"双刃剑"，既能与在岸市场相互促进，助推人民币国际化进程,又可能对在岸市场产生潜在的不利影响。趋利避害的关键是要加快在岸市场金融体系改革,特别是利率、汇率等价格的形成机制,适度推进资本账户开放,保持两个市场的协调发展。而人民币国际化的进程,长远来看还是取决于国内金融制度的进一步完善和我国经济的长期发展。

第三节　国际金融市场创新

国际金融市场形式多样,其业务种类也纷繁众多,尤其是 20 世纪 70 年代以来,世界各主要金融市场上的业务创新层出不穷。

一、金融创新的含义及发展

金融创新最早可追溯到 20 世纪 60 年代末,70 年代得到快速发展,到了 80 年代,新的金融工具和新的融资技术已经风靡全世界各主要国际金融中心。

金融创新的概念在广义上可以包括:① 新的金融工具,如浮动利率债券和票据、大额可转让存单的发行;② 新的市场,如金融期货和期权交易市场的产生和不断扩展;③ 新的交易技术,如票据发行便利(NIFs)、货币与利率互换(Swap)、远期利率协议(FRAs)的产生,而这三方面创新又是互相联系、不可分割的。

金融创新经常是在市场竞争与经营实践中实现的。总的来说,金融工具在收益、风险、流动性、数额和期限等方面具有不同的特性,任何金融工具都可以说是其中若干特性的结合。创新不过是把金融工具原有的特性予以分解,然后再重新安排组合,使之能够适应新形势下汇率和利率波动的风险,满足套期保值的需要。1986 年 4 月,国际清算银行在一份综合报告中将名目繁多的金融创新归纳为以下四种类型:

(1) 风险转移型创新。包括能在各经济机构之间相互转移金融工具内在风险的所有新工具和新技术,比如期权交易、期货交易、货币与利率互换交易、远期利率协议等。

(2) 增加流动性型创新。包括所有能使原有的金融工具提高变现性或可转让性的金融工具和交易技术,比如长期贷款的证券化。另外,还包括创造出本身流动性就很高的新金融工具,如大额可转让存单(CDs)。

(3) 信用创造型创新。能使借款人的信贷资金来源更为广泛,或者使借款人从传统的信用资金来源转向新的来源。比如,NIFs 实际是用短期信用来实现中期信用,并且还分散了投资者独家承担贷款的风险,从而使资金需求者的信用资金来源更为广泛,更为稳定。此外,还有零息债券、垃圾债券(Junk Bonds)等。

(4) 股权创造型创新。包括使各类经济机构股权资金来源更为广泛的金融创新。比如,可转换债券或附有股权认购书的债券等,能使金融工具由债权变为股权。

促成国际金融市场金融创新浪潮的原因是多方面的。具体来说,20 世纪 70 年代以来,国际金融市场上汇率、利率的动荡不定及主要西方国家国内通货膨胀的起伏使金融资产的市价波动不已。现代化的信息处理和通信技术的迅速发展和广泛应用,以及各主要西方国家金融制度放松管制形成的金融机构之间的业务相互交叉和激烈竞争等,都是促进金融创新的原因。在新的形势下,一方面投资者和借款人需要分散或回避风险,需要增加金融资产的流动性,还需要不断扩大信贷资金和股权资金的来源或提供方式。另一方面,从金融机构的角度看,在国际金融市场日趋一体化和金融制度放松管制的形势下,国内外商业银行以及不同类型的金融机构之间的业务相互交叉和激烈竞争,再加上融资手段的证券化趋势影响,必然使商业银行及一些非银行金融机构的某些传统业务领域的利润率大幅度下降。这就迫使跨国银行和一些积极参与国际金融市场的非银行金融机构必须面对新的形势,积极开拓新的业务领域,应用新的技术,发展新的交易方式,从而最大限度地扩充新的利润来源。

对于多数金融机构来说,在传统的业务领域中,利润主要产生于资金来源和资金运用的过程。然而在融资方式证券化趋势和金融创新的浪潮中,许多新产生的业务领域和交易方式几乎不涉及资产负债表的记录,而是以提供服务和收取佣金或服务费的形式获得利润,从而又形成了银行业务"表外化"(Off Balance Sheet)的趋势,更加剧了金融机构之间的竞争。总之,金融创新可以说是风险和竞争的产物,但同时创新也使竞争和风险进一步升级。

二、金融创新工具

自20世纪80年代以来,国际金融市场上的金融创新层出不穷、日新月异,其中最主要的创新工具是票据发行便利、货币与利率互换和远期利率协定。

(一)票据发行便利

票据发行便利(Note Issuance Facilities,NIFs),又称票据发行融资安排,是一种融资方法,借款人通过循环发行短期票据达到中期融资的效果。它是银行与借款人之间签订的在未来的一段时间内由银行以承购连续性短期票据的形式向借款人提供信贷资金的协议,协议具有法律约束力。如果承购的短期票据不能以协议中约定的最高利率成本在二级市场全部出售,承购银行则必须自己购买这些未能售出的票据,或者向借款人提供等额银行贷款,银行为此每年收取一定费用。

票据发行便利约定期限一般为3—5年,在期限内,短期票据以循环周转的方式连续发行,票据的期限从7天到1年不等,但最常用的是3个月或6个月的,所以票据发行便利实际上是用短期票据借取了中期信贷。例如,某跨国公司准备以票据发行便利方式从欧洲货币市场筹集总额为1亿美元的资金,并与欧洲银行签订了合约,合约期限为5年,短期票据金额为50万美元,期限是6个月。根据合约,由承购包销银行每半年为该公司安排发行面额50万美元的欧洲票据20张。

大多数欧洲票据以美元记值,面额一般为10万—50万美元,其发行主要面向机构投资者而非个人投资者。欧洲票据的持票人将票据视作一种资产并在资产负债表中显示,而对于安排票据发行的机构或承购银行来说,这种承购属于表外业务的一种,并不在资产负债表中反映。

票据发行便利的优越性在于把传统的欧洲银行信贷的风险由一家机构承担,转变为由多家机构分担。其中,安排票据发行便利的机构或承购银行在正常情况下并不贷出货币,而是在借款人需要资金时提供机制把发行的短期票据转售给其他投资人,并且保证借款人在约定时期能以同样方式连续获得短期循环资金。这样就分散了风险,投资人或票据持有人只承担短期风险,即短期票据到期无力偿还的风险;而承购银行则承担中长期风险,即投资者不愿购买继续发行的短期票据时,银行必须履行提供贷款的义务。票据发行便利对借款人和承购银行双方都有好处,借款人据此可以稳定地获得连续的资金来源,而承购包销的银行则无须增加投资就增收了佣金费用。

票据发行便利自1981年问世以来发展很快,特别是1982年债务危机之后,因其具有分散风险的特点,受到贷款人的青睐,目前已成为欧洲货币市场中期信用的主要形式。

(二) 互换交易

互换交易(Swap Transaction)是指交易双方同意在预先约定的时间内,直接或通过一个中间机构来交换一连串付款义务的金融交易。主要有货币互换和利率互换两种类型。

货币互换是指交易双方互相交换不同币种、相同期限、等值资金债务的货币及利率的一种预约业务。交易双方在期初交换两种不同货币的本金,然后按预先规定的日期,进行利息和本金的分期互换。通常两种货币都使用固定利率。在某些情况下,期初可以不交换本金;在其他情况下,到期日也不交换本金。

利率互换是指交易双方在债务币种相同的情况下,互相交换不同形式利率的一种预约业务。利率互换由于双方交换的利率币种是同一的,故一般采取净额支付的方法来结算。利率互换有两种形式:① 息票互换(Coupon Swaps),即固定利率对浮动利率的互换。② 基础互换(Basis Swaps),即双方以不同的参照利率互换利息支付(例如美国优惠利率对LIBOR)。

互换交易曾被西方金融界誉为20世纪80年代最重要的金融创新。1982年始创时,金融互换市场成交额约30亿美元;1985年为800亿—1 000亿美元;到1995年,仅货币互换交易额就达到7 770亿美元。目前,许多大型跨国银行或投资银行机构都提供安排互换交易的服务。互换交易之所以受到如此欢迎,是因为通过互换,交易双方可以利用各自的筹资优势,达到降低双方筹资成本的目的。通过互换,筹资者可以比较容易地筹措到任何期限、币种和利率的资金。借款人可以根据外汇汇率各种货币的利率变化情况,不断调整资产和负债的货币结构,使其更加合理,避免外汇汇率和利率变化带来的风险。互换交易额不增加举债总额,而且不计入资产负债表,被称为受欢迎的表外业务。另外,就其对国际金融市场的影响而言,互换交易的发展使浮动利率与固定利率,以及不同币种金融工具之间的差别趋于缩小,同时还对国内和国际金融市场的一体化起着加速作用。

(三) 远期利率协定

远期利率协定(Forward Rate Agreements,FRAs)是一种远期合约,是买卖双方同意从未来某一商定时期开始在某一特定时期内按协议利率借贷一笔数额确定、以具体货币表示的名义本金的协议。远期利率协定的买方是名义借款人,卖方则是名义贷款人。为了规范远期利率协定,英国银行家协会(British Banker's Association)于1995年颁布了远期利率标准化文件(简称FRABBA),作为市场实务的指导原则。目前世界上大多数远期利率协定都是根据FRABBA签订的。该标准化文件使每一笔FRA交易仅需一个电传确认就可以成交,大大提高了交易速度和质量。远期利率协定中一些常用的术语包括:合同金额、合同货币、交易日、结算日、确定日、到期日、合同期、合同利率、参照利率、结算金。

远期利率协定主要用于银行机构之间防范利率风险,可以保证合同的买方在未来的时期内以固定的利率借取资金或发放贷款。比如,两家银行就未来 3 个月期限的 3 个月欧洲美元存款利率达成协定,从目前算 6 个月后开始,9 个月结束。这种协定行业称之为"6 对 9"(6 against 9)。远期利率协定开始时,合同以现金清算,如果市场利率高于协定利率,合同的卖方将向买方支付其间的差额;如果市场利率低于协定利率,卖方将从买方收取其间的差额。

远期利率协定最重要的功能在于通过固定将来实际交付的利率而避免利率变动风险。其作用就在于将未来的利率锁定,这与利率期货合同的作用很相似,但其优越之处在于客户能够视自己需要的期限和利率种类来签订合同,而不像期货合同都是标准化的。

另外,由于远期利率协定交易的本金不用交付,利率是按差额结算的,所以资金流动量较小,这就给银行提供了一种管理利率风险而无须改变其资产负债结构的有效工具。

与金融期货、金融期权等场内交易的衍生工具相比,远期利率协定具有简便、灵活、不需支付保证金等优点。同时,由于远期利率协定是场外交易,故存在信用风险和流动性风险,但这种风险又是有限的,因为它最后实际支付的只是利差而非本金。

目前远期利率协定合同主要以美元标值(超过 90%),但也有用其他货币如英镑、欧元、瑞士法郎、日元等标值的。合同的期限,多采用欧洲货币存款的标准期限,如 3 个月、6 个月、12 个月等,但也有非标准期限。目前,伦敦和纽约国际金融市场是远期利率协定合同的主要交易中心。

阅读专栏　　外汇衍生品市场格局演变

自四十多年前芝加哥商品交易所首推外汇期货以来,全球外汇期货市场不断深入发展。在经历了国际金融危机后,随着场外外汇衍生品日益场内化,包括离岸人民币外汇期货在内的外汇期货市场发展又迎来了历史性的转折期。在国内,随着人民币国际化的推进、实体经济管理汇率风险的需求不断增强,我国建设外汇期货市场的必要性和迫切性也日益凸显。

2008 年国际金融危机之后,主要国家的监管机构借鉴交易所市场的制度设计,对场外外汇衍生品市场展开更严格的监管改革。2009 年 9 月,二十国集团(G20)匹兹堡峰会发起了旨在减少场外衍生品系统性风险的改革计划,具体措施包括加强集中清算、电子交易平台、交易报告数据库等市场基础设施建设。美国和欧盟等都按照二十国集团会议的要求推进了外汇衍生品市场的监管改革。

国际金融危机后,外汇衍生品交易出现标准化、集中清算、统一监管的发展趋势。交易所作为标准化合约集中交易、中央对手方清算的市场,符合监管法律的要求,凭借较低的交易成本、较好的流动性吸引机构投资者从场外市场转移到场内市场进行交易。无本金交割外汇远期等场外外汇衍生品强制集中清算实施之后,也可能促使一部分场外外汇衍生品向场内转移。

资料来源:徐忠、张晓宇,"外汇衍生品市场格局演变",《中国金融》,2014年第24期。

 本章提要

1. 国际金融市场是指资金融通或金融产品的买卖在国际间进行的场所,也就是居民与非居民之间或者非居民与非居民之间进行国际性金融业务活动的场所。

2. 国际货币市场是指以短期金融工具为媒介进行的期限在1年以内的融资活动的交易市场,是短期资金市场或短期金融市场。国际资本市场是指借贷期限在1年以上的中长期资金市场。

3. 欧洲货币市场也称作离岸金融市场,是指在一国境外进行该国货币的流通、投资、借贷、证券发行等业务的市场。欧洲货币并非欧洲国家的货币,"欧洲"不是一个地理概念,而是指"境外""离岸"的含义。

思考题

1. 国际金融市场的主要类型有哪些?
2. 什么是欧洲货币市场?其有哪些主要特点?
3. 离岸金融市场属于欧洲货币市场吗?
4. 欧洲债券市场的内涵是什么?其有哪些特点?
5. 金融创新的含义是什么?有哪些主要工具?

第六章 外汇市场业务

[教学目的]

通过学习本章,应当了解外汇市场的组成、发展及其作用,熟练掌握不同类型的外汇交易的操作原理和特点。

[重点难点]

即期外汇交易的报价,远期汇率的标价方法及计算,远期汇率升贴水的计算,择期外汇交易,掉期交易,外汇期货及期权业务的特点和原理,汇率在进出口业务中的实际运用技巧等。

[引导案例]

外管局首次公布中国外汇市场交易数据

近日,外管局首次发布了中国外汇市场交易数据。中国银行间外汇市场建立的22年里,外汇市场交易数据对于交易商来说并不是秘密,但正式通过官方平台发布还是首次。

数据显示,2015年1月,外汇市场交易量达7万亿元人民币,其中即期市场3.7万亿元,远期、掉期和期权市场各完成2 983.23亿元、28 466.34亿元和2 123.15亿元人民币交易。

其中,备受关注的远期交易数据显示,1月买入外汇1 575亿元,卖出外汇1 215亿元。远期交易一直以来是人民币汇率风险规避的一种重要手段。民生银行首席研究员温彬对《第一财经日报》记者表示,远期交易净买入反映出市场对人民币汇率看跌的预期。

中国人民大学经济学院副院长刘元春表示,中国一直强调汇率的市场化形成机制,但有管理的浮动汇率制度目前仍然存在一定争议。把数据公布出来,能够更加透明地表现市场对于人民币预期的变化。"此前市场对人民币看涨还是看跌,主要参考的是香港市场的NDF(无本金远期汇率交易产品),此后外汇远期交易有可能成为一个重要的市场预期参数。"

资料来源:一财网,2015年3月1日。

外汇交易是外汇的买卖或兑换活动。由于国际经济交易的需求,产生了不同的货币兑换,形成了不同类型的外汇交易。虽然外汇交易是伴随着国际贸易而产生的,但今天的外汇交易已不再仅仅是国际贸易的工具,90%以上的外汇交易是为了回避利率和汇率风险而进行保值和投机。基础性的外汇交易以即期外汇交易和远期外汇交易为主,在此基础上衍生的外汇业务有外汇择期交易、外汇掉期交易、外汇期货交易、外汇期权交易等。

第一节 外 汇 市 场

一、外汇市场的概念

外汇市场(Foreign Exchange Market)是指从事外汇交换、外汇买卖和外汇投机活动的场所,是国际金融市场的重要组成部分。现在的国际金融市场上,外汇交易都是通过电脑和通信网络来完成的。外汇市场已经成为一个遍及全世界的国际交易网络。

在外汇市场上进行买卖的货币主要是美元、日元、欧元、英镑、瑞士法郎、加拿大元、港元等发达国家或地区的货币。其中,美元是最为活跃的币种。

表 6-1 列示了 1998—2013 年各种货币在国际外汇市场上的交易份额情况。

表 6-1 国际外汇市场上各种货币的交易份额   单位:%

货币	1998	2001	2004	2007	2010	2013
美元	87.3	90.3	88.7	86.3	84.9	87.0
欧元	—	37.6	37.2	37.0	39.1	33.4
日元	20.2	22.7	20.3	16.5	19.0	23.0
英镑	11.0	13.2	16.9	14.9	12.9	11.8
澳元	3.1	4.2	5.5	6.7	7.6	8.6
瑞士法郎	7.1	6.1	6.1	6.8	6.3	5.2
加元	4.5	4.2	4.3	4.3	5.3	4.6
墨西哥比索	0.5	0.8	1.1	1.3	1.3	2.5
人民币	—	—	0.1	0.5	0.9	2.2
港元	1.3	2.3	1.9	2.8	2.4	1.4
合计	135.0	181.4	182.1	177.1	179.7	179.7

注:由于每笔交易包含两种货币,所有货币交易量占比的总和为 200%。
资料来源:国际清算银行,2013 年 12 月。

二、外汇市场的类型

(一) 有形外汇市场和无形外汇市场

外汇市场按照有无固定交易场所可以划分为有形外汇市场和无形外汇市场。

有形外汇市场,又称欧洲大陆式外汇市场,是指有固定的交易场所,参加外汇交易的双方按照规定的营业时间和交易程序在交易所内进行交易的市场。欧洲大陆的德国、法国、荷兰、意大利等国的外汇市场就属于这一类,如德国的法兰克福外汇市场、法国的巴黎外汇市场、荷兰的阿姆斯特丹外汇市场等。目前,这种外汇市场的交易十分有限,一般只做部分当地现货交易。

无形外汇市场,又称英美式外汇市场,是指没有具体的交易场所,也没有一定的开盘和收盘时间,而是由参加外汇交易的银行和经纪人,通过电话、电报、电传或计算机终端等组成的通信网络达成交易的市场。英国、美国、加拿大等国家的外汇市场属于这一类。世界上最大的外汇市场都是无形市场,例如伦敦、纽约、东京、苏黎世等外汇市场。

(二)客户与银行间外汇市场、银行与银行间外汇市场、中央银行与银行间外汇市场

外汇市场按照交易对象可以分为三种类型,这也反映了外汇市场的三个层次。

客户与银行间外汇市场,也称商业市场(Commercial Markets)、客户市场(Customer Markets)。客户可以是个人,也可以是厂商,包括进出口商、跨国公司以及出国旅游者等对外汇的供给者和需求者。客户出于各种动机向银行买卖外汇,在此过程中,银行实际是在外汇终极供给者和外汇终极需求者之间起中介作用,赚取外汇的买卖差价。这是外汇市场的第一层次。

银行与银行间外汇市场,也称同业市场(Interbank Markets)。其存在起源于弥补客户与银行交易产生的买卖差额的需要,目的在于避免由此引起的汇率波动风险,调整银行自身外汇资金的余缺。同业市场的交易金额一般都比较大,每笔至少 100 万美元。银行同业间的外汇交易占外汇市场总额的 90% 以上。因此,同业市场也被称为批发市场,它是外汇市场的第二层次。

中央银行与银行间外汇市场,是外汇市场的第三层次。各国中央银行通过与银行的外汇交易干预市场,稳定本国货币的汇率和调节国际收支。

(三)官方外汇市场、黑市

外汇市场按照政府的外汇管制程度可以划分为官方外汇市场、黑市和平行市场。

官方外汇市场(Official Foreign Exchange Market)是指由政府批准设立的按照政府的外汇管制法令来买卖外汇的市场,参与交易者要按照官定汇率进行外汇交易。由于一个国家的外汇数量以及汇率水平的波动会影响该国的经济,所以各国政府都会一定程度地对外汇交易进行限制。

黑市是指政府限制或法律禁止的非法外汇市场。由于官方汇率偏离实际外汇市场汇率水平,造成外汇的供需不平衡,为满足外汇交易者的需要黑市便出现了。它虽是不合法的,但政府又很难取缔它,它是政府外汇管制的产物。

三、外汇交易的参与者

一般而言,凡是在外汇市场上进行交易活动的人都可定义为外汇市场的参与者。但是外汇市场主要由外汇银行、外汇经纪人、中央银行和客户四部分组成。

(一)外汇银行

外汇银行(Foreign Exchange Banks)是外汇市场的主体,是指由各国中央银行指定或授权经营外汇业务的银行。它包括专营或兼营外汇业务的本国商业银行和其他金融机构,以及设在本国的外国银行分支机构、代办处或其他金融机构。外汇银行从事的外汇交易主要分为两部分:一是为客户提供服务,通过代客户买卖外汇赚取差价,同时从为客户提供的各种服务中收取一定的手续费;二是为自身利益进行外汇交易,为平衡自身

的外汇头寸进行同业间的外汇交易,并进行一定的外汇投机活动。

（二）外汇经纪人

外汇经纪人(Foreign Exchange Brokers)是指介于外汇银行之间或者银行与客户之间,为交易双方提供迅速而准确的信息,促成外汇交易并从中赚取佣金的中介人。外汇经纪人必须经中央银行批准方可参加外汇交易。目前,这项业务已经由大的交易商所垄断。

（三）中央银行

外汇的变动会极大地影响一国的进出口贸易和国际收支。为维护外汇市场的正常秩序,保证经济的稳定发展,各个国家的中央银行都经常地参与外汇市场交易,对外汇市场的买卖活动进行干预。当外汇市场上外汇短缺时,大量抛售外汇购买本币;当外汇市场上外汇过多时,大量购买外汇抛售本币,从而影响外汇市场上外汇的供求,达到外汇市场的均衡。目前许多国家都设立了外汇平准账户,用来干预外汇市场。

（四）客户

在外汇市场上从事外汇交易的客户主要有以下几种类型:① 交易性的外汇买卖者,如进出口商、国际投资者、旅游者等;② 出于保值性的外汇买卖者;③ 投机性的外汇买卖者;④ 跨国公司。跨国公司已经成为外汇市场上的主要客户,它拥有雄厚的资金和广泛的经营业务。其经营活动涉及大量的进出口结算、直接投资以及证券投资,因而经常性地参与外汇交易。

第二节 即期外汇交易

一、即期外汇交易的概念

即期外汇交易(Spot Exchange Transaction)又称为现汇交易,是指外汇买卖成交后,交易双方于当天或两个交易日内办理交割手续的一种交易行为。即期外汇交易是外汇市场上最常用的一种交易方式,占外汇交易总额的大部分。主要是因为即期外汇买卖不但可以满足买方临时性的付款需要,也可以帮助买卖双方调整外汇头寸的货币比例,以避免外汇汇率风险。

交易双方进行资金交割的日期称为交割日(Delivery Date)或起息日(Value Date)。根据交割日期的不同,即期外汇买卖可以分为以下三种类型:

(1) 当日交割(Value Today),即在交易达成的当日办理货币的收付,如港元对美元的即期交易。

(2) 次日交割(Value Tomorrow),是在成交的第一个营业日办理交割。例如,港元对日元、新加坡元、马来西亚林吉特、澳大利亚元就是在次日交割。

(3) 标准日交割(Value Spot),是在成交的第二个营业日办理交割。目前大部分的即期外汇交易都采用这种方式。

即期交易的交割日根据不同的市场习惯而不同。在欧美市场上,交割日是成交后的第二个营业日。即期外汇交易中所指的"日"是指营业日,即两个清算国的银行均开门营业的日子,以保证交易双方同时完成货币的收付。例如,2016年6月1日成交的英镑对美元的即期交易,一般应在6月3日交割,如果遇到其中一国的法定休息日(周末或者节假日),则交割日期应向后顺延,遇周末则要顺延至下周。

二、外汇交易的报价

即期外汇交易是外汇市场上最常见、最普遍的交易,而即期交易的报价是达成交易的基础。在即期外汇市场上,一般把提供交易价格(汇价)的机构称为报价者,通常由外汇银行充当这一角色;与此相对,把向报价者索价并在报价者所提供的即期汇价上与报价者成交的其他外汇银行、外汇经纪、个人和中央银行等称为询价者。表6-2是外汇报价示例。

表 6.2　外汇报价

货币组合	最近价	涨跌	买入价	卖出价	开盘价	最高价	最低价
美元/日元	100.7900	-0.5200	100.7900	100.8400	101.3100	101.4000	100.6000
欧元/美元	1.1090	-0.0009	1.1090	1.1092	1.1097	1.1109	1.1071
英镑/美元	1.2976	0.0047	1.2976	1.2979	1.2929	1.2997	1.2872
美元/加元	1.2947	-0.0013	1.2947	1.2951	1.2957	1.2983	1.2942
美元/瑞郎	0.9750	0.0007	0.9750	0.9755	0.9747	0.9762	0.9737
澳元/美元	0.7505	-0.0010	0.7505	0.7510	0.7519	0.7538	0.7464
美元/港元	7.7582	0.0009	7.7582	7.7584	7.7573	7.7591	7.7572
美元/新元	1.3493	-0.0004	1.3493	1.3495	1.3497	1.3514	1.3479
美元/台币	32.2730	-0.0840	32.2730	32.3130	32.3810	32.4030	32.2300

资料来源:www.reuters.com,2016年7月7日。

在即期外汇交易中,外汇银行在报价时都遵循一定的惯例:

(1) 外汇银行的报价一般都采用双向报价方式,即银行同时报出买入价和卖出价。

买入价和卖出价的差额称为差价。所报的汇率一般用5位有效数字表示,由大数和小数两个部分组成。大数(The Big Figure)是汇价的基本部分,通常交易员不会报出,只有在需证实交易的时候,或是在变化剧烈的市场才会报出。小数(The Small Figure)是汇价的最后两个数字。例如,某银行的即期外汇报价为:

$$EUR/USD = 1.1181/86$$
$$GBP/USD = 1.2921/24$$
$$USD/100JPY = 1.0068/69$$

公式斜线左边的货币称为基准货币(Base Currency);斜线右边的货币称为标价货币(Quoted Currency)。在 EUR/USD=1.1181/86 中,欧元是基准货币,美元是标价货币。1.11是大数,81和86是小数,81和86之间的差额5称为差价。

一般外汇市场上汇率的小数变化非常活跃,而大数相对稳定。在报价时采用省略方式,力求简练,只要熟知行情的人能听懂就可以。因此,外汇银行之间报价通常只报最末两位数,即两位基本点。如上述报价可以简单报为:

EUR/USD:81/86
GBP/USD:21/24
USD/JPY:68/69

即期外汇交易中,报价的最小单位,在市场上称为基本点(Basic Point),是标价货币最小价格单位的1‰。例如,美元兑换日元的汇率从100.53上升到100.63,则称外汇市场的汇率上升了10个基本点或10个点。

(2)除特殊标明外,所有货币的汇价都是针对美元的,即采用以美元为中心的报价方法。在外汇市场上,外汇交易银行所报出的买卖价格,如没有特殊说明,均是指所报货币与美元的比价。

(3)除英镑、爱尔兰镑、澳元和新西兰元单位的汇率报价是采用间接标价法以外,其他可兑换货币的汇率报价均采用直接标价法表示。

(4)在通过电信(如电话、电传等)报价时,报价银行只报汇价的最后两位数。

三、即期外汇交易的应用

即期外汇交易可以满足临时性的支付需要。通过即期外汇交易业务,可以将一种货币兑换成另一种货币,用来支付进出口贸易、投标、海外工程承包等的外汇结算或归还外汇贷款。

即期外汇交易可以调整所持有的不同货币的比例,规避外汇风险。例如,某国家外汇储备中美元比重较大,但为了防止美元下跌带来的损失,可以卖出一部分美元,买入日元、欧元等其他货币,调整外汇储备结构。同样,投资者也可以通过即期外汇交易调整手中外币的币种结构,优化投资组合。

通过即期外汇交易进行外汇投机。外汇市场上汇率的频繁波动为投机行为创造了条件,但是投机行为有很大风险性,可以带来丰厚利润,也可能造成巨额亏损。

四、即期套汇汇率的计算

国际外汇市场习惯以美元为货币汇率中心,如果要知道两种非美元之间的即期汇率,就要运用套汇汇率。套汇汇率的计算规则如下:

(1)如果报价方报出的两个即期汇率都是以美元为基准货币,则采用交叉相除的方法进行套算。

(2)如果报价方报出的两个即期汇率都是以美元为标价货币,也采用交叉相除的方法进行套算。

(3)如果报价方报出的两个即期汇率中,一个是以美元为基准货币,另一个是以美元为标价货币,则采用同边相乘的方法进行套算。

例 6-1 已知某日香港外汇市场上的报价如下:
USD/EUR=1.0114/24
USD/HKD=7.7920/30

问:EUR/HKD。

解 因为两个报价都是以美元为基准货币,所以采用交叉相除的方法。
EUR/HKD=USD/HKD÷USD/EUR

欧元买入价（港元卖出价）：7.7920÷1.0124≈7.6966
欧元卖出价（港元买入价）：7.7930÷1.0114≈7.7052
所以，EUR/HKD＝7.6966/7.7052

例 6-2 已知 GBP/USD＝1.2920/30，AUD/USD＝0.7320/25

问：GBP/AUD

解 因为两个报价都是以美元为标价货币，所以采用交叉相除的方法。

$$GBP/AUD=GBP/USD \div AUD/USD$$

英镑买入价（澳元卖出价）＝1.2920÷0.7325≈1.7638
英镑卖出价（澳元买入价）＝1.2930÷0.7320≈1.7664
所以，GBP/AUD＝1.7638/1.7664

例 6-3 某外汇市场上的汇率报价为：

$$USD/JPY=120.10/90$$
$$GBP/USD=1.2919/30$$

问：某客户要将 1 000 万日元兑成英镑，按即期汇率能够得到多少英镑？

解 因为即期汇率一个是以美元为基准货币，另一个是以美元为标价货币，所以采用同边相乘的方法进行套算。

英镑买入价（日元卖出价）＝120.10×1.2919＝155.15
英镑卖出价（日元买入价）＝120.90×1.2930＝156.32

则 GBP/JPY＝1.5515/1.5632，所以该客户 1 000 万日元可以兑换 6.40 万英镑（1 000÷156.32＝6.40）。

在外汇买卖中，银行的收益是来自卖出价和买入价的汇价差，汇价差越大，银行的收益越大。因此，银行要实现收益最大化，就会选择最大汇价差来报价。根据银行收益最大化规则，在计算套汇汇率时，选择最小金额为买入价，最大金额为卖出价。

五、即期外汇交易的操作

一般每笔即期外汇交易都需要经过询价、报价、成交（或放弃）和证实四个步骤来完成。下面举例说明交易程序。

A：SP YEN 5 Mio

B：76/80

A：I Sell USD

B：5 Mio agreed

To confirm at 108.0376 I buy 5 USD AG YEN value 10 July 2015 my USD to B band NY for our account Thanks and bye

A：OK agreed my YEN to ABANK Thanks and bye

A：即期交易，美元兑日元，金额 500 万美元。

B：报价 76/80。

A：我方卖出美元。

B：500 万美元成交。

证实我方在 108.0376 买入 500 万美元兑日元，起息日为 2015 年 7 月 10 日，美元付我行纽约分行账户。谢谢，再见。

A：同意，日元付我行 A 银行账户。谢谢，再见。

询价(Asking Price)：询价方在询价时需要报出所询价格的交易类型、交易币种和交易金额，所询汇率使用美元标价法。在上例中，以缩写 SP 或 SPOT 来表示即期交易类型，YEN 表示交易币种为美元兑换日元。交易金额通常以百万元为单位，以 Million 表示，可以缩写为 MIO 或 M，甚至可以省略。在国际外汇市场上，正常的交易金额为 500 万—1 000 万美元，1 000 万美元以上称为大金额，而 200 万美元以下是小金额，25 万美元以下是微小金额。

报价(Quotation)：接到询价的外汇银行的交易员应迅速、完整地报出所询问的有关货币的现汇买入价和卖出价。由于交易双方对汇价的大致水平都比较清楚，因此报价时通常只需要报出汇率的小数。特殊情况下，将汇率的大数也同时报出，以免造成误会。

成交(Done)或放弃(Noting)：当报价方报出询价方需要的汇价后，询价方应迅速做出反应，或者成交，或者放弃。如果询价方略有迟疑，报价方通常会说"UR risk"，表示刚才的报价已经取消，询价方还想交易就必须再次询价。如果询价方对报价满意，可以用"buy""I buy"等来表示买入的意愿；或者"sell""I sell"等来表示卖出的意愿。如果询价方对报价不满意，可以先用"my risk"表示愿报价不再有效，并在数秒内再次请求报价，或是用"sorinth"表示不继续询价，放弃。一旦成交，汇率水平、交易金额、交易币种等细节就都已经确定，对交易双方均有约束力。

证实(Confirmation)：成交后，交易双方就交易的内容进行一次完整的重复证实。在上例中可以看到，包括汇率水平、交易金额、交易币种、起息日和收付账户。交易结束后，如果发现原证实有错误或遗漏，交易员则应尽快与交易对手重新证实。重新证实后的内容必须得到交易双方的同意才可以生效。

第三节 远期外汇交易

一、远期外汇交易的定义

远期外汇交易(Forward Exchange Transaction)，又称期汇交易，是指外汇交易双方成交后签订合同，规定交易的币种、数额、汇率和交割日期，到规定的交割日期才办理实际交割的外汇交易。远期外汇交易的期限一般按月计算，通常为 1 个月、2 个月、3 个月、6 个月，也可以长达 1 年，通常为 3 个月。超过 1 年的远期外汇交易称为超远期外汇交易。远期外汇交易的交割日是指合同到期日后的第二个营业日。例如，2016 年 2 月 24 日签订的 2 个月远期外汇交易合同，则合同到期日为 4 月 24 日，交割日为 4 月 26 日（星期二）。

远期外汇交易按照交割日期是否固定，可以分为两类：固定交割日的远期交易和选择交割日的远期交易。

固定交割日的远期交易(Fixed Forward Transaction)是指外汇交易合同规定某一固定日期作为外汇交易履行的交割日，即不能提前也不能推迟。例如，2016 年 3 月 4 日，美国公司 A 与日本一家银行签订了一份购买日元的、期限为 3 个月的远期外汇合约。那么交割日期为 6 月 6 日，在这天美国公司 A 交付美元，银行交付日元。

选择交割日的远期交易(Optional Forward Transaction),又称择期交易,指交割日期不确定,交易的一方在合约有效期内任何一个营业日内有权要求另一方按双方约定的远期汇率进行交割。如上例,签约日为3月4日,则交割日可以是3月7日至6月6日期间的任何一个营业日。由于在择期外汇交易中,客户可以在约定的期限内选择交割日,这就使得银行承受较大的汇率风险。

二、远期外汇交易的标价

(一)直接标价法

直接标价法是指银行按照期限的不同直接报出某种货币的远期外汇交易的买入价和卖出价。例如,表6-3是中国银行人民币远期外汇牌价。

表6-3 中国银行人民币(兑美元)远期外汇牌价

货币	交易期限	买入价	卖出价	中间价
美元	1周	6.6801	6.7351	6.6801
美元	20天	6.6821	6.7371	6.6821
美元	1个月	6.6840	6.7407	6.6840
美元	2个月	6.6888	6.7455	6.6888
美元	3个月	6.6945	6.7514	6.6945
美元	4个月	6.6996	6.7568	6.6996
美元	5个月	6.7049	6.7621	6.7049
美元	6个月	6.7105	6.7677	6.7105
美元	7个月	6.7147	6.7739	6.7147
美元	8个月	6.7195	6.7787	6.7195
美元	9个月	6.7252	6.7843	6.7252
美元	10个月	6.7295	6.7896	6.7295
美元	11个月	6.7348	6.7950	6.7348
美元	12个月	6.7403	6.8005	6.7403

资料来源:中国银行 http://www.boc.cn/ 2016年7月6日。

(二)差额报价法

差额报价法是指银行只报出货币远期汇率和即期汇率的差价,这个差价称为远期汇水(Forward Margin),通常表现为升水、贴水和平价。升水(Premium)是指某种货币的远期汇率大于即期汇率;贴水(Discount)是指某种货币的远期汇率小于即期汇率;平价(Par)是指某种货币的远期汇率等于即期汇率。

升水和贴水是一个相对的概念,甲货币相对于乙货币的远期汇率是升水,则乙货币相对于甲货币的远期汇率就是贴水。例如,某日某外汇市场远期汇率报价(见表6-4),该报价是以差额报价法表示的。

表 6-4　外汇市场远期汇率报价

	USD/CNH	EUR/CNY
即期汇率	6.6984/6.7000	7.3858/7.3968
1 个月	80/87	148.12/163.73
2 个月	160/172	298.60/304.65
3 个月	240/255	448.31/454.32
6 个月	535/555	912.16/922.63
12 个月	1 305/1 325	1 825.91/1 880.31

数据来源：Wind 金融终端，2016 年 7 月 7 日。

远期外汇交易时，银行通常只报出远期汇率的升水或贴水"点数"（汇率表达的基本单位），但是并不标明是升水还是贴水。判断远期升水还是贴水的规则如下：

（1）在直接标价法下，所报点数的小数在前，大数在后，表示远期汇率升水；相反，如果点数的大数在前，小数在后，表示远期汇率贴水。

（2）在间接标价法下，点数的小数在前，大数在后，表示远期汇率贴水；相反，如果点数的大数在前，小数在后，则表示远期汇率升水。

远期汇率是在即期汇率的基础上加减远期差额得到的，但是由于汇率的标价方法不同，计算远期汇率的方法也不同。

在直接标价法下，

$$远期汇率＝即期汇率＋升水$$
$$远期汇率＝即期汇率－贴水$$

在间接标价法下，

$$远期汇率＝即期汇率－升水$$
$$远期汇率＝即期汇率＋贴水$$

例 6-4　某日香港外汇市场的外汇报价：

即期汇率　　　　　　USD/HKD＝7.7810/20
三个月远期　　　　　　　　　　　30/50

因为香港外汇市场采用直接标价法，且所报点数的小数在前，大数在后，所以美元远期升水，远期汇率＝即期汇率＋升水。三个月远期：USD/HKD＝7.7840/70。

例 6-5　某日外汇市场的外汇报价为：

即期汇率　　　　　　USD/CHF＝0.8910/0.8920
六个月远期　　　　　　　　　　　20/8

因为纽约外汇市场采用间接标价法，且所报点数的大数在前，小数在后，所以瑞士法郎远期升水，远期汇率＝即期汇率－升水。六个月远期：USD/DEM＝0.8890/0.8912。

（三）用年率表示升水率和贴水率

升水率或贴水率一般都用年率来表示，也就是升水年率或贴水年率。升水年率是指远期汇率的升水率以年率的形式来表示；而贴水年率也就是指远期汇率的贴水率以年率的形式来表示。

例 6-6　某日美元和澳元的即期汇率为：USD/AUD＝1.3590，（1）如果 3 个月后美元升值,其升水年率为 2.3%,则 3 个月后美元的远期汇率是多少?(2) 如果 3 个月后美元贬值,其贴水年率为 3.3%,则 3 个月后美元的远期汇率是多少?

解 (1) 若美元升值,3 个月后的远期汇率是:

$$1.3590 \times (1 + 2.3\% \times 3/12) = 1.3668$$

(2) 若美元贬值,3 个月后的远期汇率是:

$$1.3590 \times (1 - 3.3\% \times 3/12) = 1.3478$$

通过比较两种货币的升水(贴水)合年率和利差,可以判断投资机会。如果远期汇率的升水合年率小于两种货币的利差,那么投资者可以通过投资利率较大的货币来获利。

三、远期汇率的决定

一般情况下,远期汇率取决于两种货币利率的差异。利率高的货币远期汇率贴水,利率低的货币远期汇率升水。之所以有这样的规律,是因为银行经营外汇业务必须遵守买卖平衡原则,即银行卖出多少外汇,同时就要补进相同数额的外汇。当银行卖出远期外汇时,为避免风险暴露,将会在即期买入外汇。假设本币利率高于外币利率,那么如果远期汇率等于即期汇率,则银行会因为这笔远期交易损失掉一部分利息,所以银行要调整远期汇率以弥补因利率差导致的利息损失。下面举一个例子来具体说明:

假设港元利率为 6%,美元利率为 8%,外汇市场上的即期汇率为 USD/HKD = 7.7810。如果一个客户向银行购买 3 个月远期港元,银行就会按照即期汇率用美元购买港元,存放在银行 3 个月以便 3 个月后进行交割。这样的操作会使银行放弃高利率的美元而存放低利率的港元,银行将遭受损失。但是银行不会自己承担这个损失,而是通过影响远期汇率将它转移到客户身上。因此,远期外汇汇率下跌,即美元贬值。

远期汇率的变动就要求投资于美元和港元在 3 个月内的获利状况是一样的。可知每投资 1 美元,银行 3 个月内港元投资可以获得港元利息:

$$7.7810 \times 6\% \times 3/12 = 0.1167(港元)$$

现在我们考虑银行的损失(即机会成本),如果没有这笔业务,银行每持有 1 美元,3 个月后会获得(如果远期汇率等于即期汇率的话):

$$(1 \times 8\% \times 3/12) \times 7.7810 = 0.1556(港元)$$

所以,当考虑银行的损失时,3 个月后银行获得的实际港元本金加利息应当为:

$$7.7810 + 0.1167 - 0.1556 = 7.742(港元)$$

即银行为进行这笔远期交易,实际上是以更贵的价格,即 1∶7.742 而不是即期汇率显示的 1∶7.7810 购买的港元。所以为弥补银行因远期交易遭受的损失,该客户必须以同银行实际购买价相同的价格,即以 1∶7.742 的汇率购买远期港元。

所以市场均衡的 3 个月的远期汇率为 USD/HKD = 7.742。可见,利率高的美元远期汇率是贴水的,利率低的港元远期汇率是升水的。

利率平价理论方程式推导和实际计算都表明,在其他因素不变的情况下,利率对远期汇率的影响是:利率高的货币远期汇率贴水,利率低的货币远期汇率升水;远期汇率的升贴水率大约等于两种货币的利率差。但是这只是在一般情况下,因为在固定汇率制度下,有时某些国家实行货币法定贬值、升值政策;在浮动汇率制度下,远期外汇供求的因素会对远期汇率的起伏产生影响,这些影响会使得远期汇率的贴水、升水数字很大,与利率差异没有直接关系。

四、远期汇率的计算与套算

(一)利率与远期汇率

在远期外汇交易中,外汇银行远期汇率的报价原则主要是遵循一价定律。所谓一价定律,是指在完全竞争的市场上,相同的交易产品或金融资产,经过汇率调整后,在世界范围内其交易成本一定是相等的。远期汇率由两种货币的利率差决定,又因为远期汇率是在即期汇率的基础上加、减升贴水得到的,所以升贴水的计算公式为:

$$升水(贴水)数 = 即期汇率 \times 两种货币的利率差 \times 天数/360$$

判断是升水还是贴水的规则是:根据利率平价理论,利率高的货币远期贴水,利率低的货币远期升水。

例 6-7 英国某银行向客户卖出远期 3 个月美元,设即期汇率 GBP/USD=1.2920,伦敦市场利率为 9.5%。纽约市场利率为 7%。问 3 个月英镑远期汇率为多少?

解 英镑利率高于美元利率,所以英镑远期汇率贴水。

$$\begin{aligned}贴水数 &= 即期汇率 \times 两种货币的利率差 \times 天数/360 \\ &= 1.2920 \times (9.5\% - 7\%) \times (90/360) = 0.008\end{aligned}$$

所以,伦敦市场 3 个月远期汇率为:

$$GBP/USD = 1.2920 - 0.008 = 1.284$$

(二)远期汇率的套算

远期套汇汇率(Forward Cross Rate)的计算方法与即期套汇汇率计算的原理基本一致,只是在计算远期套汇汇率时,首先要分别计算远期汇率,然后按照即期汇率套汇的方法(交叉相除或者同向相乘)计算远期套汇汇率。

例 6-8 已知:

即期汇率	USD/HKD=7.7810/20
3 个月	10/30
即期汇率	USD/JPY=120.25/35
3 个月	30/45

计算 HKD/JPY 的 3 个月远期汇率。

解 第一步,先计算美元兑港元和美元兑日元的 3 个月的远期汇率:

$$USD/HKD = 7.7820/50$$
$$USD/JPY = 120.55/80$$

第二步,计算港元兑日元的 3 个月远期汇率:因为两个汇率都是以美元作为基准货币,所以套汇汇率应该交叉相除。

港元兑日元的远期买入价为:$120.55 \div 7.7850 = 15.48$
港元兑日元的远期卖出价为:$120.80 \div 7.7820 = 15.52$

所以 3 个月远期汇率:HKD/JPY=15.48/15.52

五、远期外汇交易的作用

（一）套期保值，规避汇率风险

远期外汇交易是国际上最常用的避免外汇风险的方法。从事国际贸易的进出口商，可以通过远期外汇业务规定交易时的汇率或外汇数量，事先固定贸易的外汇成本和收益，避免外汇波动风险。

出口商可以通过远期外汇交易锁定出口收汇成本。一国出口商与外国进口商签订以外币结算的贸易合同后，从签约日到收回货款需要几个星期，甚至几个月的时间。这段时间内，如果结算货币汇率下跌，就会给出口商带来损失。所以，出口商可以与银行签订远期外汇交易进行套期保值。

例 6-9 美国出口商向英国出口 200 万英镑的货物，预计 3 个月后才收汇。假如 3 个月后英镑兑美元的汇率下跌为：GBP/USD=1.2515/45。

假设当天外汇市场行情为：

即期汇率　　　GBP/USD=1.2920/30

3 个月远期　　　　　　20/10

如果美国出口商不进行保值，3 个月英镑贬值将会损失多少？如果采取套期保值措施，该出口商应该如何操作？

解　（1）美国出口商不采取措施，3 个月后收到 200 万英镑，按 3 个月后 GBP/USD 的即期汇率兑换可以收到：

$$200 万 \times 1.2515 = 250.3（万美元）$$

而即期收到 200 万英镑可以兑换的美元为：

$$200 万 \times 1.2920 = 258.4（万美元）$$

由于汇率变动，美国出口商的损失为：

$$258.4 - 250.3 = 8.1（万美元）$$

（2）美国出口商采取用远期外汇交易来套期保值，在外汇市场上卖出 3 个月远期英镑，汇率是 GBP/USD=1.290，3 个月后收到进口商的 200 万英镑可以兑换美元：

$$200 \times 1.2900 = 258（万美元）$$

$$258 - 250.3 = 7.7（万美元）$$

这种方法比不采取套期保值措施多获得 7.7 万美元。

但是，汇率的波动是双向的，可能上升，也可能下降。如果 3 个月后英镑汇率上升了，此时进行套期保值的美国出口商就不能够获得英镑汇率上升时兑换较多美元的好处。所以，在利用远期外汇交易套期保值时，也可能因为预期失误而不能获得因汇率变动而带来的好处。

同理，进口商也可以通过远期外汇交易锁定进口付汇成本。

（二）调整外汇银行外汇持有额和资金结构

从事外汇业务的银行，可以通过远期外汇市场调整外汇持有额和资金结构。进出口商同外汇银行进行远期外汇买卖后就将汇率风险转嫁给了外汇银行。外汇银行在买卖某种外汇时,或是买入大于卖出(多头),或是卖出大于买入(空头),这样外汇银行就处于汇率变动的风险中。此时外汇银行可以通过远期外汇交易来规避外汇风险。

例 6-10 伦敦某银行在 3 月 1 日卖出 6 个月远期瑞士法郎 200 万元。

假设当天外汇市场行情为:

即期汇率　　　　　　　GBP/CHF=13.750/70
6 个月远期　　　　　　GBP/CHF=13.800/20

如果 6 个月后瑞士法郎交割日的即期汇率为 GBP/CHF=13.725/50,那么该银行听任外汇敞口存在,其盈亏状况怎样?

解 如果该银行按 6 个月后的即期汇率买进瑞士法郎,需支付英镑为:
$$200 \div 13.750 \approx 14.545（万英镑）$$
同时,银行履行 6 个月期的远期合约,获得英镑为:
$$200 \div 13.800 \approx 14.493（万英镑）$$
所以,银行如果听任外汇暴露存在,将会亏损:
$$14.545 - 14.493 = 0.052（万英镑）$$
所以,银行应该将超卖部分的远期外汇买入、超买部分的远期外汇卖出。

(三) 远期外汇交易为外汇投机者提供了机会。

投机与套期保值不同,套期保值是为了避免汇率变动风险而扎平对外债权债务的头寸,而投机活动的目的则是通过有意识地持有外汇多头或空头,从汇率变化中赚取差价收益。外汇投机包括现汇投机和期汇投机。利用现汇市场进行现汇投机,由于现汇交易要求立即进行交割,投机者手中必须持有足够的本币或者外币;而利用期汇市场进行期汇投机,投机者手中不必持有很多资金,因为期汇投机在到期时并不需要真正进行现汇买卖,双方只需要交割汇率变动的差价。

利用远期外汇买卖进行投机是基于投机者对汇率变化的正确预测,可以分为买空 (Buy Long) 和卖空 (Sell Short) 两种形式。买空,即先买后卖的投机交易,投资者预期某种货币未来升值,而在外汇市场上买入远期合同。如果在合约到期时即期汇率高于远期合约汇率,则投机者按照远期合约交割,然后再到现汇市场上卖出,获取差价形式的投资利润。卖空,即先卖后买的投机交易,如果投机者预期某种货币未来贬值,就会在外汇市场上卖出远期合同。若到交割日时即期汇率低于远期合约汇率,则投机者可在现汇市场上买入现汇来交割远期合约。但是实际汇率的变动可能与投机者预测的汇率变化相反,那么投机者就会遭受损失。

例 6-11 某加拿大投机商预期 6 个月美元对加元的汇率将会较大幅度下跌,于是做了 100 万美元的卖空交易。在纽约外汇市场上,6 个月期美元期汇汇率为 USD/CAD=1.3680/90。假设预期准确,6 个月后美元的即期汇率下降到 USD/CAD=1.3530/50,该投机商可以获得多少利润?如果预期错误,6 个月后美元的即期汇率上升到 USD/CAD=1.3770/90,则该投机商的损失状况如何?

解 加拿大投机商在预测美元远期贬值的基础上,通过先卖后买的卖空交易来获利。6 个月后在即期市场上买入 100 万美元,需要支付 135.5 万加元(100×1.3550)。按照远期合约卖出 100 万美元,可以获得 136.8 万加元(100×1.3680),则通过卖空交易,该投机商可以获得 1.3 万加元(136.8－135.5)的利润。

但是,如果预测错误,6 个月后美元汇率上升。该投机商 6 个月后在即期市场上买入 100 万美元,需要支付 137.9 万加元(100×1.3790)。而履行远期合约他可以获得 136.8 万加元。由于错误预期,该投机商将遭受损失 1.1 万加元。

六、择期外汇交易

(一) 择期外汇交易的定义

择期外汇交易是指在做远期外汇交易时,不规定具体的交割日期,只规定交割的期限范围。在规定的交割期限范围内,客户可以按预定的汇率和金额自由选择日期进行交割。交割的范围可以从成交后的第二个工作日至到期日的整个期间,也可以定于该期间内某两个具体日期之间,或具体的月份中。交割的期限越长,银行所承受的风险越大。

择期外汇交易使得客户可以选择合适的起息日进行资金的交割,为资金安排提供较大的灵活性。进出口商在国际贸易中,如果签订了固定的远期合约,一旦到期不能付款或收款,都需承担违约责任,择期外汇交易不仅能够稳定贸易成本,而且可以避免外汇风险。

(二) 择期外汇交易的定价

择期外汇交易的定价过程是:第一步,确定择期外汇交易交割期限内的第一个和最后一个工作日;第二步,计算出第一个和最后一个工作日的远期汇率;第三步,比较这两个工作日的远期汇率,选择一个对银行最有利的报价。

例 6-12　　即期汇率　　　　　　USD/ADU＝1.3356/58
　　　　　　3 个月远期　　　　　　　120/140
　　　　　　6 个月远期　　　　　　　260/300

客户向银行要求做一笔美元兑澳元的择期外汇交易,请计算外汇银行报出 3 个月至 6 个月的任选交割日的远期汇率。

解　首先,确定择期交割期限内第一天和最后一天的远期汇率。第一天的远期汇率,即 3 个月交割的远期汇率为:

$$USD/ADU=1.3476/1.3498$$

最后一天的远期汇率,即 6 个月交割的远期汇率为:

$$USD/ADU=1.3616/1.3658$$

最后选择对银行有利的报价。

根据以上分析,如果客户要求买入美元卖出马克,则银行是卖出美元时,可供银行选择的汇率有 1.3498 和 1.3658,此时选择 1.3658 对银行更有利。如果客户要求卖出美元买入马克,则银行买入美元时,可供选择的汇率有 1.3476 和 1.3616,此时选择 1.3476 对银行更有利。所以,3 个月至 6 个月美元兑马克的择期远期交易,最有利于银行的报价为 1.3476/1.3658。

综上所述,银行在进行择期业务报价时依据的原则如下:

银行卖出择期远期外汇,且远期外汇升水时,银行按最接近择期期限结束时的远期汇率计算;若远期外汇贴水时,则银行按最接近择期开始的远期汇率计算。

银行买入择期远期外汇,且远期外汇升水时,银行按最接近择期期限开始时的汇率计算;若远期外汇贴水,则银行按最接近择期期限结束时的汇率计算。

(三)择期外汇交易

例 6-13 2016 年 4 月 2 日,美国 A 公司与德国 B 公司签订一份贸易合同,进口一套设备,金额为 180 万欧元,货款结算日期预计在 1 月后到 3 个月之间。A 公司预测欧元会升值,于是在 4 月 2 日与银行签订一份 1 个月至 3 个月的择期远期外汇交易合同,用美元买入 180 万欧元,外汇银行的外汇报价如下:

即期汇率	EUR/USD＝1.0800/10
1 个月远期	15/20
3 个月远期	30/40

请计算 A 公司在 1 个月后到 3 个月的期间履行合同需要支付多少美元?

解 首先确定该外汇银行的择期外汇交易报价。根据外汇报价,1 个月远期汇率的欧元卖出价为:

$$1.0810+0.0020=1.0830$$

3 个月远期汇率的欧元卖出价为:

$$1.0810+0.0040=1.0850$$

所以,1 个月到 3 个月的择期远期外汇交易合同的汇率为:

$$EUR/USD=1.0850$$

因而 A 公司在 1 个月后到 3 个月期间执行合同需支付的美元金额为:

$$180×1.0850=195.3(万美元)$$

第四节 外 汇 掉 期

一、外汇掉期的分类

外汇掉期交易(Swap Transaction)是指买进或卖出某种货币的同时,卖出或买进期限不同的同种货币。这两笔外汇交易中,币种相同、交易金额相等,但是交易方向相反、交易期限不同。

(一)根据起息日不同进行的分类

1. 即期对远期的掉期交易

即期对远期的掉期交易(Spot-forward Swaps),是掉期交易中最常见的形式,指买进或卖出一笔现汇的同时,卖出或买进一笔期汇的掉期交易。在短期投资中,通常运用掉期交易将一种货币转换成另一种货币,固定换汇成本,规避风险。在实际操作中常见的即期对远期的掉期交易有:① 即期对次日掉期(S/N,Spot/Next),是指第一个交割日在即期,后一个交割日安排在次日的掉期交易。② 即期对一周掉期(S/W,Spot/Week),是指第一个交割日在即期,后一个交割日是一星期的远期。③ 即期对整数月掉期,如 1 个月、2 个月、3 个月和 6 个月等,指第一个交割日在即期,后一个交割日是 1 个月或 2 个月等整数月远期。

2. 即期对即期的掉期交易

即期对即期的掉期交易（Spot Against Spot），是指买进或卖出一笔即期外汇的同时，卖出或买进另一笔同种货币的即期。这两笔即期交易的区别在于它们的交割日期不同，可以用来调整短期头寸和资金缺口。常见的几种交易是：① 今日对明日掉期（Today-Tomorrow Swap），指将第一个交割日安排在成交的当天（即"今天"），并将后一个交割日安排在成交后的第一天（即"明天"）的掉期，又称为隔夜交易（O/N, Over-Night）。② 明日对后天掉期（Tomorrow-Next Swap），指将第一个交割日安排在成交后的第一个工作日（即"明天"），将后一个交割日安排在成交日后的第二个工作日（即"后天"），又称为隔日交易（T/N, Tom-Next）。今日对明日和明日对后天掉期交易的时间跨度都是一个交易日。

3. 远期对远期的掉期交易

远期对远期的掉期交易（Forward Against Forward），是指两笔交易金额相等、交易方向相反、不同期限的远期外汇交易。这种交易有两种方式：一是买进较短交割期的远期外汇，卖出较长交割期的远期外汇；二是买进期限较长的远期外汇，而卖出期限较短的远期外汇。

（二）根据交易买卖对象的不同进行的分类

1. 纯粹掉期

纯粹掉期（Pure Swap），是指掉期交易中的两笔方向相反、期限不同、金额相同的交易是与同一个交易对手进行的。例如，甲向乙卖出了100万30天远期美元的同时，又从乙处买进100万90天远期美元。

2. 制造掉期

制造掉期（Engineered Swap），是指掉期交易中的两笔方向相反、期限不同、金额相同的交易是与不同的交易对手进行的。例如，甲向乙卖出了100万30天远期美元的同时，又从丙处购买了100万90天远期美元。

二、外汇掉期的报价

掉期率（Swap Rate）是掉期交易的价格，在外汇市场上一般只报出掉期率。掉期率的报价通常采用双向报价，即同时报出买入价和卖出价。掉期率一般用基本点来表示。买入价表示即期卖出基准货币与远期买入基准货币的汇率差额；卖出价表示即期买入基准货币与远期卖出基准货币的汇率差额。

外汇掉期交易中，判断升水或贴水的方法如下：如果掉期率是按照左小右大排列，则表示升水。远期汇率等于即期汇率加上掉期率；如果掉期率是按照左大右小排列，则表示贴水。远期汇率等于即期汇率减去掉期率。

例 6-14 某外汇市场上：

即期汇率　　　　　　　GBP/USD=1.5635/50

3个月　　　　　　　　　　　　　　20/45

所以，3个月的远期汇率为 GBP/USD=1.5655/95

因为掉期率是按照左小右大排列,所以表示升水,远期汇率等于即期汇率加上掉期率。20 买入价表示即期卖出基准货币与远期买入基准货币的汇率差额;45 卖出价表示即期买入基准货币与远期卖出基准货币的汇率差额。

即期买入英镑　　　　　　　1.5635
3 个月远期卖出英镑　　　　1.5680（1.5635＋0.0045）
即期卖出英镑　　　　　　　1.5650
3 个月远期买入英镑　　　　1.5770（1.5650＋0.0020）

三、外汇掉期交易的作用

掉期交易是由两笔币种相同、交易金额相等,但是交易方向相反、交易期限不同的交易构成的。其作用包括:套期保值,规避由于汇率波动带来的风险;转换货币,满足客户对不同货币资金的需求;利用汇率差异获得利润等。

（一）进行套期保值

中国出口商与美国进口商签订合同,规定 3 个月后支付 100 万美元货款。中国出口商将在 3 个月后获得 100 万美元。但是在这期间,如果美元汇率下跌,中方将遭受损失。为了规避外汇风险,中方卖出 3 个月远期美元给银行。银行如果不做相反的交易,3 个月后会出现 100 万美元的多头风险。银行可以用掉期交易来规避风险:银行即期卖出 100 万美元,加上远期从客户买入的 100 万美元,这样美元一买一卖相互抵消转移了客户带给银行的外汇风险。

（二）货币转换

掉期交易可以使投资者将闲置的货币转换为所需要的货币,并得以运用,从中获取利益。现实中,许多公司和银行及其他金融机构就利用这项新的投资工具进行短期对外投资。在进行这种短期对外投资时,它们必须将本币兑换为另一国的货币,然后调往投资国或地区,但在资金回收时,有可能发生外币汇率下跌使投资者蒙受损失的情况,为此,就利用掉期交易避开这种风险。例如,某银行因为业务需要,以欧元购入日元存放 3 个月。为了防止 3 个月后日元汇率下跌,该银行利用掉期业务,在买入日元的同时,卖出 3 个月远期的日元,实现了货币转换,避免了风险。

（三）轧平交易中的资金缺口

例如,某出口企业收到国外进口商支付的货款 100 万美元,该企业需要将货款换成人民币。但同时该企业 3 个月后需要支付进口原材料 100 万美元的货款。此时,该企业就可以与银行办理一笔掉期业务,即卖出 100 万美元,取得相应的人民币,3 个月远期以人民币买入 100 万美元。通过掉期交易,该出口企业可以轧平交易中的资金缺口,达到规避风险的目的。

（四）投机性的掉期业务,获得利润

外汇掉期交易中的远期汇率在掉期交易进行时已经确定,考虑到未来的市场利率与汇率都可能发生变化,人们可以根据对利率变化的预期,做出对未来某个时刻市场汇率的预期,并根据这种预期进行投机性的掉期交易,从中获得利润。

四、外汇掉期交易实例

例 6-15　某香港公司从欧洲进口设备,1 个月后将支付 100 万欧元。同时,该公司也向欧洲出口产品,3 个月后将收到 100 万欧元货款。香港公司做了笔掉期交易来规避外汇风险。假设外汇市场上的汇率报价为:

即期汇率　　　　　　　　EUR/HKD＝7.7900/05
1 个月远期　　　　　　　　　　　　10/15
3 个月远期　　　　　　　　　　　　30/45

问:香港公司如何进行远期对远期掉期交易以保值?其收益状况如何?

解　香港公司可进行 1 月对 3 月的远期对远期掉期交易:买入 1 个月远期的 100 万欧元,同时卖出 3 个月远期的 100 万欧元。

1 个月后香港公司买入 100 万欧元,需支付港元为:
$$100×7.7920＝779.20（万港元）$$

3 个月后香港公司卖出 100 万欧元,可获得港元为:
$$100×7.7930＝779.30（万港元）$$

通过远期对远期的掉期交易可以获得港元收益为:
$$779.30－779.20＝0.1（万港元）$$

如果香港公司是通过做两笔即期对远期的掉期交易来规避风险的,则操作是:对于 1 个月后支付的货款,在远期市场上买入 1 个月 100 万欧元,同时在即期市场上卖出;对于 3 个月后将收到的货款,在即期市场上买入 100 万欧元,同时卖出 3 个月远期的 100 万欧元。

收益状况为:对于 1 个月支付的货款,香港公司买入 1 个月远期欧元需要支付 779.15 万港元(100×7.7915),在即期市场上卖出获得 779.00 万港元(100×7.7900),损失 1500 港元。对于 3 个月收到的货款,香港公司在即期市场买入欧元需要支付 779.05 万港元(100×7.7905),卖出 3 个月远期欧元可获得 779.30 万港元(100×7.7930),其收益为 2500 港元。所以,通过两笔即期对远期的掉期交易可以获得 1000 港元。

第五节　套汇、套利和进出口报价

一、套汇交易

从理论上来说,尤其是在当今电信业如此发达的情况下,世界范围内某种货币的汇率应该是趋向同一的。然而,各个不同的外汇市场上,外汇供求或者其他关系的变动以及信息交流不够充分等因素,会使不同的外汇市场在同一时刻货币汇率存在差异。这种短暂的外汇差异为套汇人提供了投机的机会。

套汇(Arbitrage),是指套汇人利用两个或两个以上外汇市场在同一时刻货币的汇率差异进行外汇交易,在汇率较低的市场上买入一种货币,在汇率较高的市场上卖出该货币,从中赚取差价利润的活动。

套汇交易结束后,原先汇率较低的外汇市场上,该种货币的需求大于供给,从而该货币的汇率上升;原先汇率较高的外汇市场上,该种货币的供给大于需求,使得货币汇率下降,这样各个市场的汇率差异减小,趋于消失。

套汇交易一般可以分为直接套汇和间接套汇。

(一) 直接套汇

直接套汇(Direct Arbitrage),又称两角套汇或两点套汇、两地套汇,是套汇者利用两个外汇市场之间在同一时间的汇率差异,同时在两个市场上买卖该货币赚取汇差利润的外汇交易。例如,在某一时刻,香港和纽约外汇市场上的汇率如下:

香港外汇市场上: USD 1=HKD 7.818/28
纽约外汇市场上: USD 1=HKD 7.801/11

显然美元在香港外汇市场上的汇率高于在纽约外汇市场上的汇率,套汇者根据直接套汇的原则,在纽约外汇市场上以 USD 1=HKD 7.811 买入美元,在香港外汇市场上以 USD 1=HKD 7.818 卖出美元。如果套汇资金为 781.1 万港元,那么获得的套汇收益为 0.7 万港元(781.8－781.1)。

但是,上面的交易中未考虑电话、电传、佣金等费用,所以套汇利润必须大于套汇费用,否则套汇者便无利可图,套汇活动就不会发生。

(二) 间接套汇

间接套汇(Indirect Arbitrage),又称三地套汇,是利用三个或三个以上外汇市场同一时间的汇率差异,在多个市场间调拨资金,贱买贵卖,从中获取利润的外汇交易。由于间接套汇涉及多个外汇市场,情况复杂,所以必须判断是否存在套汇机会。判断的方法是:将三地的汇率换算成同一标价法(都换成直接标价法或间接标价法)下的汇率,然后将三个汇率连乘,若乘积等于 1,则不存在汇率差异;若乘积不等于 1,则存在汇率差异,可以进行套汇。

例 6-16 同一时间,纽约、伦敦、香港外汇市场上的汇率如下:

纽约外汇市场: USD 1=HKD 7.8508/18
伦敦外汇市场: GBP 1=USD 1.6510/20
香港外汇市场: GBP 1=HKD 12.490/500

要求:判断三地是否存在套汇机会?如果存在套汇机会,某港商有 200 万港元投资成本,如何进行套汇,以及将获利多少?不考虑其他费用。

解 首先,将三地汇率换算成同一标价法下的汇率,由于纽约和伦敦外汇市场都采用间接标价法,则将香港外汇市场的汇率换算成间接标价法。HKD 1=GBP 0.0800/01,将三个汇率同边相乘得到:

$$(0.08 \times 1.6510 \times 7.8508)/(0.0801 \times 1.6520 \times 7.8518) \approx 1.0369/1.0390$$

由此可以看出套汇机会,图 6-1 演示了该套利业务的操作过程。

套汇的方向为:先在香港外汇市场上卖出港元买入英镑,然后在伦敦外汇市场上卖出英镑买入美元,最后在纽约外汇市场上卖出美元买入港元。

该港商获得的套汇收入为:

$$200 \times (0.08 \times 1.6510 \times 7.8508) = 207.3867(万港元)$$
$$207.3867 - 200 = 7.3867(万港元)$$

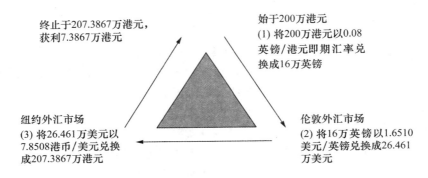

图 6-1　间接套汇

二、套利交易

套利交易(Interest Arbitrage Transaction)也叫利息套汇,是指投资者利用不同国家或地区短期利率的差异,将资金由利率较低的国家或地区转移到利率较高的国家或地区进行投资,从中获得利息差额收益的外汇交易。按照套利者在套利的同时是否做远期外汇交易进行保值,套利交易可分为无抵补套利和抵补套利。

(一) 无抵补套利

无抵补套利(Uncovered Interest Arbitrage)是指套利者把短期资金从利率较低的市场调到利率较高的市场进行投资,以谋取利息差额收入。由于套利者在套利的同时没有做远期外汇交易进行保值的套利交易,因而要承担汇率波动产生的风险。

例 6-17　假设即期汇率 GBP/USD=1.5000,美元年利率为 8%,而同期英镑年利率为 6%,在预期 6 个月后市场汇率为 GBP/USD=1.5040 的基础上,某英国套利者以 100 万英镑进行为期 6 个月的套利。问:如果预期准确,可获得多少套利净收入?

解　如果预期准确,投资者先将 100 万英镑换为美元投资,6 个月后按照预期的汇率将获得的本利兑换成英镑:

$$100 \times 1.5000 \times (1 + 8\% \div 2) \div 1.5040 = 103.72(万英镑)$$

如果不进行套利,100 万英镑 6 个月可以获得的本利为:

$$100 \times (1 + 6\% \div 2) = 103(万英镑)$$

套利者可以获得的净收益为:

$$103.72 - 103 = 0.72(万英镑)$$

但是,如果套利者预测不准确,也不做远期外汇交易进行保值,就要承担外汇风险。如果 6 个月后的汇率为 GBP/USD=1.5610,那么套利后获得的本利为:

$$100 \times 1.5000 \times (1 + 8\% \div 2) \div 1.5610 = 99.94(万英镑)$$

此时,套利者将获得负的净收益,套利投资失败:

$$99.94-103=-3.06(万英镑)$$

从上面的计算可以看出,当6个月后的汇率为 GBP/USD=1.5146 时,套利所得的收益与不进行套利获得的收益相同。如果实际汇率低于该汇率,则美元相对于英镑的高利差收入大于美元远期贴水所带来的损失,进行套汇是有力的。

(二)抵补套利

抵补套利(Covered Interest Arbitrage)是指套利者在套利的同时,通过远期外汇交易进行保值的套利交易。这种做法就是将套利交易和掉期交易相结合,避免外汇风险。抵补套利是比较常见的投资方法。

援引上例,假设6个月远期英镑对美元的汇率为 GBP/USD=1.5096,那么套利者在做套利的同时做掉期,卖出远期美元收入,可以避免汇率波动带来的风险。

$$100\times1.5000\times(1+8\%\div2)\div1.5096-103=0.34(万英镑)$$

值得注意的是,套利活动存在的条件是两个地区的利率差异大于两种货币的即期汇率和远期汇率的差异。如上题,当远期汇率为 GBP/USD=1.5040 时,英镑的年升水率为:

$$(1.5040-1.5000)\div1.5000\times12/6=0.005$$

两国的年利差为 8%-6%=2%,大于英镑的年升水率,所以套利成功。

而当远期汇率为 GBP/USD=1.5610 时,英镑的年升水率为 8%,大于两国的年利差,所以不能进行套利。

利率的差异使得资金从一国流向另一国会出现恢复利率平价的趋势。这是根据利率平价理论,外汇的远期差价是由两国利率的差异决定的。套利者买入即期高利率货币,卖出即期低利率货币。同时,为了避免外汇风险,卖出远期高利率货币,买入远期低利率货币。这样必然使得高利率的货币远期贴水,低利率的货币远期升水,直至即期汇率和远期汇率的差异等于两地利率差异,套利活动会停止。

三、汇率折算与进出口报价

国际贸易活动中,经常会发生需要改变进出口报价的情况:出口业务中,外国进口商要求我国出口商改用另一种货币报价;进口业务中,我国进口商需要比较同一种商品以两种不同货币的报价。这些问题涉及汇率的折算和套算,熟练掌握汇率的计算以及进出口报价的原则,能提高企业效益,规避风险。

(一)合理运用汇率的买入价与卖出价

外汇市场通常采取双向报价,即同时报出买入价和卖出价,但是汇率的买入价与卖出价之间一般相差 10‰—50‰。进出口商在货价折算对外报价或者比较进口货物报价时,一定要选择恰当的汇率,否则会遭受损失。一般在运用汇率的买入价与卖出价时,应遵循以下原则:

1. 本币折算外币时,应该按买入价折算

如果出口商的商品原报价为本币,但客户要求改用外币报价,则应该按照本币与该外币的买入价来折算。因为出口商原来收取本币,现在改为收取外币,他需要将该外币卖给银行，获得与原来相同的本币收入。出口商卖出外币，即银行买入外币，所以按照买入价折算。

2. 外币折算本币时，应该按卖出价折算

如果出口商的商品原报价为外币，但客户要求改用本币报价，则应该按照本币与该外币的卖出价来折算。因为出口商原来收取外币，现在改为收取本币，他需要将本币卖给银行兑换为外币，获得与原来相同的本币收入。出口商买入外币，即为银行卖出外币，所以按照卖出价折算。

3. 一种外币改为另一种外币报价时，先确定本币和外币，再按照国际外汇市场牌价折算

区分本币和外币的原则是：将外汇市场所在地国家的货币视为本币，而将其他国家的货币视为外币。然后按照上述两个原则，本币折算为外币，均按买入价折算；外币折算为本币，均按卖出价折算。

例 6-18 我国某出口商品原以美元报价，每件 80 美元，现客户要求以英镑报价。当日纽约外汇市场的汇率报价为：1 英镑＝1.7440/50 美元。计算出口商品的英镑报价。

解 因为在纽约外汇市场，所以美元视为本币，英镑视为外币。要求把美元报价改为英镑报价，就是本币报价折算为外币报价，应使用买入价。纽约外汇市场上的英镑是直接标价法，所以汇率报价的前一个数是买入价，英镑报价应为 45.87 英镑（80÷1.7440）。

如果以当日伦敦外汇市场的牌价为依据，则美元视为外币，英镑视为本币。把美元报价改为英镑报价，就是外币报价折算为本币报价，应使用卖出价折算。如果当日牌价也为 1 英镑＝1.7440/50 美元，伦敦外汇市场是采用间接标价法，汇率报价的前一个数是卖出价，则英镑报价也为 45.87 英镑。

由此可知，一种外币改为另一种外币报价时，无论以哪个外汇市场作为基准，只要不同的外汇市场的汇率相同，折算出的同一货币表示的进出口报价就是相同的。

进出口报价原则，既适用于即期汇率，也适用于远期汇率。

（二）即期汇率与进口报价

在进口贸易中，外国出口商如果以两种货币对同一商品报价，进口商应尽力选择较低支付的方式接受报价。我国公司确定接受哪种货币报价的经济依据与方法是：

1. 将该进口商品的两种货币报价均按人民币汇价折算成人民币进行比较

例 6-19 我国某公司从德国进口商品，德国出口商给出了两个报价：以欧元报价的单价为 500 欧元，以美元报价的单价 600 为美元，该公司应接受欧元报价，还是美元报价？

当日外汇市场的即期汇率为：

$$美元/人民币＝6.5580/6.5900$$
$$欧元/人民币＝7.2930/7.3506$$

解 将德国出口商的两个报价折算成人民币报价进行比较：

美元报价折算为人民币：RMB￥6.5900×600＝RMB￥3 954
欧元报价折算为人民币：RMB￥7.3506×500＝RMB￥3 675.3

可见,欧元报价的人民币成本低于美元报价的人民币成本。因此,中国该公司应接受欧元报价。

2. 将同一商品不同货币的进口报价,按国际外汇市场的即期汇率统一折算进行比较

如上述例题中德国商品的欧元和美元报价,如果以当天纽约外汇市场的美元与欧元的比价进行折算,也可得出应该以何种货币报价较为合理。

假设同日,纽约外汇市场的报价为:

$$EUR/USD=1.1067/1.1209$$

按照此汇价,欧元的报价折算为美元:$500\times1.1067=553.35$ 美元,但是以美元的报价单价为 600 美元。所以,在不考虑其他因素的情况下,该中国公司应接受欧元的报价。

(三)远期汇率与进出口报价

1. 汇率表中远期贴水(点)数,可作为延期收款的报价标准

我方在出口贸易中,国外进口商在延期付款条件下,要求我方以两种外币报价,假如甲币为升水,乙币为贴水,如果以甲币报价,则按原价报出;如果以乙币报价,则应按汇率表中乙币对甲币贴水后的实际汇率报出,以减少乙币贴水后的损失。

例 6-20 某日纽约外汇市场汇价:

      即期汇率 远期汇率

美元/瑞士法郎 1.6030/40 贴水 135/140

我公司向美国出口机床,如即期付款每台报价 2 000 美元,现美国进口商要求公司以瑞士法郎报价,并于货物发运后 3 个月付款,问:公司应报多少瑞士法郎?

解

(1) 计算瑞士法郎对美元的 3 个月远期汇率,由于贴水 135/140,故其远期实际汇率为:

$$1.6030+0.0135=1.6165(卖出价)$$
$$1.6040+0.0140=1.6180(买入价)$$

(2) 考虑到 3 个月后方能收款,故将 3 个月瑞士法郎贴水的损失加在货价上,应报瑞士法郎价=原美元报价×美元/瑞士法郎 3 个月远期汇率。

(3) 考虑到根据纽约外汇市场汇价表来套算,美元视为本币,瑞士法郎为外币,根据本币折外币按买入价折算的原则,应报的瑞士法郎价=美元原报价×美元/瑞士法郎 3 个月远期汇率买入价,即 $2\,000\times1.6180=3\,236$ 瑞士法郎。

2. 汇率表中的贴水年率,也可作为延期收款的报价标准

远期汇率表中的贴水货币的贴水年率,亦即贴水货币(对升水货币)的贬值年率。如某商品原以较硬(升水)货币报价,但国外进口商要求改以贴水货币报价,出口商根据即期汇率将升水货币金额换算为贴水货币金额的同时,为弥补贴水损失,应再将一定时期内贴水率加在折算后的货价上。

出口商品原为即期收款以贴水货币报价,应国外进口商要求,改为延期收款以升水货币报价。在这种情况下,出口商的报价原则应该是:按即期收款的升水货币来报价。

例 6-21 我方对欧洲某出口商品原报即期付款价 US$485/箱,应外国进口商要求改用英镑报价,并延期 3 个月付款。该出口商品应报每箱多少英镑?已知伦敦市场汇

价为：

	即期汇率	3个月远期
美国	1.5790/1.5806	200/240 Points

解

（1）外商如果即期付款，由于是外币折算为本币，应按卖出价折算，我方报价应为：
$$485 \div 1.5790 = 307.16（英镑）$$

（2）外商如延期3个月付款，由于远期差价前小后大，在间接标价法下，远期汇率为贴水，远期汇率＝即期汇率＋贴水；外币折算为本币，又是延期付款，就应按远期汇率的卖出价折算，我方报价应为：
$$485 \div (1.5790 + 0.02) = 303.32（英镑）$$

（3）同即期收款相比，延期收款不利于我方资金周转，而报价又低了3.84英镑（303.32－307.16）。故我方报价的标准应是按即期收款的升水货币报价，即307.16英镑/箱。

阅读专栏　中韩双方同意建立人民币对韩元直接交易

中国人民银行2015年10月31日表示，近日，中韩金融合作取得新进展。

一是双方同意近期在中国外汇交易中心建立人民币对韩元直接交易机制。韩国政府将尽快修改其国内相关立法。中方愿意与韩方加强合作，便利两国货币直接交易。

二是为发展两国债券市场、推进人民币国际化，中方欢迎和支持韩国在中国银行间债券市场发行人民币主权债。韩方将为当地人民币债券市场的发展提供便利，中方支持国内机构赴韩发行债券。

三是双方同意将目前在青岛市开展的企业自韩国银行机构借入人民币资金试点推广到山东全省，以降低中国企业融资成本，便利韩国银行机构有效管理其人民币资金。同时，双方考虑在山东省开展股权众筹融资试点，推进山东省区域性股权市场和韩国柯斯达克（KOSDAQ）市场合作。

四是中方决定将韩国人民币合格境外机构投资者投资额度调增至1 200亿元。

五是在风险可控的前提下，促进中韩债券市场基础设施，包括登记、托管、结算机构之间的互联互通机制建设。

据了解，此次中韩金融合作成果丰硕，将进一步促进中韩两国金融市场的发展，扩大双边本币使用。

资料来源：《金融时报》2015-11-02A2版，李国辉，中国金融新闻网。

阅读专栏　人民币离岸NDF市场的兴与衰

"NDF市场在中国内地开始汇改，特别是2005、2006年第一次汇改之前，交易还是很活跃的。"中银香港发展规划部人民币业务处主管杨杰文表示，但随着汇改推进，人民币逐步开放，2010年和2011年左右，香港人民币离岸NDF市场已经不断萎缩；与之相对的是，2010年前后建立起来的CNH市场规模不断扩展。

根据央行最新发布的《人民币国际化报告(2015)》,2014年香港、新加坡、伦敦等主要离岸市场人民币外汇日均交易量已经超过2 300亿美元,远超中国境内人民币外汇市场(含银行间市场和银行代客市场)550亿美元的日均交易量。人民币离岸NDF市场开始于1996年左右,中国香港地区和新加坡人民币NDF市场是亚洲最主要的离岸人民币远期交易市场。银行是NDF交易的中介机构,供求双方基于对汇率看法的不同,签订非交割远期交易合约,合约到期时只需将约定汇率与实际汇率差额进行交割清算,一般以美元作为结算货币,无须对NDF的本金即受限制的货币进行交割。

"人民币离岸NDF市场的出现,是基于境外投资者的人民币风险管理或对冲人民币风险的需要。由于人民币不是可自由兑换货币,尽管境内有规模不小的人民币外汇交易市场,但由于资本项目管制,境外市场接触不到境内人民币市场。"杨杰文介绍,场外交易的人民币NDF就成为这样一个在境外管理人民币汇率风险的工具。

相应地,人民币离岸NDF市场的参与者也就自然而然地包括那些在中国有投资项目或者投资与中国有关系的境外投资者,他们因有实际外汇风险对冲需求而参与NDF交易管理人民币汇率风险;另一类投资者则是基于对人民币汇率走势的预测,而进行投机交易的投资者。

2010年7月,中国人民银行和香港金融管理局同意扩大人民币在香港的贸易结算安排,香港银行为金融机构开设人民币账户和提供各类服务不再面临限制,个人和企业可通过银行自由进行人民币资金的支付和转账,离岸人民币市场随之启动。

"CNH市场的建立,加上离岸和在岸市场之间也有一定渠道互通,就改变整个离岸市场对人民币汇率风险对冲工具的选择,原来大家都只能被迫使用NDF,2010年之后随着CNH市场的建立和发展,境外很多银行可以提供远期、掉期和跨货币掉期等多种风险对冲的产品,这些离岸人民币产品又都是可交割的。"杨杰文指出,在这种局面下,人民币离岸NDF市场也就不断萎缩,成为边缘化市场。今年,人民币离岸NDF市场的每日成交量已经降至8亿美元左右。

接下来几年里,汇改政策的逐步出台,给CNH市场的发展带来更多助推力。"双向波动后,离岸人民币风险管理工具的效用更加明显。单向升值时,CNH持有人不需要通过卖空来平衡汇率风险,对冲市场的交易量也不是很大。双向波动后,更多人愿意用外汇产品来做对冲,价格也更能体现货币的基本价格。"杨杰文指出,现在,做人民币外汇产品已经和其他币种非常接近,市场更加多元化。

"去年香港人民币清算平台交易量达170万亿元,其中90%是离岸交易,香港或者通过香港到境内的交易量不超过10%,余下都是离岸交易,绝大多数为同业交易,包括同业外汇交易、掉期或者其他衍生产品,CNH市场的规模已经非常大。"杨杰文表示。

资料来源:http://www.yicai.com/news/,一财网,2015年7月22日。

本章提要

1. 即期外汇交易也称现汇交易,是指交易双方以当天外汇市场的价格成交,并在当天或在两个营业日内进行交割的外汇交易形式。

2. 远期外汇交易又称"期汇买卖",是指外汇交易双方成交后签订合同,到规定的交割日期才办理实际交割的外汇交易。远期外汇交易可使用直接标价法和差额报价法。

3. 择期外汇交易是指进行外汇远期交易时,不规定具体的交割日期,只规定交割的期限范围,客户对交割日在约定的期限内有选择权。

4. 掉期交易是指外汇交易者在外汇市场上买进(或卖出)某种外汇时,同时卖出(或买进)相等金额但期限不同的同一种外国货币的外汇交易活动。

5. 套汇交易是利用不同外汇市场的汇率差异来套取利润的交易方式。套汇交易分为直接套汇和间接套汇等。

6. 套利交易是利用不同市场利率的差异来套取利差。套利交易分为抵补套利和无抵补套利两类。

7. 在进出口业务中应灵活运用各种外汇交易方式,以达到利润最大化目标。

思考题

简答题

1. 外汇市场的类型有哪些?全球最重要的外汇市场有哪几个?
2. 远期外汇交易的三要素是什么?如何计算远期汇率?
3. 银行在择期交易中的报价原则是什么?
4. 如何判断是否存在套汇机会?

选择题

1. 设 AUD 1= \$0.6525/35,\$1=JPY 119.30/40,AUD/JPY 的汇率为(　　)。

   A. 182.555/182.708　　　　　　B. 77.843/78.028
   C. 78.028/77.843　　　　　　　D. 173.453/173.852

2. 某日纽约银行报出的英镑买卖价为 GBP/USD=1.6783/93,3 个月远期贴水为 80/70,那么 3 个月远期汇率为(　　)。

   A. 1.6703/23　　　　　　　　　B. 1.6713/1.6723
   C. 1.6783/93　　　　　　　　　D. 1.6863/73

计算题

在某一交易日,法兰克福、苏黎世、新加坡外汇市场上的汇率如下:

法兰克福外汇市场:EUR 1=CHF 1.6035/85;

苏黎世外汇市场:SGD 1=CHF 0.2858/86;

新加坡外汇市场:EUR 1= SGD 5.6610/50。问:

(1) 请判断是否存在套汇机会?

(2) 一个套汇者若要进行 100 万欧元(EUR)的套汇交易,可以获利多少英镑?

第七章 国际融资业务

[**教学目的**]

通过学习本章,应深入掌握国际融资业务的主要类型、国际商业银行贷款的种类和使用方法;熟悉保理业务、福费廷业务、买方信贷、卖方信贷等国际贸易融资方式的特点和使用原则;区分不同融资业务的特点和适用条件。

[**重点难点**]

银团贷款的程序和类型,国际贸易融资各种方式的作用。

[**引导案例**]

境外发债融资渠道改善

2015年,中国企业在境外市场发行债券融资的渠道已得到改善。2015年9月16日,国家发改委发布外债管理新政,取消了中国企业发行外债的预先审批程序。这项新政是中国政府放松资本管制的进一步举措,对中国企业具有正面信用影响。此举有利于中国企业利用境外债券为境内项目融资,并使得中国企业可以通过直接担保或发行债券,而不是维好协议等其他结构来提高信用质量,从而降低融资成本。

在新政下,发债企业需事前向国家发改委办理外债备案登记,并在每期发行结束后10个工作日内,向国家发改委报送发行信息。新政还允许中国企业将境外发债所募集的资金用于境内项目。

在此之前,中国企业境外发债或对境外债券提供担保以用于国内用途都需经过逐一审批,这意味着发行人可能因审批所需时间而错失发债的最佳时机。在原政策下,为了争取发行时间和资金用途的灵活性,很多中国企业通过其海外子公司在维好协议下发行债券,而不是直接发债或对其海外子公司发行的债券提供担保。

但是,鉴于维好协议执行上的法律不确定性,在此结构下发行的债券评级通常低于其境内母公司的发行人评级。

作为金融市场改革的一部分,中国监管部门在过去两年来放松了资本管制。国家外汇管理局2014年宣布,如果债务发行所得用于境外,境内企业可以向外管局进行跨境支付担保登记而无须事前审批。

但是,由于在该政策下发行的债券所得只能支持境外业务,中国企业利用所筹资金支持国内业务的能力仍受到限制。通常情况下企业不得不使用维好协议来支持其境外子公司发行的债券,以确保其及时从境外市场获得资金。举例而言,中国神华能源股份有限公司（Aa3/稳定）和北京市基础设施投资有限公司（A1/稳定）都在境外发行的债券中采用了维好协议结构。

资料来源：史季，"境外发债融资渠道改善"，财新网，2015年10月12日。

国际融资是指经济主体在国际金融市场上的资金融通活动，其中既包括投融资主体通过金融中介居间接洽的间接融资行为，也包括投融资主体直接接触进行的直接融资交易。国际融资的经济主体即国际金融市场上的筹资人和投资人，包括从事跨国投融资的各国政府与中央银行、商业银行与经纪人、跨国公司与进出口商、各类国际金融机构以及各国居民与投机商等。国际融资形式包括传统的国际货币资金借贷、国际贸易融资、国际证券融资，以及新型的国际租赁融资与国际项目融资等。

第一节 国际信贷融资

利用国际信贷发展本国经济，是许多发达国家和新兴市场国家的共同历史经验。中世纪荷兰经济的发展，18世纪英国工业的崛起以及19世纪美国经济的长足进步，20世纪不少国家和地区的经济发展，无一不与国际信贷有着密切的关系。

一、国际信贷短期融资业务

（一）国际银行短期贷款业务

国际银行短期贷款是指一国银行向另一国筹资者提供的贷款期限为1年及1年以下的贷款安排。根据筹资人是否为金融机构，又可将其分为两种情况：银行间的借贷（银行同业拆放）和银行与非银行类客户（公司企业或政府）间的借贷。

1. 银行同业拆放业务

银行同业拆放是指商业银行（不包括中央银行）之间相互借贷短期资金的市场。它主要表现为银行同业之间买卖在中央银行存款账户上的准备金余额，用以调剂准备金头寸的余缺。中央银行为了控制货币流通量，并控制银行的信用扩张，规定所有接受存款的金融机构都必须按存款的一定百分比在央行存入准备金（无利息），即法定准备金。法定准备金加上商业银行库存现金，构成了银行准备金。因此，银行吸收的存款按法定准备金率存入中央银行的法定准备金账户，剩余部分全部贷放出去，如果贷不出去，则形成超额准备金，导致资金闲置和利息损失。相反，如果法定准备金不足，必须用"立即可用的资金"补足。"立即可用的"资金既可来自向中央银行借款，即以贴现的票据向央行再贴现，也可来自向同业拆借超额准备金。通过贴现窗口向中央银行借款，容易被误认为财务状况有问题，因此银行更多地采用同业拆借的形式。最主要的银行同业拆放利率是LIBOR，其因期限、货币不同而不同，形成一个系列。其他国际贷款经常把它作为基准利率，在此基础上，根据借款人的信誉和借款期限，增加一定幅度的附加利率（Margin或Spread）。LIBOR有两个：一是贷款利率（Offered Rate）；二是存款利率（Bid Rate），两者一般相差0.25%—0.5%。银行同业拆放通常以批发形式进行。交易形式简便，不需要任何担保或抵押，完全凭借信誉，通过电话、电传或互联网进行。

银行同业拆放业务的特点如下：

第一，期限短。有日拆、周拆、1个月、3个月和6个月拆借等，无须提供担保品，仅凭信用。

第二，批发性。银行间同业拆借的每笔交易数额都比较大，至少在10万美元以上，典型的银行间借贷以100万美元为一个交易单位。

第三，利率低。由于银行类借款人的信誉一般而言要高于其他类型借款人，并且其每笔交易的数量较大，因此，各个银行间各种期限的借贷所形成的利率水平往往就成为这种货币相应期限的基础利率，如伦敦的银行间各种短期拆借而形成的相应期限的LIBOR。除此之外，国际货币市场上的其他贷款的利率，经常在LIBOR的基础上根据借款人的信誉、借款期限等情况的不同，加上一个利息差，幅度一般为0.25%—1.25%不等。近年来由于国际金融中心的扩散，香港、新加坡及其他一些金融中心的同业拆借率也经常被作为国际金融市场的基础利率。

第四，灵活方便。由于市场资金充沛，能满足大规模借贷的需求，在借款地点、借款期限、借款货币、利率高低等方面有较大选择余地。

2. 银行对非银行类客户的贷款

商业银行一方面吸收工商企业、跨国公司等客户的闲散资金；另一方面，对这些客户发放短期贷款。各国政府的短期信贷主要用于弥补收支赤字，工商企业则通常是为了满足短期流动资金的需要。使用的利率一般为LIBOR加上一个附加利率。

能够成为国际银行短期信贷借款人的非银行类客户，主要指大的跨国公司和政府机构。银行在向非银行类客户提供贷款时一般也不限定用途，可由借款人自由安排。公司制企业借入短期国际资金的主要目的是满足其跨国经营中对流动资金的需要，特别是在进口支付时的需要；公司制企业中的一类特殊公司——基金公司，常常以投机者的角色借入国际短期资金，通过进行套汇、套利及期货期权等投机活动获取利润；而各国政府机构借入国际短期资金的主要目的是弥补本国国际收支的短期逆差。

（二）短期证券业务

1. 国库券

国库券（Treasury Bill）是指各国政府为满足季节性财政资金需要而发行的并以短期内的预算收入作为保证的短期政府债券。国库券一般不记名、不附息票、不载明利率、以折扣方式发行，到期按票面金额偿还，差额即为利息。国库券按票面额以折扣方式发行和买卖，在美国市场上需以投标方式进行竞争性交易，到期按票面金额偿还，其购买者是美国本国人以及外国的政府、银行和个人。与其他政府公债不同，国库券是一种不载明利息的债券。投资者的收益是国库券卖出价格和买入价格之差，或国库券面值和买入价格之差。其特点是：① 低风险。期限短，且以国家信用为担保（政府具有税收能力）。② 高流动性。由于风险低，可销性强，二级市场发达。③ 投资收益免交所得税。国际上较为著名的有美国政府国库券、英国政府的"金边"债券和德国政府的"堤岸"债券。

2. 商业票据

商业票据（Commercial Bills）是指具有较高信誉等级的大企业和非银行金融机构凭借自身信用发行的短期借款票据，属于本票。本票是指由债务人向债权人发出支付承诺书,承诺在约定的期限内支付一定数额给债权人。商业票据往往用于补充银行短期贷款的不足。其期限不超过 270 天,以 30—90 天为多,面值一般为 10 万美元。商业票据的利率一般稍高于国库券,低于银行优惠利率,取决于市场供求、发行人信誉、银行利率、期限及面额等,交易一般按票面金融贴现的方式进行。

3. 银行承兑汇票和商业承兑汇票

汇票是债权人向债务人发出的付款命令,汇票须经债务人银行承兑后才有效。"承兑"指债务人在汇票上签上承兑字样,表明愿意到期支付。如果对汇票承兑的是银行,就成为一张银行承兑票据(Bank Acceptance Bills)。即使汇票的付款人到期无力支付,承兑银行也有责任对它进行付款,因此银行承兑汇票是以银行信用为担保的。通常由出口商签发,进口商银行为受票人。其发行促进了国际贸易的发展,方便了信誉等级低的中小企业进入货币市场,汇票到期之前,还可在二级市场交易转售。期限一般为 30—180 天,90 天为多,面额一般没有限制。商业承兑汇票由银行以外的付款人承兑。无论是银行承兑汇票还是商业承兑汇票,承兑后均可以"背书"转让,到期持票人可持票向付款人取款。由于银行信用较高,所以银行承兑汇票的流动性比商业承兑汇票强,既可以在承兑银行贴现,又可以在二级市场流通;承兑汇票多以贴现方式交易,差额即为持票人的利息。

4. 银行定期存单

银行定期存单(Certificate of Deposit,CD)是指商业银行和金融公司吸收大额定期存款而发给存款者的存款单。它的期限不超过 1 年,通常为 3—6 个月;存单的利率与 LIBOR 大致相同,到期后方可向银行提取本息。这种存款单不记名并可在市场上自由出售,因此也称为"可转让大额存单",可转让是它与一般存款的不同之处,解决了定期存款缺乏流动性的问题。通过发行这种存单,银行可以获得稳定的短期资金;对于投资者而言,既可以获利,又可以转让,是短期投资的理想方式。

(三)贴现业务

贴现是银行对合格票据先扣除自贴现日至到期日的利息,付给持票人现款,待票据到期时,银行再持票向最初发票人或背书人等债务人兑回现款。它是国际货币市场上资金融通的一种重要方式。贴现的对象,除了国库券、短期债券外,主要是商业票据和银行承兑汇票。贴现利率一般高于银行贷款利率。贴现市场无固定交易场所,是由贴现银行或贴现公司组成的。以票据贴现来融通资金是贴现市场业务活动的基本内容。作为贴现业务经营者的贴现银行或贴现公司,一方面向其他银行和工商企业借入短期资金;另一方面,把这些借入的资金用于贴现利息较高的政府国库券、商业票据和短期公债等信用证券,以从中获利。贴现银行和贴现公司还可以将这些证券向中央银行办理再贴现。通过再贴现,中央银行可以达到调节信用和控制市场货币资金的目标,贴现公司则可换取可以运用的资金。

二、国际信贷中长期融资业务——国际商业银行贷款

(一)国际商业银行贷款的概念

国际商业银行贷款是指借款人为了本国经济建设的需要,支持某一个建设项目或其

他一般用途而在国际金融市场上向外国银行筹借的贷款。国际商业银行贷款的方式大致可分为三种：第一种是双边的，即由两国银行（或信托投资公司）之间签订协议；第二种称为联合贷款，即由3—5家银行联合向一个借款人提供的一种贷款；第三种是由许多家银行组成的银团贷款（亦称辛迪加贷款）。

（二）国际商业银行贷款的特点

（1）贷款用途比较自由。国际银行贷款的用途由借款人自己决定，贷款银行一般不加以限制。这是国际银行贷款区别于其他国际信贷形式，如国际金融机构贷款、政府贷款、出口信贷和项目贷款等的一个最为显著的特征。

（2）借款人较易进行大额融资。国际银行贷款资金供应，特别是欧洲货币市场银行信贷资金供应较为充足，所以对借款人筹集大额长期资金较为有利。如独家银行贷款中的中长期贷款每笔的额度可达数千万美元，银团贷款中每笔数额可达5亿—10亿美元。

（3）贷款条件较为苛刻。在具有以上两点优势的同时，国际银行贷款的贷款条件由市场决定，借款人的筹资负担较重。这是因为，贷款的利率水平、偿还方式、实际期限和汇率风险等是决定借款人筹资成本高低的较为重要的因素，而与其他国际信贷形式相比，国际银行贷款在这些方面均没有优势。

20世纪90年代以后，国际银行贷款业务发生了明显变化。很多信用等级较高的公司、公共部门的企业和政府基本上都进入证券市场进行融资。对于这类机构来说，在资本市场进行直接融资要比从银行申请贷款更有吸引力。直接融资在很大程度上取代了银行贷款，甚至那些规模较小、信用等级并不高的借款人也可以凭借各种信用和流动性支持以及资产结构的调整从资本市场取得融资。

国际银行贷款一直是全球金融市场中的重要组成部分。每逢金融风暴来临，资本市场就会随之动荡收缩，有时甚至不再成为一种融资的有效来源，这使得借款人只能纷纷转向银行寻求融资。许多资信良好的企业借款人甚至在其资金情况最好的时期也保留着数目可观的银行信用额度，这样做的目的是在一定程度上确保在急需时可以随时得到这些银行的支持。有一些特殊的融资，比如为金融兼并、收购和杠杆收购所提供的短期贷款，以及为项目融资提供的长期贷款，传统的银行贷款是无法为其他形式所替代的。

（三）银团贷款

1. 银团贷款概述

大多数国际借贷是以银团贷款形式进行的。银团贷款作为第二次世界大战后国际资本市场上的一项重要金融创新，从20世纪60年代末兴起至今经历了几个发展阶段。60年代和70年代是银团贷款大发展的时期，银团贷款逐渐成为一项举足轻重的融资方式；80年代由于受拉美债务危机的影响，以及各国管理部门对银团贷款管理的加强，银团贷款受到很大打击；80年代末，不动产投资的失败更令西方银团贷款业务雪上加霜；90年代伴随着全球金融一体化的浪潮和银团贷款方法的日益成熟，国际银团贷款开始重新崛起。

所谓银团贷款，是指一批银行为了向某一借款人发放一笔数额相对较大的贷款而联合起来，并由其中一家或数家银行作为牵头银行所提供的贷款。

在银团贷款形式下,借款人所得到的好处就是能够借到一笔任何一家银行都不愿单独提供的大额贷款,而且要比其从多种渠道筹措同等数目资金的成本低,也更加方便。此外,借款人获得过银团贷款也会使其日后更容易得到其他融资。银团贷款同时也能交易,对于最终的借贷者和投资者来说,这样就能使资金流动起来,其借款利率也有最大的优惠。

2. 银团贷款的当事人

银团贷款的当事人主要有以下五种:

(1) 借款人。银团贷款的借款人大多数是政府、政府机关、国有企业、地方政府等。国际机构有时也作为借款人出现在市场上。对私营企业的贷款,如果不是信誉良好、国际上有名的一流企业,就难以期待有众多的银行参加贷款。因此,成为银行贷款的借款人必须具备以下条件:第一,在客观上被判断为资金实力雄厚者;第二,知名度高。虽然没有债券市场那样高的要求,但还是需要达到一听借款人的名字,就知道其地理位置、职业、资金实力等的程度。

(2) 牵头银行。牵头银行可以由一家以上的银行共同担任,接受借款人的委托在市场上推销的同时组成银团贷款团。牵头银行中有一家银行担任代理行(Agent),负责管理合同签订后的债权事务。一般来说,代理行以外的牵头银行在合同签订后,和代理行一样要积极参与债权管理,但事实上,只要不发生不履行债务等异常情况,或没有风险的话,其作用与一般参加行并无区别。

(3) 经理行,称 Manager,地位次于牵头银行。有时经理行也包销部分贷款,但大多在推销阶段上参加贷款。

(4) 副经理行,称 Co-Manager。与一般参加行的区别仅在于贷款额的多少。大多是出于利用其威望进行宣传的需要而设立。

(5) 一般参加行(Participating Banks),是指除牵头银行外参与银团贷款的银行。这些参加行在宣传上的地位很低,其贷款额是贷款银行中最小的,贷款手续费收入也最少,但是它们得到的好处极多:第一,这些银行的规模较小,通常不可单独与外国政府或超一流的跨国公司进行业务往来,而参加贷款后就可能做到;第二,参加行根据其资金实力贷款,形成最佳的资产结构,并且能按市场形势变化,采取灵活的行动,或积极贷款,或等待机会;第三,本身不必管理事务,而由代理行代办。

(6) 担保人。在有担保的情况下,不仅借款人要有相当的资金实力,而且担保人也要有资金实力。一国的借款人中,信誉最好的是政府本身,其次是中央银行、各政府机关、国有公司等。

3. 银团贷款流程

银团贷款的流程主要可以分为三个步骤:

第一步,贷款的发起。

首先,借款人发出贷款的投标邀请。投标邀请中写明借款人要求的最低贷款条件,包括金额、期限、宽限期(Grace Period)、偿还方法、利息、手续费和担保,有时还对贷款团的组织方案提出希望。投标期限一般是两星期左右。

然后,借款人将到期前收到的各包销团的贷款条件按内容区分,并制成一览表。首先检查是否达到了邀请规定的必要条件。如果未对全部贷款做确定的承诺(Firm Commitment),对其中部分贷款表示做最大努力(Best Effort),那么该投标就是不合格的。对于贷款条件,是期限越长、加息率越低、管理费用越少越好。此外,代理费(Agent Fee)等也要算入借款费用。贷款条件检查完毕后,对总经理团成员的构成要做分析。在贷款条件难以区别优劣时,包销团的市场推销能力、成员的地理分布就成为重要考虑因素。

接受委托的同时,牵头银行就要召集参加联合投标的银行协商组织总经理团的方针。如果是中小型贷款,大多以当初的联合投标行组成总经理团;如果是大型贷款,大多要扩充。

总经理团组成后,要召开总经理团会议(Managers Meeting),制定招募一般参加行与推销的方针。同时,要决定各总经理行间的任务与时间上的安排。

推销方针一经决定,就要按此招募一般参加行。大型贷款需要打出数以百计的电传邀请(这是邀请参加贷款,不同于借款人的邀请)。在此期间,总经理行忙于电话、访问等。有时还要规定地区协调人,让它们分担美洲、欧洲、亚洲、阿拉伯等地区的推销。这时,总经理行的业务部门最为活跃。邀请电传的答复规定有期限,该期限到期推销也结束。推销极不顺利时,会非正式地一再拖延,推销顺利时,到期后就不再接受参加银行的申请。至此,包括一般参加行的银团贷款团组织完毕。

第二步,贷款的构造。

一笔银团贷款发起成功之后,就面临着如何构造贷款的问题。构造贷款包括确定贷款的期限、加息率、费用和拟定贷款文件。

在开始计划组织银团时,未来的牵头银行必须与借款人明确贷款的结构及其目的。贷款目的应有明确的表述,贷款必须与借款人按期偿债的能力相适应。如果借款人是私营部门,必须详细预测其现金流量,并充分考虑可能在拟议的贷款期间给借款人造成不利影响的外部因素。如果借款人是公营部门(例如一国政府),一般不会进行清理。所以,要通盘考虑主权豁免、有关国家未来政局的动向、该国政府对于其国际收支管制的可能以及债务规模等,所有这些信息都应纳入信息备忘录(Information Memorandum),以便银团成员之间进行交流。

第三步,签订合同。

如果贷款结构较为复杂,那么在安排银团贷款时可能就已开始起草贷款协议并就各项内容与借款人进行协商。在银团成立之后,对贷款协议中要点的讨论还可能继续进行,直至双方一致认可。在最终接受贷款协议的所有条款之前,银行是不会承诺发放银团贷款的,一旦在某一问题上不能达成一致,该银行就可能不愿参加这次贷款,从而退出银团。不过在大多数情况下,贷款文件大都是标准化的,能够影响参加行是否接受各项条款的都是些细枝末节的问题。因此,选择一个合格的法律顾问对银团贷款来说是非常重要的。

4. 合同的主要条款

借款人与贷款银行来自世界各国,但通常纽约州法律或英国法律为合同的适用法律,贷款合同习惯上采用欧洲标准方式。

(1) 序言(Preamble)。明确合同当事人姓名、借款人的借款意愿、贷款人的意愿以及代理行和总经理行。

(2) 定义(Definition)。对合同中主要术语加以说明、统一术语的使用。

(3) 贷款承诺(Loan Commitment)。原则上各贷款人的承诺是分别承诺(Several Commitment),而不是联合承诺(Joint Commitment)。

(4) 贷款前提条件(Conditions Precedent)。规定在满足某些条件后才能进行贷款,否则停止贷款。

(5) 贷款(Drawdown)。规定提出或执行贷款所需要的事务性手续。

(6) 偿还(Repayment)。规定贷款的偿还方法与手续。

(7) 利息(Interest)。规定贷款利息的决定方法与支付方法。

(8) 提前偿还(Prepayment)。规定可否提前偿还,及其方法和手续。

(9) 支付方法(Payment)。本息及其他支付、结算的具体方法和手续。使用欧洲货币结算要做特殊规定。

(10) 代用利率与增加费用(Alternative Interest Rates and Increased Costs)。规定原来的利率决定方法无法采用时,代用利率的决定方法和手续,以及筹措资金的增加费用。

(11) 不扣除租税和费用(No Deductions)。规定本息及其他支付是未扣除租税和费用的。

(12) 借款人的陈述及保证条款(Representations and Warranties)。借款人要明确使合同在法律和契约上有效的必要基本条件,包括借款人的法人资格与当事人的能力,确立契约关系,承认法律的约束力与执行力,获得许可和财政情况无重大变化等,并须保证它们的真实性。

(13) 借款人的保证(Covenants)。肯定的保证(Affirmative Covenants):保证资金用途,保证平等对待债权人等;否定的保证(Negative Covenants):保证不向第三者提供担保、限制国营企业的借款使之维持正常的财务情况。

(14) 违约(Events of Default),指不履行支付本息、违反合同上其他应履行的义务。在规定其内容的同时,还要规定实际发生时的法律后果。

(15) 债权债务的转让(Assignments)。通常贷款银行总行向分行或者分公司转让债权不需要借款人的承诺,但向其他银行转让要得到其承诺。原则上不允许借款人变更,即债务的转让。

(16) 适用法律与司法管辖权(Governing Law/Jurisdiction)。规定合同的解释依据哪一国或哪一州的法律。如果事先就诉讼的司法管辖权做了协商,就应标明具体的管辖法院。

(17) 放弃主权豁免(Waiver of Sovereign Immunity)。当借款人是政府时,应事先声明放弃主权豁免。

(18) 代理行(Agency)。规定代理行与各贷款银行之间的关系。

(19) 其他(Miscellaneous)。包括通知方法、不行使权利不等于放弃权利等需要确认的内容。

(20) 签名(Signatures)。借款人、担保人(若有)、代理行、总经理行、各贷款银行代表

——签名。

5. 定价

银团贷款的利率一般等于 LIBOR 加上一个利差或加息率。银行同业拆借利率体现了银行自身的筹资成本,利差取决于贷款风险的大小和当时市场对有关国家信用的评估。如果市场对资金需求旺盛,加息幅度就会较大。借款人可能会坚决要求降低加息率的幅度,部分原因是想借以提高其信用地位,部分原因是借款人一般认为只要降低利差的幅度就可以节省借款成本。但借款人和银团成员都不可忽视 LIBOR 本身的变化,有时这种变化会比加息幅度高出许多。利差可能是固定的,在整个贷款期内保持不变,也可能是分段的——就是说,在头几年采用某一固定利差,而在剩余时间内采用另一利差。

为了使借款人和贷款人免遭利率风险,一般会考虑通过综合利率上限、下限或利率上下限来规定基准利率的最大变动范围。

6. 费用

如果一家银行计算其因维持贷款和银团组织所需的成本,就会发现在加息幅度低于 1% 的情况下很难获利。为了确保盈利率,在贷款签约或分批支付时,银行会精心规定征收费用的结构。

费用包括管理费、参与费、承担费和代理费。借款人可能会向牵头银行支付低于 2% 的管理费,牵头银行又会提取该费用中的一部分作为参与费支付给银团的参加行。参与费的多少可以依据参与者贷款的多少而定。在任何情形下,费用的计算要保证牵头银行为组织银团和管理贷款交易而得到相适宜的报酬。承诺费通常等于贷款协定下未支取的款项乘以略低于贷款利率的加息率。如果没有必要,许多借款人一般不会愿意提取贷款协议规定可以提取的全部款项。有关银行由于对贷款额度部分做出承诺而丧失利润。所以,绝大多数协议规定借款人必须支付一笔承诺费作为补偿。代理费则是付给代理行的特别款项。

7. 期限和结构

银团贷款通常是中期的,参加行可能还得用相对更长的时间来考察借款人的还款能力和意向。这也是借款人之所以要在市场上以政府名义和政府担保借款的原因之一。

考虑到借款人的需要,贷款期限力求按照市场条件和借款人信用情况设定,银团贷款一般会依据贷款签订的日期制订一个提款计划,借款人按照计划规定提取。本金的偿还期为 5—10 年,在贷款发放后可能会有几年的宽限期,在此期间内不必偿还本金。本金的偿还可以在剩下的贷款期内分期偿付,也可以在到期日一次性偿还,或是按借贷双方协商同意的其他形式偿还。对借款人来说,如果加息率、经理行手续费相同,则贷款期限越长越好。除了资金用途是特定项目、债务偿还事先确定之外,宽限期越长越好。例如,贷款的最终偿还期限与宽限期分别是:A 笔偿还期限 10 年(宽限期 2 年);B 笔偿还期限 8 年(宽限期 5 年)。在此情况下两笔贷款的平均使用时期是:

A. 宽限期 2 年+剩余 8 年/2=平均 6 年

B. 宽限期 5 年+剩余 3 年/2=平均 6.5 年

这样,B 的平均使用时期比 A 长半年,对借款人有利。平均使用时期被称作平均贷款期限。在此要注意到,与贷款期是 8 年的 B 相比,A 虽然较早开始偿还,但最终偿还期限是10年,这点还是能吸引人的。因此也有人会选择A。从贷款银行而言,考虑到第9和第10年的风险,选择8年期的B贷款为妥。

与普通贷款不同的是,银团贷款的条款通常在市场上是公开的。当贷款的相关信息必须披露给20家、50家甚至更多的参加行时,价格、费用、贷款期限、法律条款和借款人资料就很难保密了。

8. 银团贷款条件的比较选择

假设借款人从众多的投标团中选出两个投标团,进而考虑最终中标者,并且假设今后的市场将是借方市场。

(1) A银团订出与现在的市场行情相同的0.5%的加息率。同时,为了增加竞争能力,把贷款期限定为10年,平均贷款期限定为7年。估计若保证5%的加息率,贷款是很容易推销的。经理行手续费是0.375%,比原来的降低0.125%。这样,借款人要支付的这两项费用,按年率合算是0.577%。

(2) B银团估计今后市场日趋有利于借方,所以决定降低加息率:开始的5年是0.375%,最后两年是0.5%。考虑到市场上推销的方便,确定贷款期限为7年、宽限期为5年,平均贷款期限6年。加息率的下降使平均加息率仅0.395%,不到0.4%。作为弥补,经理行手续费定为0.5%。按10%的贴现率计算,每年的手续费收入平均是0.115%。两项费用合计是0.5108%。总经理行估计此项贷款在市场上很容易推销,并且较高的经理行手续费可以充分抵补较低的名义加息率。

借款人如何选择呢?对其而言,若不考虑借款主要费用的微小差0.0662%,10年期的贷款似乎优于7年期的。但是,市场正转向有利于借方。如果现在不选择10年期贷款,以后可能以更优惠的条件筹资。那时,即使不会有那么长期的贷款,但加息率会降至0.375%左右,使下期的贷款全部是0.375%的加息率。如果不考虑下期的经理手续费,不管从借款的效率看,还是从借款的费用看,都将采纳B团的报价。

第二节　国际贸易融资

在进出口贸易中运用相应的资金融通技术,是现代国际贸易的发展方向之一。这些融资方式有短期进出口贸易融资、远期信用证贸易融资、保理业务、福费廷业务、出口信贷等。

一、短期进出口贸易融资

(一)进口押汇

进口押汇是贸易融资中的主要方式,它是由开立信用证的银行向开证申请人(即进口商)提供的一种短期资金融通。开证行和进口商需要通过协商签订有关进口押汇协议,开证行在收到出口商通过议付行寄来的信用证项下单据后,向议付行先行付款,然后再根据进口押汇协议及进口商签发的信托收据,将单据交给进口商,进口商凭单提货并将货物在市场上销售后,将贷款连同这一期间的利息交还给开证行。这一过程如图7-1所示。

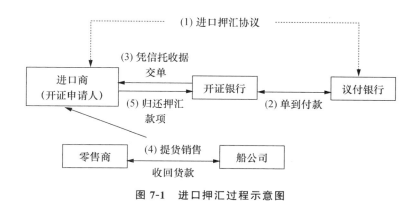

图 7-1 进口押汇过程示意图

在进口押汇业务中,进口押汇协议和信托收据是它的两个主要文件。信托收据是进口商在未向开证行付款前必须向该行出具的凭证,用以提取货物。该凭证说明进口商所提货物的所有权仍属银行,并由进口商代为保管和销售。

进口押汇的时间较短,一般在 1—3 个月,比较适用于市场好、销售快的商品的进口融资;开证行和进口商签订的进口押汇协议,通常会根据进口商的资信、经营业绩、财务状况等情况来确定押汇的金额。对经常进行进出口贸易的进口商来说,这个金额可以是一个总的额度,也可以是按单笔信用证业务确定的单项金额。

例 7-1 假设一美国进口商与一英国出口商签订了某项进口合同,并指定用英镑进行结算,贷款金额为 100 万英镑,单到付款,单据于成交后 45 天内到达开证行。该进口商与其开证行(一家美国银行)还签订了一个单项进口押汇协议。该协议规定,押汇金额的比例为 70%,押汇期限为 60 天,利率为 10%。

押汇协议签订前,进口商面临的外汇风险是从成交日开始至结算日这 45 天内汇率变动的风险,暴露的金额为 100 万英镑。签订协议后,货款由开证行先垫付,但 60 天后,进口商一定要把这笔货款连同利息付给开证行,即相当于进口商推迟了 60 天付款。这样,进口商的整个受险期限就变为成交日后的 105 天。从金额上看,押汇金额为 70 万英镑,这就导致整个受险期间外汇暴露的金额不为定值,前 45 天为 100 万英镑,后 60 天为 71.17 万英镑($70\times(1+0.10\times60/360)$)。

面对这一复杂的暴露头寸,进口商可以采取如下套期保值措施:在成交日买入 45 天的远期英镑 30 万及 105 天的远期英镑 71.17 万。

需要指出的是,在进口押汇业务中,提供融资的银行要收取贷款利息和一定的费用。对进口商来说,如果他不能在进口货物的销售过程中获得超过这一成本和费用的收入,这笔融资就显得毫无意义。从这个角度看,进口商实际上是在银行贷款利率和销售利润率之间做"套利交易"。

(二)信用证打包放款

信用证打包放款也被称为"打包放款",是指在出口商出口之前,银行以出口商提供的由进口商开立的信用证为抵押,向出口商提供贷款。出口商获得的这项贷款,仅限于该信用证项下出口商品的备货和出运,不得挪作他用。

打包放款的期限自信用证抵押之日起至出口商提供货运单据并向开证行寄单收回货款之日止。借款期限的长短由银行与出口商根据收回货款的时间来商定,通常不超过3个月。打包放款的金额一般不是信用证的全额,而是信用证金额的70%—80%。银行在向开证行收回货款后,将从货款中扣除贷款本金和利息。在出口商不按期归还本息的情况下,银行还可从出口商在任何银行开立的账户中扣收,并加收罚息。

(三)出口押汇

出口押汇是银行在信用证、托收和出口保理项下的议付。出口商在货物发运后,将货运单据交给银行,银行在审核单证相符后,向出口商买单付款(即对单据或汇票付给对价)。之后,银行再向开证行寄单收款,冲回垫付的资金。

与打包放款一样,出口押汇亦是银行对出口商提供的短期资金融通,且融通的金额均为信用证或单据金额的一定比例,而非百分之百。所不同的是,出口押汇不是在货物发运之前,而是在货物发出并备齐单证后;出口押汇的时间通常也较长,为3—6个月;此外,贷款利息在出口押汇中以贴现方式从贷款中扣除,而在打包放款中则从收回的贷款里直接扣除。

出口押汇对出口商外汇风险的抵补与打包放款类似,受险期从原来的"成交日——结算日"变为"成交日——议付日——结算日",外汇风险敞口缩小。

例7-2 美国出口商向法国出口价值100万法郎的机械产品,180天后结算,结算货币为法国法郎。设成交后90天内由银行议付,议付的金额为80万法郎,贴现率为8%,实际付给出口商的金额为78.4万法郎,则该出口商应采用的套期保值措施是:在成交日卖出180天的远期法郎20万(100万—80万)及90天的远期法郎78.4万。

二、远期信用证贸易融资

国际贸易中一些大宗的进出口交易,如大型机械设备进出口,往往需要进行中长期融资。远期付款贸易融资是比较常见的一种,它实质上是由出口商所在地银行所提供的对进口商的融资,远期信用证就是其中的工具之一。

在远期信用证结算方式下,进口商通过进口地银行开立此类信用证,出口商收到信用证后装船发货,并通过议付行向开证行提交远期外币汇票及全套货运单据。开证行审核无误后,即承兑信用证项下的远期汇票。经承兑的远期汇票将退回议付行,由它于汇票到期日向承兑行(即开证行)提示,取得票款。

远期信用证项下的远期汇票可以有多张,每张汇票的付款期限均可不同。例如,进出口合同规定2年内分4次付清,则汇票到期日可分别为提单日期后180天、360天、540天和720天。议付行的汇票提示及收款依此日期进行。

出口商在远期信用证方式下可以和银行做出多种融资安排,图7-2所示的融资方案就是其中的一种。这些融资安排有:① 出口商在取得进口商开立的信用证之后可以之做抵押,向银行申请打包放款。② 远期汇票经开证行承兑并退还议付行后,议付行可向出口商进行议付或办理贴现,出口商则把取得的资金用来偿还打包放款的融资款项。

在上述融资安排下,出口商收取外汇,其风险情况如下:受险期为"成交日——议付或贴现日",考虑到打包放款,一部分(与贷款金额相等)外汇可视作在信用证抵押日即收回,即提前收汇,对这部分外汇而言,受险期则为"成交日——信用证抵押日",参见图7-2。需要指出的是,我们这里所考察的外汇风险,是站在出口商的角度来考察的,银行方面在融资安排中承担的风险未考虑在内。为说明这一点,图7-2中还特地指出了银行的外汇风险。从图中可以看到,出口商通过融资后,将部分外汇风险转移给了银行。

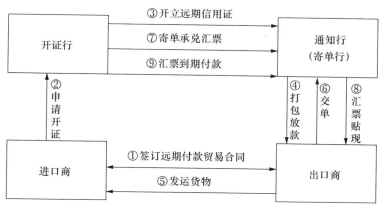

图 7-2 远期信用证结算过程与融资安排

例 7-3 假设银行同意按信用证金额的80%抵押放款,并按100%贴现,我们就可得到关于出口商和银行在这一交易中所承担的风险情况。考虑到打包放款利息支出是在贴现收入中扣除,出口商在抵押日暴露的风险金额就要少于20%,而银行则因有利息收入,在抵押日暴露的风险金额就要多于80%。由于按全额贴现,出口商在该日即将所有外币资金都收回,而银行则出现了一笔在结算日才收到的外币应收账款,故而有百分之百的风险暴露。

在上述几种以信用证收付为基础的融资方式中,为保证融资过程的顺利进行,还应注意以下几个问题:

第一,信用风险问题。信用风险在贸易融资中是一个十分重要的问题,进出口商可能会面临对方违约或有意刁难、欺诈等情况,因此,对信用风险的考虑要甚于外汇风险。

第二,出口商为便于在货物出口之前筹措资金,只能接受不可撤销信用证。

第三,准备通过贴现方式融资的,应使用可转让性质的远期汇票。可转让汇票必须能随时或在指定日期内由开票人或承兑人向持票人或指定人无条件付款。

第四,抬头是特定收货人的提单(即直交提单)不能作为借款抵押品,因为它只能由指定提货人提货,银行不接受转让。

三、保理业务

保理业务(Factoring)最早出现在工业革命成功后的英国纺织业,20世纪初在美国得到了迅速发展。近二三十年保理业务已成为国际贸易短期融资方式的主力军。

(一)保理业务的概念

保理业务是指国际贸易中在承兑交单、赊销方式下,由保理公司对出口商应收账款进行核准或购买,从而使出口商收款得到保证的一种结算方式。保理业务由专门的保理公司承办,保理公司负责对进口商的资信进行调查、核准信用额度、催收账款、向出口商融通资金和提供财务管理等。目前,国际上成立了国际保理联合会(Factors Chain International,FCI),公布了国际保理惯例条例。出口保理公司通过与进口保理公司签订代理合约,共同完成一项保理业务。由于许多商业银行也从事保理业务,因此,这种结算方式亦具有银行信用的性质。

（二）保理业务的流程

(1) 签订有关的保理合约,例如保理商代理合约和保理合同。

(2) 由出口商按收款金额申请保理额度,并由保理商对进口商的资信和财务状况调查评估后核准这一额度。

(3) 进出口商之间签订销售合同。

(4) 出口商装运货物,并将货运单据和《应收账款转移通知书》等分别寄送给进口商和出口保理商,取得资金融通。

(5) 进口保理商凭受让应收账款向进口商催收货款。

(6) 出口保理商收到账款、扣除保理费用后,向出口商支付账款余额,并处理有关账表。

整个过程详见图 7-3。

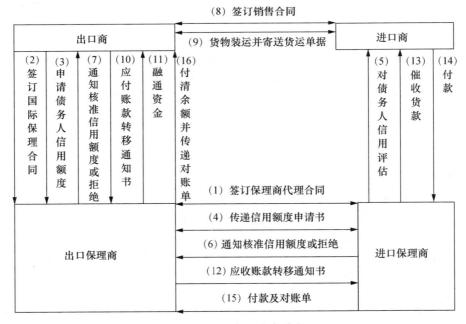

图 7-3　国际保理业务流程

（三）保理业务的主要费用

(1) 利率。利率可能是浮动利率,通常在基础借款利率上要加约 3%。

(2) 融资费用。这取决于所融通资金的数量及期限。对信用自我控制的出口商一般为 0.25%—0.75%,对提供全部销售账户管理的,收费标准通常为 0.75%—2.75%。

(3) 信用保险。在保理商承担全部进口商信用风险的情况下,需附加 0.2%—1% 的费用,这一费用在向信用较差国家的出口保理中有可能更高。

出口商将应收账款售予保理商后,可获得的资金通常为发票金额的 80%—90%,期限多为 90—180 天,不超过 360 天。在出口保理商看来,保理业务的内部运作与出口押汇一样,即在购买应收账款时,以贴现方式将有关利息和管理费用从付给出口商的款额中扣除。

(四) 保理业务的特点

(1) 保理商承担了信贷风险。出口商将单据卖断给保理商后,如果到时进口商拒付货款或不按期付款等,保理商不能向出口商行使追索权,全部风险由保理商承担。

(2) 保理商通常还提供资信调查、托收、催收账款,甚至代办会计处理手续等业务。因此,保理业务是一种综合性业务,既不同于议付业务,也不同于贴现业务。

(3) 预支货款。典型的保理业务是出口商在出卖单据后立即收到货款,得到资金融通。但是,只要出口商资金雄厚,也可与保理商达成协议在票据到期后再向保理商索要货款。

(五) 保理业务的作用

1. 对出口商的好处

第一,保理业务代出口商对进口商的资信进行调查,为出口商决定是否向进口商提供商业信用以扩大商品销售提供信息和数据。保理商经常向出口商提出建议,使其获得过多的贸易机会,促进出口商竞争能力的提高。

第二,出口商将货物装运完毕后,通常可立即获得现金,加速了出口商的资金周转,促进了其利润的增加。

第三,只要出口商的商品品质和交货条件符合合同规定,在保理商无追索权地购买其票据后,出口商就可以将信贷风险和汇率风险转嫁给保理商。

第四,出口商如果从银行贷款取得资金融通,会增加其负债,提高企业负债比率,恶化企业资产负债状况,对企业形象产生负面影响,不利于其有价证券的上市。

2. 对进口商的好处

第一,进口商采用保理业务不需向银行申请开立信用证,免去交付押金,从而减少资金占压,降低进口成本。

第二,通过保理业务,进口商可减少交易中间环节,简化进口手续,适应多变的国际市场要求,提高市场竞争力。

四、福费廷业务

(一) 福费廷的概念

福费廷(Forfeiting)是一种中长期国际贸易融资(也称出口信贷)方式。在这一方式下,包买人从出口商那里以无追索权的方式购买远期票据,使出口商立即获得款项。这些远期票据是经进口商承兑并通常由进口地著名银行保兑的远期汇票或本票,在票据到期日由包买人借以向进口商索偿。包买就是包买人对出口商持有的债权凭证进行无追索权的贴现。

包买人通常由银行或专门的包买公司来承当,故又称"包买行"。伦敦作为国际金融交易中心,亦是主要的福费廷市场。福费廷与保理业务不同,保理业务主要适用于消费性商品的进出口;而福费廷则比较适合一些大中型设备的进出口,因为它们涉及金额大,付款时间长,一般的贸易融资很难满足这种需要。

在福费廷中,涉及的金额总数少则几十万美元,多达数千万美元。有些规模较大的业务还需要通过银团来承办。福费廷中的远期票据,期限多为3—7年,其中5年的居多,最长可达10年。

(二)福费廷的基本程序(见图7-4)

(1)出口商与包买行接洽包买事宜,签订包买协议;进口商从当地银行获得信用支持,包括提供担保便利。之后,由进口商和出口商签订远期付款贸易合同。

(2)出口商装运货物,并将货运单据通过当地银行交与进口方银行。

(3)出口商出具远期汇票由进口商承兑,并由进口方银行加保,或者由进口商出具远期本票,再由进口方银行加保。加保后的票据转交出口商。转交前,一般由出口地银行代为加盖出票日期。

(4)货运单据交给进口商,由其凭以提货。

(5)出口商收到票据后,经背书,向包买行贴现。

(6)包买行贴入票据后,按不同到期日依次向进口方加保银行求偿。

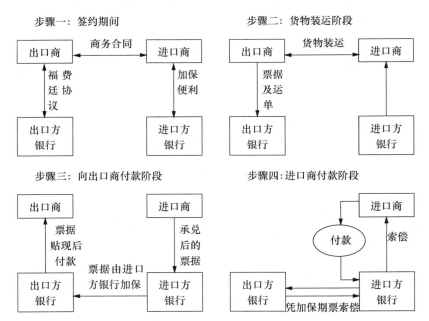

图7-4 福费廷基本流程

在福费廷中,远期票据是由一系列等额但期限不同的汇票或本票构成。每张票据的金额按融资期限均分,通常每半年付款一次。因此,一项为期4年的福费廷需要8张远期票据,均注明有面值和利率。

票据的面值为本金与利息之和。出口商以贴现方式将这些票据售给包买行时,包买行要从中扣除票据贴息率及其他包买费用,出口商收到的实际款额即为出口货物的实际售价。福费廷的主要成本是贴息率,其他包买费用还包括选期费、承诺费和宽限期利息等。这些费用有的是一次性支付的,有的是按月支付的。它们与贴现息一样,均由进口商负担,都包含在出口商报给进口商的利率中。

票据贴现后,出口商就不再承担外汇风险了,因为其外币货款业已收回。而且,出口商还不必承担进口方拒付的风险,因为包买行没有追索权。采用福费廷后,即使出现此类情况,包买行也不能向出口商追索。此时,出口商外汇风险的受险期仅为"成交日——贴现日",其敞口为合同中货物的售价。需要指出的是,由于福费廷中使用的多是美元一类的自由兑换货币,因此,出口商并非完全没有风险。如果该出口商的本币为意大利里拉,而贴现后的货币是美元,那么他的外汇风险就仍未消除。

票据贴现的时间与出票日有关,因为出口商拿到票据后可立即贴现。票据的出票日即票据起息日,通常是装船日(不一定非如此)。票据一般由出口方银行代填。票据贴现常在装船后一段合理的时间内,比如两个星期,因为在这一段时间里,所有的单据都可备齐。例如,成交日是2015年10月9日,装船日是2016年7月1日,而贴现日是2016年7月23日,出口商的受险期即为2015年10月9日至2016年7月23日。

(三)福费廷对出口商和进口商的作用

1. 对出口商的作用

第一,在其资产负债表中,可以减少国外的负债金额,提高企业的资信,有利于其有价证券的发行。

第二,能够立即获得现金,改善流动资金状况,有利于资金融通,促进出口的发展。

第三,信贷管理、票据托收的费用与风险均转嫁给银行。

第四,不受汇率变化与债务人情况变化的风险影响。

2. 对进口商的作用

对进口商而言,因利息与所有的费用负担均计算于货价之内,所以采用福费廷方式通常货价较高。但是,福费廷的手续却比其他出口信贷方式简便得多,不需要进口商多方联系、洽谈,使其能够有足够的精力进行贸易谈判。

五、出口信贷

(一)卖方信贷

1. 卖方信贷的概念

所谓卖方信贷(Supplier's Credits),是指由出口商所在地银行向出口商提供的几个月到数年不等的信贷。前面提到的包买票据就是其中的一种。出口商在收到进口商承兑的远期汇票或本票后,通常会将票据贴现以融通资金。卖方信贷同样也可融通资金,但却是在贷款合同下的资金融通。

2. 卖方信贷的基本流程

(1) 出口商以延期付款或赊销的方式向进口商出卖设备。

(2) 进口商与出口商达成协议,签订贸易合同,并确定进口商缴付现汇定金的比例。

(3) 出口商向当地银行申请贷款,签订卖方信贷协议,并将其投保的保单转让给贷款银行。

(4) 出口商签订三个法律文件:与进口商的贸易合同,与保险机构的保险合同,与银行签订的卖方信贷协议。

(5) 在贸易合同中,一般要求进口商出具不同付款期限的本票,或由出口商开立的不同付款期限的汇票,并由进口商有关银行加保或承兑,贷款银行要求以此作为抵押担保。

(6) 进口商随同利息分期向出口商支付以本票或汇票形式存在的货款后,出口商再用以偿还从银行取得的贷款。

图 7-5 给出的是卖方信贷的基本结构。可以看出,卖方信贷有一个"背对背"的资金运作方式:出口商将信用风险及贸易所需资金转移给贷款银行,进口商将承兑加保的票据交给出口商,再由出口商交给贷款银行,但这些票据项下的款额却由进口商直接向贷款银行支付,尽管有时要经由出口商转交,但直接交付是最常见的做法。

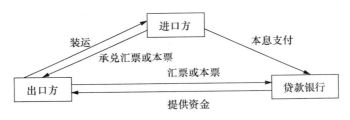

图 7-5 卖方信贷结构

卖方信贷中作为将来付款的凭证,通常是由进口商所在国银行出具的保函或由银行加保的汇票或本票。自 20 世纪上半叶以来,为了推动本国大型成套设备、装备的出口,多数情况下,出口国政府会配合出口商所在地银行在提供出口信贷的同时,提供利息贴补和信贷担保。

3. 卖方信贷对进出口商的作用

出口商向银行借取卖方信贷,除按出口信贷利率支付利息外,还要支付信贷保险费、承担费、管理费等。这些费用都要附加于出口设备的货价之中,但进口商并不清楚每项费用的具体金额。对于进口商而言,卖方信贷条件下的货价一般高于以现汇方式支付的货价,有时甚至高出 8%—10%。对于出口商来说,卖方信贷手续虽然简便,也便于出口商集中精力洽谈贸易合同和保证供货,但因进口商采用了延期付款的方式购买设备,故而加大了出口商的负债比率,不利于其有价证券的上市。

(二) 买方信贷

1. 买方信贷的概念

所谓买方信贷(Buyer's Credits),是指一般由出口国的政府出口信贷机构(Export Credit Agency, ECA)提供担保,由银行向进口商或进口商银行提供的用于大宗货物进口的优惠利率贷款。这里的进口商可以是企业、部门、政府等实体，它们用买方信贷来购买商品、设备或劳务等。这种贷款的期限少则18个月，多至15—20年，5年期的情况最为常见。

2. 买方信贷的类型

（1）直接贷款给进口商的买方信贷。

（2）直接贷款给进口商所在地银行的买方信贷（绝大多数买方信贷的发放都采用此种方式）。

3. 买方信贷的作用

20世纪70年代以后，由于买方信贷有着卖方信贷无法比拟的优越性，因而受到普遍欢迎并得以迅速发展。

（1）买方信贷对进口方的有利之处有如下三点：

第一，由于在买方信贷条件下，进口商以现汇方式支付货款，因而货价清晰明确，不会掺杂其他因素。

第二，由于进口商能够集中精力谈判技术条款和商务条件，进口商对于产品的各项技术指标更加熟悉，使得进口商得以在谈判中居于有利地位。

第三，办理信贷的手续费用是由买方银行直接付款给出口商银行，相比卖方信贷条件下的手续费要低廉许多。

（2）买方信贷对出口商的有利之处有如下三点：

第一，使用卖方信贷时，出口商既要组织生产，又要筹集资金，而且要考虑在原始货价之上以何种幅度附加利息及手续费等问题，工作量较大。而买方信贷条件下，由于进口商是现汇付款，所以出口商可集中精力按贸易合同的规定保证交货和组织生产。

第二，因进口商现汇付款，所以买方信贷下出口商收到货款后会立刻反映出企业的应收账款入账，有利于其资产负债状况的改善，有利于其有价证券的上市。

第三，出口商收到进口商的现汇付款后，能够加速资金的周转，增加利润，提高竞争力。

（3）买方信贷对银行的有利之处。与其他信贷方式相比，由出口商银行直接贷款给进口商银行的买方信贷的发展最为迅速。一般而言，贷款给国外的买方银行，要比贷款给国内的企业风险小得多，因为银行的资信一般要高于企业。因此，出口方银行更愿承做直接贷给进口商银行买方信贷业务。

4. 买方信贷的基本流程

买方信贷有如图7-6所示的结构。与一般贷款支付方式不同，买方信贷方式下，贷款银行并不直接把款额付给进口商，而是将它视同进口商支付的货款付给出口商；同时，作为进口商的一项负债记录到银行账户中。为了确保款额的正确支付，贷款合同一般会对此做出明确规定，即在贷款银行收到货运单据后再付款。

5. 买方信贷的贷款原则

（1）贷款的使用方向。接受买方信贷的进口商只能以其所得的贷款向发放买方信贷的国家的出口商或在该国注册的外国公司进行支付，不能用于第三国。

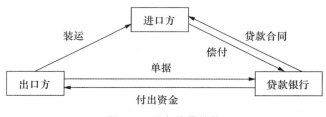

图 7-6 买方信贷结构

（2）使用贷款购买的商品。进口商利用买方信贷限于进口资本货物，如单机、设备和有关技术等，一般不能进口原材料、消费品等。

（3）资本货物的构成。提供买方信贷国家出口的资本货物大多数限于是该国制造的，如果该资本货物的部件由多国产品组装，则本国部件应占 50% 以上。各国规定标准不一。

（4）现金支付。贷款只能提供合同金额的 85%，船舶为 80%，其余要付现汇。

（5）信贷起始日。信贷起始日指偿还贷款的起始日，正式还款日期在信贷起始日后的 6 个月开始。信贷起始日的确定，视出口信贷标的物的不同而不同。

（6）最长还款期。根据国家富裕程度确定不同的最长还款期。

（7）本金偿还。本金偿还按等期还款方式，每隔 6 个月或少于 6 个月等额偿还一次。

（8）利息偿还。利息支付的间隔时间不得超过 6 个月，首次利息支付不得迟于信贷起始日后 6 个月。

（9）最低利率。一般按商业参考利率计算，商业参考利率均按各国 5 年期政府债券的收益率计收。

（10）当地费用。当地费用是指进口商为完成机械设备进口而必须在本国或第三国购买的商品或劳务支出，或出口商为完成机械设备的出口而必须购买的商品或劳务支出。当地费用的最高金额，不得超过设备贸易合同价款的 15%；富裕国家当地费用限于支付保险费和担保费。

6. 买方信贷的贷款条件

（1）买方信贷使用的货币。第一，使用提供买方信贷国家的货币；第二，提供卖方信贷国家的货币与美元共用；第三，使用美元，但也可使用提供买方信贷国家的货币，二者均可。

（2）申请买方信贷的起点。进口商利用买方信贷购买资本货物都规定有最低起点，如果购买的资本货物的金额未达到规定的起点，则不能使用买方信贷。这一规定的目的在于促进大额交易的达成，扩大资本货物的出口，但各国对使用买方信贷起点的规定不尽相同。

（3）买方信贷利息的计算方法。有的国家一年按 365 天计算，有的则按 360 天计算。国际通用的计息时间为"算头不算尾"，即当天借款当天计息，还款当天不计息。

（4）买方信贷的费用。使用买方信贷通常支付的费用包括利息和管理费。有的国家还要收取承担费和信贷保险费。

（5）买方信贷的用款手续。出口商与进口商银行签订贷款总协议，规定贷款总额，在进口商与出口商达成交易、签订贸易合同须动用贷款时,根据贸易合同向进口国银行申请,经批准后即可使用贷款。但有的国家规定在签订买方信贷总协议之外,根据贸易合同还要签订具体协议。

六、混合信贷

(一) 混合信贷的概念

混合信贷方式是卖方信贷和买方信贷形式的新发展。如上所述,在卖方信贷和买方信贷形式下,进口商都要向出口商支付一定比例的现汇定金。而近年来,经济合作与发展组织(OECD)国家共同议定的出口信贷利率不断提高,与国际金融市场利率甚至形成倒挂局面,不利于某些国家设备的出口。在此情况下,一些发达国家为了加强本国设备出口的竞争力,在银行发放卖方信贷或买方信贷的同时,政府还从其预算中提出一笔资金作为政府贷款,连同卖方信贷和买方信贷一起发放。根据 OECD 的规定,这部分政府贷款要含有 35% 的赠予成分,因此收取的利率一般比出口信贷更低,更加有利于促进本国设备的出口,并可加强与借款国的经济技术与财政合作关系。政府贷款占整个贷款金额的比率视当时政治经济情况及出口商或进口商的资信状况而有所不同。这种为满足同一设备项目的融通资金需要,卖方信贷或买方信贷与政府贷款或赠款混合贷放的方式即为混合信贷。

(二) 混合信贷的类型

(1) 对一个项目的融资,同时提供一定比例的政府贷款(或赠款)和一定比例的买方信贷(或卖方信贷)。两种信贷分别签订贷款协议,各自规定不同的利率、费率和贷款期限等融资条件。

(2) 对一个项目的融资,将一定比例的政府贷款(或赠款)和一定比例的买方信贷(或卖方信贷)混合在一起,然后根据赠予成分的比例,计算出一个混合比例,利率、费率、贷款期限等融资条件只有一种。

第三节 国际证券融资

国际证券融资是指在国际金融市场上通过股票、债券等有价证券交易形式进行的融资活动。通过这种绕开金融中介直接进入国际资本市场,融资交易在不同的经济主体之间直接发生的融资形式,不仅可以使筹资人节约筹资成本,而且还可以在一定程度上使投资人降低其投资风险。

从 20 世纪 60 年代以来,西方国家证券市场的国际化发展迅速,形成了规模庞大的国际证券市场,为世界各国的长期资金需求者提供了极大的便利。

一、国际证券市场

(一) 国际债券市场

国际债券融资是指通过发行国际债券来融通资金的一种融资行为。国际债券(International Bond）是借款人（包括一国的政府机构、国际性组织、金融机构以及其他工商业企业等）为筹集外币资本在国际资本市场上发行的以外币为面值的债券。国际债券具备如下基本特征：① 其发行人与投资人分属于不同的国家或地区，发行、交易与债务清偿受到不同国家法律的支配；② 本质上是一种债权凭证，体现了债券发行人与持有人之间的债权债务关系。

1963年以前，国际债券融资通过发行外国债券（Foreign Bond）实现，这类债券由发行人在外国以非居民的身份发行，以该国货币标价并按当地债券市场标准程序发行，通常以较高溢价来反映借款人的外来性质且存在无法收回到期款项的可能性。

20世纪60年代以后，欧洲债券得到发展，它使得国际投资者能够更好地选择货币、到期期限和那些更有信用的发行人，最大限度地减少不利因素。由于欧洲债券发行手续简便、费用低廉，许多借款人都乐于选择其作为筹集外币资金的主要方式。今天，欧洲债券市场的规模已经远远超过了外国债券市场。

（二）国际股票市场

国际股票是指外国公司在某个国家的股票市场上发行的以本币或以外币交易的股票，它是外国发行人在国际资本市场上筹措长期资金的工具。国际股票市场就是这些股票发行和交易的场所与网络。

20世纪80年代中期以来，国际股票市场取得了巨大发展。金融自由化、资本管制放松和信息通信技术的进步为国际股票市场的发展创造了条件。由于国际性的多元化投资组合能更有效地分散风险或增加投资收益，投资者对外国证券投资的需求增加。同时，为了应对日趋激烈的市场竞争，公司需要寻求新的融资渠道。这些因素相互作用推动了国际股票市场的发展。

同国际债券市场一样，作为国际资本市场一部分的国际股票市场是由各主要国家股票市场向国际范围延伸而形成的，并无完整的单一市场存在形态。当今世界上一些发达国家和新兴工业化国家及地区都有规模不等的国际股票市场。这些股票市场不仅为市场所在地的国内企业提供了筹集资金的重要手段，而且逐渐成为跨国公司和外国企业扩大资金来源的重要渠道。

二、国际证券的发行

（一）国际债券的发行

国际债券的发行需要满足一些发行条件，包括发行额、票面利率、偿还期限、发行价格、偿还方式及付息方式等方面的内容。发行条件如何，对于发行人的筹集成本、债券能否发行成功有重要影响。

满足发行条件后，国际债券的发行还需要一些主要文件，包括销售说明书、有价证券申请书、承销协议和其他一些信托或财务代理协议。具备以上条件和手续以后，国际债券就可以按照相关的程序发行了。外国债券和欧洲债券的发行程序有所区别，欧洲债券是一种无国际债券，发行欧洲债券通常不需要申请注册，也没有发行资格限制，因此没有公募与私募的区别，发行程序也相对简单。

（二）国际股票的发行

在不同层次、不同地域的市场发行国际股票的程序不尽相同，但从企业的角度出发，其国际股票的发行环节基本一致，一般而言，主要包括以下步骤：国际股票发行决策，选择国际股票发行市场，选择投资银行，拟定发行文件，资产评估，资产重组，提出发行股票申请，股票发行准备，股票发行。

依据国际惯例，股票发行上市必须具备一定的条件，并遵照一定的程序取得发行资格，并在办理必要手续以后才能进行。股票发行的条件可以分为一般条件和特殊条件。一般条件是指发行人必须依照特定程序，向相关的机构报送有关的文件。这些文件包括发行章程、发行申请书、发行说明书、承销协议、注册会计师报告、律师意见书和公证人报告以及发行人的财务报告等。特殊条件通常适用于初次发行股票的企业，是指法律规定发行人应具有的必要条件。与发行条件类似的上市条件，又称上市标准，是指各国证券交易所对申请股票上市的公司依据其当地的情况所做的规定，只有符合这些规定和要求，公司股票才准许在交易所挂牌上市。上市条件通常包括资本额、资本结构、盈利能力、股权分散程度、公司规模等方面的内容。

从世界范围来看，股票首次公开发行的方式有以下几种：累积订单发行（Booking-building）、固定价格发行（Fixed Price）、累积订单和固定价格相结合及招标竞价发行等。

三、国际证券融资的特点

证券交易是一种传统的市场投融资活动或行为。不考虑投资动机，则购买或持有证券主要是一种投资行为，而出售或发行证券主要是一种融资行为。证券主要包括股票和债券。发行股票和债券是股份制企业筹集长期资本的重要方式，同时也是各国政府和国际金融机构筹集国际长期资本的一种主要方式。目前，国际上规模最大的国际证券交易市场是美国纽约和英国伦敦的证券交易中心。

国际市场上的证券融资活动有着与国内市场不同的特点，具体如下：

（1）国际市场的证券融资对融资人的要求高于国内市场。尤其是对其证券上市的企业有较国内市场更为严格的规定，如企业资产规模、股东人数以及税前年收益等必须达到证券上市的国际标准，门槛较高。

同时，为了便于投资者对上市证券的选择，世界各地的大型证券交易市场还组织专门的知名评估机构对上市证券进行评定，并分出等级，以供投资者参考。

（2）在国际市场进行证券融资，其融资成本一般低于国际商业银行贷款。其原因一是筹资方都是通过高标准筛选评估出的，有较高信誉，发行条件优越，因此，可以较低成本发行证券；二是不记名证券的持有人可以合理避税，可在国际市场上以较低利率发行不记名证券，降低发行成本；三是在国际市场上融资规模一般都比较大，所以平均成本较低；四是其他特殊原因，如欧洲债券的发行因管制宽松而具有低的融资成本。

（3）国际证券融资的工具除了股票、公司债券、政府债券等外，还包括外国债券和欧洲债券等。

四、国际证券融资的参与者

国际证券融资的参与者主要包括证券经营机构、股份公司、股东、债权人以及各国政府和国际金融机构。

(一) 证券经营机构的组成

证券市场分为初级市场和二级市场。投资银行是初级证券市场的主要经营者,专营证券的发行和分销业务。二级市场一般是以证券交易所为特定交易场所的、对已发行的证券进行交易或转让的市场,其证券交易由证券管理机构、证券商及经纪人组成。

(二) 国际证券融资者的构成

初级市场上的国际证券融资者主要是股份公司及各国政府与国际金融机构。它们是国际证券市场上主要的资金需求者,以发行不同类型、不同期限、不同币种的国际证券的方式获得中长期资金融通。而二级市场上的融资者主要是股东和债权人。股票和债券是持有者所拥有的产权或债权,在他们有资金需求时,通过二级市场将其产权或债权变现,这也是一种资金融通的方式。

阅读专栏　　　　　　　**阿里巴巴为何选择赴美上市**

阿里巴巴放弃在境内 A 股市场上市,很大原因在于其主要架构为 VIE 模式。VIE 模式,即通常所说的协议控制模式,主要涉及两个实体:相分离的境外离岸控股公司与境内的业务运营实体,境外控股公司通过协议来对境内实体进行控制,成为境内实体公司的资产控制人和实际收益人。现在上市的阿里巴巴就是这样一家在开曼群岛注册的离岸公司,并不是设立在中国的本体公司。根据招股书披露的阿里巴巴集团 VIE 架构非常复杂,大量业务的 VIE 结构都多达四层。在这样的 VIE 架构下,如果要在 A 股上市,阿里巴巴就必须将境外权益转到境内,涉及一系列协议的终止、废除等诸多法律问题,对持有离岸公司大量股份的软银、雅虎也需要付出相应的对价,成本极高且手续复杂,以至于几乎没有操作可能。

此外,阿里巴巴早在 2012 年就与雅虎达成协议,它只有在 2015 年 12 月前上市,才有权回购雅虎所持部分剩余股份。但 A 股市场上市手续繁琐,审核进程缓慢,很可能会减慢阿里巴巴上市的速度,使其不能在 2015 年前上市。加之 A 股市场仍不是一个完全国际化的市场,对外资交易有诸多限制,不利于阿里巴巴向国际公司发展的未来趋势。另外,中国股市从 2007 年年底以来就持续低迷,整体市场的估值水平偏低;与之相对的,美国股市走出次贷危机后一直维持强势表现,而且从互联网业务上市公司的整体估值水平来看,美国市场也比较高,这反映出在对于新经济的理解方面美国投资者与内地投资者之间的差异。正是由于这些因素,A 股市场才没有留住阿里巴巴等优秀企业。

那么,阿里巴巴为什么放弃在香港上市呢?这和阿里巴巴特殊的合伙人制度有关。通常意义上的合伙人是指以其资产进行合伙投资,参与合伙经营,共享企业经营所得,并对企业债务承担无限或有限责任的自然人或法人。而阿里巴巴的合伙人制度,本质是大股东为防止控制权旁落而设置的有关董事提名权的特殊条款,即成为阿里巴巴集团董事必须经过合伙人的提名前置程序,这保证了合伙人可以控制董事会,集团的董事必须是合伙人所认可的人,同时也使得普通持股人对公司的影响力非常微弱。正是其特有的合伙人制度,使得马云及其合伙人在持股比例有限的情况下,仍然能保证公司的控制权。因此,虽然日本和美国两家公司拥有阿里巴巴大部分股权,但它们并没有享有与其股份相称的权益,阿里巴巴的决策权还是被马云所控制。而香港联交所坚持现有规定,不允许同股不同权,在前期咨询中两次拒绝批准这样由少数股东保留公司控制权的股权结构,使得阿里巴巴最终只好放弃香港,选择在没有这个限制的纽约上市。(关于这个问题,有人批评香港联交所缺乏灵活性,失去了一个重要企业在港挂牌的机会。不过,香港联交所强调的是坚持原则,并且对于所有上市企业一视同仁的要求。因此,对于香港股市来说,现在来判断其得失未免太早了。)

资料来源:吴媛丽、蓝裕平,"阿里巴巴美国上市——典型的市场现象",《国际融资》,2014年第11期。

[阅读专栏] 中企赴美上市退潮

随着中国内地新股发行激增,中国企业在美首次公开募股(IPO)2015年出现下降。2015年有14家中国企业在美国交易所进行IPO,筹资总额为6.66亿美元。这一上市企业数量为2013年以来最少,筹资总额为2011年以来最低。

2014年,包括创历史最高纪录的阿里巴巴集团250亿美元的IPO在内,按美元计算的筹资总额为290亿美元,而2015年这一数字下降了近98%。如果2014年的数据不计入阿里巴巴的IPO,则2015年的筹资总额比上一年下滑83%,是自2003年以来增速第三缓慢的年份。

在中国内地,企业正以至少12年来最快的速度上市。2015年共有531家中国企业进行IPO,筹资总额近170亿美元,比2014年增长33%。中国2015年11月解除了实施5个月之久的新股发行禁令。冻结新股发行是中国政府官员为遏制股市崩盘而采取的措施之一,在2015年6月中旬到8月下旬期间,股市崩盘使高达5万亿美元市值蒸发。

大量在美上市中企正寻求回归中国股市。最新一例是中国天合光能有限公司2015年12月14日表示,其董事长兼创始人高纪凡提议将公司私有化。这使2015年此类提议总数增至38宗,其中5宗已完成。

资料来源:"中企赴美上市退潮",参考消息网,2015年12月16日。

本章提要

1. 国际货币市场是指专营一年期以下国际间短期资金借贷业务的市场。
2. 国际商业银行贷款是指借款人为了本国经济建设的需要,支持某一个建设项目或其他一般用途而在国际金融市场上向外国银行筹借的贷款。

3. 在进出口贸易中运用相应的资金融通技术,是现代国际贸易的发展方向之一。

4. 国际证券融资是指在国际金融市场上通过股票、债券等有价证券交易形式进行的融资活动。

思考题

1. 什么是银团贷款？银团贷款的利率如何确定？
2. 什么是"打包放款"？这种贷款的适用范围是什么？
3. 什么是保理业务？其有哪些主要特点？其对出口商有哪些好处？
4. 什么是福费廷业务？其性质与保理业务相同吗？
5. 卖方信贷条件下的货价为何相对较高？
6. 买方信贷使用的货币一般有哪几种？

体 系 篇

第八章　国际货币制度
第九章　国际金融组织

第八章　国际货币制度

[教学目的]

通过学习本章,应掌握国际货币制度的基本框架和内容、国际货币制度演变的不同历史阶段;了解国际金本位制的特征及作用,熟悉布雷顿森林体系的内容、作用及崩溃的原因,概括牙买加体系的内容及运行特征,明晓欧洲货币体系的产生过程和欧元的作用以及国际货币制度的发展趋势。

[重点难点]

国际货币制度的基本框架和内涵,布雷顿森林体系和牙买加体系的特点,欧洲货币体系的形成与发展,"特里芬难题"和铸币税。

[引导案例]

欧盟等已就希腊退出欧元区做准备!

伦敦商学院教授安迪·金(Andrew King)在接受《国际金融报》记者采访时表示,"不排除欧盟、欧洲央行、IMF 已经开始就希腊退出欧元区做一些准备。"

"对希腊而言,退出欧元区就意味着在货币政策和财政政策方面完全不再受到约束,预计希腊央行会采取类似 QE 的扩张性的货币政策,"上海财经大学现代金融研究中心副主任奚君羊在接受《国际金融报》记者采访时指出,"届时,希腊央行将重新启用希腊原有的货币,贬值是必然的。这样会降低负债的价值,不过前提是国际债权人允许负债通过希腊货币计价。"

不过,在货币的使用上,希腊政府必须应对最糟糕的局面。"首先,希腊民众和企业已然习惯使用欧元,在对本国货币信心不足的情况下,一旦货币大幅贬值,经济就会陷入更为糟糕的状况;其次,在货币贬值、经济衰退、通胀高企、失业率高企的环境下,民怨沸腾时,政局动荡的可能性将大增;另外,一旦资本大规模外逃,希腊的整个金融系统很可能将彻底崩溃。自希腊爆发债务危机以来,希腊银行业一直是依赖欧洲央行提供的低息贷款来维系的。一旦希腊退出欧元区,欧洲央行不再给希腊银行业提供流动性支持,希腊银行业将难以应付严重的挤兑。"安迪·金指出,"虽然一个国家无法进入破产清算程序,但是银行则完全是可以破产的。当一个国家的银行系统破产时,那个国家跟破产又有何异呢?"

在安迪·金看来,希腊退出欧元区对欧洲的金融市场不异于一场灾难。"希腊退出欧元区,意味着欧元区被打开了一个缺口,这对欧元的伤害是极大的,因为投资者对欧元的信心将大打折扣。届时,欧元势必大幅贬值,引发市场对欧元或将退出历史舞台的质疑。与此同时,欧洲的股市将受到极大的冲击。"对于欧洲银行业也是巨大打击。3月份IMF表示,欧洲央行在希腊银行业有将近1 100亿欧元的风险敞口。"希腊退出欧元区对希腊的银行业带来致命伤害,而希腊银行业危机将反噬整个欧洲的银行业。"安迪·金指出,"欧盟内部几乎所有国家的银行都对希腊银行业有着敞口,因此,一旦希腊银行业陷入破产的困境,整个欧洲银行业的坏账率将急剧上升,而好不容易才得以修复的银行资产负债表很可能将再度遭到破坏。"

资料来源:付碧莲,"如果希腊退欧",《国际金融报》,2015年6月8日第3版。

国际货币制度(International Monetary System)亦称国际货币体系,在国际金融领域内具有基础性作用,对国际贸易支付结算、国际资本流动、各国外汇储备、汇率的调整、国际收支都产生重大的影响,同时也是各国国内金融稳定的重要保证。

第一节 国际货币制度概述

国际货币制度是指各国通过国际惯例、协议和国际经济组织,对各国货币发挥世界货币职能所做出的制度性安排。这些安排也被人们称为"游戏规则"。

一、国际货币制度的主要内容

一种国际货币制度的产生,主要是因为各国在政治上是独立的,而在经济和金融上却是相互依赖的,这就需要一种货币制度来协调各个独立国家的经济活动。其形成有两种方式:一种是依靠市场自发形成,它是体制和习惯长期缓慢发展的结果,当越来越多的参与国遵照某些程序而给予其法律约束力时,一种国际货币制度就形成了;另一种是人为设立,它是借助政府间协定形成某种协调与合作机制,在短期内建立起一套各国共同遵守的制度和规范,并随着时间推移对其不断修正和发展。

历史表明,一种理想的国际金融体系能够促进国际金融运行的协调和稳定,促进国际贸易和国际资本流动的顺利发展,并使各国公平、合理地享受国际经济交往的利益;反之,则成为国际经济发展的阻碍因素。一种国际货币制度应包括以下内容:

(1) 汇率制度的确定。汇率作为两国货币的比价,其决定和变动受各国国内及国际金融市场上多种复杂因素的影响。一定时期内,如何确定各国货币之间的比价,如何确立货币比价的依据或标准,如何确定货币比价的波动界限,以及如何调整或维持货币比价,不仅是由一国货币制度及汇率制度所决定的,同时也是国际货币制度进行协调和管理的重要内容。

(2) 国际货币和储备资产的确定,即以什么作为国际货币(黄金或某国货币)用于国际支付;一国政府应持有何种资产作为各国普遍接受的储备资产;以及为满足国际支付和调节国际收支的需要,一国应持有的储备资产总额和构成。

(3) 国际收支的调节机制。国际收支从总体上反映一国对外经济交易的状况。任何国家的国际收支,无论何时都难以做到收支完全相抵,恰好平衡,而是经常处于不平衡状态。但如果一国长期处于顺差或逆差状态,则需要进行调整。在国际经济一体化背景下,一国国际收支的调整,势必影响到与其他相关国家的经济关系。因此,国际货币制度要对各国国际收支调整的方式进行协调和约束,制定相应的规则和制度。

(4) 各国货币的可兑换性与国际结算的原则,即一国货币能否自由兑换;在结算国家间债权债务时,采取何种结算方式;对支付是否加以限制等。

以上几方面的内容中,汇率制度居于核心地位,它制约着国际货币制度的其他方面,反映了一定时间内国际货币制度的特征。

二、国际货币制度的类型

国际货币制度作为一个有组织的整体,可以是体制或惯例逐步发展最终得到公认的结果,也可以是通过国际会议确立的。从历史发展过程看,国际金本位制是一种自发形成的国际货币制度;布雷顿森林体系则是一种通过国际会议建立起来的国际货币制度;而牙买加体系是继布雷顿森林体系之后的现行国际货币制度。三个不同时期的国际货币制度可以根据两种不同的标准,即货币本位和汇率制度进行分类。

(一) 以货币本位为标准对国际货币制度进行分类

货币本位是国家以法律形式规定的基本货币单位的价值标准。它涉及储备资产的性质,是国际货币制度的一个重要方面。以货币本位为标准,国际储备资产的性质可以分为两大类,即商品储备和信用储备;而根据储备资产的性质,国际货币制度可以分为三种类型,即商品本位制度、信用本位制度和混合本位制度。

1. 商品本位制度

商品本位制度主要是指以特殊商品黄金作为一国基本货币单位的价值标准,并以金属货币用于实际商品流通和货币流通的制度。如金本位制度,就是以黄金这种特殊商品作为一国基本货币单位的价值标准,将货币定量为吨、千克、克及盎司等单位,在流通中广泛使用的制度。与此同时,黄金作为一种特殊商品,还在国际间充当世界货币和国际储备资产。国际金本位制就是一种典型的商品本位制度。

2. 信用本位制度

信用本位制度是指以信用货币所代表的价值量作为一国基本货币单位的价值标准,并以信用货币用于实际商品流通和货币流通的制度。在这种制度下,黄金已经非货币化,而且纸币的发行也已脱离了与黄金的联系,不再以黄金作为货币的定值标准,纸币不再能够与黄金相兑换。如不兑换的信用货币制度,就是以各国法定发行的纸币所代表的价值量作为一国基本货币单位的价值标准,将纸币定量为名称各异的货币单位,在流通中广泛使用的制度。例如,美国的美元、美分,英国的英镑、先令,中国的元、角、分等。之所以称作"不兑换的信用货币",是因为现代纸币是各国根据其经济增长的需要,通过中央银行为核心的信用渠道发行的。一国纸币发行的总量与一国一定时期国民收入的总量相当,是由国民收入规模所决定的。因此,纸币所代表的价值量实质上就是国民收入的价值量。而手持纸币相当于对中央银行的债权,据此可获得购买一般商品的权利,但已经不能兑换黄金。与此同时,一些西方发达国家的可自由兑换货币,实际上充当着世界货币和国际储备资产的角色。在牙买加协议基础上建立起来的现行国际货币制度就是典型的信用本位制度。

3. 混合本位制度

混合本位制度是指以黄金作为一国基本货币单位的价值标准，但以纸币作为黄金的代表用于实际商品流通和货币流通的制度。在这种制度下，纸币的发行受黄金准备的约束，单位纸币规定法定含金量，而且纸币与黄金之间可以进行有限兑换。如金汇兑本位制度，就是以金准备作为纸币发行的基础及一国基本货币单位的价值标准，并以纸币的含金量为依据，将纸币定义为名称各异的货币单位，在流通中广泛使用的制度。与此同时，黄金和某种国际中心货币在国际间充当世界货币和国际储备资产。布雷顿森林体系就是典型的混合本位制度。

(二) 以汇率制度为标准对国际货币制度进行分类

汇率表示两国货币的比率或比价，是国际货币制度协调机制的核心内容之一。汇率制度的不同，主要表现在汇率弹性的差异上。而根据汇率弹性的大小可以将国际货币制度分为三种类型。

1. 固定汇率制

固定汇率制是指以某种限制或规定使汇率在一定范围内进行波动的制度。汇率波动受到约束，因此弹性较小。在历史上，国际金本位制与布雷顿森林体系都实行固定汇率制，但前者是自发地以两国货币的含金量为基础确定两国货币的比价，并以黄金输送点为汇率波动幅度的自然界限；而后者则是由国际货币会议人为地确定了各国货币之间的比价及波动幅度。

2. 浮动汇率制

浮动汇率制是指主要由外汇供求关系自发作用决定和影响的汇率。汇率波动受到的约束较少，因此弹性较大。现行国际货币制度实行的就是浮动汇率制。不过，尽管目前国际上普遍都实行浮动汇率制，但完全听凭市场自发作用，对汇率自由涨落放任不管的情况几乎是不可能发生的，各国都在不同程度上对汇率进行控制或调节。

3. 介于固定汇率制与浮动汇率制两者之间的汇率制度

此种汇率制度如管理浮动制、联系汇率制、联合浮动制等，这些汇率制度或以固定汇率为主兼有浮动汇率的性质，或以浮动汇率为主兼有固定汇率的特征。其中，管理浮动制是自由浮动制的对称，是一种可以由货币行政当局自主调节和管理汇率的涨落，使汇率按照当局的意图进行浮动的汇率制度。联系汇率制也称钉住汇率制，是指将一国货币与另一国货币保持固定联系的汇率制度。实行联系汇率制国家的货币一般是钉住美元、英镑等西方发达国家的货币，使本币与美元、英镑等货币的比价保持固定联系，然后根据联系方式或程度的不同再进一步划分为有调整的钉住汇率制、爬行钉住汇率制等。联合浮动制是单独浮动制的对称，是指由一些国家组成货币集团，并规定集团内部各国货币的比价和波动幅度，而对集团之外的货币按照统一幅度进行波动的汇率制度。

第二节　国际货币制度的演进

从国际货币制度发展演变的整个过程来看,每一时期的国际货币制度都不同程度地存在一些矛盾和冲突,并经常由此导致各种危机的产生。国际货币制度的历史发展过程,大体经历了三个时期:国际金本位制、布雷顿森林体系和牙买加协议基础上的现行国际货币体系。

一、国际金本位制

国际金本位制(International Gold Standard System)是19世纪初到20世纪上半期,在西方各国普遍实行的一种自发性质的国际货币制度,英国在1816年实行金本位制,此后,其他资本主义国家纷纷效仿英国,在19世纪后期普遍实行金本位制。这样在各国之间就自然形成了一个统一而松散的国际货币制度——国际金本位制。

(一)金本位制的特点及作用

1. 金本位制的特点

国际金本位制作为一种国际性货币制度,其特点是:

(1)统一性。表现在主要国家都实行金本位制,各国都为本国货币规定了含金量,采取大致相同的政策措施,各国之间的货币比价被固定下来。也就是说,只在西方国家普遍采用金本位制后,金本位制才算建立起来。

(2)松散性。国际金本位制是自发形成的,没有统一的章程,也没有一个国际组织的领导和监督。

2. 金本位制的作用

金本位制是一种比较稳定健全的货币制度,对当时资本主义各国及世界经济的发展产生了一定的积极作用,具体表现在以下三个方面:

(1)金本位制条件下的币值稳定,有利于商品流通和信用的扩大,从而促进各国生产的发展。

(2)金本位制条件下的汇率稳定,降低了国际贸易和国际资本流动的风险,为各国经济往来和世界经济的发展创造了有利条件。

(3)黄金自由输出入可以起到自动调节国际收支的作用。由国际收支逆差引起的黄金外流,会导致逆差国国内货币供给减少,物价下跌,从而产生刺激出口及改善国际收支的效果。

(二)金本位制的演变及其崩溃

1. 金本位制的历史演变

金本位制经历了金币本位制、金块本位制和金汇兑本位制三个历史发展阶段。

(1)金币本位制。第一次世界大战以前,西方国家实行典型的金币本位制度,流通中的货币为金币和纸币,其典型特征是"三大自由",即金币自由铸造、金币自由兑换、黄金自由输出入国境。金币自由铸造是指金币可以根据黄金持有人的申请自动铸造,同时人们也可以自由地将金币熔成金块，退出流通。金币自由铸造，保证了黄金的市场价格既不会低于货币的价值，也不会高于货币的价值，从而保证了黄金市场价格的稳定。金币自由兑换是指事先为一国货币单位确定一个含金量，或规定每一单位黄金的价格，允许银行券流通，但它只是作为黄金的符号，纸币可以按票面额自由兑换成黄金。这一规定可保障货币与黄金的固定联系，保证了纸币价值稳定。黄金自由输出入国境使黄金的国内外价格维持同等水平，从而使本国货币与外国货币之间的汇率得以保持稳定。在金币本位制度下，一国国际收支失衡是由黄金自由输出入调节的，即"现金—物价流动机制"。但事实上许多国家往往不愿牺牲国内利益来维持国际收支平衡，而是想方设法采用各种手段限制黄金的自由输出入。

第一次世界大战爆发后，交战各国的金本位制度陷入崩溃。战争结束后，许多国家出现了严重的通货膨胀，现钞和黄金之间的自由兑换和黄金的自由移动遭到破坏，金币本位制度崩溃，一些国家相继实行两种变形的金本位制，即金块本位制和金汇兑本位制。

（2）金块本位制，是以黄金作为发行纸币的准备金，以纸币作为价值符号充当流通手段的一种货币制度，是在金币本位制的三个特点已不能完全具备条件下的一种残缺不全的金本位制。第一次世界大战结束后，除美国还能继续实行金币本位制外，英、法等国都无法维持金币本位制，而不得不实行金块本位制。

由于当时西方各国经济政治发展的不平衡，黄金存量集中于少数帝国主义强国之手，其他国家金币自由铸造和自由流通的基础遭到削弱，所以在金块本位制下，实行纸币流通。黄金只是作为纸币发行的准备而存于国库，不再铸造金币，但货币单位仍规定含金量。同时，由于战争使财政支出猛增，各国政府不得不以发行纸币或银行券来维持巨额军费开支，使纸币发行数量大大超过了流通中所需要的货币量，纸币贬值，破坏了纸币自由兑换黄金的原则。因此，价值符号只能在规定限额下兑换黄金。而且为了防止黄金外流，各国纷纷采取了严格限制黄金输出入的措施。

（3）金汇兑本位制，又称虚金本位制，是以外汇资产作为发行纸币的准备金，实行纯粹纸币流通的货币制度，是在金币本位制的三个特点已基本不具备条件下的一种残缺不全的金本位制。实行金汇兑本位制的国家是那些没有能力维持金块本位制的弱小的落后国家，即当时的一些殖民地附属国。它们以外汇资产即殖民地宗主国的货币作为其发行纸币的准备。其特点是：纸币流通，但货币单位仍规定含金量；本国纸币完全不能与黄金相兑换，但可以与外汇资产相兑换；严格禁止黄金自由输出入。

2. 金本位制的崩溃及其原因

在金本位制产生后近一个世纪的时期内，由于世界经济发展较为稳定以及当时重要金矿的发现和开采，黄金生产增长较快，供应充分，金本位制没有受到过严重考验，一直顺利运行。但第一次世界大战后，金本位制赖以存在的基础遭到严重破坏，从而使其陷于崩溃。究其原因，可以简单归纳为以下两个方面：

（1）战争和危机动摇了金本位制赖以存在的必要条件。从金币本位制过渡到金块本位制及金汇兑本位制的整个过程，都与战争和经济危机的爆发直接相关。第一次世界大战是导致金本位制难以维持的导火线，而在1929—1933年的世界性经济危机大爆发后，金本位制则基本陷于崩溃。

(2) 黄金产量不足以满足流通中对货币的需要,以及黄金在世界各国的分布不均,是金本位制崩溃的根本原因。从自由竞争过渡到垄断,资本主义世界经济得到空前发展,各国商品流通及国际贸易规模与速度的增长远远超过了生产的增长,而黄金的生产却远远不能满足流通中对货币的需求。同时,世界各国经济政治的发展不平衡使得黄金分布不均衡,导致金本位制难以维持以至于最终崩溃。

另外,用黄金作为货币材料也是对资源的一种浪费。因为从本质上讲,货币只是一种用于商品交换的媒介。在交换中,人们并不关心货币的材质,而只关心货币的面值。因此,完全可以用相对低廉的材料代替黄金这种贵金属来充当货币。

二、布雷顿森林体系

第二次世界大战后,资本主义世界建立了一个以美元为中心的国际货币制度,即布雷顿森林体系(Bretton Woods Monetary System),这个体系是英、美两国在国际金融领域争夺主导权斗争的产物。

(一) 布雷顿森林体系建立的时代背景

第二次世界大战使西方各国之间的实力对比发生了巨大变化。一方面,以英国为代表的老牌帝国主义国家受到了严重的战争创伤,国民经济遭到严重破坏。但英镑区和帝国特惠制仍然存在,英镑仍然是一种主要的国际储备货币,40%左右的国际贸易仍用英镑结算。所以,英国仍竭力保持其国际地位。另一方面,第二次世界大战后美国经济实力大大增强,急欲建立美元霸权地位。战争结束时,美国的工业制成品占世界工业制成品总量的一半;对外贸易额占世界贸易总额的1/3以上;对外投资迅速增长,成为世界最大的债权国;黄金储备占世界黄金储备总额的近2/3。美国经济实力雄厚,为建立美元的霸权地位奠定了充足的物质条件。

因此,英美两国都从本国利益出发,设计新的国际货币秩序,于1943年4月7日分别提出各自的方案,即美国的怀特计划和英国的凯恩斯计划。

1. 美国方案

美国方案是由时任美国财政部官员的怀特提出的,全称为"国际稳定基金计划",简称怀特计划(White Plan)。其主要内容如下:

(1) 设立国际货币稳定基金,资金总额为50亿美元。基金采取存款制,其存款份额由各会员国以黄金、外汇及本币或政府债券认缴。认缴份额的多少取决于各国黄金外汇储备、国民收入及国际收支差额变化等因素。而会员国认缴份额的数量又决定了其在基金组织相关事务中投票权的多少。

(2) 基金组织拟发行一种名为尤尼他(Unita)的国际货币,作为计价单位,规定其含金量相当于当时的10美元。而且,这种国际货币可以兑换黄金,也可以在会员国之间相互转移。

(3) 采用固定汇率制。基金组织要求各国规定其本币与尤尼他之间的法定平价。而且平价一旦确定,则非经基金组织同意不得任意变动。

(4) 会员国在应付临时性国际收支逆差时,可用本币向基金组织购买所需外汇,但其数额不得超过其所认缴的基金份额。

从怀特计划的主要内容不难看出,美国设计该方案的目的就是要凭借美国当时拥有的雄厚财力和绝对优势,由其一手操纵和控制基金组织,从而获得对国际金融领域的统治权。而最终正是由布雷顿森林体系实现了怀特计划。

2. 英国方案

英国方案是由时任英国财政部顾问的凯恩斯提出的,全称为国际清算同盟计划,简称凯恩斯计划(Keynes Plan)。其主要内容如下:

(1) 建立一个国际清算联盟。但此联盟不需各国以黄金或货币缴纳份额,而是采取透支制。透支总额为 260 亿美元。联盟各国的透支份额以第二次世界大战前三年的进出口贸易平均额计算。

(2) 发行一种名为班柯(Bancor)的国际信用货币,作为国际清算单位。

(3) "班柯"以一定黄金量表示,而联盟各国货币直接与"班柯"联系,但允许各国调整汇率。

(4) 各国在联盟设立往来账户。当发生国际收支顺差时,将其盈余存入账户,但不得兑换黄金和现款,只能用于对外投资和购买支付。当发生国际收支逆差时,则按规定份额申请透支或提取存款进行支付。

与怀特方案设计的目的不同,凯恩斯方案是从英国当时的困境和需要出发,尽量贬低黄金的作用,意欲建立一个有利于英国的国际货币制度。

两个方案反映了英美两国经济地位的变化及两国争夺世界金融霸权的斗争。经过激烈的争论后,在美国强大政治经济的压力下,英国被迫放弃国际清算同盟计划而屈从于美国,接受了美国方案。美国也因此做出一些让步。最后双方达成协议,在 1944 年的联合国货币金融会议上通过了以怀特计划为依据的《布雷顿森林协定》,并在此协定的基础上建立了布雷顿森林体系,确立了美元的霸权地位。

(二) 布雷顿森林体系的主要内容

布雷顿森林体系建立了会员国之间货币平价和固定汇率制,实行所谓的双挂钩制度,即美元与黄金挂钩、各国货币与美元挂钩的制度;同时,建立了一个永久性的国际金融机构——国际货币基金组织(IMF),并用以进行国际金融协调和管理。

双挂钩制度是布雷顿森林体系的核心内容,可用简图 8-1 表示。

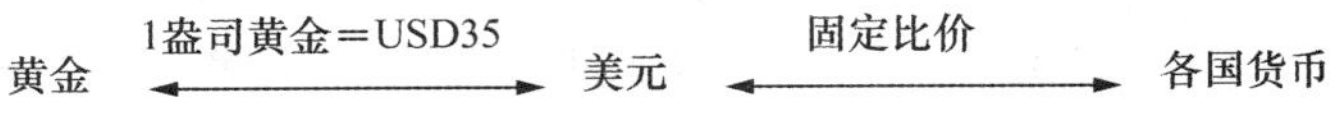

黄金 ←—1盎司黄金=USD35—→ 美元 ←—固定比价—→ 各国货币

图 8-1 双挂钩制度

布雷顿森林体系的具体内容有以下五点:

1. 以美元作为最主要的国际货币,实行美元—黄金本位制

美元与黄金直接挂钩,规定"1 盎司 = 35 美元"的黄金官价,美国保证各国中央银行可随时用持有的美元按官价向美国兑换黄金,这表明布雷顿森林体系实际上是一种国际金汇兑本位制。同时,其他各成员国根据自身状况确定其货币与美元的平价,这一平价一旦确定下来,就不得随意更改,并且成员国有义务干预市场以维持汇率稳定。这种制度安排使美元成为一种关键货币,国际储备和国际清算支付手段主要依赖美元,各国中

央银行通过持有美元保持国际储备,相当一部分国际储备以美国财政部或美联储发行的债券和美元短期存款形式持有。

2. 实行可调整的钉住汇率制

布雷顿森林体系下的汇率制度安排是一种双挂钩制度,即美元与黄金挂钩、各国货币通过与美元挂钩而间接与黄金挂钩。这种双挂钩制度构成了布雷顿森林体系的两大支柱。IMF规定,成员国中央银行有义务通过外汇市场交易保证汇率波动的幅度维持在平价上下1%以内,只有当成员国出现"根本性国际收支失衡"时,才可以较大幅度地调整汇率。在平价10%以内的汇率变动需通知IMF,超过10%的汇率调整则需IMF批准,所以是一种可调整的汇率制度。在实际运行中,成员国汇率调整的情况很少,偶有变动,也是贬值多于升值。

3. 确定国际收支的调节机制

针对逆差国,制定了两种调节方式。对于短期的暂时性失衡,可通过向IMF进行资金融通而加以解决。对于国际收支出现的"根本性不平衡",IMF规定可对平价进行调整,实行法定升值或法定贬值。但由于"根本性不平衡"较抽象,没有明确标准,导致在实际中难以运用。

针对顺差国,制定了所谓的"稀缺货币条款"。当一国国际收支持续盈余,并且该国货币在IMF的库存下降到份额的75%以下时,IMF可以将该国货币宣布为"稀缺货币"。IMF可按逆差国的需要实行限额分配,其他国家有权对稀缺货币采取临时性兑换限制,或限制进口该国商品和劳务。这一条款旨在建立顺差国和逆差国共同调节的责任。但是,这一构想难以真正实现,因为条款中同时规定,IMF在稀缺货币出现后需确定采取的办法时,要有稀缺货币国家的代表参加。这样,布雷顿森林体系下,国际收支调节的责任实际上主要是由逆差国来承担的。

4. 取消对经常账户的外汇管制,但允许对国际资本流动进行限制

《国际货币基金协定》第8条规定:会员国不得限制经常账户支付,不得采取歧视性货币措施,要在兑换性的基础上实行多边支付。但有三种情况例外:① 允许成员国对资本项目实施外汇管制;② 允许成员国在战后过渡时期延迟履行货币可兑换义务;③ 允许成员国对稀缺货币采取临时性兑换管制。

5. 建立一个永久性的国际金融机构——IMF

IMF是战后国际货币制度的核心,其建立旨在促进国际货币合作,维持国际金融体系的稳定。IMF主要有以下职能:① 监督,即监督成员国遵守协定各项条款,以维护国际金融秩序;② 磋商,即定期举行世界经济形势与前景的磋商,并针对个别会员国出现的问题进行磋商;③ 资金融通,即对会员国提供信贷。

(三) 布雷顿森林体系的特点

布雷顿森林体系是在美国经济实力雄厚、国际收支大量顺差、黄金储备充足的条件下建立起来的。这些条件决定了布雷顿森林体系的基本特点和作用。此外,布雷顿森林体系确立的固定汇率制,以及创立的IMF,在当时特定的历史时期,对维护国际金融秩序和协调国际金融关系,都曾起到重要的积极作用。布雷顿森林体系建立后,国际金融关系出现了一些新的特点,主要表现在以下四个方面:

(1) 在布雷顿森林体系下的国际储备中，黄金和美元并重。美国不仅凭借其第二次世界大战后所拥有的巨额黄金储备强调黄金的作用，而且将美元与黄金挂钩，使美元等同于黄金，与黄金并重，突出美元的霸权地位。

(2) 在所有西方国家货币中，美元是唯一的中心货币和主要的储备资产。而第二次世界大战前处于统治地位的储备货币除英镑外，还包括法郎、美元等在内的其他西方国家货币。因此，保持美元单一中心货币是布雷顿森林体系的显著特点。

(3) 只允许外国政府而不允许外国居民用美元向美国政府兑换黄金。而第二次世界大战前英、美、法等国都允许居民兑换黄金。那些实行金汇兑本位制的国家也允许居民用外汇向英、美、法等国兑换黄金。

(4) 建立了IMF作为维持国际金融秩序的中心机构。而第二次世界大战前，虽然英国在国际货币领域里占统治地位，但从未建立起一个全球性的国际机构。

（四）布雷顿森林体系的缺陷及其崩溃

虽然布雷顿森林体系的运转在客观上发挥了一定的积极作用，成功地进行了一系列国际货币合作，但因其运行机制有很大的内在缺陷，所以导致了其最终的崩溃。

1. 布雷顿森林体系的致命缺陷

导致布雷顿森林体系最终崩溃的根本原因在于，其赖以建立的基础具有内在的不稳定性，以及其运行机制存在的内在矛盾。

(1) 储备货币发行国与其他国家之间的利益分配不公平。

布雷顿森林体系建立之时，美国垄断了世界绝大多数黄金储备，在经济上占有绝对优势。美元作为主要的国际储备资产，享有一种相当稳固的特权地位。美国不仅可以利用美元操纵国际金融事务，而且可以利用美元弥补其国际收支赤字。同时，由于各国货币钉住美元，实际上造成了各国货币对美元的依附关系，因而美国货币政策的实施对各国经济都会产生重大影响。另外，1盎司黄金等于35美元的黄金官价是1934年定出的，第二次世界大战后美元早已贬值。而美国正是在美元短缺或美元荒的情况下，通过美元高估来低价购买黄金和其他原材料，同时高价倾销其出口商品，掠夺他国资源，攫取超额利润。

然而，一旦实力对比发生不利于美国的变化，即当从美元短缺的美元荒变成美元泛滥的美元灾，过去由美国政府对外投放的大量美元，被各国政府按官价向美国政府兑换大量黄金时，就造成美国黄金储备的大量流失，以至于引起美元危机的频频发生，导致国际金融领域的动荡。而且，在第二次世界大战后初期由于各国无力与美国竞争，因此，美元高估并未对美国出口贸易造成不利影响。但一旦西欧、日本经济恢复，具备一定实力，美元高估不利于美国出口的负面影响就日见突出，从而加剧了美国国际收支的不平衡和美元危机爆发的可能性。

(2) 布雷顿森林体系存在着无法克服的"特里芬难题"(Triffin Dilemma)。

首先，美元作为单一中心货币和国际储备资产，使美国处于两难境地。因为，随着国际贸易的迅速扩大，各国国际储备必须相应增加。同时，由于第二次世界大战后黄金生产的停滞，美元在国际储备总额中所占比重不断提高，于是出现了国际储备供应的两难矛盾。一方面，各国国际储备的增长，需要通过美国国际收支的持续逆差来实现。而如果美国国际收支长期保持逆差,则不但会导致美元汇率下跌,而且会导致各国政府以大量美元向美国政府兑换黄金,引起美国黄金大量外流,从而影响美元信誉和引发美元危机。同时,如果美国为弥补国际收支逆差而滥发美元,还会引起国内出现通货膨胀的问题。另一方面,如果美国保持其国际收支的平衡,抑制国内通货膨胀,则当然有利于保持美元汇率的稳定。但因此又会断绝其他国家国际储备的来源,造成国际清偿能力不足的矛盾。

其次,为维持美元汇率的稳定,按照 IMF 的规定,西方各国政府有义务对外汇市场进行干预,从而也使西方各国政府处于两难境地。因为在美元过剩的情况下,布雷顿森林体系的固定汇率制实际上助长了美国输出通货膨胀,从而不但引发和加剧了世界性通货膨胀,而且使各国政府处于一个维持国际金融秩序还是维持国内经济稳定的两难选择中。一方面,按照 IMF 的规定,为维持美元汇率的稳定,各国政府有义务在外汇市场上进行干预,以平抑汇价。所以,如果美元汇率下跌,各国官方金融机构就必须在外汇市场上大量抛出本币,同时购进美元,以刺激美元需求的增加,使美元汇率回升,以维持国际金融秩序的稳定,结果却导致这些国家的货币供给过多而引发通货膨胀。而且在美元过剩的情况下,手持美元显然要遭受美元贬值的损失,从而造成这些国家以牺牲国内经济平衡为代价来换取国际金融秩序的稳定。另一方面,如果各国要致力于维持国内经济的稳定,切断美国输出通货膨胀的通道,同时避免美元贬值的损失,就必须将手中持有的大量美元抛售,但又会引发美元危机和国际金融领域的动荡。

(3) 布雷顿森林体系实行的固定汇率制使汇率对国际收支的调节作用失灵。

固定汇率制虽然降低了国际贸易和国际资本流动的风险,有利于国际经济的发展,但布雷顿森林体系过分强调汇率的稳定,而忽视了汇率对国际收支的调节机制。因为在固定汇率制条件下,各国不能利用汇率的变动来调节国际收支逆差,只能消极地实行贸易管制,或在国内采取紧缩政策。而贸易管制会阻碍对外贸易的正常发展,国内紧缩政策则违反了稳定发展本国经济的原则。因此,由于汇率缺乏弹性,不能适应各国国内经济情况及对外经济关系的变化,汇率对国际收支的调节机制失灵。

另外,由于布雷顿森林体系建立在不平等的基础上,发展中国家获得的基金份额及参与国际金融事务的投票权过少,利用 IMF 贷款的条件过严,因而不利于其及时有效地调节国际收支的不平衡,从而也不利于国际金融的稳定。

2. 美元危机爆发与布雷顿森林体系的结束

美元危机是指由于美元国际信用下降而发生的抛售美元抢购黄金及其他国家货币,而使美元汇率下跌,黄金价格及其他国家货币汇率上涨的状况或风潮。

美元危机产生主要是由于 20 世纪 50 年代以来,美元大量外流,美国国际收支持续逆差,黄金储备不断下降,从而使人们对美元的信心发生动摇,纷纷抛售美元所导致。美元危机频频爆发是布雷顿森林体系崩溃的导火线。美元危机爆发后,国际社会与美国一起,采取了许多措施,做出了种种努力,但最终仍未能从根本上解决问题,危机反而愈演愈烈,从而导致布雷顿森林体系的崩溃。

第一次美元危机于 1960 年 10 月爆发。当时,国际金融市场上掀起了抛售美元抢购黄金的巨大风潮。伦敦黄金市场的金价由每盎司 35 美元官价暴涨到 41.5 美元,高出官价18.5%；同时,西方各国外汇市场剧烈动荡。这是美元危机对国际金融市场形成的第一次大冲击。这次危机之后,国际社会采取了建立黄金总库、货币互换协定、借款总安排等措施,但未能阻止危机继续发生。到1967年,美国对外短期债务激增至331亿美元,而黄金储备则降至相当于121亿美元,从而严重影响了美元的国际信誉。

第二次美元危机于1968年3月爆发。由于美国黄金储备短期内的急剧流失,半个月内流失量达14亿美元,巴黎市场金价涨到每盎司44美元,而伦敦市场黄金日交易量达到350—400吨,迫使西欧大多数黄金市场停止交易,伦敦证券市场、外汇市场和黄金市场被迫关闭。1968年3月6日,美国与相关国家举行紧急会议,宣布解散黄金总库,实行黄金双价制,美元变相贬值,同时提议建立特别提款权。

第三次美元危机于1971年5月爆发。同年8月5日,尼克松政府宣布实行所谓的"新经济政策",不仅停止履行美元兑换黄金的义务,而且加强商品进口管制,对进口商品征收10%的附加税,因此引起国际金融市场的混乱。同年12月18日,十国集团举行会议,达成"史密森协议"(Smithsonian Agreement),决定美元官价贬值7.89%,金价升至每盎司38美元。但这一举措并未阻止美元危机的继续爆发。

1972年2月,第四次美元危机再度爆发。抢购黄金及德国马克和日元的风潮袭击了整个西方国际金融市场,导致各国外汇市场纷纷关闭。

1973年2月,第五次美元危机爆发,西方各国外汇市场再度关闭。1973年2月12日,美国被迫宣布美元官价再度贬值10%,金价升至每盎司42.22美元。但此时,各国已不愿再继续承担干预外汇市场汇率的义务,纷纷实行浮动汇率,从而宣告了布雷顿森林体系的全面瓦解。

(五) 布雷顿森林体系时期的国际金融合作

为了缓解美元危机,美国与国际社会进行了一系列国际金融合作,力图维持布雷顿森林体系的正常运行。其所实施的一些措施和办法虽未能挽救布雷顿森林体系免于崩溃的命运,但其仍不失为国际金融合作的范例与借鉴。

1. 成立黄金总库

黄金总库是指在1961年10月,美国与欧洲七国(英国、法国、联邦德国、意大利、瑞士、荷兰、比利时)为维持黄金官价及美元汇率的稳定而共同建立的黄金储备账户,用以干预黄金市场稳定金价。金价上涨则卖出黄金,金价下跌则买入黄金,以使金价稳定在每盎司35美元的官价水平上。总库所需黄金由各国分摊,指定英格兰银行为总库代理机构。

但黄金总库未能阻止金价的继续上涨及美元危机的爆发。1967年6月,法国宣布退出黄金总库。1968年3月,美元危机又一次爆发,黄金总库遂宣布解散。

2. 订立货币互换协定

货币互换协定是在1962年3月,由美国联邦储备银行与西方14国达成的关于互换一定量的对方货币,用以干预外汇市场,稳定美元汇率的协定。最初的协定总金额为117.3亿美元,1973年7月扩大为197.8亿美元。

3. 提出借款总安排

借款总安排也称一般借款协定或十国借贷,即十国集团分别向 IMF 提供备用信贷的特别协议。

1961 年 9 月,英美两国为使英镑和美元摆脱困境,在 IMF 第 16 届年会上就提出,将 IMF 的贷款额增加 60 亿美元,以稳定国际金融秩序的建议。同年 11 月,美国、英国、法国、联邦德国、意大利、瑞士、荷兰、比利时、日本和加拿大十国在巴黎举行会议,决定成立十国集团,又称巴黎俱乐部,并达成借款总安排协议。1962 年 1 月 5 日,IMF 通过了十国集团设立借款总安排的建议,并于 1962 年 10 月开始生效。这样,由 IMF 与十国签订的 60 亿美元的借款预约信贷,就作为 IMF 的补充资源在必要时使用,以维持布雷顿森林体系下的国际金融秩序。

4. 实行黄金双价制

黄金双价制是 IMF 对会员国买卖黄金所规定实行的两种价格制度。由于第二次美元危机爆发迫使西欧大多数黄金市场停止交易,所以 1968 年 3 月 16 日,美国与黄金总库各国举行紧急会议,决定废除黄金总库,实行黄金双价制。每盎司 35 美元的官价只限于会员国政府或中央银行向美国兑换黄金时使用,而黄金市场上的金价则由市场供求关系自行决定。从此,国际黄金市场出现两种黄金价格,美元变相贬值。

5. 创立特别提款权

特别提款权是由 IMF 创设,分配给会员国使用的一种新的国际储备货币单位。它是一种无形货币,只作为会员国的账面资产发挥作用,是会员国原有普通提款权之外的一种特别提款权利。初创时,其含金量与美元等值。美元贬值后遂与黄金脱钩,而以本国出口占世界出口总额 1% 的西方 16 国的 16 种货币加权定值。由于计算复杂等因素,后改为以 5 个世界最大的劳务和商品出口国——美国、德国、日本、法国和英国的货币加权定值。

早在 1965 年,为缓解美元危机,美国就提出了创立特别提款权的方案。提议让特别提款权与黄金、美元一起共同作为国际储备资产。1969 年 9 月,IMF 第 24 届年会通过了设立特别提款权的决议。由此,特别提款权与黄金、美元并列,被称为"纸黄金"(Paper Gold)。

特别提款权的创立有利于维护以美元为中心的国际货币制度。由于特别提款权是按会员国在 IMF 中的份额按比例分配的,而美国在 IMF 中所占的份额最大,因而分到的特别提款权最多。这就等于增加了美国的黄金外汇储备,提高了美国应付国际收支逆差的能力。同时,当外国政府或中央银行用其持有的美元向美国政府兑换黄金时,美国就可利用特别提款权来应付,从而减少其黄金储备的大量流失。而且,由于特别提款权只限于政府持有,只能应用于会员国政府间的结算,而不能直接用于贸易和非贸易支付,因此,国际间为数众多的债权债务清算仍必须使用美元,从而使美元仍能保持其国际支付手段的中心地位。

6. 签订史密森协议

史密森协议是 1971 年 12 月 18 日 IMF 和十国集团为缓和危机,全面调整固定汇率而达成的。协议以美元贬值、美国不再承担兑换黄金义务及扩大各国货币对美元汇率的波动幅度为主要内容,力图维持以美元为中心的国际货币制度。根据协议,美元贬值7.89%,黄金官价由每盎司35美元提高到38美元,但不再实行美元与黄金的兑换;维持固定汇率,但各国货币对美元汇率的波动幅度由原来的上下各1%扩大为上下各2.25%;同时,美国取消了尼克松新经济政策实施的10%的进口附加税。

史密森协议的寿命很短,因为其决定太过仓促,只是对付美元危机的一种暂时性措施,并没有解决国际货币金融关系中的根本性问题。因此,当1973年2月美元再次贬值,主要货币汇率又开始浮动时,布雷顿森林体系彻底瓦解。

三、牙买加体系

布雷顿森林体系崩溃后,国际金融形势动荡不安,国际间为建立一个新的国际货币体系进行了长期的讨论和协商。在这个过程中,充满了各种矛盾和斗争,最终各方通过妥协就一些基本问题达成共识,于1976年1月在牙买加首都金斯敦签署了一个协议,称为"牙买加协议"。同年4月,IMF理事会通过了IMF协议的第二次修订案,于1978年4月1日正式生效。自此国际货币制度进入了一个新的阶段——牙买加体系。

(一)牙买加体系的内容及特点

1. 牙买加协议的主要内容

参与牙买加会议的有关各方进行了一系列的讨论和协商,通过妥协就一些基本问题达成共识,并成立了专门研究国际货币制度改革问题的机构。协议的主要内容包括以下五个方面:

(1)承认浮动汇率合法化,或汇率安排多样化。1973年美元危机之后,各国普遍实行浮动汇率制,导致了布雷顿森林体系的崩溃。修改后的牙买加协议承认了这一既成事实,并规定可以由会员国自行选择汇率制度,但不允许各国操纵汇率、采取损人利己的汇率政策。

(2)宣布"黄金非货币化"(Demonetization of Gold),使黄金与货币彻底脱钩,不再作为各国货币的定值标准;同时,废除原协议中所有的黄金条款,降低黄金在国际货币体系中的作用。

(3)强调特别提款权的作用,扩大特别提款权的使用,并规定以特别提款权作为主要的国际储备资产和各国货币的定值标准。

(4)增加会员国在IMF中的份额,由原来的292亿特别提款权增加到390亿特别提款权。

(5)扩大对发展中国家的资金融通,增加基金信用贷款额度,设立专门基金向最不发达国家提供优惠贷款。

2. 牙买加体系的特点和作用

牙买加协议对有关黄金、特别提款权和汇率的条款都做了一些修改,对国际货币制度的改革也起了一定作用,从而为现行的国际货币制度奠定了基础,并使现行国际货币制度得以运转。但建立在牙买加协议基础上的现行国际货币制度只是承认了一些既成事实,并没有取得重大突破,国际金融领域存在的问题并没有从根本上得到解决。因而,也使现行国际货币制度存在着严重缺陷,造成国际金融领域的不稳定局面。现行国际货币制度的特点和作用表现在以下三个方面：

(1) 国际储备体系的多元化。国际储备体系的根本问题是以哪种储备作为货币体系的中心。在金本位制下，黄金作为公认的国际储备资产起到了中心货币的作用；而布雷顿森林体系是以美元为中心；但在牙买加体系中，黄金的作用已大大降低，美元也丧失其单一中心货币的地位，特别提款权的作用有所加强。但目前这三种储备资产中，还没有哪一种可以独立担当国际储备中心货币的职能。因此，国际储备体系呈现储备资产多元化局面。

储备多元化有利于缓和国际清偿能力不足的矛盾，相对降低了单一中心货币对国际储备体系的负面影响，也为各国储备资产种类的选择和结构的调整提供了条件。但同时，在储备多元化和管理浮动汇率制的共同作用下，国际市场汇率波动频繁，投机活动盛行，使国际贸易和投资风险增大，不利于世界经济的稳定和发展。

(2) 汇率制度多元化。牙买加协议允许各国自由做出汇率安排，固定汇率制与浮动汇率制可以并存，因此，有些国家的货币比价随市场供求变化而自由浮动；有些国家的货币对内比价互相固定，而对外联合浮动；有些国家将自己的货币与另一种货币建立固定比价（如与英镑、美元建立固定比价），或与一组货币（如特别提款权）建立固定比价，有些国家实行无本国法定货币的汇率安排等。可以看出，国际货币制度多元化是当今及今后相当长时期内的一个主要特点。

(3) 国际收支调节机制多样化。除利用利率机制、IMF 短期信贷与干预措施调节国际收支外，在牙买加体系下，发达国家实行浮动汇率制，利用汇率机制来调节国际收支起着重要作用。此外，通过 IMF 年会、磋商会议制定稳定金融与国际收支的准则加强国际协调在调节国际收支中的作用也较明显，特别是从 1975 年开始的历年七国首脑会议在协调各国经济金融政策、保持金融稳定中也起着不可忽视的作用。

(二) 国际货币制度的改革

从布雷顿森林体系开始，国际货币制度的内在矛盾使危机频频爆发，导致国际金融领域常常处于动荡和混乱中，因而不断受到国际社会的指责，要求对国际货币制度改革的呼声持续不断。为此，IMF 组织成立了国际货币制度改革的专门机构，以研究国际货币制度改革的相关问题。改革的内容主要围绕国际储备体系及汇率制度展开，国际社会及国际金融领域的专家学者也就此提出种种改革方案。虽然目前国际货币制度的改革仍未取得任何重大进展，但就主要问题达成了一些共识。

1. 国际货币制度改革的主要机构

"国际货币制度改革及有关问题委员会"，简称"二十国委员会"，是 IMF 设立的研究国际货币制度改革问题的咨询机构，于 1972 年 9 月正式成立。其成员涉及 20 个国家，其中包括十国集团与澳大利亚在内的 11 个发达国家和印度、巴西、摩洛哥、埃塞俄比亚、阿根廷、墨西哥、扎伊尔、印度尼西亚、伊拉克 9 个发展中国家。其任务是负责制订有关改革国际货币制度的方案，提交 IMF 采用。1974 年 6 月，"二十国委员会"在华盛顿会议上主要就各国国际收支的调节以及汇率制度和国际储备资产等问题，提出一份"国际货币制度改革大纲"，并建议另外设立临时委员会继续对国际货币制度的改革进行研讨，会议结束后"二十国委员会"的工作结束，由新成立的"临时委员会"接替其工作。

新成立的"临时委员会",全称为"国际货币制度问题临时委员会",是 IMF 建立的国际货币制度改革问题的常设咨询机构,于 1974 年 10 月正式成立,仍由 20 个国家组成。其成员包括 5 个在 IMF 中份额最多的国家,以及 6 个工业发达国家和 9 个发展中国家。"临时委员会"原为一个临时性机构,1976 年牙买加会议后,成为 IMF 的一个常设决策机构,其主要任务是接替"二十国委员会",负责研究和拟订国际货币制度改革方案,修改 IMF 协定,处理威胁国际货币制度的突然事件等问题,向 IMF 提供意见和报告。

2. 国际货币制度改革的主要方面

1978 年 4 月修改后生效的牙买加协议,实际上就是在国际货币制度改革的专门机构主持下签订的,而其主要内容也是有关国际货币制度改革的基本内容。主要内容包括:

(1) 国际储备体系的结构问题,实际上是指以哪种储备资产作为本位货币或中心货币的问题。布雷顿森林体系崩溃以后,一些国家的政府或经济学家先后提出一些改革方案和建议。归纳起来,其中主要包括恢复金本位制或继续维持美元本位制,以及建立特别提款权本位制等内容。但实际上在目前情况下,这些方案的实施都存在着难以克服的矛盾。

第二次世界大战后国际货币制度的发展,已经使黄金逐渐退出国际货币流通。而恢复以黄金为中心货币的金本位制既不可能,也没必要。这首先是因为世界黄金的生产受资源和生产条件的限制,远远不能满足各国经济增长对货币的需求,而货币又完全可以用其他材料来代替,这已是不争的事实。同时,工业、装饰及私人储藏对黄金的需求又在不断增加,而且黄金储备在世界各国的分布不合理,发达国家占世界黄金储量的绝大部分比例。另外,金本位制还常常与国内经济政策目标发生冲突。当一国出现国际收支逆差而引起黄金外流时,往往会使国内货币供应收缩,从而降低国民经济的增长率。不但如此,在牙买加协议签订后,许多国家已终止了本国货币与黄金的联系,削弱了黄金作为世界货币的作用,实际上连金汇兑本位制也无法维持。当然,黄金作为准世界货币,其作用并没有消失。由于其自然属性适合作价值储藏手段,作为一般财富的社会化身仍被人们所普遍接受。所以,黄金仍作为一种重要的国际储备资产发挥其作用,但显然已不是主要的储备资产,其地位已大大降低。因此,至少在目前,金本位制无法恢复。

美元经历了 20 世纪 60 年代以来对内对外的大幅度贬值,以及美国在国际上实力与地位的相对衰落,其作为国际储备中心货币的能力已大大削弱。美元在国际货币金融领域的信誉明显下降,很难恢复其中心货币的地位。昔日与黄金挂钩的美元,尚导致国际货币体系的崩溃。而现在的美元完全与黄金脱钩,既不规定含金量,也不能与黄金自由兑换,只作为信用货币的美元可能会因缺乏黄金作物质保证而不能成为国际中心货币。而且,第二次世界大战后初期美国曾经的绝对优势已不复存在,世界多极化局面在短时期内也很难改变。所以,虽然当前美国经济仍居世界前列,而且也没有哪一种货币或资产能够完全取代美元作为主要国际储备货币的作用,但美元将在一个相当长的时期内,只能与其他可自由兑换货币一起,共同成为储备资产中的一个组成部分,而以美元为中心的美元本位制则很难重现。

尽管牙买加协议规定要扩大特别提款权的使用范围,并使其逐步取代美元而成为主要的国际储备资产,但事实上,由于特别提款权不但发行数量有限,在整个储备资产总额中所占比重很小,而且只能用于政府间的支付结算,不能用作国际贸易和金融活动的直接支付,使其作用有很大的局限性,因而与其作为国际储备资产的地位极不相称。因此,如果用特别提款权作为主要的国际储备资产,在国际支付中马上就会产生清偿手段不足的问题。同时,由于特别提款权的分配不均衡,大部分份额集中在发达国家,发展中国家获得的份额很少,因此远远无法满足发展中国家平衡国际收支的需要。另外,特别提款权作为一种记账单位和账面资产,是一种虚拟的世界货币。它既不像黄金那样本身就具有很高的价值,又不像美元那样有美国的经济实力做后盾。一旦国际经济、政治关系发生急剧变化或爆发世界规模的战争,很难保证它不会成为废纸一张。因此,虽然目前特别提款权是国际储备资产的一个重要组成部分,但它很难成为主要的国际储备资产发挥中心货币的作用。所以,目前建立特别提款权本位制并不具备可行性。

正是由于事实上金本位制无法恢复,美元本位制也难以维持,而建立特别提款权本位制又不可行,因而才导致现行国际货币体系下的这种储备资产多样化局面。

(2) 建立合理的汇率制度问题。有许多改革方案和建议希望恢复弹性较大的固定汇率制,而汇率制度本质上仍是与货币本位紧密联系的问题,即货币的定值标准问题。只有在世界范围内解决与货币定值标准统一的问题,才有可能实施固定汇率制。

在布雷顿森林体系崩溃以后,各国普遍实行浮动汇率制。虽然纯粹由外汇市场供求关系决定的自由浮动汇率制事实上不可能存在,无论哪一个国家或多或少都会对外汇市场进行不同程度的干预,但即便是在这样的情况下,固定汇率制也是无法恢复的。因为在世界范围内实行固定汇率制,无论弹性大小,首先要解决以哪种物质作为统一的定值标准这一根本性问题。在金本位制下,黄金是各国货币的定值标准,各国货币同黄金挂钩,自发地决定了各国货币之间的比价。而布雷顿森林体系是双挂钩制度,美元与黄金挂钩,各国货币与美元挂钩,人为地确定了各国货币之间的比价。但牙买加会议后,黄金非货币化,美元汇率又不稳定,要恢复金本位制或美元本位制的固定汇率显然不现实。而目前也还没有任何一种货币可以填补黄金和美元留下的空缺。尽管牙买加协议规定把特别提款权作为各国货币的定值标准,但由于特别提款权实际上是以"一篮子货币"定值,本身价值就不固定,所以在操作上也很难与各国货币保持固定比价。

由于无法恢复以黄金和美元为本位货币的固定汇率制,而以特别提款权作为各国货币的定值标准也很难操作,所以世界上大多数国家实行管理浮动汇率制的既成事实就有一种长期化的趋势。

(3) 国际收支调节的责任问题。有许多国家提出,国际收支调节的责任不应该只落在逆差国家或非储备货币发行国身上。尤其是发展中国家,常常由于贸易条件的恶化而导致国际收支逆差,而同时又没有储备货币发行的特权,单凭自身的努力很难解决国际收支不平衡的问题。所以,应由逆差国和顺差国一起共同采取措施解决国际收支不平衡的问题。

(4) 处理区域性货币集团与全球性国际货币体系的关系问题。主要是在目前世界多极化发展的情况下,如何使区域性货币集团逐步过渡到全球统一的国际货币体系的问题。欧元区的形成无疑是树立了一个区域性国际货币金融合作的典范,对区域内各国经济的发展起到较大的促进作用。但同时也应该看到,即便是实现了区域内货币的统一,但欧盟在区域内货币金融事务的管理上,以及协调各国之间关系问题上仍需要费很多周折才能解决。而在全球范围内实现进一步的国际金融合作还有待时日。

(5)发展中国家在国际货币体系中的地位问题。实际上,从IMF建立时就已经存在关于发展中国家在国际货币体系中的地位问题。发展中国家在IMF中得到的份额过少,从而不仅使它们对国际金融事务的发言权太小,而且也使它们从IMF中获得的帮助受到制约。因此,它们强烈要求改革不合理的国际货币制度和管理办法,希望实现国际货币金融事务管理的民主化,希望与发达国家共同参与国际货币金融事务的管理。

国际储备资产的多元化、管理浮动汇率制的长期化及货币集团的发展是当前国际货币制度的主要特征。因此,现行体系是一种极不稳定的国际货币体系,甚至会加剧国际货币金融领域的动荡或混乱,而且这种局面在今后相当长一段时期内都有可能继续下去。尽管各国政府和许多经济学家提出了改革国际货币制度的种种方案和建议,但事实上要真正建立一种公平合理、稳定有序的国际货币制度还有很长的路要走。

第三节 欧洲货币一体化

一、货币一体化的概念

货币一体化是指若干国家货币当局通过政策协调、建立国际金融机构和签订国际协议等方式,在国际货币领域加强合作的过程。它有以下几种表现形式:

(一)汇率政策的协调和汇率制度的合作

如七国首脑会议(现增加了俄罗斯而变为八国)曾多次进行过汇率政策协调,20世纪80年代的广场协议曾导致日元大幅升值。布雷顿森林体系是世界范围的汇率制度合作,原欧洲经济共同体的联合浮动也是比较成功的汇率制度合作尝试。

(二)货币政策的协调

在当代的管理浮动汇率制基本格局下,货币政策会产生明显的溢出效应。如高利率政策可能吸引资本流入和本币对外升值,这对别国可能有紧缩效应。

(三)资本流动方面的合作

主要涉及取消资本项目的外汇管制和实行投资自由化等。

(四)设立国际金融机构

IMF的建立是世界范围货币一体化的重要表现,但是其作用与布雷顿森林体系时期相比有了重大转变。世界银行集团、亚洲开发银行、非洲开发银行等是以促进贸易和经济发展为宗旨的另一类国际金融机构。欧洲中央银行达到了国际金融机构的最高层次,具有实施统一货币政策和发行单一货币的职能。

二、欧洲货币一体化的驱动力

促使欧盟各国寻求建立统一的货币政策,并导致欧元及欧元区诞生的主要原因如下：

(一) 提高欧洲在世界货币体系中的地位

布雷顿森林体系的崩溃,使欧洲国家不再相信美国会继续将其国际货币职责放在国家利益之前。面对美国越来越自私的政策,欧盟国家为了更加有效地维护其核心利益,决定在货币问题上采取一致行动。

(二) 为把欧盟变成一个真正统一的市场

一般而言,国家与国家之间的贸易流量通常会受到以下三个因素的影响:① 来自贸易保护政策的限制;② 由空间距离和运输成本所造成的贸易壁垒;③ 由货币因素所造成的贸易壁垒。货币因素之所以会成为国际贸易的一种壁垒,是因为不同货币的兑换不仅会产生交易费用,而且还会因为各国政府对汇率的干预造成贸易双方竞争力的变化,进而对贸易产生不利的影响。

尽管1957年《罗马条约》的签订使欧洲国家建立了关税同盟,但在欧洲内部,商品和要素的流动仍存在很大的官方障碍。欧盟的长远目标就是要消除所有这些障碍,以美国为模式把欧盟变成一个巨大的统一市场。欧洲各国认为,汇率的不确定性是减少欧盟内部贸易的主要原因之一。如果汇率波动引起欧洲内部的相对价格大幅变动,将阻碍欧洲内部自由贸易的发展。

(三) 欧洲政治稳定的诉求

理解欧洲为何能在市场和货币一体化中取得如此进展的关键在于欧洲大陆备受战争摧残的历史。许多欧洲国家领导人都认为,经济合作和一体化是防止20世纪两次世界大战重演的最好保证。这也使得各国愿意逐渐放弃国家经济政策权利,将经济主权转移给集中的欧盟实体。

三、欧洲货币一体化的进程及评述

欧洲货币一体化是布雷顿森林体系崩溃之后国际上货币合作的典范,它的发展大体经历了四个阶段。

(一) 1957—1978年的货币合作萌芽阶段

1957年3月,欧洲6国于罗马签订了《欧洲共同体条约》,亦称《罗马条约》。该条约虽涉及了一些货币合作的内容,但基本停留在一般的政策协调方面,实际进展不大。基于布雷顿森林体系,相关各国都采取钉住美元的固定汇率制。欧共体的一体化重点在于建立关税同盟和实施共同农业政策。显然,在经济一体化未达到一定程度时,货币合作也缺乏经济基础。

(二) 1972—1978年的联合浮动时期

布雷顿森林体系的逐步瓦解促使欧洲主要国家建立欧洲货币联盟(European Monetary Union,EMU),并于1972年正式实行成员国货币汇率的联合浮动。所谓联合浮动,是指参与该机制的成员国货币对内保持可调整的钉住汇率,并规定汇率的波动幅度;对外则实行集体浮动汇率。虽然布雷顿森林体系的崩溃、石油危机以及70年代的经济危机使得欧洲货币联盟计划夭折,但期间的众多制度为欧洲货币一体化积累了宝贵的经验。

(三) 1979—1998年的欧洲货币体系时期

迈向欧洲货币一体化的第一个具有重要意义的步伐是欧洲货币体系(European Monetary System,EMS)的建立。欧共体九国首脑于1978年在布鲁塞尔达成协议,于1979年建立起欧洲货币体系。它主要包括以下三项内容:

(1) 创建欧洲货币单位(ECU)。它是由欧共体各国货币组成的一篮子货币。各种货币的权数取决于该成员国在集团内贸易所占的比重及其国民生产总值规模,每5年调整一次。它类似于特别提款权,并可以作为成员国货币当局之间的清算手段和结算工具。

(2) 建立汇率机制(ERM)。该汇率机制要求每一个汇率机制参加国定出该国货币与欧洲货币单位之间的固定比价,亦称中心汇率。机制允许各国市场汇率与中心汇率有2.25%的浮动空间,特殊情况下浮动的界限可以调整。

(3) 建立欧洲货币基金(EMF)。它集中欧共体九国20%的黄金外汇储备,拥有远远高于原欧洲货币合作基金的实力。它可向国际收支逆差的成员国提供更多的信贷支持,曾在短期内动用500亿美元大规模地干预外汇市场,有效地维护了汇率机制的运行。

欧洲货币体系基本上促成了成员国货币间汇率的稳定,有利于成员国间通胀差异的缩小、经济政策的协调,扩大了欧洲货币单位在官方领域和私人领域的使用,为统一货币的推行创造了条件。

(四) 1999年至今的欧盟单一货币时期

1991年12月,欧共体成员国在荷兰马斯特里赫特签署《欧洲经济与货币联盟条约》和《政治联盟条约》,合称《欧洲联盟条约》,又称《马斯特里赫特条约》,简称《马约》。《马约》的主要内容是:在政治上于1993年11月1日建立欧洲联盟,实行共同的安全和外交政策;从1999年1月1日起,开始实施欧洲单一货币计划。

《马约》为单一货币规定了三个阶段的货币一体化计划。它要求成员国在1993年年底前全部加入汇率机制;在1997年建立作为欧洲中央银行前身的欧洲货币局;1999年1月1日前发行单一货币——欧元。

《马约》还规定了成员国加入欧洲经济与货币联盟的四条标准:第一,通货膨胀率不得高出三个表现最好国家平均水平的1.5%;第二,当年财政赤字不得超过GDP的3%,累积公债不得超过GDP的60%;第三,政府长期债券利率不得超过三个最低水平国家平均数的2个百分点;第四,前两年未调整中心汇率且汇率保持稳定。

行使欧元区货币政策权力的欧洲中央银行体系(European System of Central Bank,ESCB)由设在法兰克福的欧洲中央银行和15个国家的中央银行组成。由6名成员组成的欧洲中央银行执行委员会和各国中央银行行长组成的欧洲中央银行管理委员会通过投票做出 ESCB 的决策。《马约》赋予 ESCB 的首要任务是追求价格稳定,包括使货币政策独立于政治条款。任何对《马约》的修正要由欧盟的每个成员国的立法或投票批准。

四、最优货币区理论与欧洲货币一体化面临的问题

(一) 最优货币区理论

最优货币区理论认为,一国加入固定汇率区后的得失主要取决于该国经济与区域内贸易伙伴的一体化程度。

1. 经济一体化和固定汇率区的利益:GG 曲线

加入固定汇率制的货币效率收益,等于加入者所避免的汇率浮动带来的不确定性、复杂性以及结算与贸易成本等带来的损失。一国与一个实行固定汇率安排的货币区的经济一体化程度越高,该国通过加入货币区所得到的货币效率收益越大。所以,图 8-2 中 GG 曲线具有正斜率。

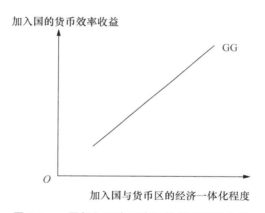

图 8-2 一国加入固定汇率区的货币效率收益

2. 经济一体化和固定汇率区的损失:LL 曲线

一个国家采用固定汇率制度,意味着其放弃了运用汇率和货币政策使得就业和产出保持稳定的权利,所以加入货币区会给该国带来经济的不稳定因素,即经济稳定性损失。需要注意的是,一国与一个实行固定汇率安排的货币区的经济一体化程度越高,一方面其要素的自由流动可以更好地轧平经济波动对该国造成的影响,另一方面该国为加入货币区所做的调整也会更小。所以,一国与一个实行固定汇率安排的货币区的经济一体化程度越高,经济波动时经济稳定性损失越少。所以,图 8-3 中 LL 曲线具有负斜率。

3. 加入货币区的决策

我们将 GG 曲线与 LL 曲线结合起来,讨论该国是否应当加入货币区。看图 8-4,GG 与 LL 曲线交于点 A,该点对应的一体化程度 θ 即为该国加入货币区所应达到的最小一体化程度。因为当一体化程度大于 θ 时,加入货币区的收益大于损失;反之,加入货币区的损失将大于收益。

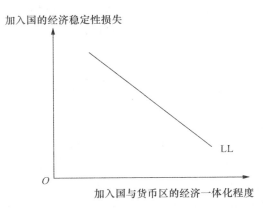

图 8-3　一国加入固定汇率区的经济稳定性损失

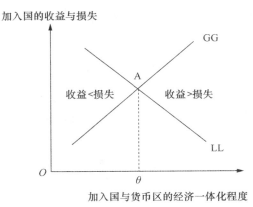

图 8-4　一国加入货币区的收益与损失

阅读专栏　　　　　　　**欧元区是否为最优货币区**

最早提出最优货币区概念的是当时任 IMF 特别研究处研究员的美国经济学家罗伯特·蒙代尔,随后英格莱姆、麦金农等共同开创了最优货币区这一研究领域。20 世纪 70 年代最优货币区的研究吸引了更多的国际经济学家,他们关注的是加入最优货币区的成本和收益。随着欧洲货币联盟的发展,经济学家着重根据最优货币区理论考察了欧盟是否符合最优货币区的条件以及实现货币联盟的途径和模式安排。迄今为止,最优货币区理论仍是货币一体化理论的核心。

最优货币区所应具备的条件包括:价格和工资弹性;要素市场融合;金融市场融合;商品市场高度融合;宏观经济协调和政治融合。

最常见的对货币联盟的分析方法是运用蒙代尔、麦金农等人提出的最优货币区的标准进行分析。分析的主要内容包括各个国家的经济增长率、通货膨胀率、失业率和实际汇率水平变动的相关性。如果分析表明这些国家以上这些经济指标的相关性低,则通常认为这些国家容易遭受非对称性冲击,从而不宜组成货币区。然而,理论上对相关性没有一个严格统一的标准,通常就是把美国或者加拿大作为研究的参照对象。例如,爱琴格林研究发现,欧盟各国的实际汇率差异要比美国主要各州的差异大;名义工资刚性强于美国;而内部的劳动力流动程度要比美国各州之间的劳动力流动低。

大多数研究表明,欧元区总体上还不是一个最优货币区,从贸易结构的相似性、产业内贸易程度、实际GDP和失业率增长的相关性等六个主要指标的比较结果来看,只有德国、法国、比利时、荷兰、丹麦五个核心国家基本符合最优货币区的标准,其余各国均在不同方面存在差距。

资料来源:《当代经济》,2007年第11期(下)。

(二)欧洲货币一体化面临的问题

2009年以来,欧洲主权债务危机的蔓延暴露出了欧元及其制度存在的诸多缺陷,这些缺陷使得欧元及欧盟迎来了前所未有的严峻考验。总体来看,欧洲货币一体化存在着以下几个问题:

1. 欧元区内部经济发展的不平衡

欧元区内各国的经济结构与经济发展水平存在较大差异,不同国家在经济总量、对外贸易总量、区内贸易总量以及贸易占比等指标上存在着较大差异。欧元区主要成员国在几乎所有重要的宏观经济指标上都存在相当明显的差距。毋庸置疑,这些明显的差距即使没有影响到欧元区的成立,也会给欧元区成立以后的正常运行带来严峻的挑战。在面临同样的外部冲击条件下,各国经济受到的影响也大为不同,这就要求各国采取不同的经济政策以应对危机。然而各国货币政策要考虑欧元区主要国家的要求制定,很可能恶化一些国家的经济不平衡。

研究表明,目前的最优货币区理论不能证明欧盟单一货币的合理性,即欧洲不是一个最优货币区。由于各国的税收制度和社会保障制度存在显著差异,欧元区成员国间并不能保证其要素流动性达到美国各州间的程度。根据最优货币区理论,由于近年来欧元区不断扩张,一些经济一体化程度不够高的国家加入欧元区会使其经济不均衡加剧,增加欧元区内部的不稳定性。

2. 货币政策与财政政策的二元结构

为了在统一的货币政策下给各国保留一些宏观经济调整的空间,以便使统一的货币政策能够与成员国的经济形势大体相适应,财政政策的决策权仍然保留在各成员国政府手中。

各国财政指标虽受到《马约》规定的约束,但是在货币政策和财政政策不对称的结构下,各国财政预算存在着超支的内在动机。欧洲中央银行的成立以及共同货币政策的实施,使各国财政政策的制定者不再担心自身财政政策的实施会对本国货币和物价的稳定造成不利影响;欧元区金融市场一体化的发展,使各国财政融资范围扩大,融资成本相对下降,融资效率提高,便利了各国政府以债务的形式融通资金;此外,在原来的财政体制下融资风险由各国政府独自承担,而现在各国会转而依赖超国家的货币当局的支持,这就存在道德风险问题。在这种激励机制下,成员国财政政策会产生赤字倾向。

在经济受到冲击时,由于无法制定货币政策,各国只能通过财政政策应对冲击,这使得各国更倾向于发行债券,增加政府支出,导致财政赤字的进一步恶化。由于欧洲中央银行不得回购成员国发行的国债,也不设立财政救助条款,以避免各国政府发生道德风险,所以当出现主权债务危机时,各国只能以更高的利率发行债券,使得一些国家融资成本和债务负担不断攀升,陷入危机的国家更难走出经济困局。

3. 欧元区成员国缺乏严格的财政约束机制

虽然《稳定与增长公约》规定各成员国年度财政赤字不得超过其GDP的3%,国债规模不得超过其GDP的60%,以及如果某个成员国的年度财政赤字连续三年超标,将被处以最高相当于其GDP 0.5%的罚款,但是由谁监管、谁来罚款都不明确。全球金融危机发生后,欧元区所有成员国都无法严格遵守《稳定与增长公约》规定的财政纪律,在客观上为一些成员国财政赤字的失控提供了借口,惩罚只能不了了之。

同时,各国在财政扩张与信贷扩张之间的选择更增加了财政约束的难度。以爱尔兰为例,爱尔兰财政部一直严格遵守《稳定与增长公约》对财政赤字流量和存量的限制,但是银行信贷从2004年以来逐渐扩张。在过去六年多的时间内,银行信贷在欧元区占比一直维持在超出其GDP在欧元区占比50%以上的水平。银行信贷的快速扩张不可避免地影响到银行体系的稳定,政府救助最终又拖累了财政状况。事实上,爱尔兰年度财政余额对GDP的占比也在2009年从此前的0.25%急剧恶化为-7.23%。因此,爱尔兰危机在2010年年底开始快速发酵。

五、欧洲货币一体化的未来

(一)欧洲货币一体化的积极作用

(1)欧洲货币一体化减少乃至完全消除了欧盟内贸易和投资活动中的外汇风险,从而促进了欧盟国家资源的自由流动和经济一体化程度的提高。

(2)欧洲货币一体化促进和完善了欧洲统一大市场,有助于竞争机制的强化、企业规模经济效益提高和资源配置的优化。

(3)欧洲货币一体化在抑制通货膨胀方面取得明显成效,消除或减轻了各国货币当局货币政策的损人利己的溢出效应以及零和博弈的发生。从长期来看,它为经济持续增长创造了条件。

(4)欧洲货币一体化对美元霸权提出挑战。如果欧元能够成功经受住各种考验,世界储备资产中欧元比重将明显增加,国际货币制度会出现美元与欧元的二元格局。这也会迫使美国在国际货币事务中采取更加合作的态度。

(二)欧盟的选择与出路

消除欧元区内部的不对称性不是一朝一夕可以完成的,单纯依靠最优货币区内生性的作用也耗时太久,人为限制大国对区内宏观经济指标平均水平的影响权重既没有充分的理论依据,在现实中也很难得到大国的认同。放宽《欧洲经济与货币联盟条约》的趋同标准则更会造成对一体化的偏离,加剧欧元区成员国之间的不对称。在统一的货币政策下,类似《稳定与增长公约》对成员国财政状况的有限约束已经被证明难以保证欧元区的稳定,彻底放松财政约束更不可行。

所以,消除欧元区内不对称性的根本出路在于真正推进经济一体化,而不是简单追求区内成员国经济指标的趋同。欧元区各国财政政策在配合货币政策的实践中也在积极寻求协调一致,未来欧元区财政政策与货币政策走向对称化是必然的趋势。统一的货币政策和逐步统一的财政政策所产生的溢出效应将会继续推动欧洲一体化的进程。

阅读专栏   **希腊摆脱"退欧"风险**

欧洲理事会主席图斯克于当地时间7月13日上午在布鲁塞尔表示,经过17个小时的谈判,欧元区领导人峰会终于就希腊债务问题达成协议。据悉,协议的主要内容包括希腊议会在7月15日之前通过一系列改革措施,其中包括把价值500亿欧元的国有资产抵押给一个设在雅典的基金,债权人则同意在希腊履行上述承诺后考虑向其提供820亿欧元至860亿欧元的救助。希腊"退欧"风险得以避免,整个欧洲也松了一口气。

欧盟委员会主席容克说"希腊将不会退出欧元区"。而德国总理默克尔则表示,尽管前路仍然艰难,但欧元区各国之间现在已可以开始重建互信。她认为,欧元区就第三轮援助希腊协议达成一致利大于弊,她对联邦众议院将会批准这项协议有信心。默克尔指出,协议的核心是遵守基本原则,如果改革措施得到执行,希腊经济能够恢复正常。

资料来源:"希腊摆脱退出欧元危险",《人民日报》,2015年7月14日第22版。

本章提要

1. 货币本位是国家以法律形式规定的基本货币单位的价值标准。

2. 从国际货币体系发展演变的整个过程来看,每一时期的国际货币制度都不同程度存在一些矛盾和冲突,并经常由此导致各种危机的产生。

3. 布雷顿森林体系建立了会员国之间的货币平价和固定汇率制,实行所谓的双挂钩制度。

4. 牙买加协议对有关黄金、特别提款权和汇率的条款都做了一些修改,对国际货币制度的改革也起了一定作用,从而为现行的国际货币体系奠定了基础,并使现行国际货币体系得以运转。

5. 美元化是由市场力量推动的货币变革,是在货币需求中外币对本币的替代。

6. 货币一体化指若干国家货币当局通过政策协调、建立国际金融机构和签订国际协议等方式,在国际货币领域加强合作的过程。

思考题

1. 国际货币制度的基本类型有哪些?
2. 布雷顿森林体系的主要特点有哪些?
3. 什么是"特里芬难题"?

第九章　国际金融组织

[**教学目的**]

通过学习本章,应了解国际货币基金组织、世界银行集团及亚洲开发银行成立的背景与宗旨、组织形式;熟悉有关的贷款的融资条件,把握与这些组织加强金融合作与业务联系的关键和流程。

[**重点难点**]

国际货币基金组织、世界银行集团、亚洲开发银行等国际金融组织的业务活动,组织形式和贷款类型。

[**引导案例**]

英国加入亚投行

2015年3月12日,英国向中方提交了作为意向创始成员国加入亚洲基础设施投资银行(简称"亚投行")的确认函,成为首个申请加入亚投行的主要西方国家。

英国加入亚投行,对于中英两国利益以及亚投行的顺利发展都有着重要意义。一方面,英国的加入使亚投行具有更强的代表性和多元性。2014年10月24日亚投行宣布成立时第一批意向成员国中,相当数量是有巨大贷款需求的发展中国家,这使得一些国家对于亚投行的金融运作能力产生了疑虑。英国的加入让亚投行的多元性更充分地体现出来,可以大大提高亚投行的国际形象与信任度,并带动其他西方发达国家加入亚投行。除此之外,英国作为老牌资本主义大国,其国内的金融业、银行业长期处于世界顶尖水平,具有丰富的金融经验。英国的加入对于亚投行提升管理水平、完善规则制定、强化金融运作能力都具有极为重要的助益,而这些方面恰恰也是亚投行在目前受到批评和质疑的主要领域。

另一方面,加入亚投行对英国来说意义重大。金融业和银行业是英国的支柱产业,加入亚投行有利于英国巩固老牌国际金融中心地位,促进英国与亚洲国家间的资本流动。更为重要的是,加入亚投行可以进一步密切英国与中国的经济合作,从而让英国可以加入中国的"一带一路"建设,分享中国拉动的亚洲经济发展所带来的红利。英国人越来越清楚一个事实,那就是由于欧洲经济的长期停滞,英国的经济复兴越来越离不开与中国的利益捆绑,也正因如此,中英两国的经济金融合作变得越来越密切。2014年10月英国成为第一个发行人民币主权债券的西方国家。随着人民币在全球经济中扮演更重要的角色,英国一直热衷于把伦敦金融城打造成人民币的海外业务平台,让伦敦成为人民币在欧洲的重要离岸中心。

资料来源:储殷、高远,"加入亚投行:英国为何要'抢先'",《世界知识》,2015年第7期。

第一节 全球性国际金融组织

国际金融组织泛指从事国际融资业务、协调国际金融关系、维持国际货币及信用体系正常运作的超国家机构,是国际金融制度发展的必然产物。国际金融组织大体分为两种类型:一类是全球性的国际金融组织,如国际货币基金组织、世界银行等;另一类是区域性的国际金融组织,如亚洲开发银行、非洲开发银行等。国际金融组织的主要业务是给其成员国提供用于进行工业、农业等项目建设的优惠性贷款。不同机构的贷款条件是不同的,但都具有援助性质。使用贷款采购物资则多要求采用国际招标方式。历史上最早建立的国际金融组织是20世纪30年代成立的国际清算银行。第二次世界大战后,由于国际金融领域的动荡混乱严重阻碍了国际贸易的发展和世界经济的稳定,为了协调各国之间的货币金融关系,加强国际金融合作,各种不同形式的国际金融组织纷纷建立。

第二次世界大战末期,为了结束国际货币金融领域的动荡混乱局面,由西方主要国家牵头组织着手筹建国际金融组织。1944年7月召开的布雷顿森林会议达成《国际货币基金协定》和《国际复兴开发银行协定》,此两协定于1945年12月27日生效。由此建立起全球性的国际金融组织——国际货币基金组织和世界银行集团。

一、国际货币基金组织

国际货币基金组织(International Monetary Fund,IMF)是联合国管理和协调国际金融关系的专门机构。我国是IMF创立国之一。1980年4月,恢复了中华人民共和国在IMF的合法席位或代表权后,我国开始派出自己的代表参加IMF的活动。

(一)成立的背景与宗旨

IMF成立于1945年12月27日。它是特定历史条件下的产物。鉴于战前金本位制崩溃之后,国际货币体系长期混乱及其所产生的严重后果,进行新的国际货币制度安排日益成为突出问题。为此,在第二次世界大战期间,英美两国政府就开始筹划战后的国际金融工作。1943年,英美两国先后公布了国际货币问题的凯恩斯计划和怀特计划。1944年2月,又发表关于建立国际货币基金的专家联合声明。1944年7月,英美等国利用参加筹建联合国会议和机构的机会,在美国的新罕布什尔州的布雷顿森林召开了具有历史意义的联合国货币与金融会议,并通过决议成立"国际货币基金组织"作为国际性的常设金融机构。1945年12月27日,代表该基金初始份额80%的29国政府,在华盛顿签署了《国际货币基金协定》,自此IMF宣告正式成立。IMF的成立,为二战后以美元为中心的国际货币体系的建立与发展奠定了组织基础。

1946年3月,IMF在美国佐治亚州萨凡纳召开首次理事会创立大会,选举了首届执行董事,并决定总部设在华盛顿。同年5月,IMF召开第一届执行董事会,会上选出比利时人戈特(G. Gutt)为总裁兼执行董事会主席。同年9、10月间,IMF和世界银行理事会第一届年会于华盛顿召开。12月,IMF公布当时32个成员国的货币对黄金和美元的平价。1947年3月,IMF宣布开始办理外汇交易业务,同年11月15日,IMF成为联合国的一个专门机构。IMF成立之初有创始国39个,目前拥有180多个成员国,遍布世界各地。IMF现已成为名副其实的全球性国际金融组织。

根据《国际货币基金协定》第一条的规定,IMF有六条宗旨:① 设立一个永久性的就国际货币问题进行磋商与合作的常设机构,促进国际货币合作;② 促进国际贸易的扩大与平衡发展,借此提高就业和实际收入水平,开发成员国的生产性资源,以此作为经济政策的主要目标;③ 促进汇率的稳定,在成员国之间保持有秩序的汇率安排,避免竞争性的货币贬值;④ 协助成员国建立经常性交易的多边支付制度,消除妨碍世界贸易发展的外汇管制;⑤ 在有适当保证的条件下,向成员国提供临时性的资金融通,使其有信心且利用此机会纠正国际收支的失衡,而不采取危害本国或国际经济的措施;⑥ 缩短成员国国际收支不平衡的时间,减轻不平衡的程度。

IMF成立以来,已对协定做过三次修改,但这些宗旨并没有改变。由此可见,半个世纪以来虽然世界经济与政治格局发生了巨大的变化,但是国际货币合作的重要性并未随时间的推移而减弱。相反,随着新成员国的不断加入、各国经济依赖性的不断增强以及国际金融危机的时常爆发,这种国际货币、汇率政策的合作与协调将显得更加重要。随着各种新情况的出现与复杂化,IMF本身的改革也势在必行。

(二)组织形式

IMF是一个以会员国入股方式组成的经营性组织。而与一般股份公司不同的只是在于它不以盈利为其经营的直接目的。

IMF的管理机构由理事会、执行董事会、总裁、副总裁及各业务机构组成。最高权力机构是理事会,由会员国各选派一名理事和副理事组成。理事一般由各国财政部部长或中央银行行长担任,负责日常工作的机构是执行董事会。董事会由当时认缴份额最多的美国、英国、德国、法国、日本五国各委派1名执行董事,我国和最大的债权国沙特阿拉伯各单独委派一名执行董事,以及按国家或地区推选出的15名执行董事,共22人组成。IMF的最高行政领导人是由执行董事会推选出的总裁。总裁任期5年,同时兼任执行董事会主席。但总裁在平时并无投票权,只有在执行董事会进行表决双方票数相等时,总裁才拥有决定性的一票。总裁之下设副总裁协助总裁工作。

另外,IMF还设有"临时委员会",负责有关国际货币体系的管理和改革问题。并且还与世界银行一起共同设立了"发展委员会",专门研究和讨论向发展中国家提供援助、转移实际资源的问题。

IMF的重大决议和活动,要由会员国投票决定。凡是重大问题,都要有80%—85%的赞成票才能通过。各会员国都有250票的基本投票权,然后在基本投票权的基础上,再按认缴份额每10万美元增加一票。所以各国投票权的多少主要是根据各会员国在IMF中的认缴份额所决定,认缴份额多则投票权就多。美国认缴份额最大,所以其拥有的投票权最多,在IMF中拥有最大的表决权和否决权。

(三)资金来源

作为一个以会员国入股方式组成的经营性组织,IMF的资金来源主要有三个渠道,分别是份额、借款和信托基金。

1. 份额

这构成 IMF 资金的基本来源。根据《国际货币基金协定》，会员国必须向 IMF 缴纳一定份额的基金。1975 年以前，会员国份额的 25% 是以黄金缴纳，但在 1976 年牙买加会议以后，IMF 废除了黄金条款，这 25% 的份额改以特别提款权或可自由兑换货币缴纳。份额的 75% 可以用本币缴纳，即以本国货币缴纳存放于本国中央银行，但在 IMF 需要时可以随时动用。各会员国认缴份额的大小，由基金理事会决定，主要综合考虑会员国的国民收入、黄金与外汇储备、平均进出口额及其变化率以及出口额占 GNP 的比重等多方面的因素。根据 IMF 的规定，对各会员国的份额，每隔 5 年重新审定和调整一次。份额的单位原为美元，后改以特别提款权计算。IMF 最初创立时各会员国认缴的份额总值为 76 亿美元，此后随着新会员国的不断加入及份额的不断调整，份额总数不断提高。

在会员国认缴的份额中，美国所占份额最大。根据 IMF 提供的官方资料，截至 2011 年，美国占会员国认缴份额的 17.09%，投票权占到 16.77%。我国因恢复在 IMF 的合法席位和对香港恢复行使主权，其认缴份额曾分别于 1980 年和 2001 年两次获得特别增资，截至 2005 年 6 月，中国在 IMF 的实际份额占 IMF 总份额的 2.98%，与加拿大并列第 8 位，居美、日、德、英、法、意、沙特阿拉伯之后。在 IMF 和世界银行 2006 年联合年会后，中国在 IMF 的份额中所占的比重上升至 3.72%，在基金组织的份额排名上升至第 6 位。2010 年 11 月 6 日，IMF 执行董事会通过了份额改革方案，确认向新兴经济体转移超过 6% 投票权。2016 年 1 月，份额改革完成后，中国的份额将从 3.72% 升至 6.39%，投票权也将从 3.65% 升至 6.07%。

2. 借款

这是 IMF 另一项重要的资金来源，但借款总额有限度规定，一般不得超过基金份额总量的 50%—60%。IMF 可以通过与成员国协商，向成员国借入资金，作为对成员国提供资金融通的来源。它可以选择任何货币和任何来源寻求所需款项，不仅可以向官方机构借款，也可以向私人组织借款，包括商业银行借款。

3. 信托基金

1976 年 IMF 决定，在市场出售一部分成员国原来缴纳的黄金，以其所得利润作为信托基金，向最贫穷的成员国提供信贷。这是一项新的特殊的资金来源。

（四）业务活动

1. 汇率监督与政策协调

为了保证有秩序的汇兑安排和汇率体系的稳定，取消不利于国际贸易的外汇管制，防止成员国操纵汇率或采取歧视性的汇率政策以谋求竞争利益，IMF 对成员国的汇率政策进行监督。这种监督有两种形式：第一，在多边基础上的监督。IMF 通过分析发达国家的国际收支和国内经济状况，评估这些国家的经济政策和汇率政策对维持世界经济稳定发展的总体影响。第二，在个别国家基础上的监督。主要是检查各成员国的汇率政策是否符合基金协定所规定的义务和指导原则。近年来，随着成员国经济往来中依赖性的增强、国际经济一体化和国际资本流动的加速以及国际金融市场的动荡，第一种形式显得越来越重要。

根据《国际货币基金协定》第四条第三款,汇率监督有三个主要的指导原则:第一,成员国应避免为了调整本国的国际收支,或为了取得对其他成员国的不公平的竞争优势而操纵汇率或国际货币体系;第二,成员国在必要时应干预外汇市场,以应付混乱局面,尤其是本国货币汇率出现的破坏性的短期波动;第三,成员国在采取干预政策时,应考虑其他成员国的利益,包括其货币受到干预的国家的利益。

除了对汇率政策的监督外,IMF 在原则上每年与各会员国进行一次磋商,以对会员国经济和金融形势以及经济政策做出评价。这种磋商的目的是使 IMF 能够履行监督会员国汇率政策的责任,并且有助于使 IMF 了解会员国的经济发展状况和采取的政策措施,从而能够迅速处理会员国申请贷款的要求。IMF 每年派出经济学家组成的专家小组到会员国搜集统计资料,听取政府对经济形势的估计,并同一些特别重要的国家进行磋商。

2. 贷款业务

根据《国际货币基金协定》的规定,当成员国发生国际收支不平衡时,IMF 对成员国提供短期信贷。这些贷款具有下列特点:① 贷款对象限为成员国政府,IMF 只同成员国的财政部、中央银行及类似的财政金融机构往来;② 贷款用途只限于解决短期性的国际收支不平衡,用于贸易和非贸易的经常项目的支付;③ 贷款期限限于短期,属于短期贷款;④ 贷款额度是按各成员国的份额及规定的各类贷款的最高可贷比例,确定其最高贷款总额;⑤ 贷款方式是根据经磋商同意的计划,由借款成员国使用本国货币向 IMF 购买其他成员国的等值货币(或特别提款权),偿还时,用特别提款权或 IMF 指定的货币买回借用时使用的本国货币(一般称为购回)。

IMF 发放贷款的条件比较严格,贷款国必须向 IMF 阐明其为改善国际收支状况而采取的政策措施,并受 IMF 的监督,以保证实施。其贷款种类主要有以下几种:

(1) 普通贷款(Normal Credit Tranches),即"普通提款权"(GDRs),是 IMF 最基本的贷款,也称为基本信用贷款(Basic Credit Facility),主要用于会员国短期国际收支逆差的资金需求。它是 IMF 利用各会员国认缴的份额形成的基金,对会员国提供的短期信贷,贷款期限一般不超过 5 年,利率随期限递增。IMF 对会员国的普通贷款采取分档政策,即将会员国的普通提款权划分为储备部分贷款和信用部分贷款。贷款额度最高不超过会员国缴纳份额的 125%,其中的 25% 即储备部分贷款,又称作"会员国在 IMF 的储备头寸"。由于有会员国以黄金或外汇及特别提款权缴纳的份额做保证,所以会员国可自动提取,不必经过专门批准。其余贷款即信用部分贷款,分四个档次,每档占 25%,被 IMF 分别采取不同的政策加以对待。贷款条件的严格程度逐级递增,贷款档次越高,贷款条件越严。

(2) 出口波动补偿贷款(Compensatory Financing Facility),是于 1963 年 2 月 IMF 为稳定原料出口价格,缓和与发展中国家的矛盾,对以初级产品出口为主的发展中国家由于出口收入暂时下降或谷物进口支出增大而发生国际收支困难而设立的一项专用贷款。贷款期限为 3—5 年。贷款额度最初规定为会员国缴纳份额的 25%,1966 年 9 月提高到 50%。后经 IMF 同意,最高限额可达份额的 100%。1989 年 1 月,IMF 以"补偿与应急贷款"(Compensatory & Contingence Facility)取代出口波动补偿贷款,贷款最高额度为份额的120%。贷款条件是借款国出口收入下降或谷物进口支出增加应是暂时性的,而且是会员国本身无法控制的原因造成的,同时借款国必须同意与IMF合作执行国际收支的调整计划。

(3) 缓冲库存贷款(Buffer Stock Financing Facility),是1969年6月IMF为稳定会员国初级产品出口价格建立国际商品缓冲库存的资金需要,而向初级产品出口国提供的一种专项信贷。其作用是在初级产品价格波动时,通过所设立的国际商品缓冲库存来抛售或购进该初级产品,以稳定其价格,保证出口国的收入。该贷款期限为3—5年,贷款最高限额不超过会员国缴纳份额的50%。IMF认定的只用于缓冲库存贷款的初级产品有锡、可可、糖、橡胶等。

(4) 石油贷款(Oil Facility),是1974年6月IMF为帮助会员国克服因石油涨价引起的国际收支困难而设立的临时性专项信贷。贷款期限为3—7年,贷款最高额度最初为会员国缴纳份额的75%,1975年提高到125%。其资金来源主要是从产油国和发达国家的借款,到1976年5月全部发放完毕。

(5) 中期贷款,又称扩展贷款(Extended Fund Facility),是1974年9月IMF为帮助会员国克服长期国际收支逆差的困难而设立的专项贷款,主要用于满足会员国长期国际收支逆差的资金需求。贷款期限为4—10年。贷款最高限额为借款会员国缴纳份额的140%。贷款采取分期发放与分期偿还的方式。

(6) 信托基金贷款(Trust Fund Facility),是1976年1月IMF以出卖黄金的收入,为支持最穷的发展中国家的经济发展而设立的专项信贷。信托基金是用IMF出卖黄金时的市场价格超过会员国缴纳份额时所规定的黄金官价的那部分收入建立起来的。贷款期限为5年。贷款主要是面对1973年人均国民收入不超过360美元的国家。

(7) 补充贷款(Supplementary Financing Facility),是1977年IMF所设立的在会员国国际收支严重不平衡出现持续性逆差时,用于弥补普通贷款和中期贷款的不足的一项专用信贷。由于此项贷款根据IMF第五任总裁约·维特芬的建议而设立,因此又被称为"维特芬贷款"。其资金来源主要由石油生产国与发达国家提供。贷款期限为0.5—7年,备用安排期为1—3年。1981年4月已全部发放完毕。

(8) 扩大贷款,是在补充贷款的发放完成后,IMF以同样条件对那些份额少而经济面临严重困难,需要大规模调整的,而且出现持续性巨额国际收支逆差的会员国提供的一项贷款。

(9) 结构调整贷款与加强的结构调整贷款,分别是1986年3月和1987年12月IMF为了帮助低收入发展中国家解决长期性国际收支不平衡而进行经济结构调整所设立的贷款项目。其资金来源为信托基金贷款的还款及IMF的利息收入与对外借款。其贷款条件较为优惠,期限较长,利率较低。贷款额度主要取决于借款国与IMF的合作态度及其为改善经济结构所做的努力。

(10) 制度转型贷款,是1993年4月IMF为了帮助苏联和东欧国家解决由计划经济向市场经济转变过程中所引起的国际收支困难而设立的专项贷款。贷款期限为4—10年,贷款最高限额为会员国缴纳份额的50%。此项贷款的获得与否及其额度的多少主要取决于借款国与IMF的合作态度及其为其经济转型所做出的切实有效的努力。

除上述各项贷款外,IMF还设置了在突发情况下的紧急贷款机制。这一机制可以保证当会员国国际收支账户出现危机或受到威胁可能引发危机时,IMF能够立即做出反应,迅速进行相应的贷款安排,以使危机尽快得到解决。

IMF在安排会员国贷款额度时,掌握的一般原则是:1年内安排的额度最多为会员国缴纳份额的150%;3年内安排的额度最多为份额的450%;在规定情况下,累计最高限额可达份额的600%。但实际上,单个会员国是不会同时借到上述各类款项的。另外,IMF发放贷款时,除按规定收取不同形式及不同比例的贷款利息外,还要收取贷款手续费和承诺费。

IMF贷款与其他商业性贷款有很多区别,其中一个重要区别在于它的条件上。IMF通过发放各类贷款,对成员国克服国际收支出现的困难及稳定汇率等方面无疑有积极的一面。但其附加的条件及贷款所带来的负面效果,至今仍招致不少议论与批评。IMF对成员国的贷款申请始终是很慎重的,对那些已陷入危机而需巨额援助的成员国更会附上严格的贷款条件。一般来说,当一成员国向其申请贷款时,IMF首先会组织专家小组,直接赴借款国实地考察,分析该国的经济形势尤其是国际收支存在的问题,并由专家小组制定一组综合的经济政策和经济目标,即经济调整计划,借款国只有同意并接受该调整计划才能获得贷款资格。而且IMF对贷款的发放也不是一步到位,而是以一定的时间间隔分期发放。如果借款国没有履行贷款条件,IMF便停止发放新的贷款。这种经济调整计划一般都会包括以下几项内容:减少财政赤字,削减各种开支,实行紧缩的货币政策,增加出口或减少进口及扩大金融市场开放度等。从IMF来讲,它可能会认为所有这些措施,都是为了维护国际金融秩序,降低贷款风险,帮助成员国渡过难关。但对具体的受援国来讲,这些条件和措施是良药还是劣药,可能还得做具体分析。

二、世界银行集团

世界银行集团(World Bank Group)是若干全球性金融机构的总称。目前由世界银行即国际复兴开发银行(International Bank for Reconstruction and Development, IBRD)、国际开发协会(International Development Association, IDA)、国际金融公司(International Finance Corporation, IFC)、多边投资担保机构(Multinational Investment Guarantee Agency, MIGA)和解决投资纠纷国际中心(International Center for Settlement of Investment of Investment Disputes, ICSID)等五个机构组成。世界银行集团的主要职能是促进成员国经济长期发展、协调南北关系和稳定世界经济秩序等。下面对世界银行、国际开发协会和国际金融公司这三个主要机构做具体分析。

(一)世界银行

1. 世界银行的宗旨与职能

世界银行是1944年7月布雷顿森林会议后,与IMF同时产生的两个国际性金融机构之一,也是联合国属下的一个专门机构。世界银行于1945年12月正式宣告成立,1946年6月开始办理业务,1947年11月成为联合国的专门机构。该行的成员国必须是IMF的成员国,但IMF的成员国不一定都参加世界银行。

世界银行与IMF两者起着相互配合的作用。IMF主要负责国际货币事务方面的问题,其主要任务是向成员国提供解决国际收支暂时不平衡的短期外汇资金,以消除外汇管制,促进汇率稳定和国际贸易的扩大。世界银行则主要负责经济的复兴和发展,向各成员国提供发展经济的中长期贷款。

按照《国际复兴开发银行协定》的规定,世界银行的宗旨是:① 通过对生产事业的投资,协助成员国经济的复兴与建设,鼓励不发达国家对资源的开发。② 通过担保或参加私人贷款及其他私人投资的方式,促进私人对外投资。当成员国不能在合理条件下获得私人资本时,可运用该行自有资本或筹集的资金来补充私人投资的不足。③ 鼓励国际投资,协助成员国提高生产能力,促进成员国国际贸易的平衡发展和国际收支状况的改善。④ 在提供贷款保证时,应与其他方面的国际贷款相配合。

世界银行在成立之初,主要是资助西欧国家恢复被战争破坏了的经济,但在1948年后,欧洲各国开始主要依赖美国的"马歇尔计划"来恢复战后的经济,世界银行于是主要转向向发展中国家提供中长期贷款与投资,促进发展中国家经济和社会发展。

2. 世界银行的组织机构

世界银行是具有股份性质的一个金融机构,设有理事会、执行董事会、行长及具体办事机构。理事会是世界银行的最高权力机构,由每一成员国委派理事和副理事各一名组成。执行董事会负责银行的日常业务,行使理事会授予的职权。银行政策管理机构由行长、若干副行长、局长、处长及工作人员组成。世界银行对我国的贷款业务,由东亚及太平洋地区国家三局负责,国家三局也称中国和蒙古国家局,简称"中蒙局"。

3. 世界银行的资金来源

世界银行的资金来源主要有以下三个方面:

(1) 成员国缴纳的股金。世界银行成立之初,法定股本为100亿美元,分为10万股,每股10万美元。后经几次增资,截至1993年6月,法定股本为1530亿特别提款权。根据《国际复兴开发银行协定》原来的规定,成员国认缴的股金分两部分缴纳:第一,成员国参加时应缴纳认缴股金的20%,其中2%必须用黄金或美元支付,这一部分股金世界银行有权自由使用,其余的18%用成员国的本国货币支付,世界银行须征得该成员国的同意才能将这部分股金用于贷款。第二,成员国认缴股金的80%是待缴股本,它可在世界银行因偿还借款或清偿债务而催缴时,以黄金、美元或世界银行需用的货币支付。但在1959年增资时,成员国实缴股金降为10%,以黄金、美元缴纳的部分降为1%,成员国以本币缴付的部分降为9%,其余部分为待缴股金。

(2) 发行债券取得的借款。在实有资本极其有限而又不能吸收短期存款的条件下,世界银行主要通过在各国和国际金融市场发行债券来筹措资金。在世界银行的贷款总额中,约有80%是依靠发行债券借入的。世界银行在借款方面的基本政策是:借款市场分散化,以防止对某一市场的过分依赖。世界银行发行债券的方式主要有两种:一是直接向成员国政府、政府机构或中央银行出售中短期债券;二是通过投资银行、商业银行等中间包销商向私人投资市场出售债券。用后一种方式出售的债券的比重正在不断提高。由于世界银行信誉优良,其发行的债券一直被评为AAA级,因而在国际资本市场上获得了比较优惠的融资条件,并成为世界上最大的非居民借款人。

(3) 留存的业务净收益和其他资金来源。世界银行从1947年开始营业以来,除第一年有小额亏损外,每年都有盈余。世界银行将历年业务净收益大部分留作银行的储备金,小部分以赠款形式拨给国际开发协会作为贷款资金。

世界银行还有两种辅助的资金来源,一是借款国偿还的到期借款额;二是银行将部分贷款债权转让给私人投资者(主要是商业银行)而收回的资金。

4. 世界银行的主要业务活动

向成员国尤其是发展中国家提供贷款是世界银行最主要的业务。世界银行贷款从项目的确定到贷款的归还,都有一套严格的条件和程序。

(1) 贷款条件如下:第一,世界银行只向成员国政府,或经成员国政府、中央银行担保的公私机构提供贷款。第二,贷款一般用于世界银行审定、批准的特定项目,重点是交通、公用工程、农业建设和教育建设等基础设施项目。只有在特殊情况下,世界银行才考虑发放非项目贷款。第三,成员国确实不能以合理的条件从其他方面取得资金时,世界银行才考虑提供贷款。第四,贷款只发放给有偿还能力且能有效运用资金的成员国。第五,贷款必须专款专用并接受世界银行的监督。世界银行不仅在使用款项方面,而且在工程的进度、物资的保管、工程管理等方面都进行监督。

(2) 贷款的特点如下:第一,贷款期限较长。按借款国人均国民生产总值将借款国分为四组,每组期限不一:第一组为 15 年,第二组为 17 年,第三、四组为最贫穷的成员国,期限为 20 年。贷款宽限期 3—5 年。第二,贷款利率参照资本市场利率而定,一般低于市场利率,现采用浮动利率计息,每半年调整一次。第三,借款国要承担汇率变动的风险。第四,贷款必须如期归还,不得拖欠或改变还款日期。第五,贷款手续严密,从提出项目、选定、评定到取得贷款,一般要 1 年半到 2 年时间。第六,贷款主要向成员国政府发放,且与特定的工程和项目相联系。

(3) 贷款的程序如下:第一,借款成员国提出项目融资设想,世界银行与借款国洽商,并进行实际考察;第二,双方选定具体贷款项目;第三,双方对贷款项目进行审查与评估;第四,双方就贷款项目进行谈判、签约;第五,贷款项目的执行与监督;第六,世界银行对贷款项目进行总结评价。

(4) 贷款的种类如下:

第一,项目贷款。这是世界银行传统的贷款业务,也是最重要的业务。世界银行贷款中约有 90% 属此类贷款。该贷款属于世界银行的一般性贷款,主要用于成员国的基础设施建设。

第二,非项目贷款。这是一种不与具体工程和项目相联系的,而是与成员国进口物资、设备及应付突发事件、调整经济结构等相关的专门贷款。

第三,技术援助贷款。它包括两类:一是与项目结合的技术援助贷款,如对项目的可行性研究、规划、实施,项目机构的组织管理及人员培训等方面提供的贷款;二是不与特定项目相联系的技术援助贷款,亦称"独立"技术援助贷款,主要用于资助为经济结构调整和人力资源开发而提供的专家服务。

第四,联合贷款(Co-financing)。这是一种由世界银行牵头,联合其他贷款机构一起向借款国提供的项目融资。该贷款设立于 20 世纪 70 年代中期,主要有两种形式:一是世界银行与有关国家政府确定贷款项目后,即与其他贷款者签订联合贷款协议,之后它们各自按通常的贷款条件分别与借款国签订协议并提供融资;二是世界银行与其他借款者按商定的比例出资,由前者按贷款程序和商品、劳务的采购原则与借款国签订协议,提供融资。

第五,"第三窗口"贷款(the Third Window Facility),亦称中间性贷款(Intermediate Financing Facility),是指在世界银行和国际开发协会提供的两项贷款(世界银行的一般性贷款和国际开发协会的优惠贷款)之外的另一种贷款。该贷款条件介于上述两种贷款之间,即比世界银行贷款条件宽,但不如国际开发协会贷款条件优惠,期限可长达25年,主要贷放给低收入的发展中国家。

第六,调整贷款(Adjustment Facility),包括结构调整贷款和部门调整贷款。结构调整贷款的目的在于:通过1—3年的时间促进借款国宏观或部门经济范围内政策的变化和机构的改革,有效地利用资源;5—10年内实现持久的国际收支平衡,维持经济的增长。结构调整问题主要是宏观经济问题和影响若干部门的重要部门问题,包括贸易政策(如关税改革、出口刺激、进口自由化),资金流通(如国家预算、利率、债务管理等),资源有效利用(如公共投资计划、定价、刺激措施等),以及整个经济和特定部门的机构改革等。部门调整贷款的目的在于支持特定部门全面的政策改变与机构改革。

1984年,世界银行对贷款方式做了新的分类,它们是:① 特定投资贷款;② 部门贷款;③ 结构调整贷款;④ 技术援助贷款;⑤ 紧急复兴贷款;⑥ 联合贷款。其中,特定投资贷款的全部和部门贷款的一部分属于项目贷款,其余基本上属于非项目贷款。

(二) 国际开发协会

国际开发协会是一个专门从事对欠发达的发展中国家提供期限长和无息贷款的国际金融组织。世界银行的成员国均可成为国际开发协会的成员国。在1959年10月IMF和世界银行年会上,通过了建立专门资助最不发达国家的国际开发协会的决议,1960年9月24日国际开发协会正式成立,并于1961年开始营业。

1. 国际开发协会的组织形式

国际开发协会是世界银行的附属机构,其组织机构与管理方式与世界银行相同,甚至相应机构的管理和工作人员也是同一套人员兼任,而且也只有世界银行成员国才能参加协会。但是国际开发协会又是一个独立的实体,有自己的协定、法规和财务系统,其资产和负债都与世界银行分开,业务活动也互不相关。

国际开发协会的最高权力机构是理事会,下设执行董事会处理日常业务。协会会员通过投票参与决策活动,成员国的投票权与其认缴的股本成正比。成立初期,每一会员具有500票基本票,另外每认缴5 000美元股本增加1票。

2. 国际开发协会的资金来源

(1) 成员国认缴的股金。协会成立时法定资本为10亿美元,协会的成员国分为两组:第1组为发达国家(共21个),这些国家认缴的股金必须全部以黄金或可兑换货币缴纳;第2组为发展中国家,其认缴资本的10%必须以可兑换货币缴纳,其余90%可用本国货币缴纳。协会要动用这些国家的货币发放贷款时,必须先征得各国的同意。

(2) 成员国提供的补充资金。因成员国认缴的股金极其有限,远远不能满足贷款需求,1965年以来,国际开发协会已经多次补充资金。在全部资金中,美、英、德、日、法等国资金占大部分比例。

(3) 世界银行的赠款。从1964年开始,世界银行每年将净收益的一部分以赠款形式转拨给协会,作为协会的资金来源。

(4) 协会本身经营业务的盈余。协会从发放开发信贷收取小比例的手续费及投资收益中可以得到业务收益。

3. 国际开发协会的主要业务

国际开发协会的主要业务活动,是向欠发达的发展中国家的公共工程和发展项目提供比世界银行贷款条件更优惠的长期贷款。这种贷款亦称开发信贷,具有如下特点:

(1) 期限长。最初可长达50年,宽限期10年。1987年协会执行董事会通过协议,将贷款划分为两类:一是联合国确定为最不发达的国家,信贷期限为40年,包含10年宽限期;二是经济状况稍好一些的国家,信贷期限35年,也含10年宽限期。

(2) 免收利息,即对已拨付的贷款余额免收利息,只收取0.75%的手续费。

(3) 信贷偿还压力小。第一类国家在宽限期过后的两个10年每年还本2%,以后20年每年还本4%;第二类国家在第二个10年每年还本2.5%,其后15年每年还本5%。

由于国际开发协会的贷款基本上都是免息的,故称为软贷款,而条件较为严格的世界银行贷款则称为硬贷款。

国际开发协会贷款的条件包括:① 借款国人均国民生产总值须低于635美元;② 借款国无法按借款信誉从传统渠道获得资金;③ 所选定的贷款项目必须既能提高借款国的劳动生产率,又具有较高的投资收益率;④ 贷款对象为成员国政府或私人企业(实际上都是贷给成员国政府)。

(三) 国际金融公司

国际金融公司是世界银行的另一个附属机构,但从法律地位和资金来源来说又是一个独立的国际金融机构,它也是联合国的专门机构之一。由于IMF和世界银行的贷款对象主要是成员国政府,而私人企业的贷款必须由政府机构担保,从而在一定程度上限制了世界银行业务活动的扩展。因此,1951年3月美国国际开发咨询局建议在世界银行下设国际金融公司,1956年7月24日国际金融公司正式成立。

国际金融公司的宗旨是向发展中国家尤其是欠发达的成员国的生产性企业,提供无须政府担保的贷款与投资,鼓励国际私人资本流向这些国家,促进私人企业部门的发展,进而推动成员国经济的发展。

1. 国际金融公司的组织机构

国际金融公司设有理事会、执行董事会和以总经理为首的办事机构,其管理方法与世界银行相同。与国际开发协会一样,公司总经理和执行董事会主席由世界银行行长兼任;但与国际开发协会不同的是,公司除了少数机构和工作人员由世界银行相关人员兼任外,设有自己独立的办事机构和工作人员,包括若干地区局、专业业务局和职能局。按公司规定,只有世界银行成员国才能成为公司的成员国。

2. 国际金融公司的资金来源

国际金融公司的资金主要来源于成员国认缴的股金和外部借款,另有一部分是公司各项业务积累的收入。根据协定,公司成立时的法定资本为1亿美元,分为10万股,每股 1000 美元，必须以黄金或可兑换货币缴付。40 多年来公司进行了多次增资。为了补充自有资本的不足，国际金融公司还从外部筹借资金，包括在国际资本市场上发行国际债券（约占借款总额的 80%），以及从世界银行及成员国政府那里取得贷款；此外，其对贷款和投资业务管理得力，基本上年年有盈利，积累的净收益也成为其一部分资金来源。

3. 国际金融公司的营运特点

（1）贷款对象是成员国的私人企业，贷款无须有关政府担保，但它有时也向公私合营企业以及为私人企业提供资金的国营金融机构发放贷款。

（2）公司除长期贷款外，还可以对私人企业投资直接入股，也可以既贷款又入股。

（3）贷款期限较长，一般为 7—15 年，如需要还可延长。从贷款到开始还本之前，有 1—4 年宽限期。贷款利率视资金投放风险、预期收益、国际金融市场的利率变化情况和每一项目的具体情况而定，但利率一般高于世界银行的贷款利率。对未提用部分的贷款每年征收 1% 的承担费，还款时需以原借入货币偿还。

（4）贷款具有较大的灵活性，既提供项目建设的外汇需要，也提供本地货币开支部分；既可作为流动资金，又可作为购置固定资产之用。

（5）公司贷款通常与私人投资者、商业银行和其他金融机构联合提供。

4. 国际金融公司的主要业务

国际金融公司的主要业务活动为对成员国的私人企业或私人同政府合资经营的企业提供贷款或协助其筹措国内外资金。另外，还从事其他旨在促进私人企业效率和发展的活动，如提供项目技术援助和政策咨询以及一般的技术援助。贷款发放的部门主要是制造业、加工业、开采业以及公用事业与旅游业等。

国际金融公司的贷款政策如下：① 投资项目必须对所在国的经济有利；② 投资项目必须有盈利前景；③ 必须是无法以合理条件得到足够私人资本的项目；④ 所在成员国政府不反对投资的项目；⑤ 本国投资者必须在项目开始施工时就参与投资。

国际金融公司贷款还考虑以下因素：① 政府所有权和控制的程度；② 企业性质和管理效率；③ 将来扩大私人所有权的可能性。

第二节　区域性国际金融组织

20 世纪 60 年代前后，欧洲、亚洲、非洲、拉丁美洲及中东等地区先后建立起区域性的国际金融组织，为支持和促进本地区经济发展提供金融服务。其中，亚洲开发银行、非洲开发银行和泛美开发银行是服务于亚非拉广大地区的区域性国际金融组织。此外，还有其他一些区域性国际金融组织。

一、亚洲基础设施投资银行

（一）亚洲基础设施投资银行成立的背景及宗旨

亚洲基础设施投资银行（Asian Infrastructure Investment Bank，简称亚投行，AIIB）作为支持基础设施发展的多边金融机构，旨在通过与现有多边开发银行开展合作，更好地为亚洲地区长期的巨额基础设施建设融资缺口提供资金支持。亚投行的设立将有助于从亚洲域内及域外动员更多的亟须资金,缓解亚洲经济体面临的融资瓶颈,与现有多边开发银行形成互补,推进亚洲实现持续稳定增长。

2014年10月,首批22个意向创始成员国在北京签署了《筹建亚投行备忘录》。随后,先后有35个域内外国家作为意向创始成员国加入了亚投行。2015年6月29日,《亚洲基础设施投资银行协定》签署仪式在北京举行,亚投行57个意向创始成员国财长或授权代表出席了签署仪式,其中已通过国内审批程序的50个国家正式签署该协定。各方商定将于2015年年底之前,经合法数量的国家批准后,协定即告生效,亚投行正式成立。

(二) 亚投行的成员资格及结构

亚投行的法定股本为1 000亿美元,分为100万股,每股的票面价值为10万美元。初始法定股本分为实缴股本和待缴股本。实缴股本的票面总价值为200亿美元,待缴股本的票面总价值为800亿美元。

域内外成员出资比例为75∶25。经理事会超级多数同意后,亚投行可增加法定股本及下调域内成员出资比例,但域内成员出资比例不得低于70%。域内外成员认缴股本在75∶25范围内以GDP(按照60%市场汇率法和40%购买力平价法加权平均计算)为基本依据进行分配。初始认缴股本中实缴股本分五次缴清,每次缴纳20%。

(三) 亚投行的业务运营

亚投行的业务分为普通业务和特别业务。其中,普通业务是指由亚投行普通资本(包括法定股本、授权募集的资金、贷款或担保收回的资金等)提供融资的业务;特别业务是指为服务于自身宗旨,以亚投行所接受的特别基金开展的业务。两种业务可以同时为同一个项目或规划的不同部分提供资金支持,但在财务报表中应分别列出。

银行可以向任何成员或其机构、单位或行政部门,或在成员的领土上经营的任何实体或企业,以及参与本区域经济发展的国际或区域性机构或实体提供融资。在符合银行宗旨与职能及银行成员利益的情况下,经理事会超级多数投票同意,也可向非成员提供援助。亚投行开展业务的方式包括直接提供贷款、开展联合融资或参与贷款、进行股权投资、提供担保、提供特别基金的支持及技术援助等。

(四) 亚投行成立的意义

亚投行的成立对于我国有着重要意义。首先,亚投行的成立将形成多边框架以支撑"一带一路"倡议。中国主导筹建亚投行的一个重要考量是为"一带一路"这一亚欧经济整合战略提供金融支撑,通过邀请经验丰富的区域外发达国家参与亚投行筹建,中国得以吸收和借鉴其丰富的经验,并显著提高亚投行的操作水准和国际形象。其次,亚投行将助推新一轮的对内改革与对外开放。在美国大力推行高标准的《跨太平洋伙伴关系协定》并试图重塑全球贸易规则的大背景下,中国需要改变长期以来以沿海带动内陆为基本格局、以吸收对外直接投资为主要方式、以建设"世界工厂"为主要目标的传统开放战略,加快广大内陆和沿边地区的开发开放,逐步扩大对外投资。最后,亚投行的成立有利于我国推进人民币国际化的进程,是走出"美元陷阱"的一次有益尝试。

二、国际清算银行

(一) 国际清算银行成立的背景及宗旨

国际清算银行(Bank for International Settlement,BIS)是英、法、德、意、比、日等国的中央银行与代表美国银行界利益的摩根银行、纽约和芝加哥的花旗银行组成的银团,根据《海牙国际协定》于1930年5月共同组建的。刚建立时只有7个成员国,现成员国已发展至41个,遍布世界五大洲。国际清算银行最初创办的目的是处理第一次世界大战后德国的赔偿支付及其有关的清算等业务问题。第二次世界大战后,它成为OECD成员国之间的结算机构,该行的宗旨也逐渐转变为促进各国中央银行之间的合作,为国际金融业务提供便利,并接受委托或作为代理人办理国际清算业务等。

国际清算银行不是政府间的金融决策机构,亦非发展援助机构,实际上是各国"中央银行的银行"。因为扩大各国中央银行之间的合作始终是促进国际金融稳定的重要因素之一,所以随着国际金融市场一体化的迅速推进,这类合作的重要性显得更为突出。因此,国际清算银行便成了各国央行进行合作的理想场所、中央银行家的会晤场所。

(二) 国际清算银行的业务活动

国际清算银行的业务主要包括:① 处理国际清算事务。第二次世界大战后,BIS先后成为欧洲经济合作组织、欧洲支付同盟、欧洲货币合作基金等国际金融业务的代理人,承担着大量的国际结算业务。② 为各国中央银行提供服务,包括办理成员国中央银行的存款和贷款,代理各国中央银行买卖黄金和外汇及可上市的证券,协助各国中央银行管理外汇储备与金融投资。③ 定期举办中央银行行长会议。BIS于每月的第一个周末在巴塞尔举行西方主要中央银行行长会议,商讨有关国际金融问题,协调有关国家的金融政策,推动国际金融合作。④ 进行国际货币与金融问题研究。

(三) 国际清算银行的组织形式

国际清算银行是一个股份公司性质的国际金融组织,其资金来源是靠发行股票筹集的。其中,75%的股份是由相关国家中央银行持有,其余25%的股份则由私营银行或个人持有。

国际清算银行的最高决策机构是董事会。董事会下设经理部、货币经济部、秘书处和法律处等。董事主要由成员国中央银行行长担任。

(四) 国际清算银行的资金来源

国际清算银行的资金主要来源于以下三个方面:

(1) 成员国缴纳的股金。该行建立时,法定资本为5亿金法郎,1969年增至15亿金法郎,以后几度增资。该行股份80%为各国中央银行持有,其余20%为私人持有。

(2) 借款。向各成员国中央银行借款,补充该行自有资金的不足。

(3) 吸收存款。接受各国中央银行的黄金存款和商业银行的存款。

(五) 中国与国际清算银行的联系

我国于1984年与国际清算银行建立了业务联系。1996年9月,国际清算银行董事会通过决议接纳中国人民银行为其成员。

2001年3月12日,国际清算银行成立了亚洲顾问委员会,由该行亚太地区成员的央行行长出任成员。该委员会的主要作用是在国际清算银行亚太地区成员与董事会及管理层之间建立一种渠道,就亚洲中央银行感兴趣及关心的事务进行沟通。2005年,中国人民银行行长周小川出任亚洲顾问委员会主席,任期两年。

2006年7月,国际清算银行增选中国人民银行行长周小川、墨西哥中央银行行长奥迪斯和欧洲中央银行行长特里谢为该行董事会董事,任期3年。这是该行第一次从发展中国家的中央银行吸收新董事,也是该行自1994年以来首次扩充董事会。自此,该行董事由17名增至20名。

目前,中国人民银行参与国际清算银行活动的主要形式为:出席每两个月召开一次的成员中央银行行长和高级官员会议,讨论当前经济金融形势、世界经济及金融市场前景,并就与中央银行相关的专题和热点问题交换意见和经验;参加国际清算银行为中央银行高级官员定期或不定期组织的各种其他类型的会议;参与国际清算银行主办的有关研究项目。此外,中国人民银行还受邀参加了十国集团的市场委员会、全球金融系统委员会、巴塞尔银行监管委员会、欧文·费舍尔中央银行统计委员会的各种活动。

三、亚洲开发银行

(一) 亚洲开发银行的建立与宗旨

亚洲开发银行(Asian Development Bank,ADB),是西方国家和亚洲及太平洋地区发展中国家联合创办的面向亚太地区的区域性政府间金融机构。它是根据联合国亚洲及太平洋经济与社会委员会的决议,并经于1963年12月在马尼拉举行的第一次亚洲经济合作部长级会议决定,于1966年11月正式建立,并于同年12月开始营业的,总部设在菲律宾首都马尼拉。亚洲开发银行初建立时有34个成员国,目前其成员不断增加,凡是亚洲及远东经济委员会的会员或准会员、亚太地区其他国家以及该地区以外的联合国及所属机构的成员,均可参加亚洲开发银行。目前,亚洲开发银行的成员国已增加到67个。

亚洲开发银行的宗旨是向成员国或地区提供贷款与技术援助,帮助协调成员在经济、贸易和发展方面的政策,同联合国及其专门机构进行合作,以促进亚太地区的经济发展。

(二) 亚洲开发银行的组织机构

亚洲开发银行的机构设置与IMF及世界银行大致相同。其管理机构由理事会、执行董事会、行长组成。理事会是最高权力机构,由会员国各选派一名理事和副理事组成。执行董事会是负责日常工作的常设机构,由12名董事组成。行长由董事长兼任,负责主持银行的日常工作。银行的重大事务由理事会和董事会投票表决。理事会和董事会中的投票权主要按会员国认缴股本的多少进行分配。日本和美国认缴的股本最多,其拥有的投票权也最多。

(三) 资金来源

(1) 普通资金是亚洲开发银行业务活动的主要资金来源,由股本、借款、普通储备金

（由部分净收益构成）、特别储备金和其他净收益组成。这部分资金通常用于亚洲开发银行的硬贷款。

（2）特别基金由成员国认缴股本以外的捐赠及认缴股本中提取10%的资金组成，主要用于向成员国提供贷款或无偿技术援助。目前该行设立了三项特别基金：① 亚洲开发基金，用于向亚太地区贫困成员国发放优惠贷款；② 技术援助特别基金，为提高发展中成员国的人力资源素质和加强执行机构的建设而设立；③ 日本特别基金，由日本政府出资建立，主要用于技术援助与开发项目。

（四）亚洲开发银行的业务活动

（1）提供贷款。亚洲开发银行的贷款按贷款条件分为硬贷款、软贷款和赠款。如果按贷款方式划分，亚行的贷款可分为项目贷款、规划贷款、部门贷款、开发金融贷款、综合项目贷款及特别项目贷款等。其中，项目贷款是亚洲开发银行传统的也是主要的贷款形式，该贷款是为成员国发展规划的具体项目提供融资，这些项目需经济效益良好，有利于借款成员国的经济发展，且借款国有较好的信誉，贷款周期与世界银行相似。

（2）联合融资，是指亚洲开发银行与一个或以上的区外金融机构或国际机构，共同为成员国某一开发项目提供融资。该项业务始办于1970年，做法上与世界银行的联合贷款相似，目前主要有平行融资、共同融资、伞形或后备融资、窗口融资、参与性融资等类型。

（3）股权投资，是通过购买私人企业股票或私人开发金融机构股票等形式，对发展中国家私人企业融资。亚洲开发银行于1983年起开办此项投资新业务，目的是为私营企业利用国内外投资起促进和媒介作用。

（4）技术援助，是亚洲开发银行在项目有关的不同阶段如筹备、执行等阶段，向成员国提供的资助，目的是提高成员国开发和完成项目的能力。目前，亚洲开发银行的技术援助分为项目准备技术援助、项目执行技术援助、咨询性技术援助、区域活动技术援助。技术援助大部分以贷款方式提供，有的则以赠款或联合融资方式提供。

四、非洲开发银行

非洲开发银行（African Development Bank，AFDB）是非洲国家政府合办的互助性质的区域性国际金融组织，于1964年9月成立，1966年7月开始营业，总行设在象牙海岸（今科特迪瓦）的首都阿比让。为了吸收更多资金、扩大银行的运营能力，1980年5月非洲开发银行第15届年会通过决议，允许非洲区域以外的国家投资入股加入该行。我国于1985年入股成为该行会员国。

（一）非洲开发银行的宗旨

非洲开发银行的宗旨是为非洲成员国经济和社会发展提供投资和贷款，或给予技术援助，充分利用非洲大陆的人力和资源，促进各国经济的协调发展和社会进步，协助非洲大陆制定发展总体战略和各成员国的发展计划，以达到非洲经济一体化。

（二）非洲开发银行的组织形式

非洲开发银行的管理机构由理事会、董事会、行长组成。理事会是最高权力机构，由会员国各指派一名理事组成。理事一般由会员国的财政部部长或中央银行行长担任。由理事会选出的董事会是常设的执行机构。行长由董事会选出,并兼任董事长,负责主持银行的日常工作。银行的重大事务由理事会和董事会投票表决。理事会和董事会中的投票权主要按会员国认缴股本的多少进行计算。

(三)非洲开发银行的资金来源及业务活动

非洲开发银行的资金来源主要是会员国认缴的股本。除此之外,还通过与私人资本及其他信用机构合资合作,广泛动员和利用各种资金以扩大银行的业务。

非洲开发银行的主要业务活动是向非洲区域内的会员国发放贷款。贷款种类主要分为普通贷款和特殊贷款两种。特殊贷款不计息,条件优惠,贷款期限最长可达50年。

五、泛美开发银行

泛美开发银行(Inter-American Development Bank,IDB)是由美洲国家组织与欧亚其他国家联合创立的区域性政府间国际金融组织,于1959年12月正式成立,1960年10月开始营业,总行设在华盛顿。

(一)泛美开发银行的宗旨

泛美开发银行的宗旨是,动员美洲内外的资金向拉美会员国的经济和社会发展项目提供贷款,以促进和协调会员国社会进步和经济发展,促进拉美国家之间的经济合作,实现区域经济增长。

(二)泛美开发银行的组织形式

泛美开发银行的管理机构由理事会、执行董事会、行长、副行长组成。理事会是最高权力机构,由会员国各指派一名理事和候补理事组成。执行董事会是负责银行日常工作的常设机构。行长是银行的最高行政领导人。银行的重大事务由理事会和董事会投票表决。理事会和董事会中的投票权主要按会员国认缴股本的多少进行计算。美国认缴份额最多,投票权也最多。

(三)泛美银行的资金来源及业务活动

泛美开发银行的资金来源主要是会员国认缴的股本。另外,还通过借款和发行短期债券的形式来筹集资金。

泛美开发银行的主要业务活动是向拉美会员国政府及其他公私机构的经济项目提供贷款。贷款种类主要分为普通业务贷款和特种业务贷款两种。普通业务贷款的利率高于特种业务贷款,而贷款期限则比特种业务贷款短,且必须用借款货币偿还。特种业务贷款可全部或部分用本币偿还。此外,该行还设立了条件优惠的信托基金贷款。

阅读专栏　　　　**人民币正式加入SDR货币篮子**

2016年10月1日,人民币正式加入国际货币基金组织的SDR货币篮子。

IMF每五年评估一次SDR货币篮子,下次评估将于2021年9月30日召开。一般来说,它会调整篮子中的货币权重,并考虑纳入其他货币,依据宗旨是长期提升SDR作为储备资产的地位。在人民币纳入 SDR 货币篮子之前,篮子中仅有的一次货币替换出现在 1999 年,当时是用欧元取代了德国马克和法国法郎。

SDR 如何使用?

SDR 目前仅在官方部门使用,其功能主要有三种:价值储藏、记账单位和支付手段。交易方式主要分为指定交易和协议交易。

SDR 的价值储藏功能主要反映在它可以作为储备资产被各国持有。作为储备资产的 SDR 主要是通过 IMF 分配这种形式而创造出来的。SDR 的分配可分为普遍分配和特殊分配。普遍分配就是根据各成员国在 IMF 中的份额按比例向所有成员国的分配,特殊分配则被用于解决个别成员国因为后加入 IMF 而没有参加以前的 SDR 分配等问题。

SDR 的另外一个重要作用是充当记账单位。使用 SDR 作为记账单位的优势在于,SDR 货币篮子比单一货币更为稳定,因此可以减轻汇率波动的影响,以 SDR 作为报告货币可使资产价值等统计数据更为客观。很多国际金融机构已经使用 SDR 作为记账单位,比如国际清算银行、非洲开发银行、亚洲开发银行、西非国家经济共同体和伊斯兰开发银行等。IMF 向各国提供以 SDR 标价的贷款。

此外,SDR 还可作为一种支付手段。各国向 IMF 缴纳份额、向 IMF 还款以及 IMF 向成员国支付利息均可以使用 SDR 支付。

怎样才能被纳入 SDR 货币篮子?

2005 年 11 月,IMF 执行董事会明确,SDR 篮子的组成货币必须满足两个标准:一是货币篮子必须是 IMF 参加国或货币联盟所发行的货币,该经济体在篮子生效日前一年的预备期和预备期前的五年考察期内是全球四个最大的商品和服务贸易出口地之一;二是该货币为自由使用货币。对于第二条标准,如何界定自由使用货币?有以下两条认定要求:第一,在国际交易中广泛使用,包括该国在 IMF 参加国中出口所占份额、以该货币计价的资产作为官方储备资产的数量;第二,在主要外汇市场上广泛交易,包括外汇交易量、是否存在远期外汇市场、以该货币计值的外汇交易的买卖价差等指标。此外,纳入 SDR 篮子货币还要求不少于 70% 的 IMF 成员国投票支持。加入 SDR 还要求央行对金融资产、外汇储备的公布非常详细和透明。

中国加入 SDR 经历了哪些过程?

2009 年,中国开始"试水"SDR,尽管时任法国总统萨科齐公开表示希望将人民币加入 SDR 货币篮子,但在 2010 年,人民币并未能被纳入 SDR,因为 IMF 认为中国已满足贸易出口指标的前提条件,但人民币未达到"可自由使用"要求。2015 年 3 月,IMF 总裁拉加德称,人民币纳入 SDR 不是是与否的问题,而是将于何时纳入的问题。为了冲刺 SDR,中国做出了很多努力,包括"811"汇改,银行间债券市场及外汇市场对境外主权类机构完全开放,等等。2015 年 11 月 30 日,IMF 宣布将人民币纳入 SDR 货币篮子,并将于 2016 年 10 月 1 日正式生效。

纳入 SDR 对中国的资本流动及人民币汇率有何影响?

汇丰固收研究团队称,中国在人民币纳入 SDR 过程中放宽其债券市场准入准则,对资本流入产生间接的积极影响。

近期外资流入已有所恢复。央行的数据显示,在 2015 年下半年和 2016 年年初外资集中撤出后,外国投资者持有人民币债券的金额在 2016 年 3—6 月增长约 1000 亿元。

中央国债登记结算公司更加及时的数据表明,外资债券投资的资金流入一直持续到2016年8月。外资流入可被间接归因于人民币纳入SDR,或者更准确地说,是纳入过程中中国对资本账户的改革。IMF将人民币作为储备货币,加上低核心债券收益率推动全球资金流入,新兴市场及对中国经济增长和外汇政策的市场情绪好转等因素,会提升投资者的信心。在过去的一年中,中国分几个阶段取消对官方投资机构及特定类型的私营部门投资机构人民币债券投资的配额管制,并允许前者使用在岸外汇及利率衍生工具进行对冲,同时减少对资金进出的限制。汇丰固收研究团队认为,这些重大变化将使中国在岸国债被纳入主要新兴市场债券指数。考虑到中国人民币国债市场的庞大体量——仅次于美国和日本,这将成为一个重大事件。预计在全面纳入指数后的1—2年,外资持有人民币国债的规模可能从目前市场总规模的2%—3%上升至10%。

此外,汇丰固收研究团队表示,由于央行并不必须调整其资产组合,新SDR货币篮子生效对资本流动的直接影响很小。

人民币加入SDR将如何推动国际货币体系改革?

当前国际货币体系是以美元为中心,而IMF与中国央行的共同愿景之一就是提高SDR在当前国际货币体系中的重要性。

IMF认为,将人民币纳入SDR货币篮子将有助于提高SDR的地位。各国央行可以将SDR储备资产换为货币篮子中的任何货币以满足其国际收支需求。

汇丰固收研究团队表示,鉴于中国在全球贸易中的领先地位,一些经济体可能会发现用人民币来结算其国际收支赤字是一个有益的选项。金融市场参与者也可能重燃对SDR计价工具的兴趣。毕竟全球投资者持有人民币资产不足的比率很低,而新的SDR货币篮子提供了间接的人民币敞口。

2016年8月31日,35年来首只以SDR计价的债券在中国发行(以人民币结算),全球市场重燃对SDR的关注。汇丰固收研究团队称,将人民币纳入SDR能帮助中国参与国际货币体系的改革,鼓励中国在推动SDR问题上发挥积极作用。人民币影响力将得到提升,并有可能会改变目前以美元为中心的国际货币体系。

资料来源:搜狐财经,2016年9月25日,中泰华城报道。

本章提要

1. 国际货币基金组织是联合国管理和协调国际金融关系的专门机构。我国是国际货币基金组织创立国之一。

2. 世界银行是与国际货币基金组织同时产生的两个国际性金融机构之一,也是联合国属下的一个专门机构。

3. 国际开发协会是一个专门从事对欠发达的发展中国家提供期限长和无息贷款的国际金融组织。

4. 亚洲开发银行是西方国家和亚洲及太平洋地区发展中国家联合创办的面向亚太地区的区域性政府间金融机构。

5. 亚洲基础设施投资银行是支持基础设施发展的多边金融机构,旨在通过与现有多边开发银行开展合作,更好地为亚洲地区长期的巨额基础设施建设融资缺口提供资金支持。

思考题

1. 全球性主要国际金融组织有哪些?
2. 国际货币基金组织的贷款宗旨是什么?其贷款种类主要有哪些?
3. 世界银行贷款的主要特点是什么?
4. 国际开发协会的贷款条件有哪些?
5. 国际金融公司的贷款目的是什么?
6. 国际清算银行的主要职能有哪些?
7. 亚洲基础设施投资银行是谁倡导成立的?其成立的意义是什么?

21世纪经济与管理规划教材

国际经济与贸易系列

管　理　篇

第十章　国际储备

第十一章　国际资本流动

第十二章　金融监管

第十章 国际储备

[教学目的]

通过学习本章,应掌握国际储备的概念和作用、国际储备与国际清偿力的区别、国际储备的构成、国际储备的主要来源,了解国际储备管理的主要手段和效果。

[重点难点]

国际储备的概念、作用、构成和来源,以及国际储备的水平管理。

[引导案例]

我国外汇储备出现新变化

我国外汇储备从 2012 年的 3.31 万亿美元,到 2013 年达到 3.82 万亿美元,再到 2014 年外汇储备余额达 3.84 万亿美元。但是从 2014 年第三季度起,外汇储备开始出现减少,而且幅度一度还有所加大,在今年 8 月份更是出现 939 亿美元的历史性降幅。

据统计,2015 年 9 月末,我国外汇储备余额为 35 141 亿美元,而 2014 年 6 月末为历史最高的 39 932 亿美元,一年间,外汇储备余额累计下降了 4 791 亿美元。

外汇储备为何出现下降?总的来说,外汇储备的变动是多重因素综合作用的结果。影响外汇储备规模变动的因素,既包括央行在外汇市场的操作,也包括外汇储备投资资产的价格波动,同时由于美元作为外汇储备的计量货币,其他各种货币相对于美元的汇率变动还可能导致外汇储备规模的变化。

中国金融期货交易所首席宏观研究员赵庆明分析,外汇储备下降主要是由于国际收支逆差的原因,以及人民币贬值和美国加息预期等方面影响使得一些境外融资有所归还,从而造成了资金的部分流出。此外,外汇储备下降也受到其他境内主体持有外汇资产的增加,包括居民持汇意愿增加的影响。

对外经济贸易大学校长助理丁志杰分析,根据国际收支平衡表,去年下半年至今年上半年,我国外汇储备资产累计下降 963 亿美元,这是国际收支实际交易所致,其余 2 031 亿美元的外汇储备余额变化则与汇率、价格等估值因素有关。"也就是说,由于外汇市场干预的 900 多亿美元占累计下降总数的比重不足 1/3,很大一部分下降是资产缩水所致。"

而资产缩水主要有两方面因素,一是由于美元升值,导致非美元外汇储备资产折算成美元时变少;二是其中一些资产价格下降。"这些由于资产缩水所造成的外汇储备下降是需要引起足够重视的,未来我们应当更加注重外汇储备的多元化。"丁志杰说。

资料来源:王观、许志峰,"外汇储备为何连降五个月",《人民日报》,2015 年 10 月 18 日第 2 版。

一国国际储备资产的拥有量反映了该国对外经济实力,同时也是综合国力的表现。一般说来,国际收支顺差会使本国国际储备资产增加,反之亦然。在全球化背景和开放经济条件下,一国或地区调控内外失衡的成本越来越高,调整政策的局限性日益凸现,各国货币当局更加重视运用融资政策作为政策调节的主要手段,而国际储备的多少和对其管理的效率是融资政策有效性的基础条件。

第一节　国际储备概述

国际储备是国际收支平衡表中的一个主要项目,它在一国国民经济中起着重要作用,特别在调节国际收支平衡、保持内部与外部平衡中意义重大。

一、国际储备的概念和特征

国际储备作为一国国际清偿能力的主要部分,体现了一国国际清偿能力的强弱,是衡量一国对外金融和经济实力的一个重要标志,对调节国际收支、保证国家对外支付能力和资信、维持本币汇率稳定具有重要作用。

（一）国际储备的概念

国际储备(International Reserve),一般是指一国货币当局为平衡国际收支、维持本国货币汇率稳定以及应付紧急需要而持有的在国际间可以被普遍接受的可自由兑换资产。对国际储备的定义,过去学术界有过争论,认为它有狭义与广义之分。

20世纪60年代中期后,国际储备的定义逐渐趋于统一,并且主要是从狭义的角度来定义的。如1965年,"十国集团"对国际储备做出了如下定义：国际储备是指该国货币当局占有的那些在国际收支出现逆差时可以直接地或通过同其他资产有保障的兑换性来支持该国汇率的所有资产。IMF在其《国际收支手册》中指出：国际储备是中央当局实际直接有效控制的那些资产,储备资产由黄金、特别提款权、在基金组织的储备头寸、使用该组织的信贷和非居民现有的债权组成。可见,IMF不但规定了国际储备的性质,也明确了它的主要构成。目前,从狭义的角度给出的国际储备概念已被各国普遍接受。

（二）国际储备的特征

国际储备具有如下典型的特征：

(1) 官方持有性,即作为国际储备的资产必须是中央货币当局直接掌握并予以使用的,这种直接"掌握"与"使用"可以看成是一国中央货币当局的一种"特权"。非官方金融机构、企业和私人持有的黄金、外汇等资产不能算作国际储备。该特点使国际储备被称为官方储备,也使国际储备与国际清偿力区分开来。

(2) 自由兑换性,即作为国际储备的资产必须可以自由地与其他金融资产相交换,充分体现储备资产的国际性。缺乏自由兑换性,储备资产的价值就无法实现,这种储备资产在国际间就不能被普遍接受,也就无法用于弥补国际收支逆差及发挥其他作用。

(3) 充分流动性,即作为国际储备的资产必须是随时都能够动用的资产,如存放在银行里的活期外汇存款、有价证券等。当一国国际收支失衡或汇率波动过大时,就可以动用这些资产来平衡国际收支或干预外汇市场来维持本国货币汇率的稳定。

（4）普遍接受性，即作为国际储备的资产必须能够为世界各国所普遍认同与接受、使用。如果一种金融资产仅在小范围或区域内被接受、使用，尽管它也具备可兑换性和充分流动性，仍不能称为国际储备资产。

（三）国际储备与国际清偿能力的区别

国际清偿力（International Liquidity），又称国际流动性，简言之，是指一国的对外支付能力，具体说，是指一国直接掌握或在必要时可以动用作为调节国际收支、清偿国际债务及支持本币汇率稳定的一切国际流动资金和资产。它实际上是一国的自有储备（亦称第一线储备）与借入储备（亦称第二储备）的总和。

因此，国际清偿力、国际储备与外汇储备的关系可表述如下：第一，国际清偿力是自有国际储备、借入储备及诱导储备资产的总和。其中，自有国际储备是国际清偿力的主体，因此，国内学术界亦把国际储备看成狭义的国际清偿力。第二，外汇储备是自有国际储备的主体，因而也是国际清偿力的主体。第三，可自由兑换资产可作为国际清偿力的一部分，或者说包含在广义国际清偿力的范畴内，但不一定能成为国际储备货币。只有那些币值相对稳定，在经贸往来及市场干预方面被广泛使用，并在世界经济与货币体系中地位特殊的可兑换货币，才能成为储备货币。

正确认识国际清偿力及其与国际储备的关系，对一国货币当局充分利用国际信贷或上述筹款协议，迅速获得短期外汇资产来支持其对外支付的需求，具有重大意义；对理解国际金融领域中的一些重大发展，如欧洲货币市场对各国国际清偿力的影响，一些发达国家国际储备占进口额的比率逐渐下降的趋势，以及研究国际货币体系存在的问题与改革方案等，都是十分有帮助的。

二、国际储备的构成与来源

国际储备资产的构成是随着历史的发展而变化的。目前，IMF对国际储备的概念是从国际储备构成的角度定义的，即一国政府和中央银行所持有的黄金、外汇、该国在IMF的头寸以及特别提款权的总额构成一国的国际储备。

（一）国际储备的构成

国际储备的构成内容，随着国际经济交易和金融关系的发展而不断得以丰富。目前，根据IMF的规定，一国的国际储备资产包括以下四个方面：

1. 政府持有的黄金储备

政府持有的黄金储备（Gold Reserves）是一国政府为保证国际支付和维持货币信用而储存的金块和金币的总额，同时还是在金本位制度下各国发行纸币的准备金。

在金本位制下，黄金是最重要的国际储备形式。金本位制崩溃以后，纸币不再兑换黄金，黄金也不再作为纸币发行的准备金，但仍然是主要的国际储备资产和国际结算支付手段。与其他储备资产相比，黄金具有保值、可靠的优点，因此许多国家仍持有大量的黄金储备。

1978年4月1日生效的《国际货币基金协定》修正案规定：黄金"非币化"，黄金作为货币的作用趋于淡化。但黄金作为一般财富的社会化身,可以较容易地转化为任何所需要的支付手段,所以它仍是国际储备的重要形式。

2. 政府持有的外汇储备

政府持有的外汇储备(Foreign Exchange Reserves)即一国政府持有的国际储备资产中,以可自由兑换货币构成的那个部分。其具体形态表现为:政府在国外的短期存款及其他可以在国外兑现的支付凭证和有价证券,如商业汇票、银行支票、外国政府库券和长短期债券等。

第二次世界大战前,英镑曾长期是世界各国主要的储备货币;第二次世界大战后,美元取代英镑成为主要的储备货币。20世纪70年代以来,德国马克、瑞士法郎、法国法郎和日元也成为重要的储备货币。进入21世纪,欧元也成为重要的储备货币。

3. 特别提款权

特别提款权(Special Drawing Rights,SDRs)是IMF创设的一种记账单位和储备资产,分配给会员国用以补充国际储备,弥补国际收支逆差。特别提款权从1970年开始第一次分配给会员国,作为原有普通提款权以外的一种使用资金的特别权利,可用于会员国政府或中央银行IMF特别提款权账户之间的结算,以及会员国对IMF的某些支付;也可用来作为政府对外承担金融债务和缔结互惠协定的保证金,或向其他会员国换取外汇;但不能直接用于国际贸易和非贸易支付。

特别提款权的持有者,主要是IMF的会员国。只有IMF的会员国才能参与特别提款权的分配。另外,IMF指定的某些实体,如世界银行、国际清算银行、阿拉伯货币基金、国际农业发展基金、北欧投资银行和瑞士国民银行等,也可以持有和使用特别提款权,但不参加分配。私人企业和商业银行不能持有和使用特别提款权。

4. 会员国在IMF的储备头寸

会员国在IMF的储备头寸是指IMF会员国普通提款权(General Drawing Rights,GDRs)中储备部分贷款额度,即为普通提款权其中的一部分。其资金来源主要是会员国缴存在IMF的相当于份额25％的黄金与外汇。此外,会员国借款给IMF时也相应增加该储备头寸。

普通提款权是IMF向会员国发放的一种最基本的贷款。最高额度为会员国向IMF缴纳份额125％,期限为3—5年。它分两个部分:

(1)储备部分贷款,即会员国在IMF的储备头寸,也即会员国可以从IMF获得的相当于最初以黄金或外汇缴存份额的那部分信贷。它只有一个档次,因为参加IMF的会员国必须按照规定缴纳份额,以作为IMF的资金来源,并获得向IMF贷款的权利。储备部分贷款作为普通提款权的一部分,贷款额度为会员国所缴份额的25％。由于这25％的部分最初是以黄金缴纳,所以曾被称为黄金份额贷款。其后又由于在牙买加协定上改为用外汇或特别提款权缴纳,故又被称为储备部分贷款。

(2)信贷部分贷款,也称信用份额提款,是IMF为解决会员国国际收支困难而提供的一种贷款。分四个档次,每个档次的数额为会员国缴纳份额的25％。档次越高,贷款条件越严。

普通提款权中的储备部分贷款,在会员国国际收支出现逆差时,可自动提取进行弥补,无须经 IMF 批准,因此会员国在 IMF 的储备头寸与黄金、外汇及特别提款权一起被列为会员国的国际储备资产。但是,特别提款权和会员国在 IMF 的储备头寸,是 IMF 根据会员国所缴纳的份额按比例分配的。因此,相对而言,二者在国际储备资产中是个既定的量,短期内不受一国经济和国际收支的影响。

(二) 国际储备的来源

1. 收购黄金

收购黄金包括两方面:① 一国从国内收购黄金并集中至中央银行手中;② 一国中央银行在国际金融市场上购买黄金。不过,因黄金在各国日常经济交易中使用价值不大,加上黄金产量也有限,因此,黄金在国际储备中的比重一般不会增加。

2. 国际收支顺差

国际收支顺差也包括两方面:① 国际收支中经常项目的顺差。它是国际储备的主要来源。该顺差中最重要的是贸易顺差,其次是劳务顺差。目前,劳务收支在各国经济交往中地位不断提高,许多国家的贸易收支逆差甚至整个国际收支逆差都利用劳务收支顺差来弥补。在不存在资本净流出时,如果一国经常项目为顺差,则必然形成国际储备;而在不存在资本净流入时,如果一国经常项目为逆差,则必然使国际储备减少。② 国际收支中资本项目的顺差。它是国际储备的重要补充来源。目前国际资本流动频繁且规模巨大,当借贷资本流入大于借贷资本流出时,就形成资本项目顺差。如果这时不存在经常项目逆差,这些顺差就形成国际储备。这种储备的特点是由负债所构成,到期必须偿还。但在偿还之前,可作储备资产使用。当一国的借贷资本流出大于借贷资本流入时,资本项目必然发生逆差,如果这时有经常项目逆差,则国际储备将会大幅减少。

3. 中央银行干预外汇市场取得的外汇

中央银行干预外汇市场的结果也可取得一定的外汇,从而增加国际储备。当一国的货币汇率受供求的影响而有上升的趋势或已上升时,该国的中央银行往往就会在外汇市场上进行公开市场业务,抛售本币,购进外汇,从而增加本国的国际储备。当一国的货币汇率有下浮趋势或已下浮时,该国就会购进本币,抛售其他硬货币,从而减少本国储备。一般来说,一个货币汇率上升的国家,往往是国际收支顺差较多的国家,因此,没有必要通过购进外汇来增加已过多的外汇储备,但由于共同干预的需要,会自觉或不自觉地增加本国的外汇储备。

三、国际储备的作用

拥有适量国际储备对一国对外经济关系的顺利发展,具有特别重要的作用。其具体表现在以下几个方面:

(一) 弥补国际收支逆差

理论与经验证明,当一个国家在国际交易中出现出口减少或因特大自然灾害以及战争等突发情况而造成临时性国际收支逆差,而这部分逆差又无法依靠举借外债来平衡时,人们首要的选择就是动用国际储备来弥补此逆差。这样,既可维护本国国际信誉,又可避免事后被迫采取诸如限制进口等"削足适履"的措施来平衡逆差而影响本国经济的正常发展。此时,运用部分国际储备来平衡逆差,会减缓逆差国政府为平衡国际收支而采取的一些剧烈的经济紧缩政策对国内经济所产生的负面影响。国际储备在此可以起到缓冲作用。但是,如果一国国际收支出现根本性的不平衡,则动用国际储备并不能彻底解决问题,相反会导致国际储备的枯竭。因此,当一国经济因政策失误或经济结构不合理而造成国际收支持续性逆差时,对包括外汇储备在内的储备资产的动用必须谨慎进行。

(二) 干预外汇市场,维护汇率稳定

在固定汇率制条件下,西方各国大都建立"外汇平准基金",用以干预外汇市场,使本币汇率稳定在政府所希望的水平上。即使在浮动汇率制度下,也可利用国际储备或明或暗地操纵外汇行市,实行所谓"管理浮动",使汇率水平与本国的经济政策相适应。

(三) 提高本币地位

一般来说,一国包括外汇储备在内的国际储备充足,表明该国弥补国际收支逆差、维持汇率稳定的能力强,国际社会对该国货币的币值与购买力也充满信心,因此,在国际外汇市场上愿意持有该国货币,该国货币会走向坚挺成为硬货币,该国货币的地位和信誉也因此而提高。

(四) 增强国际清偿力,提高向外借款的信用保证

作为通用的国际支付手段,必要时,国际储备可用于支付进口和偿还到期债务。国际储备是衡量一国偿债能力大小的重要指标。而一国对外资信的高低,除了由一国经济发展状况所决定,国际收支状况、偿债能力的大小也是重要的决定因素,所以国际储备的多寡是衡量一国资信高低的重要指标。如果一国国际储备实力雄厚,资信就高,则在国际金融市场上借债较容易,贷款条件也较优惠;否则,就不容易在国际金融市场上筹措到资金,借款条件也较苛刻。

(五) 获取国际竞争优势

国际储备是国家财产,是国际清偿力的象征,因此一国持有比较充裕的国际储备,就意味着有力量左右其货币对外价值,即有力量使其货币汇率升高或下降,由此获取国际竞争优势。如果是中心储备货币国家,拥有较充分的国际储备,则对支持其货币的国际地位至为重要。

第二节　国际储备体系及其发展

国际储备体系,是指在一种国际货币制度下国际储备货币或资产的构成与集合的法律制度安排。这种安排的根本问题是中心储备货币或资产的确定及其与其他货币或资产的相互关系。

一、国际储备体系的演变

国际储备体系的演变,实际上就是中心货币或资产在国际经济交易中的延伸与扩大。整个演变是随着国际货币制度的变迁,从单元的储备体系逐步向多元的储备体系

发展。

（一）第一次世界大战以前单元化的储备体系

在典型的金本位制度下，世界市场上流通的是金币。因此，国际储备体系单元化，其特点就是国际储备受单一货币支配。

由于金本位制度率先在英国实行（1816年），各国只是后来仿效，于是逐渐形成了以英镑为中心、金币（或黄金）在国际间流通和被广泛储备的现象。因此，在这个制度下的储备体系，又称黄金—英镑储备体系。在这个储备体系中，黄金是国际结算的主要手段，也是最主要的储备资产。

（二）两次世界大战之间过渡性的储备体系

第一次世界大战后，典型的金本位制崩溃，各国建立起来的货币制度是金块本位制或金汇兑本位制（美国仍推行金本位制）。国际储备中外汇储备逐渐朝多元化方向发展，形成非典型性的多元化储备体系，不完全受单一货币统治。但由于该体系不系统、不健全，因此，严格地说是一种过渡性质的储备体系。当时，充当国际储备货币的有英镑、美元、法郎等，以英镑为主，但美元有逐步取代英镑地位之势。

（三）二战后至70年代初以美元为中心的储备体系

第二次世界大战后，布雷顿森林货币体系建立了起来。美元取得了与黄金等同的地位，成为最主要的储备货币。这时的储备体系称为美元—黄金储备体系，其特点是储备受美元统治。在这个体系中，黄金仍是重要的国际储备资产，但随着国际经济交易的恢复与迅速发展，美元成为最主要的储备资产。这是因为，一方面，当时世界黄金产量增加缓慢，产生了经济的多样化需要与黄金单方面供不应求的矛盾；另一方面，黄金储备在各国的持有量比例失衡，美国持有了黄金储备总量的75%以上，其他国家的持有比例则较小。因此，在各国国际储备中，黄金储备逐渐下降，而美元在国际储备体系中的比例却逐渐超过了黄金而成为最重要的国际储备资产。

（四）70年代后至今的多元化储备体系

布雷顿森林体系崩溃后，国际储备体系发生了质的变化。这表现在储备体系完成了从长期的国际储备单元化向国际储备多元化的过渡，最终打破了某一货币如美元一统天下的局面。四十多年来，形成了以黄金、外汇、特别提款权、储备头寸以及欧元等多种国际储备资产混合构成的一种典型性的国际储备体系。其特点是国际储备受多种硬货币支配。多种硬货币互补互衡，共同充当国际间的流通手段、支付手段和储备手段。

二、多元化国际储备体系产生的主要原因

（一）"特里芬难题"的出现

"特里芬难题"的出现及其补救措施的失败，是促使国际储备体系多元化的一个重要原因。这里出现这样一个两难的矛盾现象：一方面，储备货币发行国即美国要满足世界各国对储备货币的需求，其国际收支就会发生逆差，而国际收支逆差又会降低该储备货币的信誉，导致储备货币危机；另一方面，储备货币发行国美国要维持储备货币信誉，则

必须保持国际收支顺差,而国际收支顺差又会断绝储备货币的供给,导致他国国际储备的短缺,最后影响国际清偿力。由于最初揭开这个矛盾现象的是美国经济学家罗伯特·特里芬(Robert Triffin),因此称为"特里芬难题"。

(二)日元、马克等货币地位的上升

随着战后日本、西欧经济的恢复与发展,相应地,这些国家的货币也被人们不同程度地看好而成为硬通货。当美元信用逐渐削弱而使美元危机迭生时,这些硬货币也就成了人们作为中心储备货币的最佳选择。因此,许多国家在预期到美元贬值时,就纷纷将美元储备兑换成日元、马克、瑞士法郎等硬货币,甚至还抢购黄金,从而使国际储备资产分散化和多元化。1979年11月,美国对伊朗资产的冻结,又加速了储备货币多元化的进程。石油输出国为避免储备美元的风险,将大量的石油美元从美国调往日本和欧洲,并兑换成日元、马克和其他硬货币。这样储备货币中美元的比重就不断下降,而其他硬货币的比重则不断增加。

(三)西方主要国家国际储备意识的变化

一个储备体系的建立,除必须具备一定的客观条件外,还必须具备一定的主观条件,这个主观条件主要是指各国对国际储备的意识。多元化国际储备的形成很大程度上是受这一意识的变化推动的,表现在以下两方面:

1. 美国愿意降低美元的支配地位

第二次世界大战后美国一直坚持维护美元在储备体系中的垄断地位,这样美国可借助于储备货币的发行国这个优势,用直接对外支付美元的方式弥补其国际收支逆差,还可以用美元大量发放贷款或进行投资,获取高额利息,甚至控制其他国家的经济。但20世纪70年代以来,因美元危机对内外经济造成巨大的压力,迫使美国改变意识,愿意降低美元的支配地位,同各国分享储备中心货币的利益。

2. 联邦德国、日本等硬货币国家愿意把本国货币作为中心储备货币

这些国家最初是不愿本国货币成为中心储备货币的,因为一旦成为中心储备货币,就成为储备货币发行国,这虽然可获得一定的好处,但必须对外完全开放国内金融市场,对资本输出入也不加任何限制,这样就会影响国内的货币政策乃至经济发展。同时,任何一国货币作为储备货币都会遇到"特里芬难题",即随着储备货币发行量的增长,其信用保证必然下降,进而影响货币汇率。自1979年遭到第二次石油危机冲击后,这些国家改变了态度,放松了对资金的管制,鼓励外资内流以及外国中央银行增加持有本国货币,加速了这些货币作为国际储备货币的进程。

(四)保持国际储备货币的价值

从1973年开始,浮动汇率制成了国际汇率制度的主体,随之而来的是汇率剧烈波动,且波幅很大。为了防止外汇风险,保持储备货币的价值,各国有意识地把储备货币分散化,以此分散风险,减少损失。这种主观保值行为也推动了国际储备体系走向多元化。

三、多元化国际储备体系的发展特征

多元化国际储备体系的发展具有以下主要特征:

（一）国际储备多元化，但美元仍居主导地位

多元化国际储备体系的形成直接源于美元在 20 世纪 70 年代的两次贬值，引起美元信誉下降。多元化储备体系的发展变化也基本上由美元地位与信誉的沉浮而引起。美元在多元化体系的形成与发展中，始终是最重要的作用因素。美元信誉下降，多元化储备体系发展进程快；美元信誉提高，多元化储备体系的发展进程就缓慢。80 年代初，多元化储备体系有回归到美元占绝对统治地位的单元化储备体系之势。这是因为：(1) 70 年代储备货币的多元化，减轻了世界各国对美元的需求压力，从而在一定程度上缓和了"特里芬难题"，从而有利于美国减少国际收支逆差，使美元币值保持稳定，进而再度提高了美元作为储备货币的吸引力。(2) 1981 年里根上台后，美国采取了高利率的政策，促使美元回流，美元作为国际货币的作用又再度扩大，信誉提高，汇率复升，因此，增加了许多国家扩大美元储备的要求。(3) 70 年代末，日本、西欧等国虽表示愿意把本国货币作为储备货币，但这是被动性的甚至是被迫的。因为它们都不愿看到"特里芬难题"在本国出现，既影响国内的货币政策，也对本国经济造成影响。因此在 80 年代初，日本、联邦德国均想方设法阻止本国货币成为国际储备货币。

（二）国际储备总额迅速增长

第二次世界大战后，尤其自 70 年代以来，世界国际储备总额迅速增长。据 IMF 统计，1950 年世界国际储备总额（不包括中国、苏联和东欧国家）仅为 183.25 亿美元，但至 1970 年增长为 932.43 亿美元，1983 年年底（包括中国）增长为 4 154.6 亿美元（合 3 968.29 亿特别提款权，黄金储备按每盎司 35 个特别提款权计算），约增长了 23 倍，平均每年增长 68％ 还多。1985 年国际储备总额升至 4 368.66 亿特别提款权。1994 年国际储备总额更高达 8 445.52 亿特别提款权，比 1985 年增长了 93.32％。

（三）国际储备中黄金仍占相当比重，但非黄金储备显著增长

在国际储备中，外汇占绝大比重，但黄金亦占相当比重。由于自布雷顿森林体系解散后，黄金逐渐非货币化，1978 年 IMF 还宣布取消黄金条款，切断黄金与货币的直接联系，90 年代以来不少国家抛售黄金或计划抛售黄金，所以黄金储备在国际储备总资产中的比重呈快速下降趋势，金价也一跌再跌，目前 1 盎司仅为 255 美元左右。尽管如此，由于黄金仍是财富的象征或价值实体，所以仍在各国国际储备中占重要地位。所不同的是当人们动用黄金来清偿债务或弥补国际收支逆差时，需要先把黄金出售，换回外汇再进行支付。

（四）国际储备分布不均衡

国际储备的数量及其分布始终是不均衡的，即发达国家拥有绝大部分的黄金储备和大部分的非黄金储备，经济实力雄厚，国际清偿力充足。相反，发展中国家黄金储备极少，非黄金储备也不及发达国家，反映了发展中国家经济实力薄弱、国际清偿力不足。由此引发了发达国家与发展中国家的矛盾，而如何解决这个矛盾，还须国际社会做长期的努力。

四、多元化国际储备体系建立的深远影响

（一）多元化国际储备体系建立的积极影响

1. 缓和了国际储备资产供不应求的矛盾

在美元—黄金储备体系或以美元为中心的储备体系下，美元是单一的储备货币，但随着各国经济的发展，对美元的需求不断扩大，美国无法满足，造成了国际储备资产供不应求的矛盾，这显然不利于除美国以外的其他国家的经济发展。而在多元化国际储备体系下，同时以几个经济发达国家的硬货币为中心储备货币，使各国可使用的储备资产增加，为各国提供了满足多样化需求和灵活调节储备货币的余地。

2. 打破了美元一统天下的局面，促进了各国货币政策的协调

在美元—黄金储备体系下，美国可利用其特殊地位，推行对外扩张的经济政策，操纵国际金融局势，控制他国经济。多元化体系的建立，使美国独霸国际金融天下的局面被打破，各国经济不再过分依赖美国。同时，因国际储备货币多样化，可以很大程度上削弱一国利用储备货币发行国的地位而强行转嫁通货膨胀和经济危机的可能性。此外，多元化储备货币的付诸实践本身就是一个国际化的问题，为了维持多元化储备体系的健康发展和国际金融形势的稳定，各国必须互相协作，共同干预与管理。这些都有利于各国加强在国际间的金融合作，改善相互间的经济关系。

3. 有利于各国调节国际收支

一方面，各国可以通过各种渠道获取多种硬货币用于平衡国际收支逆差，这比只有单一美元储备可用于弥补国际收支逆差方便得多；另一方面，多元化国际储备体系处于各国实行浮动汇率制度的环境中，各国可以采取相应的措施调节国际收支，但在单一储备体系下，各国为调节国际收支而需变更汇率时，须征得 IMF 同意。

4. 有利于各国调整储备政策，防范、分散汇率变动带来的风险

这是因为多元化国际储备体系可为各国提供有效组合储备资产、规避风险的条件，即各国可根据金融市场具体的变化情况，适时、适当地调整储备资产结构，对其进行有效的搭配组合，从而避免或减少因单一储备资产发生危机而遭受的损失，保持储备价值的相对稳定，并尽力获取升值的好处。

（二）多元化国际储备体系带来的难题

多元化储备体系的积极作用，使该体系经受住了多起经济危机的严峻考验，如两次石油危机、两次严重的世界性资本主义经济危机以及发展中国家严重的国际债务危机等，但该体系同时也带来了新的难题。

1. 国际储备资产分散化，一定程度上加剧了世界性的通货膨胀

世界性通货膨胀的一个导因是国际储备货币总额的过分增长，而多元化国际储备体系恰好能"制造"出更多的储备货币，促使国际储备总额成倍增长。如国际储备在1969年年底才397.93亿特别提款权，至1980年年底却增长了7.4倍，达到2931亿特别提款权，每年平均增长逾20%，大大超过60年代平均增长7.5%的水平。而1985年更是达到4368.66亿特别提款权，从而使西方国家的通货膨胀率由60年代的平均2%—3%增加

到 70 年代的两位数以上,直至 80 年代中后期,才回落至 4% 左右。

2. 多元化国际储备体系增加了管理的难度

国际储备资产分散化以后,储备资产的稳定性就成了国际性问题。因此,一国在管理国际储备时,必须密切关注诸多储备货币国家的政治经济动态,密切关注外汇市场上这些货币汇率的变化,并根据各种储备货币的外汇风险和利息收益,不断调整储备资产的货币构成。这一切需要极发达的通信系统、灵敏的判断力以及过硬的操作技术,因此增加了储备货币管理的难度。

3. 多元化国际储备体系尚无法彻底平抑外汇市场投机,甚至有时还会刺激国际金融市场动荡不安

多元化国际储备体系扩大了储备供给,同时增加了世界储备总额,但与此同时,市场短期资本或游资也在成倍增长。国际游资天生有两个特性——趋利性与投机性,且"光速般"地流动。此外,当今世界国际金融工具创新层出不穷,而这些金融工具的创新又对短期资本的流动起了乘数作用,使其流动规模不断扩大。由于国际游资的存在和制造机会赚取高额利润的投机家处处可见,因此就多元化国际储备体系来说,一旦该体系中某个储备货币因某种原因日益坚挺,就会在市场上出现竞相抛售其他货币而抢购此硬货币的行为,其结果就会导致储备中相对软货币去"追逐"硬货币的现象,导致储备货币的汇率大起大落。当市场投机力量过大时,就会刺激国际金融市场动荡不安。

可见,多元化国际储备体系的建立与发展,具有不可替代的优点,但同时也带来了不少管理上的困难。因此,如何利用这些优点,克服它的缺点,制定符合实际的储备政策与管理体制,是摆在各国面前亟须解决的问题。

五、近年来国际储备的新变化

近年来,随着国际金融危机爆发危险的日益加大,各国政府开始保持大量储备,尤其是新兴市场国家。但令人遗憾的是,穷国保留的巨额储备不断从穷国向富国流动。这是因为:

第一,国际金融体系的不稳定使得汇率变幻无常。例如,日元和美元的兑换率,从 106 元下降到 80 元,又回升到 100—120 元,欧元与美元之间的汇率也始终处在无序波动中。

第二,许多国家为了抵消汇率的剧烈波动不得不保持大量的外汇储备,以满足偿债和进口支付之需。如果储备主要是为了履行外债的偿还,那么理论上一国的储备至少应该等于以美元计算的短期债务。因此,对于穷国而言,偿付外债和维持进口的压力使得它们不得不保存大量的外汇储备。

第三,对大部分发展中国家来说,持有巨额外汇储备的成本高昂,如果它们把钱投资于本国,大概可以获得 10%—20% 的实际回报。而现在这些国家的储备金却主要以收益率仅 1.75% 的美国国库券的形式保存!因此,虽然全球储备体系成本惊人,而这些储备成本绝大部分却是由贫穷国家来承担的。

第四,全球储备体系导致了资本从穷国向富国流动,而美国则是最大的受益者。穷国以高昂的机会成本持有巨额储备,而这些储备却主要以回报低下的美国国债、国库券

的形式存在。设想某非洲穷国的一个公司从一家美国银行贷款1亿美金,利率是18%,该穷国因此必须拿出1亿美金作为储备金,以美国国库券的形式保存,并赚取1.75%的利息。从宏观的角度看,该国从美国借了1亿美元,然后又借给美国1亿美元,因此,没有现金流动,没有资源流动。它借给美国的钱赚了1.75%,从美国借来的钱要付18%的利息。美国从交易中赚到了大约1600万美金净利润。因此,维持目前的金融体系,美国的公司和美国经济能从中获益,但是这一金融体系对穷国的发展显然是没有什么益处的。

第三节 国际储备的管理

国际储备管理是指一国货币当局根据一定时期内本国的国际收支状况和经济发展的要求,对国际储备的规模、结构及储备资产的运用等进行计划、调整、控制,以实现储备资产规模适度化、结构最优化、使用高效化的整个过程。一国的国际储备管理包括两个方面:储备水平管理和储备结构管理。

一、国际储备管理的重要性

随着布雷顿森林体系的崩溃和浮动汇率制的实行,国际储备管理问题变得更为突出和重要。具体表现在以下几个方面:

(一) 国际储备资产的汇率风险增大

在固定汇率制度下,除了货币的法定升值和贬值外,汇率大幅度剧烈波动的情况是不多的。布雷顿森林体系规定各国货币间汇率的波动幅度,原则上不超过法定平价的上下1%。而如果某种货币可能出现法定贬值,一般都有某种迹象,事先可以防范。例如,某种货币出现长期的市场汇率下跌或币值高估等迹象。而在浮动汇率制度下,西方国家的关键货币之间汇率波动频繁,而且波动幅度较大,从而使国际储备资产的汇率风险增大。因此,必须加强对储备资产的管理。主要表现在以下两个方面:

(1) 在世界各国普遍实行浮动汇率制条件下,各国中央银行持有的外汇储备货币面临汇率频繁波动的风险。如果一国中央银行保持的外汇储备币种不当,就可能遭受损失。因此,需要密切注意西方主要外汇市场的汇率变化趋势,根据情况不断选择变换储备资产的形式,加强储备资产管理。

(2) 在储备货币币种不断增加的情况下,各国对外贸易用于计价结算货币的汇率风险大大增加。过去的储备资产主要是美元和英镑,国际间的支付结算主要集中在这两种货币上,尤其是美元上。因此,只要预测好这两种货币,尤其是美元的汇率走势,就可以确保外汇不受或少受损失。而浮动汇率制度下,各种可自由兑换的西方国家货币都已成为储备货币,使国际储备资产的汇率风险复杂化。因此,必须根据各种货币不断变化的汇价和国际贸易支付结算的需要,来调配储备货币的结构。因此,也增加了储备管理的必要性。

(二) 国际储备资产的利率风险增大

由于西方各国本身经济目标的重点不同,经济政策的理论依据不同,因此其利率水平各不相同。但各国利率水平会互相影响,因而利率经常波动。因此,国际储备管理还必须比较各种货币的利率差距,同时要充分考虑各种货币名义利率与实际利率之间的关系,选择调配储备货币的币种,以确保国际储备资产的安全性和盈利性。

(三)国际储备资产的投资选择和选择风险同时增加

国际储备资产的多元化,为各国储备资产保值增值和投资选择提供了更多的机会,但同时也带来了更大的投资选择风险。随着以欧洲货币市场为主的国际金融市场的迅速发展,信用方式日趋多样化,借贷凭证种类繁多,而且可以随意转让,调拨灵活方便。另外,各种有价证券的币种、面额、期限、利率、费用、收益等也各不相同,这就使得储备资产的投资选择变得重要和复杂。其选择得当与否,直接关系到储备资产的盈利性和安全性。因此,对国际储备资产的管理不仅要求注意汇率、利率的变化,还必须研究证券市场的变化和投资对象的特点等,从而加大了储备资产管理的难度和复杂性。

(四)黄金价格的剧烈波动对黄金储备价值的影响

黄金价格的剧烈波动影响黄金储备的价值,因此需加强对黄金储备的管理。自1971年8月美国宣布停止向外国中央银行按35美元兑换1盎司黄金以后,国际黄金市场价格不断上涨。在西方各国通货膨胀加剧、货币汇率和利率动荡的情况下,黄金成为人们投机或保值而抢购的对象,导致市场金价经常暴涨暴跌;而许多国家换算黄金储备经常要参照黄金市场价格。所以,金价的涨跌会影响储备资产的价值。黄金虽然不像其他储备资产那样可供投资生息,但是金价涨跌所带来的收益或损失会影响中央银行的黄金买卖决策。因此,需要加强对黄金储备的管理。

(五)保持适度的国际储备规模与结构

一国国际储备资产结构及外汇储备的币种结构必须与该国的贸易流向和债务结构相适应,并保持适度的国际储备量,这样才能满足国际贸易及国际经济往来的需要,而这正是国际储备资产管理的主要内容。

二、国际储备水平管理

国际储备水平管理主要是指如何保持最适度的国际储备数量或规模,以适应经济发展和对外经济往来的需要。一国的国际储备总额应与本国经济的需要相适应。过少不能满足需要,过多则可能造成浪费。如何保持最适量的储备水平,降低储备管理成本,就成为各国国际储备管理中的首要问题,同时也揭示了国际储备水平管理的实质。

(一)国际储备水平的概念

所谓国际储备水平,是指一国持有的国际储备数额及其与相关经济指标之间的对应关系。一个国家应该持有多少国际储备数量,在国际上并没有成文或统一的规定。因为在不同国家及其不同的发展阶段和不同的情况下,对储备水平的要求是不尽相同的。多少最为适度,必须根据各国经济的实际需要来定。但一般来说,也有一些确定适度国际储备水平的基本因素。

（二）影响国际储备水平的主要因素

1. 经济活动规模

经济活动规模可用国民生产总值来体现。从理论上讲，如果一国的经济活动规模大，而该国又非储备货币发行国，则其会增加国际储备需求；反之，经济活动规模小，会减少国际储备需求。一般来说，国际储备大小与一国经济活动的规模大小成正比。

2. 国际收支差额

国际储备的主要作用之一是弥补国际收支逆差，因此，一国的国际收支状况对该国的储备需求具有决定性的影响。一般来说，一国国际储备需求与其国际收支逆差呈正方向变化，逆差出现的频率越高，数额越大，对国际储备的需求量也就越大。另一方面，一国国际储备需求与其国际收支顺差呈反方向变化，一国若出现持续性顺差，对国际储备的需求就相应地逐渐减少。如果一国国际收支平衡，则国际储备维持正常状况即可。多数发展中国家因受经济结构不平衡、经济政策失当以及不合理的国际经济秩序的影响，国际收支出现逆差，迫使它们提高国际储备需求水平。

3. 外汇管制与汇率制度的安排

如果一国经济开放度低，对外实行严格的外汇管制，一切外汇收支都按计划或须经批准，则用汇量必然受到限制，在这种情况下，对外汇储备的需求一般会小些；反之，对外汇储备的需求会大些。与外汇管制相关的一个措施，便是一国对汇率制度的安排。外汇储备的一个主要作用是平衡国际收支，另一个主要作用就是干预汇率，因此，储备需求与汇率制度是密切关联的，即一国无论是实行固定汇率制，还是选择管理浮动汇率制，都会影响到国际储备需求水平的高低。

4. 对外资信与融资能力

一般来说，如果一国有良好的对外信誉和形象，可以在必要时较容易或迅速地筹措到各种外汇资金，那么该国对储备的需求会小些；反之，对储备的需求就会大些。与此相关，一国在国际金融市场上的融资能力的高低与储备需求也存在密切关系。如果一国有能力通过各种方式（借款、发行债券、设立基金、争取国际金融组织优惠贷款等）获得所需的资金，就可补充其国际清偿力，抵消可能出现的资金缺口，则对储备的需求减少；反之，对储备的需求相应增加。

5. 国际收支调节政策的成本和效果

弥补国际收支逆差的措施是多方面的。例如，在逆差时除可向外部融资以外，还可实行系列调节政策，即支出转换政策和支出削减政策，或者说通过紧缩的财政、货币政策（包括汇率政策）和贸易政策来平衡国际收支。

6. 持有储备的机会成本

持有储备实际上是成本与收益的统一。持有储备显然具有持有效益，如弥补国际收支逆差、干预汇率等，而且储备资产首先是一种外汇资产，存放在外国银行也有利息收入。但同时，储备资产又是一种外国实际资源的象征，不"储藏"它而及时予以运用就可向国外购买生产必需品或消费品，也可进口物资推动经济增长与提高投资收益。而"储藏"它就等于这段时间放弃对这种实际资源的使用权，丧失由此带来的效益。这就是持有储备的机会成本。一国持有储备的机会成本相对较高，则储备的需求量就应低些；反之,储备的需求量可相应高些。一国储备需求与持有储备的成本呈负相关关系。

7. 金融市场的发达程度

金融市场是储备的重要来源渠道,发达的金融市场使得金融当局可通过市场操作获取所需的储备,也可以通过金融机构迅速地"借入储备",即发达的金融市场存在一种迅速地把民间资金或社会资金转换为中央银行直接持有的机制,我们姑且称为储备转换机制。因此,金融市场越发达,储备转换机制越完善,货币当局对储备的需求"冲动"就越少;反之,对储备的需求"冲动"就越多。

8. 对外汇储备的经营与管理水平

一国如果具有系统和专业化的经营与管理机构,就可以根据市场变化的要求,快速地决定某一时期本国需要的主要储备货币或对储备货币进行转换、组合,并确保储备在保值的基础上增值,亦即该国的储备经营与管理水平较高,则该国可相对减少储备需求;反之,则可相应地增加储备需求。

9. 与他国政府或国际性金融组织的协调程度

如果一国与他国或国际性金融组织(如 IMF、世界银行等)在经济、金融、货币等方面的协调合作较好,而且还可通过订立某些协议(如互惠信贷协议、备用信贷协议等)互为支持,则可减少储备需求;反之,则应增加储备需求。

10. 是否为储备货币发行国

如果一国是储备货币发行国,则该国可直接用本国货币来支付短期逆差,也可对外直接投资获取更高的投资报酬,从而可降低对储备的需求;反之,则应增加对储备的需求。当今世界最重要的国际储备货币是美元、欧元、日元、英镑等。美国是世界上最重要的储备货币发行国,美元是 21 世纪最重要的储备货币,是关键货币,因此,尽管美国的国民生产总值最大,开放度与市场化极高,但其外汇储备并非最多。

(三)衡量国际储备水平的主要指标

在考虑了影响一国国际储备水平基本因素的基础上,国际社会设立了一些指标来衡量一国国际储备水平的高低。目前,比较广泛使用的有以下几项指标:

(1)一国的国际储备额同该国的国民生产总值之比。在国际分工条件下,经济规模较大,则对国外市场的依赖程度也相应增大,因而需要较多的国际储备作为后盾;反之,则要求较少的国际储备。

(2)一国的国际储备额与该国的外贸总额之比。一国对外开放程度越大,外贸规模越大,对外贸易依存度越高,则需要越多的国际储备。这也是反映一国对外清偿能力和资信的一个重要指标。

(3)一国的国际储备额与该国的月平均进口额之比。这是国际上最常用的一个指标。因为国际收支中最重要的项目是贸易收支,如果一国进口大于出口,而非贸易账户或资本账户又没有足够的顺差来抵补,就需要动用其储备。所以,国际储备管理中最重要的就是满足短期性的贸易逆差支付的需要。因此,国际上广泛用这一指标来衡量储备水平是否适度。平均测算,一般国家国际储备额占进口额的比例为 25% 左右。因此,一般认为一国储备水平保持在相当于本国 3—4 个月进口额的水平上比较恰当。

(四)国际储备水平的确定

适度的国际储备水平是一个十分复杂的问题,在理论与实践上目前都难以得出一个比较一致的理论。西方经济学家关于国际储备适度规模的研究已有诸多成果,这里主要介绍以下四种:

1. 比例分析法

比例分析法(Ratio Approach),是一种简单的测量储备需求量的方法,即把储备与某一个或某些数量相比,得出一个比例结果,此结果就作为衡量储备是否适度的一个标准。早在19世纪初人们就已运用该法来探讨储备需求的若干问题了,一些著名的经济学家亦从该法入手创立了影响颇为深远的储备需求理论。例如,在1802年,亨利·桑顿(Henry Thomton)在其所著《大不列颠货币信用的性质和影响》中便认为,一国的黄金储备应该用于对贸易提供融资,把储备与贸易联系起来。在金本位制度盛行之后,人们十分关注储备与货币供应量之间的关系。第二次世界大战期间及其后,人们又把目光转向储备与贸易的关系上,其典型代表人物是美国经济学家罗伯特·特里芬,他认为储备需求会随国际贸易的发展而增加,推导出储备对进口的比例可作为衡量国际储备充分性的标准。1960年特里芬在其著名的论著《黄金与美元危机》中再次强调了该论点,提出了迄今仍有广泛影响的"一国储备量应以满足3个月的进口为宜"的结论,即被人们所称道的"特里芬法则"。该法则的特点是把储备与进口这个变量挂起钩来,因此,亦称为储备—进口比例计算法。

比例分析法,除了典型的储备—进口比例法外,还有以下两种比较重要:

(1)结合进口支付和外债还本付息的比例法。该法在一些具有较多外债的国家和地区比较流行。它是在特里芬比例法的基础上,加上按外债余额的10%计算的还本付息额。

(2)结合外商投资资金回流的综合比例法。该法考虑了外商直接投资资金汇出对外汇储备的影响,是对上述两种比例分析法的补充。

比例分析法的最大优点是简便易行,但因选择的变量有限,因而计算结果的准确性不足,因此,该法可作为一种参考,但不能作为唯一的衡量适度储备的标准。

2. 成本—收益分析法

成本—收益分析法,是20世纪60年代以来一些西方学者用以研究适度储备需求量的一种新方法。该法可以从全球的角度和一国的角度来分析储备的适度水平,一般情况下常用于后者。其特点是通过对一国持有储备的成本和收益进行分析,进而根据储备持有成本和收益的均衡求出储备的适度水平。其主要代表人物是海勒(H. R. Heller)和阿加沃尔(J. P. Agarwal),并形成了两种主要的分析模式:海勒模式和阿加沃尔模式。

3. 货币学派分析法

货币学派该分析法的主要论点是:国际收支不平衡本质上是一种货币现象,当国内货币供应量超过国内需求时,货币就会流向国外,从而引起国内现金余额的减少。由此推得,储备的需求主要取决于国内货币供应量的增减。该分析法在解释长期储备行为方面有些参考价值,但无法说明现实的储备水平。

4. 标志分析法

标志分析法的主要观点是：储备短缺或过剩将对某些关键经济变量产生影响，这种影响通过国内货币供应量或通过特定的政策而发生作用，因此，人们观察所执行的政策或某些关键性的经济变量，就可得出储备是否充分的结论。一般认为，紧缩性需求管理、利率上升、汇率下跌、进口限额和出口补贴等现象，是储备不充分的标志；反之，扩张性需求政策、汇率上升、利率下跌、进口自由化和控制资本内流的现象，是储备过剩的标志。IMF 也曾提出储备不充分的客观指标，但要在实践中运用这些指标，并且使其数量化，是一个难题。而且，该分析法所论的储备充分性和适度性的标志亦非由严格的理论模型导出，因而缺乏严密性。

三、国际储备结构管理

国际储备资产的构成是多种多样的，包括黄金、外汇、储备头寸以及特别提款权等。国际储备资产的结构管理，就是指对这些资产的管理，即确定这些资产之间的最佳构成比例，以应付各种国际支付，避免动荡多变的国际金融市场带来的风险。

（一）国际储备结构管理应遵循的原则

一般说来，国际储备结构管理主要遵循安全性、流动性和盈利性原则，但安全性、流动性和盈利性三者之间往往有矛盾。收益较高的储备资产运用方式，如投资于外国证券，往往有风险，流动性也较低；流动性较高也较安全的方式，如存入外国活期存款账户，则收益较低。所以，必须在三者之间进行权衡，合理配置。

从安全性考虑，大多数国家都采取分散风险的方式，使储备资产多元化，把储备分散在多种货币及资产上。不仅各种货币要占一定比例，而且每一种货币要选择各种不同的投资方式，把资金分散在不同的资产上，即币种多元化、资产形式多样化。这种多样化混合资产的风险小于其中任何单一资产的风险。投资组合理论可以为这种选择提供理论基础。

从流动性考虑，必须根据本国对外经济活动与对外政治关系的需要，使流动性较高储备的持有与进口支付及政府干预市场所需用的货币保持一致。除此之外，还要结合考虑外贸进出口结构，商品流向、数量及价格结构，收付货币的币种结构、期限结构等，安排好储备货币及储备资产的结构。

从盈利性考虑，首先要考虑各种储备货币的汇率高低及其变动；其次，考虑各种货币汇率与利率之间的关系；再次，对比不同币种及各种不同储备资产形式收益率的高低，把储备分别投在相应币种及不同形式的资产上。

（二）储备资产结构管理的内容

1. 黄金储备的管理

黄金储备的规模管理是指确定黄金储备数额及其在储备总额中所占的比重，这要取决于黄金的性质。从安全性来看，黄金的内在价值相对稳定且具有相对独立性，因而黄金的安全性较高。这是由于：一方面，以黄金作为国际储备可以不受任何国家的强力干预；另一方面，在纸币本位制下，以黄金作为国际储备可避免因通货膨胀而遭受贬值风险,因为黄金价格会随通货膨胀而相应上升,从而保持其原有的实际价值。从流动性来看,自 20 世纪 70 年代末"黄金非货币化"以来,黄金不再能直接用于国际支付,而只能在黄金市场上将其出售,换成可兑换货币后才能使用,因而流动性较低。从盈利性来看,由于金价波动较大,持有黄金既不能获得利息收入又需要支付较高的保管费用。由此可见,黄金具有较好的安全性但缺乏流动性和盈利性,因而,许多国家对黄金储备的持有大多采取保守的态度,一般不再增加,倾向于维持原有的储备水平。

2. 外汇储备的管理

外汇储备比例的确定包含两重含义:一是外汇储备与黄金储备及其他储备资产的比例的确定,二是外汇储备中各种货币构成比例的确定,即最优结构的确定。前者在黄金储备比例确定后就基本确定下来了;后者则较为复杂,尤其是储备货币多元化以来,美元、日元、英镑等各种储备货币并存。因此,怎样安排最佳比例的储备货币组合,避免遭受汇率变动可能带来的损失,变得至关重要。

各国货币当局如何选择和确定外汇储备中各种货币的最佳比例?方法是做好以下三种选择:

(1) 储备货币的币种选择。在一般情况下,应尽可能地增加硬货币的储备量,减少软货币的储备量。但还必须注意,并非硬货币保持得越多越好。这是因为:① 硬货币的利率一般较软货币为低,持有硬货币可避免汇率风险,但要损失一定的利息收入。② 一国储备中的货币总是有"软"有"硬",如果是清一色的硬货币,则支付时有可能需要兑换成软货币,这既会增加汇率风险,也会增加一定的兑换费用。③ 硬货币与软货币的区分是相对的,即硬货币在某一时期可能会变"软"。如果全部保持硬货币,一旦硬货币变成软货币,就要承受汇率损失了。因此,软硬货币如何组合,还得从长期与短期的汇率波动状况中做全面考察与选择。

(2) 储备货币的汇率选择。各国货币当局应根据各种储备货币汇率变动的幅度进行选择。一般来说,应尽可能增加汇率波动幅度较小的货币储备量,减少汇率波动幅度较大的货币储备量。由于在短期内国际金融市场汇率变动频繁,加之政府的干预,因此汇率的变动趋势很难预测,此时可以通过比较各种储备货币长期内汇率波动的平均幅度来选择,以减少汇率波动的贬值风险。

(3) 储备货币的需求选择。它包括两方面:一是根据本国对外贸易结构和其他金融活动对储备货币的支付需求进行选择,即对某种储备货币需求大,就尽可能增加其储备量;反之,就减少储备量。二是根据本国干预外汇市场、维持本国货币汇率稳定对储备货币的需求进行选择。一种货币用于干预市场多的话,就需要多储备;反之,就需要少储备。一些储备货币发行国尽管能用本国货币支付逆差,但还要选择其他国家的货币作为国际储备,以备随时干预外汇市场。

由于外汇储备能够克服黄金储备的弱点,流动性大,盈利性高,因此,世界各国持有的外汇储备较之其他储备资产比例都较高,其中,仍以美元占最高比例,以下依次为欧元、日元、英镑等,只是美元的比例有不断下降而其他货币则有上升之势。

3. 储备头寸和特别提款权的管理

各成员国分到的储备头寸和特别提款权的数量都取决于各国向基金组织缴纳的份

额,且受基金组织的分配安排或控制,不能随意变更。80年代以来,这两种储备资产在各成员国储备资产总额中所占的比重,始终未突破9%,而黄金储备与外汇储备则达90%以上。

四、我国国际储备管理

我国从实行对外开放政策以来,为了促进经济的发展,需要利用本国出口创造的外汇收入及外资来进口大量的先进技术设备和商品。但是,受我国出口结构和水平的影响,我国的出口收入经常受到世界市场行情变化而波动。为了缓和这种波动,我国必须保持一定量的国际储备,以平衡进出口差额;同时,为了保持我国利用外资及偿债信誉,也需要保持一定的国际储备。

(一) 我国国际储备管理政策的目标

根据我国的经济特点和国际储备管理应遵循的一般原则,我国设立的国际储备管理目标主要包括以下几个方面:

(1) 保持一定的流动性。为了适应外汇流入流出量的季节性、周期性变化,中央银行必须以流动资产的形式保持相当数量的外汇储备,以满足维持我国经济增长所必要的进口和偿债能力的需要。

(2) 获得一定收益。充分利用国家外汇储备资产,进行安全妥善的投资,以获得更多利益;并尽量消化过多储备,缩小闲置资金数量。

(3) 维护外汇资产的价值。对国家所持有的外汇储备资产要根据各种货币汇率、利率变动情况和预测不断进行调配,以避免由于汇率变动和利率升降带来损失。

(4) 提供应付不测事件的需要。保持国际储备的目标之一,就是要在战争或自然灾害等不测事件发生时,能够从容应对,以防止我国国内经济和对外经济关系出现危机。在这方面,黄金所起的保护作用要胜于其他一切资产。

(5) 促进经济内外均衡。随着我国对外经济往来的不断扩大,国际储备尤其是外汇储备管理对宏观金融调控及整体经济的影响越来越大。因此,国际储备管理的目标还应包括在一定时期内促进经济内外均衡。其中,内部均衡的目标,是币值稳定与经济持续、稳定增长;外部均衡的目标,是国际收支尤其是经常项目的收支基本平衡。当一国经济实现了低通胀下的持续、稳定增长,同时国际收支也基本达到平衡且汇率稳定时,就可以说一国经济处于内外均衡状态,这时的国际储备管理是恰当的或有效的。

以上几个方面的目标,不外乎是对储备资产盈利性、流动性和安全性的考虑。应根据我国和世界经济变动情况做出不同的选择。例如,国家储备危急时,流动性是主要目标;国际市场利率、汇率强烈波动时,维持储备资产价值,安全性是主要目标;国际储备资产充裕时,则应以提高储备资产的盈利性为主要目标。

(二) 我国国际储备管理的指导原则

(1) 国际收支保持适当顺差。从动态角度上看,即在一个连续时期(如五年计划期间),我国的国际收支应保持适当顺差。贸易收支逆差应由非贸易收支顺差抵补,使经常项目达到基本平衡。

(2) 外汇储备水平保持适度或适当高些。可根据我国一定时期进口支付水平、外债余额状况、市场干预需求等因素,确定一个有上下变化区间的适度储备量。

(3) 外汇储备的货币构成保持分散化。为使外汇储备的价值保持稳定,世界各国持有的外汇储备,一般不集中在单一的储备货币上,而是分散采用多种储备货币。关于储备货币构成的分散化,各国一般都采用贸易权重法,即根据一定时期内一国与其主要贸易伙伴的贸易往来额,算出各种货币的权数,确定各种货币在一国外汇储备中所占的比重。我国在计算权重时,不仅应考虑贸易往来额、利用外资而发生的资金往来额,而且还应考虑我国对外贸易往来主要用美元计价支付这个事实。基于这些特点,我国外汇储备的货币构成中,美元所占比重应为最大;欧元、日元与港元次之。

(4) 黄金储备可根据国际金融形势尤其是黄金市场的变化及我国的实际需求做适当的调整。

(三) 我国的国际储备政策

根据国际储备管理的目标和我国经济发展的实际需要,我国采取的国际储备政策具有如下特色:

1. 黄金储备政策

黄金储备主要采取官方黄金储量基本保持不变、藏富于民的政策。我国从 1980 年恢复在 IMF 的地位后,确定划出 400 吨(相当于 1 270 万盎司)黄金作为储备,自此没有变动过。这样的黄金储量,不论是相对于国民生产总值,还是相对于进口额及占整个国际储备的比重,与世界上一般国家相比,都不算少。由于黄金储备不能生息盈利,所以我国的黄金储备基本上保持不变。对于国内新生产的黄金,除必要的工业用金外,首饰等奢侈品用金在逐年增加,以实现藏富于民的方针。

2. 外汇储备政策

外汇储备管理是我国国际储备管理的主要方面。世界上大多数国家都把外汇储备管理作为国际储备管理的主要方面。这正是由于与特别提款权、会员国在 IMF 的储备头寸以及黄金的特点及在储备中的作用相比,外汇储备有更重要的地位和作用所决定的。我国对外汇储备管理同样包括两个方面:外汇储备水平管理和外汇储备结构旨理。

(1) 外汇储备规模。保持适度的外汇储备规模是外汇储备水平管理的核心内容。世界上发展中国家的外汇储备一般是保持在相当于 3 个月左右进口额的水平。但由于各国具体情况不同,外汇储备水平也不尽相同。我国根据具体情况,可保持稍低于一般发展中国家的储备水平,只保持相当于 2 个月左右进口额的水平即可。其原因如下:

第一,从我国的国情国力出发,我们有必要保持较低的储备水平。我国进行的现代化建设,基础差,起步迟,各项事业百废待兴,到处都需要资金。如果把大量外汇资金放在储备上,则势必减少国外进口,影响经济增长速度。

第二,我国经济的计划性较强,一定程度上可以掌握和控制国际收支及外汇资金的流量。虽然 1994 年外汇体制改革取消了外汇收支的指令性计划,但仍强调对外汇和国际收支的宏观控制。所以,也有可能保持较低的储备水平。

第三,我国外汇管理制度相对较严,大量外汇集中掌握在中央银行手中,这也有助于我国保持较低的储备水平。

第四,目前人民币还不是能够无限制自由兑换的货币,国家无须用太多的外汇储备来干预外汇市场,以维持本币汇率。所以,无须保持太高的储备水平。

第五,我国偿债信誉比较高,国际融资能力较强,也有助于我国保持较低的外汇储备水平。

(2) 外汇储备构成。外汇储备结构优化是外汇储备结构管理的核心。要保持优化的外汇储备结构,必须掌握好以下几个方面:

第一,要根据我国主要贸易伙伴和经济金融交往的对象,选择多样化货币构成。各种货币所占的比重,应根据我国进口付汇及其他国际支付的货币要求来确定。

第二,根据对各种汇率和利率变化趋势的预测,在一定时期保留一定量的强势货币。例如,在20世纪80年代初期,美国维持高利率、高汇率的双高政策,则增加美元在储备中的比重是有利的。

第三,根据国际金融市场的情况和有关国家的经济形势,对储备资产的投资形式不断调整,以避免损失和风险,获取更大的盈利。

第四,在国家外汇储备构成中,安排和处理好国家外汇库存与中国银行外汇结存之间的关系,并使国家外汇库存居于主要地位。

我国的外汇储备构成实际可分为两部分:一部分是国家外汇库存,一部分是中国银行外汇结存。国家外汇库存是国家以出口商品和劳务换来的;而中国银行外汇结存则是中国银行,包括其海外分支机构,在国内外吸收的外汇存款,减去对国内外的外汇贷款和投资后的余额。其中,除去10亿美元的自有资金外,其余的都是中国银行的对外负债,实质上都是其营运资金。

由于中国银行的外汇结存是业务周转的库存资金,不仅流动性大、要支付一定的代价,而且在必要时也不能全部动用。所以,在外汇储备水平一定的情况下,这部分外汇储备在整个外汇储备结构中应放在次要地位,而把我国出口和劳务换来的、代表我国真正经济实力的国家外汇库存放在首要地位,而在外汇储备构成中占较大比例。

阅读专栏　　　　　　**中国外汇储备结构管理的建议**

在国际金融环境持续动荡的背景下,如何通过资产结构的动态调整来缓解3万多亿巨额外汇资产的价值缩水,是中国外汇储备管理中亟须解决的现实技术问题。多目标随机规划模型对此问题进行了研究,并针对我国外汇储备资产结构管理存在的问题提出以下建议:

第一,制定积极动态的管理策略。明确管理目标是管理好外汇储备的前提,适时地调整管理策略是积极管理外汇储备的必要条件,储备管理当局应当充分发挥信息优势,积极预测经济状态的演变状况并确定投资偏好,在每一个决策期内及时地调整外汇储备的资产结构,达到保值增值的目的。

第二,积极应对经济动荡和危机带来的挑战,把握机遇调整储备资产结构。经济全球化下的经济动荡和危机频发是机遇也是挑战,我国外汇储备管理当局在积极应对经济动荡和危机带来的挑战时,也应把握经济动荡和危机所带来的机遇,及时购进资产价值被低估的资产,调整储备结构,改变结构单一的不利局面。

第三,充分利用外汇储备为本国经济发展谋取福利。外汇储备是国家的宝贵财富,单纯地进行金融资产投资不仅不能够保证资产的价值,而且也错失了为国内经济发展提供有力支持的机会。因此,我国应该进一步拓展外汇储备资产的投资渠道,构建更多元的管理外汇储备的主权基金,如能源基金、股权基金、基础产业基金等。同时,应该积极利用外汇储备,合理引进国外的先进技术和购买战略性资源,以助推本国经济可持续发展。

资料来源:孙晓芹,《中国外汇储备结构多目标管理的实证研究》,《国际金融研究》,2014年第3期。

本章提要

1. 国际储备作为一国国际清偿能力的主要部分,体现了一国国际清偿能力的强弱,是衡量一国对外金融和经济实力的一个重要标志。

2. 国际储备的构成内容,随着国际经济交易和金融关系的发展而不断得以丰富。

3. 国际储备体系的演变,实际上就是中心货币或资产在国际经济交易中的延伸与扩大,整个演变随着国际货币制度的变动而变迁。

4. 多元化国际储备体系的建立与发展,具有不可替代的优点,但同时也带来了不少管理上的困难。

5. 国际储备管理是指一国货币当局对国际储备规模、结构及储备资产的运用等进行计划、调整、控制,以实现储备资产规模适度化、结构最优化、使用高效化的整个过程。

6. 国际储备水平,是指一国持有的国际储备数额及其与相关经济指标之间的对应关系。不同情况对国际储备水平的要求会有所不同。

7. 国际储备资产结构管理,是指确定这些资产之间的最佳构成比例,以应付各种国际支付,避免动荡多变的国际金融市场带来的风险。

8. 根据国际储备管理的目标和我国经济发展的实际需要,我国采取的国际储备政策具有我们自己的特色。

思考题

1. 国际储备的概念和主要特点是什么?
2. 国际储备的构成有哪些?
3. 影响国际储备水平的主要因素有哪些?
4. 国际储备管理应遵循怎样的原则?
5. 我国国际储备管理的目标是什么?

第十一章 国际资本流动

[教学目的]

通过学习本章,应掌握国际资本流动的概念;理解国际资本流动的原因及其特点;了解国际资本流动的演变;掌握国际资本流动的类型;深刻理解国际资本流动的影响。

[重点难点]

国际资本流动的类型与影响,资本外逃的原因与测算,利用外债的适度规模。

[引导案例]

资本项目可兑换水平进一步提高

服务贸易外汇管理改革取得新进展。过去,服务贸易外汇收支实行事前审批,企业需准备大量材料,奔波多个部门,办事效率较低。2013年9月,国家外汇管理局(以下简称"外汇局")全面取消服务贸易事前审批,所有服务贸易收付汇业务下放银行办理,单笔等值5万美元以下的,无须审单;等值5万美元以上的,大幅简化单证,仅简化合并的单证类别就有数十项。通过加强非现场监测分析,牢牢守住不发生系统性风险的底线。改革后,每年近1500万笔服务贸易收付汇业务无须审单,办理成本显著下降,银行单证量大幅减少;企业经营效率明显提升,单笔业务办理时间由20分钟缩短至5分钟。

直接投资可兑换达到新高度。直接投资是引进外资和中国企业"走出去"的重要渠道。过去,直接投资项下外汇账户开立及入账等需外汇局核准,外商直接投资需经会计师事务所到外汇局进行验资、询证、审核和登记,影响企业投资效率。近年来,直接投资外汇管理大幅简化,取消35项、简化合并14项行政审核,便利企业跨境投资资金运作,直接投资外汇管理实现基本可兑换。以对外直接投资为例,资金来源和汇出核准由事前审批改为事后登记,业务办理时限由20个工作日减为5个工作日,有些省份可当日办理。

证券投资双向开放实现新跨越。证券投资是资产全球化配置的重要领域。过去,跨境证券投资渠道有限,便利化程度较低。为推进证券市场有序开放,外汇局牢牢把握外汇形势趋向均衡的有利时机,按照"均衡监管、双向流动"的思路,完善合格境外机构投资者和合格境内机构投资者制度,在此基础上,推出人民币合格境外机构投资者制度。截至2015年8月28日,共批准276家合格境外机构投资者投资额度767.03亿美元,132家合格境内机构投资者投资额度899.93亿美元,138家人民币合格境外机构投资者投资额度4049亿元。同时,有序拓展资本双向开放渠道,做好便利内地投资者在境内购买香港的公募基金和内地公募基金在香港市场销售的制度安排。未来,集体投资类证券项下"居民在境外出售或发行"和"非居民在境内出售或发行"将不再受严格限制,资本项目可兑换水平进一步提高。

资料来源:易纲,"外汇管理改革开放的方向",《中国金融》,2015年第19期。

在当今世界,经济的开放性不仅体现为商品和劳务的国际流动,更突出地体现为资本的国际流动。国际资本流动近年来越来越与实际生产、交换相脱离而具有自己独立的规律,构成了当今开放经济运行的新的外部环境。在经济全球化的背景下,国际资本流动在促进国际贸易发展、提高全球经济效益的同时,也为债务危机的产生提供了丰富的土壤。

第一节 国际资本流动概述

国际资本流动的狭义概念主要与一国资产负债的日常发生额相联系,反映一国与他国之间的债权债务关系。除此之外,由于一国资本流动还反映在其国际收支平衡表中经常账户的单方面转移项目和金融账户的官方储备变化中,所以国际资本流动的广义概念还要包括这一部分内容。

一、国际资本流动的概念

(一)资本的国际性

资本,简言之,是指能够带来剩余价值的价值。它从本质上讲,不受国家或民族地段疆域的限制,是国际性的,国际资本就是从这个角度来论述的。在国际间运行的货币资金、股票、债券等,就是国际资本。资本、生产、市场等的国际化,是世界经济国际化的一个重要标志。

从不同的角度来考察,资本的形式多种多样。从资本的构成物来看,可分为实物资本和货币资本;从资本的周转时间来看,可分为长期资本和短期资本;从资本的投机性来看,可分为投资资本和投机资本;从资本的构成部门来看,可分为商业资本、产业资本、银行资本等。不同形式的资本在国际间转移,便构成了国际资本流动。

(二)国际资本流动的定义

国际资本流动,简言之,是指资本在国际间转移,或者说,资本在不同国家或地区之间做单向、双向或多向流动,具体包括:贷款、援助、输出、输入、投资、债务的增加、债权的取得、利息收支、买方信贷、卖方信贷、外汇买卖、证券发行与流通等。

国际资本流动,按其流动方向,可分为国际资本流入和国际资本流出。资本流入(Capital Inflows),表现为本国对外国负债的增加和本国在外国资产的减少,或者说,外国在本国资产的增加和外国对本国负债的减少。资本流出(Capital outflows),表现为本国对外国负债的减少和本国在外国资产的增加,或者说外国在本国资产的减少和外国对本国负债的增加。对一个国家或地区来讲,总存在资本流出与流入,只不过流出与流入的比例不同而已。一般来说,发达国家是主要的资本流出国,新兴市场国家是主要的资本流入国。在当今世界,国际资本又倾向于在发达国家之间对流。

(三)国际资本的输出与输入

国际资本的输出和输入,是国际资本流动的一种最主要的形式。因此,有时两者被看成是通用的,但严格来讲,它们仍然有所区别。首先,国际资本输出与输入所涵盖的内容比国际资本流动狭小,它仅是国际资本流动的一个重要组成部分,而国际资本流动还包括诸如动用黄金、外汇等资产来弥补国际收支逆差等行为;其次,国际资本输出与输入的途径和目的比较单一,它一般是指与投资和借贷等活动密切相关的、以谋取利润为目的的一种资本转移,而国际资本流动还包括一些非盈利性的资本转移。

国际资本流动与国际资金流动也有所区别。一般来说,资金流动是一种不可逆转性的流动,即一次性的资金款项转移,其特点是资金流动呈单向性。资本流动则是一种可逆转性的流动,例如,投资或借贷资本的流出,伴随着的是利润或利息的回流,以及投资资本或贷款本金的返还,其特点是资本流动呈双向性。

二、国际资本流动的种类

国际资本流动主要根据两种标准进行分类:一种是按期限分为长期资本流动和短期资本流动两种;一种是按性质分为官方资本流动和私人资本流动两种。

(一)长期资本流动

长期资本流动(Long-Term Capital Flow)是指期限在一年以上,甚至不规定到期期限的资本的跨国流动。它主要包括国际直接投资、国际间接投资及国际中长期信贷三种类型。

1. 国际直接投资

国际直接投资是指一个国家的投资者直接在另一个国家的工矿、商业和金融服务业等领域进行投资,并取得投资企业的部分或全部管理控制权的一种活动。

国际直接投资按照投资人不同可分为政府(官方)直接投资和私人直接投资,并且有货币和实物投资两种形态。从投向来看,外国对本国直接投资,表明外国资本流入;本国对外国直接投资,表明本国资本流出。但如果供给或筹措直接投资的资金,是在本国境内进行的,则一般不会产生国际资本流动。

直接投资的形式多种多样,如果从投资资本的构成来看,有单一资本形式的直接投资和联合资本的直接投资。如果从直接投资的手段来看,则有以下四种直接投资形式:

(1)创办新企业,即指投资者在另一个国家直接创办独资企业、设立跨国公司分支机构或创办合资企业。

(2)直接收购。创办与收购是国际直接投资的重要方式。直接收购是指投资者在另一个国家直接购买现有出售的企业。这种直接投资方式相对于创办新企业来说,有如下特点:其一,可以节省创办新企业的时间和资本,简化不必要的环节和手续;其二,可以拥有原来企业的技术、管理经验和营销市场,把产品迅速打入国际市场;其三,可以降低经营成本,提高经济效益。

(3)购买另一个企业股票,并达到一定比例。如若干个美国居民合作拥有外国企业

50%以上的有投票权的股票,就算直接投资,但这种比例因国而异。

(4) 利润再投资,是指投资者把在另一国投资所获利润的一部分或全部留下,对原企业或其他企业进行再投资。这种投资实际上并不存在真正的国际资本流入或流出。

2. 国际间接投资

国际间接投资又称证券投资,是指一国政府机构或公司企业及其他投资者,以购买他国证券的方式所进行的投资。其主要特征是不参与对所投资企业的经营管理。所购买的证券包括股票和债券,其收益为股息、红利或债券利息。购买他国股票若达不到直接投资所规定的比例,即零星股票购买,则不能拥有对企业的经营管理权,一般被视为间接投资。

3. 国际中长期信贷

国际中长期信贷是指一国政府或企业从他国银行或其他金融机构借入中长期资金。官方的中长期信贷主要包括政府间借款或国际金融机构的贷款。私人中长期信贷主要通过向跨国银行借贷进行。

(二) 短期资本流动

短期资本流动(Short-Term Capital Flow),是指期限为1年或1年以内或即期支付资本的流入与流出。这种国际资本流动一般都借助有关信用工具,并通过电话、电报、传真等通信方式来进行。这些信用工具包括短期政府债券、商业票据、银行承兑汇票、银行活期存款凭单、大额可转让定期存单等。由于通过信汇、票汇等方式进行国际资本转移,相对来说,周转较慢,面临的汇率风险也较大,因此,短期国际资本流动多利用电话、电报、传真等方式来实现。国际游资亦称热钱(Hot Money),从广义来讲,应包括各种形式的短期资本,但从狭义来说,应该指短期资本中的投机性资本。这种资本的大规模流动所造成的影响是巨大的。

从性质上看,短期国际资本流动主要有四种类型:

1. 贸易资本流动

贸易资本流动是指因国际间贸易往来的资金融通与资金结算而引起的货币资本在国际间的转移。世界各国在贸易往来中,必然会形成国际间的债权债务关系,而为结清这些关系,货币资本必然从一个国家或地区流向另一个国家或地区,贸易资本流动就形成了。一般来说,这种资本流动是资本从商品进口国向商品出口国转移,具有不可逆转的特点。

2. 银行资本流动

银行资本流动是指各国经营外汇业务的银行金融机构,由于相互之间的资金往来而引起的资本在国际间的转移。这些流动在形式上包括套汇、套利、掉期、头寸调拨以及同业拆放等。

3. 保值性资本流动

保值性资本流动是指短期资本持有者,为了避免或防止手持资本的损失而把资本在国际间进行转移。这种资本的流动亦称资本逃避(Capital Flight)。这种资本流动的动机是为了资本的安全性和盈利性,引起资本流动的原因是国内政局动荡、经济状况恶化、国际收支失衡以及严格的外汇管制等。

4. 投机性资本流动

投机性资本流动是指投机者为了赚取投机利润,利用国际市场上汇率、利率及黄金、证券等价格波动,通过低进高出或通过买空卖空等方式而引起的资本在国际间的转移。

除了上述几类短期资本流动之外,政府有关部门和货币当局进行的市场干预活动、一国政治经济形势的急剧变化所引发的资本外逃等通常也以短期资本大规模跨国界流动的形式出现。

三、国际资本流动的原因、特征及影响

(一)国际资本流动的原因

引起国际资本流动的原因很多,有根本性的、一般性的、政治的、经济的,归结起来主要有以下几个方面:

1. 过剩资本的形成或国际收支大量顺差

过剩资本是指相对的过剩资本。随着资本主义生产方式的建立,资本主义劳动生产率和资本积累率的提高,资本积累迅速增长,在资本的特性和资本家唯利是图的本性的支配下,大量的过剩资本就被输往国外,追逐高额利润,早期的国际资本流动就由此而产生了。随着资本主义的发展,资本在国外获得的利润也大量增加,反过来又加速了资本积累,加剧了资本过剩,进而导致资本对外输出规模的扩大,加剧了国际资本流动。

2. 利用外资策略的实施

无论是发达国家,还是新兴市场国家,都会不同程度地通过不同的政策和方式来吸引外资,以达到一定的经济目的。美国目前是全球最大的债务国。而大部分新兴市场国家,经济比较落后,迫切需要资金来加速本国经济的发展,因此,往往通过开放市场、提供优惠税收、改善投资软硬环境等措施吸引外资的进入,从而增加或扩大了国际资本的需求,引起或加剧了国际资本流动。

3. 利润的驱动

增值是资本运动的内在动力,利润驱动是各种资本输出的共有动机。当投资者预期到一国的资本收益率高于他国,资本就会从他国流向这一国;反之,资本就会从这一国流向他国。

4. 汇率的变化

汇率的变化也会引起国际资本流动,尤其是 20 世纪 70 年代以来,随着浮动汇率制度的普遍建立,主要国家货币汇率经常波动,且幅度大。如果一个国家货币汇率持续上升,则会产生兑换需求,从而导致国际资本流入;如果一个国家货币汇率不稳定或下降,资本持有者可能预期到所持的资本实际价值将会降低,则会把手中的资本或货币资产转换成他国资产,从而导致资本向汇率稳定或升高的国家或地区流动。

5. 通货膨胀的发生

通货膨胀往往与一个国家的财政赤字有关系。如果一个国家出现了财政赤字,该赤字又是以发行纸币来弥补的,就必然增加对通货膨胀的压力。一旦发生了严重的通货膨胀,为减少损失,投资者就会把国内资产转换成外国债权。如果一个国家发生了财政赤字,而该赤字以出售债券或向外借款来弥补,也可能会导致国际资本流动,因为当某个时

期人们预期到政府又会通过印发纸币来抵销债务或征收额外赋税来偿付债务时,就会把资产从国内转往国外。

6. 政治、经济及战争风险的存在

政治、经济及战争风险的存在,也是影响一个国家资本流动的重要因素。政治风险是指由于一国的投资气候恶化而可能使资本持有者所持有的资本遭受损失。经济风险是指由于一国投资条件发生变化而可能给资本持有者带来的损失。战争风险是指可能爆发或已经爆发的战争对资本流动造成的可能影响。

7. 国际炒家的恶性投机

所谓恶性投机,包含两种含义:第一,投机者基于对市场走势的判断,纯粹以追逐利润为目的,刻意打压某种货币而抢购另一种货币的行为;第二,投机者不是以追求盈利为目的,而是基于某种政治理念或对某种社会制度的偏见,动用大规模资金对某国货币进行刻意打压,由此阻碍、破坏该国经济的正常发展。无论哪种投机,都会导致资本的大规模外逃,并会导致该国经济的衰退。

8. 其他因素

如政治及新闻舆论、谣言、政府对资本市场和外汇市场的干预及人们的心理预期等因素,都会对短期资本流动产生极大的影响。

(二) 国际资本流动的特征

20 世纪 80 年代以来,国际资本流动出现了巨大变化,呈现出了一系列典型的特征。

1. 直接投资高速增长

80 年代以来,国际直接投资出现了两个热潮期:一是 80 年代后半期。据统计,1986—1990 年国际投资流出量平均每年以 34% 的速度增长;每年流出的绝对额也猛增,1985 年为 533 亿美元,1990 年高达 2 250 亿美元;国际直接投资累计总额从 1985 年的 6 836 亿美元,增至 1990 年的 1.7 万亿美元。二是 1995 年以来。1995 年国际直接投资总量达 3 150 亿美元,增长 40%;1996 年达 3 490 亿美元,增长 11%;1997 年达 4 240 亿美元,增长 25%。1997 年全球国际直接投资并没有因亚洲金融危机而减少,而且各地普遍增长。①

2015 年,中国对外直接投资迈向新的台阶,实现连续 13 年快速增长,创下了 1 456.7 亿美元的历史新高,占到全球流量份额的 9.9%,同比增长 18.3%,金额仅次于美国(2 999.6 亿美元),首次位列世界第二(第三位是日本 1 286.5 亿美元),并超过同期中国实际使用外资额(1 356 亿美元)。

2. 国际资本市场波动

国际资本市场的规模主要指国际借贷(中长期)和国际证券投资的数量。至 80 年代末,该市场规模约 5 万亿美元,为 1970 年的 34 倍。整个 80 年代,金融市场资本量每年递增 16.5%,远超过世界商品贸易每年 5% 的增长,进入 90 年代,该市场进一步扩大。②

但是在金融危机之后,全球跨境银行信贷开始出现较大变动。根据国际清算银行数

---

① 数据来源于 http://www.inbanking.org(国际金融业服务协会)。
② 同上。

据,2015年下半年开始,国际银行信贷规模同比减少,国际证券投资规模增速也进一步放缓。截至2015年第四季度,全球跨境银行信贷规模连续三个季度下滑;2015年度增速为-3%,远低于近20年来6%的平均同比增速。与以往不同,第四季度各个部门、各个货币和各个地区的银行借贷活跃度基本都在下降,但发达国家中日本是个例外,其年度跨境信贷增速为7%,此外,流向新兴非洲和中东的年度跨境信贷增速为10%。

3. 国际外汇市场交易量扩大

国际金融市场中的短期资金和长期资金市场的流动,基本上都要反映到外汇市场的各种交易往来中。根据国际银行的估计,世界各主要外汇市场(伦敦、纽约、东京、新加坡、香港、苏黎世、法兰克福、巴黎等)每日平均外汇交易额在1979年为750亿美元,1984年扩大到1500亿美元。1990年年初国际清算银行的一项调查资料表明,当时的全球外汇交易量每天已接近9000亿美元,而2005年年末达1.2万亿美元左右。[①]

4. 跨国公司成为推动国际资本流动的主角

当代国际资本流动,尤其国际直接投资的主角是跨国公司。跨国公司拥有巨额的资本、庞大的生产规模、先进的科学技术、全球的经营战略、现代化的管理手段以及世界性的销售网络,其触角遍及全球各个市场,成为世界经济增长的引擎,对"无国界经济"的发展起着重大的推动作用。

5. 发达国家继续保持国际直接投资的垄断地位

长期以来,发达国家一直是国际资本输出的主导者,尤其在国际直接投资每年的流出中,始终居垄断地位(98%),其中美、日、德、英、法五大国又占国际直接投资年流量的70%,是国际资金和技术输出的最重要国家。

6. 国际资本投资主体多元化

国际资本投资主体,是指把各种资本输出到国外进行各种投资的国家或地区。国际资本投资主体多元化,是指随各国或各地区经济的发展和国际资本流动的新变化,在国际市场上出现的多国或多地区不同规模地向外输出资本的趋势。20世纪80年代以来,国际资本投资主体多元化的特征越来越明显,而且投资主体层次清晰。

7. 国际资本流动方向发生重大变化

国际资本倾向于在发达国家之间流动。从80年代以来,联合国贸易与发展会议1998年9月2日公布的统计数字表明,国际资本更多的是在发达国家之间流动。发达国家是国际直接投资的最大供应者,同时也是最大的接受者。

(三)国际资本流动的影响

1. 国际资本流动的积极影响

(1)国际资本流动可以调剂国际间的资金余缺,使资源得到更有效的利用。

(2)伴随着国际资本流动,发达国家的先进技术和管理同时输入到新兴市场国家,因而有利于先进科学技术和管理在世界的广泛传播和推广利用,促进新兴市场国家的经济发展,带动新兴市场国家的经济增长。

---

① 数据来源于http://www.inbanking.org(国际金融业服务协会)。

(3) 正常有序的国际资本流动可以帮助一些国家调节国际收支的失衡，维持其汇率及国内经济的稳定。

国际收支有大量顺差的国家通过输出资本，可以缓解顺差带来的本币对外升值及国内通货膨胀的压力。而国际收支逆差国家可以通过输入短期资本，暂时弥补国际收支逆差；或者以长期资本输入弥补国内资金的不足，从而扩大投资和生产能力，带动出口增加，改善国际收支。但由于投机性需求引起的短期资本流动有明显的负作用，所以许多国家都采取严格控制其流入与流出的政策。

2. 国际资本流动的消极影响

国际资本流动对输出与输入国的国内经济和对外经济关系都可能带来一些负面作用：

(1) 大量短期资本在国际间的频繁流动，影响各国汇率、利率的稳定，以及国际收支的平衡；同时，也是导致国际金融领域动荡的一个主要因素。

(2) 对资本输出国来讲，长期资本输出可能产生减少国内就业、带来国内经济增长停滞和衰退的后果；同时，还可能为本国培养了竞争对手。

(3) 对资本输入国来讲，长期资本输入容易导致经济上的对外依赖和被控制，而且会对本国民族工业与民族经济形成一定程度的冲击。另外，还可能造成债务负担过重，而陷入债务危机。

由于国际资本流动的作用有积极和消极两个方面，故强调其积极作用的国家或政府认为不应控制资本流动，主张资本自由流动；但强调其消极作用的国家或政府则主张控制或限制资本流动。实际上，各国政府大都根据本国的具体情况，对资本的输出与输入采取不同的对策和方法进行管理。很多国家尤其是新兴市场国家一般都进行外汇管制，对资本流动做出一些限制性规定；而且严格进行外债管理，将本国负债率、偿债率控制在合理水平上。同时，一些国家对商业银行经营的海外存贷款业务做出规定，对海外存贷款种类及额度进行限制。另外，各国采用的各种经济手段，如利率、汇率、存款准备率、涉外税收，甚至包括资本充足率等方面的规定，都可看作是控制、管理国际资本流动的工具。

第二节 利用外债的适度规模与我国的外债管理

利用外资与国际资本流动密不可分。国际资本流动的主要形式同时也是新兴市场国家利用外资的主要渠道。其中，除了直接投资形式外，其他如债券投资、国际信贷等形式都可能构成一国的直接对外负债，形成一国的债务负担。所以，对新兴市场国家来说，在积极利用外资的同时，必须注重对外债的严格管理。

一、利用外债的适度规模

利用外债的适度规模是指实现既定宏观经济目标所需要的最小引进外资数量。如果引进外资超出这个数量，就可能造成国内资金闲置，外资转向其他用途的低效利用，或者引发通货膨胀和结构扭曲等各种消极影响。外债固有的利率、汇率等风险具有很大的不确定性,减少这种风险的简单办法就是在外债达到适度规模时,尽可能减少外债的数量。

(一)储蓄缺口决定的外债适度规模

根据两缺口模型,新兴市场国家在经济起飞中首先遇到的是储蓄缺口的约束,其产生是由于政府的目标增长率超出可维持增长率。根据哈罗德—多马模型,可维持增长率为:

$$g = \Delta Y/Y = s\sigma \tag{11-1}$$

式中,g 为可维持增长率,s 为国内储蓄率,σ 为资本生产率。分析中不考虑折旧。

如果政策的目标增长率大于可维持增长率,且资本生产率为常数,则政府需要使国民储蓄率达到一个特定值。

$$\bar{s} = \bar{g}/\sigma \tag{11-2}$$

式中,$\bar{s}$ 为国民储蓄率,$\bar{g}$ 为目标增长率。国民储蓄为国内储蓄与国外储蓄之和。

$$S = S_d + S_f = S_d + I_f \tag{11-3}$$

式中,S 为国民储蓄,S_d 为国内储蓄,S_f 为利用国外储蓄。利用国外储蓄是采取外资流入 I_f 的形式。

目标增长率要求目标投资达到一个特定值。

$$\sigma = \Delta Y/I = gY/I, \quad \bar{I} = (\bar{g}/\sigma)Y \tag{11-4}$$

实现目标增长率所产生的储蓄缺口为:

$$\bar{I} - S_d = (\bar{g}/\sigma)Y - sY \tag{11-5}$$

式中,$\bar{I} - S_d$ 为计划投资与国内储蓄之间的缺口,计划投资由(11-4)式决定,国内储蓄则是储蓄倾向 s 与收入的乘积,$s = S_d/Y$。

利用外资的适度规模可写成:

$$I_f = (\bar{g}/\sigma)Y - sY \tag{11-6}$$

该式表明,新兴市场国家为消除储蓄缺口而引进外资的数量取决于四个因素:(1)目标增长率越高,需要引进外资的数量越多;(2)资本生产率越高,需要的外资数量越少;(3)国内储蓄率越高,需要的外资越少;(4)由于目标储蓄率 $\bar{s} = \bar{g}/\sigma$ 大于国内储蓄率,现有国民收入水平越高,需要利用的外资越多。

(二)外汇缺口决定的外债适度规模

在经济发展的第二阶段,外汇缺口成为制约经济增长的瓶颈。为分析简化,设新兴市场国家只进口生产资料。进口与经济增长的关系可表示为:

$$g = \Delta Y/Y = (V/Y)(\Delta Y/V) = V_Y\delta \tag{11-7}$$

在经济增长的定义方程中,让分子和分母同乘以进口 V,则经济增长率可反映为进口倾向($V_Y = V/Y$)与进口资源生产率($\delta = \Delta Y/V$)的乘积。如果进口资源生产率不变,则目标增长率的实现需要目标进口率作为保证。

$$\bar{g} = \bar{V}_Y\delta, \quad \bar{V}_Y = \bar{g}/\delta \tag{11-8}$$

式中,$\bar{V}_Y$ 为目标进口率,是目标增长率与进口资源生产率之商。

如果新兴市场国家未利用外资,外汇缺口将表现为:

$$\bar{V} - X = \bar{V}_Y \cdot Y - V_Y \cdot Y = (\bar{g}/\delta)Y - V_Y \cdot Y \tag{11-9}$$

式中，$\bar{V}$ 为实现目标增长率所要求的进口，$\bar{V}-X$ 为外汇缺口。$\bar{V}$ 是目标进口率与收入的乘积。$V_Y \cdot Y$ 表示出口 X 所能支持的进口。

为消除外汇缺口所需要的利用外资数量 I_f 为：

$$I_f = (\bar{g}/\delta)Y - V_Y \cdot Y \tag{11-10}$$

该式表明，从消除外汇缺口的角度，利用外资的适度规模取决于四个因素：① 目标增长率越高，需要引进的外资越多；② 进口资源生产率越高，需要引进的外资越少；③ 目标进口倾向高于现有进口倾向的差额($\bar{g}/\delta - V_Y$)越大，则需要利用的外资越多；④ 国民收入水平越高，需要利用的外资越多。

(三) 外汇储备需要决定的外债适度规模

当新兴市场国家消除了储蓄缺口和外汇缺口之后，可能出自外汇储备的需要引进外资。根据国际收支平衡表有：

$$\Delta R = CA + I_f \tag{11-11}$$

式中，ΔR 为外汇储备增量，CA 为经常项目顺差，I_f 为资本净流入。

一个国家对外汇储备的需要源自多种因素，为分析简化，设政府存在一个目标储备变动额：

$$\Delta \bar{R} = CA + \bar{I}_f \tag{11-12}$$

式中，$\Delta \bar{R}$ 为目标储备变动额，$\bar{I}_f$ 为目标引进外资额。如果把经常项目收支差额看成外生变量，则外债适度规模(流量)取决于政府对目标储备变动额的设定。

(四) 影响适度外债规模的其他因素

1. 技术水平

我们以前一直假设技术水平不变，表现为资本生产率和进口资源生产率都是常数。实际上，外资可以改变新兴市场国家的生产函数，引起劳动与资本的替代关系发生变化。显然，外资在提高生产率方面的作用越强，外债适度规模便可越大。

2. 国内储蓄转化为资本形成的能力

以前我们一直认为国内储蓄自动转化为资本形成，但是在新兴市场国家，由于市场存在不完全性、企业管理效率低下和多种制度上的弊端，储蓄可能转化为积压的产品和银行的呆账，而未能形成固定资产。因此，国内储蓄转化为资本形成的效率越低，外资的适度规模便会越大。

3. 人力资本规模

人力资本规模是反映新兴市场国家吸收能力的主要指标。一般说来，新兴市场国家人力资本较少，从而会限制其利用外资的数量。例外的是外商直接投资，因为它把人力资本同时带入新兴市场国家。需要说明的是，以各种入学率或政府教育投入反映人力资本是不够准确的：首先，就教育内容来看，发达国家与新兴市场国家存在很大差距；其次，发达国家有比较完善的企业教育体系，而新兴市场国家大多对其重视不足。

4. 外汇风险

外债与内债的重大区别是它以外币计值。因此,若外债高度集中于某一国家,则该货币汇率上升将增加新兴市场国家的债务负担。例如,我国外债中日元债务比重非常大。在 20 世纪 80 年代,人民币对美元贬值,且美元又对日元贬值,造成日元债务人民币成本成倍乃至成数倍上升。显然,外汇风险越大,外债适度规模便应越小。如果汇率的长期趋势具有可预测性,新兴市场国家应据此调整外债币种结构。

5. 外债增加出口的能力

外债有利息负担,若通过资本流入偿还旧债,就要求资本流入以递增速度上升,这从长期来看是不可能持续的。从根本上看,偿还外债需要依靠出口创汇。因此,偿债率(还本付息额占出口比例)成为衡量一个国家是否具有偿债能力的依据。从更严格的角度来看,只有出口大于进口,才能提供用于偿债的外汇。显然,贸易顺差国的适度债务规模可以较大。

6. 储蓄率的变动趋势

在以前的分析中我们假定储蓄率不变。但是,外债可能改变新兴市场国家的国内储蓄率。如果外债增加了政府和私人的消费倾向,国内储蓄率下降,则该经济对外债的依赖性加强。这不仅会造成债务困难,而且表明这种外债在期初就已超出适度规模。另一方面,外债可能给该国带来只有用外汇才能购买的短缺资源,使资本生产率提高,并带动该国储蓄率上升。在这种情况下,外债适度规模可以相应扩大。

二、我国的外债管理

除了一般定义外,我国外债概念的突出特点,一是强调货币形式的债务,即一般不包括实物形式构成的债务,只强调构成外汇偿还负担的债务;二是居民与非居民的人民币债务不包括在外债概念范围内,仍强调构成外汇偿还负担的对外债务。

（一）我国对外债务状况

截至 2016 年 12 月末,我国全口径外债余额为 98 551 亿元人民币(等值 14 207 亿美元,不包括香港特区、澳门特区和台湾地区对外负债,下同)。

从期限结构看,中长期外债余额为 38 137 亿元人民币(等值 5 498 亿美元),占 39%;短期外债余额为 60 414 亿元人民币(等值 8 709 亿美元),占 61%。短期外债余额中,与贸易有关的信贷占 47.5%。

从机构部门看,广义政府债务余额为 8 598 亿元人民币(等值 1 239 亿美元),占 9%;中央银行债务余额为 3 847 亿元人民币(等值 555 亿美元),占 4%;银行债务余额为 41 912 亿元人民币(等值 6 042 亿美元),占 42%;其他部门债务余额为 29 669 亿元人民币(等值 4 277 亿美元),占 30%;直接投资公司间贷款债务余额为 14 524 亿元人民币(等值 2 094 亿美元),占 15%。

从债务工具看,贷款余额为 22 505 亿元人民币(等值 3 244 亿美元),占 23%;贸易信贷与预付款余额为 19 999 亿元人民币(等值 2 883 亿美元),占 20%;货币与存款余额为 21 587 亿元人民币(等值 3 112 亿美元),占 22%;债务证券余额为 15 962 亿元人民币(等值 2 301 亿美元),占 16%;SDR 分配为 652 亿元人民币(等值 94 亿美元),占 1%;直接投资公司间贷款余额为14 524亿元人民币(等值2 094亿美元),占15%;其他债务负债余额为3 322亿元人民币(等值479亿美元),占3%。

从币种结构看,本币外债余额为33 831亿元人民币(等值4 877亿美元),占34%;外币外债余额(含SDR分配)为64 720亿元人民币(等值9 330亿美元),占66%。在外币登记外债余额中,美元债务占82%,欧元债务占7%,日元债务占3%。

2016年年末我国负债率为13%,债务率为65%,偿债率为6%,短期外债和外汇储备比为29%,各指标均在国际公认的安全线以内,我国外债风险总体可控,呈现出了外债期限结构合理、来源结构稳定和债务指标良好的特点。

(二)我国外债管理中存在的主要问题

1. 外汇管理局监管能力比较薄弱

(1) 权威性不够。我国对外债管理实行的是"统一领导、分工负责、加强管理、从严控制"的政策,但是至今为止,我国的外债管理体系还缺乏一个集中的权威机构。目前我国是由发改委定借债规模,下达中长期外债的项目、类型计划,国家外汇管理局审批借款单位的金融条件;而具体的使用则由借款单位负责。这种外债宏观管理的高度分散,造成条块脱节的局面。国家外汇管理局在很大程度上只是对外债进行事后统计监测,尤其是对窗口企业的管理乏力。

(2) 具体监管力度不够。1997年9月发布的外债统计监测实施细则第三条规定:"国家外汇管理局及其分局依法履行外债统计监测的职能,具体负责辖区内外债的登记监督,贷款专户和还贷专户的审批,债务偿还的核准,债务信息的采集发布和对外债资金使用情况的跟踪管理。"而在实际工作中,外汇管理局只侧重于外债数量及及结构方面的统计,监督工作却未能及时跟上。原则上外汇管理局对境内机构借款条件进行审批,若发现一些不合理的条件应予以拒批,如借款利率大大高于国际金融市场相同信用级别借款机构的同期借款利率等,但实际上拒批的情况极少发生。外汇管理局的指导思想仍是以鼓励引进外资为主,企业只要有途径与外方签订借款合同,一般都予以批准;而对外债资金的使用情况,更是没有制定具体的监管政策。

2. 外债流入速度加快

截至2016年12月末,我国全口径外债余额为98 551亿元人民币(等值14 207亿美元,不包括香港特区、澳门特区和台湾地区对外负债),上涨速度惊人。尤其是在2017年2月我国外汇储备曾跌破3万亿美元大关的背景下,外债的过快积聚将加重我国的偿债负担。

按照债务人类型分析,我国的外商投资企业的外债增长最快,占全国外债总额的比重逐年升高。由于我国对外商投资企业的对外借款不纳入国家外债规模管理,对其借入外债实行事后登记政策,不必像国内企业那样事前报批。因此,外商投资企业外债中有不少是国内企业通过外商投资企业对外筹资,由中方机构提供担保,这部分外债逃避了外汇管理局的监管,成为我国外债管理的一个难点。

3. 外债使用效率不高

我国部分企业经营机制尚不健全,仍以粗放性经营为主,重规模,不重效益,严重影响了外债的使用效果,主要表现在:第一,可行性研究不够。一些国内企业对于外债,只考虑能否借得到，对偿债责任考虑不多，对使用外债可能遇到的风险估计不足。在做项目可行性研究时，往往缩小或掩盖不利的因素，未建立起一套行之有效的科学决策体系，一些借用外债兴建的项目未经科学论证，就盲目上马，留下亏损隐患。第二，缺乏相应的配套设施。由于对项目的盲目投产，再加上相应的配套资金、设备、原材料不足以及技术消化能力差等原因，一些项目开工后迟迟不能投产，投产后又产生不了预期收益。第三，经营管理不善。由于部分企业管理人员素质差，未能实施科学的管理决策，企业管理混乱，内部机制不健全，造成对外债的盲目使用，浪费严重。

4. 隐性外债问题严重

隐性外债是指处于国家对外债的监督管理之外且不反映于国家外债统计监测系统之中的实际对外负债。它是我国当前外债管理中存在的一大问题，因为这些外债没有在国家外汇管理局注册，政府很难掌握这些外债的数额，无法进行控制。未经注册的外债在不受监控的情况下增加，将在很大程度上威胁到整个国家的金融安全与稳定。

（三）我国进一步加强外债管理的主要对策

1. 根据国内外经济形势的变化及时调整外债管理政策，加强对外债的宏观管理

外债管理并不是一个静态的概念，虽然其总体目标——弥补资金缺口、促进国家经济的发展，适用于经济发展的各个阶段，但适用于过去经济环境的具体外债管理政策未必适用于今天的经济环境。例如，泰国、韩国曾有行之有效的外债管理政策，但该政策主要是针对公共部门借债的管理，当私人部门借款所占比重越来越大时，泰国、韩国没有根据形势的变化及时进行调整，将有效的管理扩展到私人部门范围。虽然流入私人部门的债务原则上是私人部门自身的义务，但当一国大量的金融机构或私人企业失去偿付能力时，这个原则就很难持续下去。为保证整个国家经济的正常运转，政府往往被迫充当最后贷款人的角色。因此，政府有必要也有责任将私人部门外债纳入监管的范畴。而对私人部门的借债行为缺乏约束正是泰国、韩国债务危机爆发的重要原因。我国应吸取教训，注意根据国内外经济形势的变化及时调整具体的外债管理原则，加强对外债的宏观统一管理。

为此，我国应建立一个对外债实行统一管理的权威性机构，负责有关外债重大问题的决策，管理借款窗口，根据我国经济发展的需要对外债借、用、还统筹安排，运用法律、行政及经济手段从机制上保证外债使用效益和按期偿还，建立全国性的外债信息网，对外债各要素的运行过程进行统计、分析、跟踪、反馈，并对国际金融市场的汇率、利率进行预测分析，及时、有效地调整外债规模与结构。

2. 明确借入外债的目的，提高外债使用效益

借入外债的目的随着经济的发展而不同，新兴市场国家利用外债一般有三个目的：一是经济发展缺乏足够的国内储蓄，需要引进国外资金补充国内储蓄；二是在贸易持续逆差的情况下，通过资本净流入来弥补外汇缺口，维持国际收支平衡；三是引进国外先进技术和设备，提高产品质量，从而提高国际竞争力。从各国债务危机的教训和我国的实际经济状况分析，应该将第三点作为我国借入外债的主要目的。因为一方面，我国有着高储蓄率，大量的存贷差说明国内资金并未被充分利用，不存在储蓄不足的问题。之所以会出现资金缺乏的现象，主要是由于投资结构不合理、资金使用效率低。另一方面，墨

西哥、泰国、韩国的教训表明,若外债使用效益不佳,长期利用外债不能带来贸易顺差,需要靠资本净流入来保持国际收支平衡,国内经济就易受外部经济和汇率波动的冲击。因此,我国应将外债主要用于提高生产和出口创汇能力、增强国际竞争力方面。

第一,在国家产业政策指导下,将外债投向经济效益比较好的部门。在外债投向上保持基础产业和出口创汇部门的合理比例,以提高我国的外债清偿能力。根据外债来源、性质不同,将其投入不同的部门:官方贷款利率低、期限长,但其使用有严格的规定,多要求投向非盈利项目;借用国际商业贷款应重点投向建设周期短、有出口创汇能力的项目。第二,为用好国外贷款,还要保证国内配套设施的落实。对已签约项目,要抓紧落实配套资金、设备、原材料等基本建设条件;对新提出的借用国外贷款申请,应严格审查是否具备配套能力;对不具备配套能力的项目,不得对外签约。第三,建立外债使用效益指标。建议可采用项目创汇率/外债利息率衡量出口部门的外债使用效益;项目利润率/外债利息率衡量非出口部门的外债使用效益。这两个指标大于1时,表明项目的外债使用是有效的。

3. 区分外债清偿力与流动性,进一步完善期限结构

20世纪80年代债务危机爆发后,西方理论界普遍认为,债务危机爆发的主要原因是债务国经济增长缓慢,从根本上丧失了偿还外债的能力即清偿力。因此,各国普遍将外债管理的重点放在控制债务规模、加速经济增长上。然而1997年亚洲债务危机显示了即使一个国家宏观经济状况良好,按照预测的增长趋势可以满足未来的偿债要求即满足清偿力要求,但若偿债集中,尤其是短期债务集中而导致流动性不足,仍有可能引发债务危机。可见,债务的期限结构对于宏观经济状况良好的新兴市场国家的影响往往大于债务规模的影响。因此,外债管理当局应首先分析一国的具体情况,明确面对的是清偿力不足还是流动性不足问题。我国的经济状况与危机前的东盟诸国很相似,经济高速增长,外汇储备充足,短期内不可能发生清偿力不足的问题,相比之下,集中大量偿债引发的流动性不足则有可能发生。因此,外债管理部门应将监管重点放在外债的期限结构上,严格控制对外借债的时间、金额。我国目前的短期债务比例比较合适,问题是要防止发生大量债务集中清偿的挤付现象。期限结构的合理安排,可以使还本付息负担均匀地分布在不同的年份,而不致因偿债负担的突然加重而妨碍整个国民经济的稳定发展。因此,必须把债务的偿还期错开,确定年度借款规模内各种期限借款的最高限额,从严控制,同时中长期贷款偿还期应与项目回收期保持一致。

4. 完善外债信息披露,加强隐性外债管理

有效的外债管理依赖于及时、准确的信息。当一国的真实外债信息披露不足,尤其是一些破坏性的信息被掩饰时,大量外债游离于国家统计监测范围之外,形成隐性外债,外债管理当局就不能对国家的实际外债状况进行有效的判断。按错误的信息作为政策操作的依据,就会给国家的外债管理造成极大的危害。

针对信息披露不足、存在大量隐性外债的状况,外债管理当局应首先重新确定外债的认定标准,根据新形势规范外债的内涵与外延,将隐性外债纳入国家外债统计监测范围;其次,应出台具体的措施明令禁止外资项目的固定回报;再次,通过与借款者进行磋商,实施良好的会计控制,并适当地运用法律和行政手段确保各借款单位增加透明度,明

确对外实际负债的数量及期限;最后,制定具体的对变相举借外债、扰乱外债秩序的违规行为的处罚实施细则,以使外债管理部门对违规问题的处理与认定有据可依。

5. 严格控制外债流入,保持适度外债规模

影响外债规模的主要因素有三个:一是经济建设对外债的需求量;二是国际资本市场可供量;三是本国对外债的吸收能力与承受能力。其中,第三个因素是维持外债适度规模的关键。

第三节 国际债务危机与新兴市场国家的资本外逃

正常的国际资本流动有利于国际间资源的有效配置,在解决了发达国家资本过剩问题的同时,也使新兴市场国家满足了资金不足的需要。但同时,引进外资国家的外债管理不善也往往容易影响国际债权债务关系的正常发展,引发国际债务危机与资本外逃。

一、国际债务危机

债务危机是指一国不能按时偿付其国外债务,包括主权债务和私人债务,表现为大量的公共或私人部门无法清偿到期外债,一国被迫要求债务重新安排和国际援助。

(一)国际债务危机产生的原因

国际债务危机的爆发是国内、国际因素共同作用的结果,但外因往往具有不可控性质,且总是通过内因起作用。因此,从根本上说债务危机产生的直接原因在内因,即对国际资本的盲目借入、使用不当和管理不善。具体表现为:

1. 外债规模膨胀

如果把外债视为建设资金的一种来源,就需要确定一个适当的借入规模。因为资金积累主要靠本国的储蓄来实现,外资只能起辅助作用;而且,过多地借债如果缺乏相应的国内资金及其他条件的配合,宏观经济效益就得不到应有的提高,进而可能因沉重的债务负担而导致债务危机。现在国际上一般把偿债率作为控制债务的标准。因为外债的偿还归根到底取决于一国的出口创汇能力,所以举借外债的规模要受制于今后的偿还能力,即扩大出口创汇能力。如果债务增长率持续高于出口增长率,就说明国际资本运动在使用及偿还环节上存在着严重问题。理论上讲,一国应把当年还本付息额对出口收入的比率控制在20%以下,超过此界限,借款国应予以高度重视。

2. 外债结构不合理

在其他条件相同的情况下,外债结构对债务的变化起着重要作用。外债结构不合理主要表现有:

(1) 商业贷款比重过大。商业贷款的期限一般较短,在经济较好或各方一致看好经济发展时,国际银行就愿意不断地贷款,因此这些国家就可以不断地通过借新债还旧债来"滚动"发展。但在经济发展中一旦出现某些不稳定因素,如政府的财政赤字、巨额贸易逆差或政局不稳等使市场参与者失去信心,外汇储备不足以偿付到期外债,汇率就必然大幅度下跌。这时,银行到期再也不愿贷新款了。为偿还到期外债,本来短缺的外汇

资金这时反而大规模流出,使危机爆发。

(2) 外债币种过于集中。如果一国外债集中于一两种币种,汇率风险就会变大,一旦该外币升值,则外债就会增加,从而增加偿还困难。

(3) 期限结构不合理。如果短期外债比重过大,超过国际警戒线,或未合理安排偿债期限,都会造成偿债时间集中。若流动性不足以支付到期外债,就会爆发危机。

3. 外债使用不当

借债规模与结构确定后,如何将其投入适当的部门并最大地发挥其使用效益,是偿还债务的最终保证。从长期看,偿债能力取决于一国的经济增长率,短期内则取决于它的出口率。因此,人们真正担心的不是债务的规模,而是债务的生产能力和创汇能力。许多债务国在大量举债后,没有根据投资额、偿债期限、项目创汇率以及宏观经济发展速度和目标等因素综合考虑,制定出外债使用走向和偿债战略,不顾国家的财力、物力和人力等因素的限制,盲目从事大工程建设。由于这类项目耗资金、工期长,短期内很难形成生产能力,创造出足够的外汇,造成债务积累加速。同时,不仅外债用到项目上的资金效率低,而且还有相当一部分外债根本没有流入到生产领域或用在资本货物的进口方面,而是盲目过量地进口耐用消费品和奢侈品,这必然导致投资率的降低和偿债能力的减弱。而不合理的消费需求又是储蓄率降低的原因,使得内部积累能力跟不上资金的增长,进而促使外债的进一步增加。有些国家则是大量借入短期贷款在国内做长期投资,而投资的方向又主要是房地产和股票市场,从而形成泡沫经济。一旦泡沫破灭,危机也就来临了。

4. 对外债缺乏宏观上的统一管理和控制

外债管理需要国家对外部债务和资产实行技术和体制方面的管理,提高国际借款的收益,减少外债的风险,使风险和收益达到最圆满的结合。这种有效的管理是避免债务危机的关键所在。其管理的范围相当广泛,涉及外债的借、用、还各个环节,需要政府各部门进行政策协调。如果对借用外债管理混乱,多头举债,无节制地引进外资,往往会使债务规模处于失控状态、债务结构趋于非合理化,从而妨碍政府根据实际已经变化的债务状况对政策进行及时调整,并且当政府发现政策偏离计划目标过大时,偿债困难往往已经形成。

5. 外贸形势恶化,出口收入锐减

由于出口创汇能力决定了一国的偿债能力,一旦一国未适应国际市场的变化及时调整出口产品结构,其出口收入就会大幅减少,经常项目逆差就会扩大,从而严重影响其还本付息能力。同时,巨额的经常项目逆差进一步造成了对外资的依赖,一旦国际投资者对债务国经济前景的信心大减,对其停止贷款或拒绝延期,债务危机就会爆发。

(二) 国际债务危机的影响

国际债务危机严重干扰了国际经济关系发展的正常秩序,是国际金融体系紊乱的一大隐患,尤其对危机爆发国的影响更是巨大,会给经济和社会发展造成严重的后果。

1. 国内投资规模会大幅缩减

第一,为了还本付息的需要,债务国必须大幅度压缩进口以获得相当数量额的外贸盈余。因此,为经济发展和结构调整所需的材料、技术和设备等的进口必然受到严重抑制,从而造成生产企业投资的萎缩,甚至正常的生产活动都难以维持。

第二,债务危机的爆发使债务国的国际资信大大降低,进入国际资本市场筹资的渠道受阻,不仅难以借到条件优惠的借款,甚至连条件苛刻的贷款也不易借到。同时,国际投资者也会视危机爆发国为高风险地,减少对该国的直接投资。外部资金流入的减少,使债务国无法筹措到充足的建设资金。

第三,危机爆发后国内资金、持有者对国内经济前景持悲观态度,也会纷纷抽回国内投资,这不仅加重了国家的债务负担,也使国内投资资金减少,无法维持促进经济发展应有的投资规模。

2. 通货膨胀会加剧

债务危机爆发后,流入债务国的资金大量减少,而为偿债流出的资金却越来越多。资金的流出,实际上就是货物的流出,因为债务国的偿债资金主要是依靠扩大出口和压缩进口来实现的。由于投资的缩减,企业的生产能力也受到影响,产品难以同时满足国内需求与出口的需要。为还本付息,国家将出口置于国内需求之上。同时,进口商品中一些基本消费品也大幅减少。当国内市场的货物供应量减少到不能满足基本要求,以至发生供应危机时,通货膨胀就不可避免。此外,在资金巨额净流出、头寸短缺的情况下,债务国政府往往还会采取扩大国内公债发行规模和提高银行储蓄利率等办法来筹措资金。但筹措到的资金相当大一部分是被政府用于从民间购买外币偿还外债,这必然造成国内市场货币流通量增多。由于这部分资金较少用于投资,不具有保值更无增值的效应,因此在公债到期偿还或储户提款时,国家实际并无能力偿还,于是不得不更多地发行利率更高、期限更短的新债券,并扩大货币发行量,通货膨胀将不可避免。

3. 经济增长会减慢或停滞

为制止资金外流,控制通货膨胀,政府会大幅提高利率,使银根进一步收紧,而为偿债需兑换大量的外汇,又使得本币大幅贬值,企业的进口成本急剧升高。资金的缺乏及生产成本的上升,使企业的正常生产活动受到严重影响,甚至破产、倒闭。投资下降,进口减少,虽然有助于消除经济缺口,但生产的下降势必影响出口的增长。出口若不能加速增长,就无法创造足够的外汇偿还外债,国家的债务负担也就难以减轻。这些都使国家经济增长放慢,甚至会出现较大幅度的倒退。

4. 社会后果严重

随着经济衰退的发生,大批工厂、企业倒闭或停工停产,致使失业人口剧增。在高通货膨胀情况下,职工的生活也受到严重影响,工资购买力不断下降,对低收入劳动者来说,更是入不敷出。失业率的上升和实际工资的下降使债务国人民日益贫困化,穷人队伍越来越庞大。同时,因偿债实行紧缩政策,债务国在公共社会事业发展上的投资经费会越来越少,人民的生活水平也会日趋恶化。因此,人民的不满情绪日增,他们反对政府降低人民的生活水平,反对解雇工人,要求提高工资。而政府在债权银行和国际金融机构的压力下,又不得不实行紧缩政策。在此情况下,会导致民众用游行示威甚至暴力的方式表示对现状的极度不满,从而导致政局不稳和社会动乱。

5. 对国际金融体系的影响

债务危机的产生对国际金融体系运作的影响也是十分明显的。第一,债权国与债务国同处于一个金融体系之中,一方遭难,势必会牵连另一方。债权人若不及时向债务国提供援助,就会引起国际金融体系的进一步混乱,从而影响世界经济的发展。第二,对于那些将巨额贷款集中在少数债务国身上的债权银行来说,一旦债务国发生债务危机,必然使其遭受严重损失,甚至破产。第三,债务危机使债务国国内局势急剧动荡,也会从经济上甚至政治上对债权国产生不利影响。在这种情况下,债权人不得不参与债务危机的解决。

（三）解决国际债务危机的措施

在国际经济一体化背景下,债务危机威胁到整个国际金融领域及世界经济的稳定。同时,债务危机还威胁到国际货币体系的稳定。新兴市场国家的大量债务大都来自国际商业银行,尤其是欧洲货币市场。债务危机将导致大量银行倒闭,从而产生连锁反应,威胁国际货币体系的稳定,导致金融危机的发生。

1. 国际社会挽救债务危机的过程

由于债务危机不仅危及新兴市场国家经济增长,而且影响发达国家的经济增长,更威胁到国际货币体系和世界经济的稳定,因此国际社会,无论是债务国还是债权国,以及国际金融机构都有责任为挽救债务危机而努力。1982年墨西哥危机发生后,国际社会挽救债务危机的过程大体经历了三个阶段。

第一阶段为重整债务阶段(1982—1985)。其特点是债权银行要求债务国以紧缩经济为条件给予延期还款、降低利率及减免部分债务的优待。但重整债务的结果却使债务国生产下降,出口减少,而更增加其偿债困难,而债权银行也由此不履行承诺,不但不增加新的贷款,反而收缩贷款或贷款条件更加苛刻,结果导致债务重整计划以失败告终。

第二阶段为增长调整阶段(1985—1986)。其特点是以市场导向型的经济政策为条件,对债务国采取一揽子挽救措施。最典型的一揽子挽救措施是由"贝克计划"（Baker's Plan）提出的。其主要内容是,通过增加基金促进债务国进行市场导向型改革,并通过促使债务国进行经济调整来维持其经济增长,以帮助其履行还本付息义务。但该基金只有三百多亿美元,而债务总计已近万亿,杯水车薪,作用不大。

第三阶段是以发展促还债阶段(1987—1991)。其特点是债务国提出以其工业化的经济发展战略促还债,并敦促西方国家尽快消除贸易保护,为新兴市场国家提供扩大出口的机会,以便提高偿债能力。同时,美国提出"布雷迪方案",建议商业银行减免债务国债务本息各3%,并向债务国提供新贷款。但此项计划并未得到西方各国商业银行的响应,要求它们放弃3%的债券本息的确很困难。

尽管国际社会采取了种种挽救危机的措施,但效果都不理想,并未从根本上解决问题,反而国际债务危机仍不断发展。

2. 债务国缓解债务危机的措施

面临日益严重的债务危机,债务国积极进行经济调整,力图依靠自己的力量与国际社会的协调及合作尽快度过危机。其采取的措施主要有以下五个方面：

（1）与国际社会密切合作,重新安排债务,即在国际社会的安排下,进行债务重整,延长宽限期或偿还期,或借新债还旧债。而各债务国则利用这一机会加速调整经济发展计划,不同程度地执行经济紧缩计划,以配合国际社会的安排或措施。

（2）在经济增长的基础上进行调整。与南美债务国不同，同为债务国的韩国当时采取"稳定、效率、均衡"的增长性经济调整计划，坚持其出口导向，并完成了由贸易立国到技术立国的转变，扭转了债务危机的局面。从1986年起不再借债，债务负担逐年下降，1991年还清了所有债务。

（3）调整经济结构。许多债务国在调整经济发展战略的同时，改革经济结构，建立了比较完整的工业体系，并强调政策配合，从各方面推动出口，以培养偿债能力。

（4）债务资本化，即通过转换机制把部分债务转变为债权国对债务国企业的证券投资，使银行信贷资产证券化。将银行信贷转为债券后，债权银行可以通过卖掉那些风险很高的债券，减少敞口，以稳定信贷。而将债权转换成股权后则可以保证债权银行按期分享股息。同时，债务国把债务转化为股权不仅可以减轻债务负担，而且还可以促进其资本内流，增强其发展生产的能力。

（5）实行金融体制改革。金融是商业之首，是经济运转的润滑剂。与南美国家不同的是，韩国政府清醒地认识到金融体制改革的重要性，经济、金融双管齐下，采取了本币贬值、开放资本市场及促进经济发展等措施。一方面，促进出口，培养偿债能力；另一方面，在挖掘国内资金潜力的同时，有效利用外资，为摆脱债务危机起到很大作用。

二、新兴市场国家的资本外逃

（一）资本外逃定义综述

在学术界，资本外逃（Capital Flight）是一个带有较强价值判断和争议的概念。目前有代表性的定义是：

（1）金德伯格"避险"说，即"投资者由于恐慌和怀疑所造成的异常的资本流出"。这里的异常，是指资本由利率高的国家流向利率低的国家。投资者力图躲避的风险涉及汇率风险、恶性通货膨胀、金融动荡以及国内债权缺乏保障等。

（2）卡廷顿"投机"说，将资本外逃看成"短期投机资本即游资的异常外流"。该定义与"避险说"的主要区别在于，它不考虑长期资本外逃。

（3）杜利和金"规避管制"说。杜利将资本外逃界定为居民希望获得不受本国政府控制的金融资产和收益而进行的资本流出。金将其界定为从新兴市场国家流出的、躲避官方管制和监测的私人短期资本。后者与前者的区别在于，它不考虑长期资本外逃。

（4）托尼尔和世界银行的"福利损失"说。托尼尔将资本外逃界定为生产资源由贫穷国家向富裕国家的流失。该定义涉及资本外逃以及自然资源和人力资源流失。世界银行则将其界定为债务国居民将财富转移到国外的任何行为。

（5）沃尔特的"违背契约"说，即将其界定为违背隐含的社会契约的私人资本流出。违背契约指私人的资产调配威胁到政府宏观经济目标的实现或增加其实现成本。

（二）资本外逃原因

1. 导致资本外逃的要素

（1）金融抑制（Financial Repression）。根据爱德华·肖（Edward Shaw）的观点，新兴市场国家普遍存在金融抑制，主要表现为金融机构高度国有化、金融市场不发达、政府过分控制金融操作,人为压低利率或使本币高估,资本分配效率低等。这使国内缺乏有利可图的投资渠道,国内投资风险较大,容易产生资本外逃。夸克还将外汇管制引起的资本外逃称为鼠夹效应(Mouse Trap Effect),即政府对资本流入和流出管制的不对称性,使居民不愿将外汇保留在国内以避免丧失今后用汇的灵活性。

(2) 投资环境恶化。当政府宏观经济政策失误造成国内财政赤字、通货膨胀或经济衰退时,居民为避免通货膨胀税和其他损失会将资产转移到国外。若政府大量举借外债弥补资本外逃造成的缺口,又会增大居民对征税还债的预期,形成资本外逃和举借外债的恶性循环。该因素同时降低居民和非居民对本国经济的信心,资本外逃是单向的,亦称"真实性"资本外逃。

(3) 固定汇率制下的实际汇率高估。相对而言,新兴市场国家的汇率制度缺乏弹性,当其实际汇率高估时,容易诱发资本外逃,可能在一定条件下引发货币危机。

(4) 国际信息的不对称性。沃尔特在传统的资产组合理论中,引入了保密性这种新因素。从事资本外逃的投资者在资产组合中要权衡预期收益、风险和保密性。在新兴市场国家,贩毒、军火交易、走私和官员腐败收入一旦转移到离岸金融中心,外国银行的保密条款就有助于这些投资者实现资产最优组合。

(5) 人力资本的国际差异。卢卡斯(Lucas)认为,发达国家的劳动力中包含大量的新兴市场国家无法比拟的人力资本因素,因此,发达国家的资本边际报酬可能高于部分新兴市场国家。这为资本由新兴市场国家流向发达国家提供了新的解释。

(6) 对居民与非居民的差别待遇。莱塞德和威廉姆森认为,新兴市场国家存在某些歧视性的宏观经济和管理政策,如显性和隐性的税收差别、差别担保、不同的利率上限、拥有外币资产的难易程度不同等。差别待遇一方面导致居民的资本外逃,另一方面引起非居民的资本流入。它还可能造成"过渡性"资本外逃,即居民先将资本转移国外,再以非居民身份对国内投资。

(7) 新兴市场国家国内资产存在公共产权。托内尔和韦拉斯科认为,在新兴市场国家,政府和一些利益集团可能拥有对其他利益集团资产的公共产权,即缺乏严格排他性的产权设置和较好的产权保护。各利益集团为避免其国内资产被其他利益集团侵占,会将其资本转移到国外私有产权保护程度较高的地方。

(8) 政策的不确定性。亚利桑那和泰柏林认为,新兴市场国家存在政策的不确定性。他们构造了一个左翼和右翼政府随机执政的非合作动态博弈模型,说明居民对政府未来政策取向的不确定性,会导致资本外逃和政府大量举借外债并存。

2. 导致我国资本外逃的特殊原因

中国资本外逃的形成是在特定的国际国内经济金融环境下的产物,与国内外的众多经济金融因素都有着密切的联系。对于我国来说,资本外逃除上述因素外,还有以下几个特殊原因:

(1) 多年以来我国汇率体制始终没有摆脱僵化机制,央行干预过多、市场参与主体单一、银行间外汇市场不能真实反映市场的实际供需,因此所形成的人民币对各主要外币的中间价就不能反映真实的人民币汇率水平。在这种行政干预色彩和人为干预过多的体制下,人民币汇率不能随经济基本面变化而及时做出调整,外汇黑市价格始终保持着与官方价格的溢价,吸引着资本逐利。

(2) 资产的保密性、安全性等也是影响资产持有者的资产选择进而影响到资本外逃的一个重要因素。在目前国内收入严重不均的情况下,一些拥有巨额财产或者财产来历不明的人常常会将资产转移到国外,获得资产的保密性。

(3) 投资者担心资产继续放在国内其收益会下降,就可能产生资本外逃行为。从资产组合的角度看,正是政治性、制度性的原因改变了金融市场的风险收益结构,直接导致投资者对其资产的收益率与风险产生忧虑。随着我国对外企超国民待遇的消失及我国人力成本的上升,外企在华投资的收益率将会下降,这将直接导致外企对华投资向外转移。而且,随着我国走出去的战略,对外直接投资稳步上升,资本也会出现向国外的转移。

(三) 非法资本外逃的主要渠道

1. 贸易渠道

通过进出口渠道进行资本外逃,常见的方式包括:① 高报进口(Over Invoicing)和低报出口(Under Invoicing),并将骗汇和逃汇资金以折扣、佣金等形式流往境外;② 伪造贸易凭证进行骗汇、套汇并骗取出口退税资金;③ 出口商推迟结算时间或进口商将结算时间提前;④ 跨国公司在关联企业贸易中实行转移定价,将资金转移到境外。

2. 非贸易渠道

在非贸易渠道中,投资者可以佣金、旅游、运费、咨询费等多种名义购汇,并通过弄虚作假实现资金转移。

3. 融资和投资渠道

通过融资渠道的资本外逃涉及:① 在与外商串通前提下,高报外方技术和实物投资价值,或本方替外方垫付资金,虚报外商直接投资形成资本外逃;② 虚假的对外借款,以支付收益或利息方式汇出资金;③ 货币互换,境内企业为外商提供本币支付,同时境外企业将相应外汇打入该企业境外账户;④ 中途改变境外借款或证券认购与包销条件,将相应资金留在国外。

通过投资渠道的资本外逃涉及:① 在买卖上市、国际企业收购和兼并等对外投资活动中,将国有资产转化为个人资产;② 隐瞒和截留境外投资收益;③ 在对外投资中利用转移定价,将国有资产转化为存放于境外的个人资产。

4. 其他渠道

资本外逃的其他渠道包括:① 以随身携带方式将黑市获取的外汇转移到境外;② 通过地下钱庄和手机银行等境内外串通交割方式进行资本外逃;③ 通过权钱交易或权权交易,金融机构和外汇管理部门违法违规操作,为资本非法转移开绿灯。

(四) 资本外逃的测算

1. 直接测算法

该法通过直接测算游资规模以反映资本外逃。它可分为卡廷顿法和凯特法。

卡廷顿将资本外逃定义为非银行私人部门的投机性短期资本外流,该法可表示为:

$$CF = -(NEO + SK) \qquad (11-13)$$

式中，CF 为资本外逃额；NEO 为国际收支平衡表中的净误差与遗漏项；SK 为其他部门的其他短期资本；负号表示流出。若一国无外汇管制，则不做净误差与遗漏项调整。

凯特将游资分为三个层次，其计算分别为：

$$HM_1 = -(NEO + C_1) \tag{11-14}$$

式中，HM_1 为第一层次游资，C_1 为 IMF 1994 年国际收支手册中第 94 栏，即其他资产项目、其他部门中的其他短期资本。

$$HM_2 = -(NEO + C) \tag{11-15}$$

式中，HM_2 为第二层次游资；C 为其他部门的其他短期资本，即 (11-13) 式中的 SK，反映在上述手册中第 93—97 栏。HM_2 所指的游资与卡廷顿法相同。

$$HM_3 = -(NEO + C + e_1 + e_2) \tag{11-16}$$

式中，HM_3 为第三层次游资，e_1 和 e_2 分别为债权和股权投资，反映在上述手册中第 56—61 栏。

2. 间接测算法

间接测算法首先由世界银行在 1985 年《世界发展报告》中提供，其测算方法是：

$$CF = FDI + \Delta PD - (\Delta R - CA) \tag{11-17}$$

式中，FDI 表示净外商直接投资，ΔPD 为外债增加额，ΔR 为外汇储备增加额，$-CA$ 为经常项目逆差。世界银行认为前两项反映外汇资本来源，后两项反映外汇资本运用，它们的剩余反映资本外逃。

摩根担保信托公司对世界银行法进行修正，它认为银行系统持有的短期外币资产就像货币当局持有短期外币资产，属于正常资本流出。因此，其计算公式为：

$$CF = FDI + \Delta PD - (\Delta R - CA + \Delta F_1) \tag{11-18}$$

式中，ΔF_1 为银行系统持有的短期外币资产增量。

克莱因认为，摩根法并未扣除掉全部正常短期资本流出，应予进一步扣除的项目是旅游净收入、边境贸易净收入和再投资收入。其计算方法为：

$$CF = FDI + \Delta PD - (\Delta R - CA + \Delta F_1 + S_1 + T_1 + I_1) \tag{11-19}$$

式中，S_1、T_1 和 I_1 分别表示旅游净收入、边境贸易净收入和境外资产的再投资收入。

除了上述测算方法之外，国内外学者还提出过许多种资本外逃的测算方法，得出的估计值往往存在较大差异。这种差异源自他们对资本外逃的定义不同，以及他们对资本外逃的原因有不同理解。

（五）资本外逃的经济影响

1. 对宏观经济的影响

资本外逃会破坏资本形成，从而降低经济增长速度。具体说来，它一方面减少外汇储备，加剧外汇约束；另一方面减少国内储蓄，强化储蓄约束。按照哈罗德—多马模型的逻辑，在资本生产率不变的前提下，储蓄率成为决定经济增长率的唯一因素，资本外逃在这种环境中的消极作用极为明显。

资本外逃可能侵蚀政府的税基。即使是过渡性资本外逃，当投资者以外商身份迁回投资时，就可以享受税收优惠，造成政府税收流失。

资本外逃可能加剧外债负担。它既减少了该国外汇储备或国际清偿能力，使政府对外借款成本上升,又削弱了该国的偿债能力。

资本外逃危害国家经济安全。作为实现国有资产化公为私的途径,它助长了官僚队伍中的腐败行为和其他违法犯罪活动。作为一种违法或违背契约行为,它冲击着法制建设和社会精神文明。同时,它也为"地下钱庄"等非法组织注入资金和活力。

资本外逃会恶化收入分配状况。特别是在金融危机时期,投机者通过资本外逃可获取投机利益,而其对宏观经济的消极影响却要由贫困人口承担。

2. 对国际收支的影响

资本外逃直接影响资本项目的平衡。它所导致的宏观经济状态恶化也会导致外商直接投资减少。

资本外逃也会冲击汇率制度,造成本币对外贬值压力。在进出口商品弹性较小的情况下,本币贬值有可能带来贸易逆差,至少在一段时间内通过J曲线效应使贸易收支恶化。

当资本外逃引发国际收支危机时,该国外汇储备就会减少。这会造成本币贬值、物价上升、利率攀升、股市暴跌、银行不良资产增加、银行倒闭、外债问题严重等一系列消极影响。当这些问题严重时,该国便会发生金融危机。

3. 对宏观经济政策的影响

资本外逃本身的不确定性,增加了政府获取信息的难度。资本外逃造成外汇储备流失和货币供给减少,具有紧缩效果,使政府增加就业和收入的政策难见成效。资本外逃也使政府更难通过发行国债为财政赤字融资,它对税基的侵蚀也增加了政府实行扩张性财政政策的难度。

(六)抑制资本外逃的对策

资本外逃在很大程度上是国内经济政策扭曲和制度缺陷的反映,因此,抑制资本外逃要从体制和政策环境等深层次采取措施。

(1)深化国内金融改革。这涉及减少市场准入方面的限制,允许套期保值金融工具的出现,逐步加大利率、汇率形成机制的市场化,有效化解银行不良资产,减少居民风险预期。

(2)完善各种法规和制度,以弱化资本外逃的动因。这里主要涉及落实现代企业制度,加大资产评估和财务管理力度,加强对私有产权保护,推进税制改革,以反腐败措施堵塞资本外逃的渠道。

(3)以渐进方式取消外汇管制,因为外汇管制的不对称性是资本外逃的一种动因,它还会带来腐败和降低资源配置效率等后果。

(4)加强资本管制的国际协调,在信息披露、会计制度等方面加强沟通。加强与其他国家合作,建立共同的应对突发性资本外逃的防御机制。

阅读专栏　　继续深化外汇管理改革开放

促进贸易投资便利化是出发点和落脚点。从管理思路上,要增强服务意识,善于换位思考,促进政策调整与市场主体商业运作模式相衔接,为守法、合规的市场主体尽可能创造良好的政策环境。从管理流程上,优化流程和手续,通过改进服务来深化改革,切实提升贸易和投资便利化程度,降低外汇管理的社会成本,真正做到寓管理于服务之中。从管理对象上,推进监管方式从行为转向重点主体,从事前审批转向事后监测分析。例如,落实好跨国公司外汇资金集中运营管理"升级版",进一步提升跨国公司资金运作效率。

推动重点领域改革开放是主线和重点。要紧扣建立健全调节国际收支的市场机制和管理体制,进一步完善外汇管理改革中长期工作规划,确定实施步骤、时限以及分工,明确路线图和时间表。在资本市场方面,有序推进资本市场双向开放,进一步完善合格机构投资者制度,做好内地和香港基金互认落地,加快推进人民币资本项目可兑换。在外汇市场方面,扩大外汇市场开放,放宽交易范围,增加交易主体,丰富避险保值产品,完善多元、竞争和有效监管的交易平台建设,逐步建成一个成熟发达的多层次外汇市场体系。

防范异常跨境资金流动风险是基础和保障。长远来看,外汇管理部门要始终把防风险放在首位,从加强监测预警来看,加快建立跨境资金流动监测预警平台,逐步完成跨境资金流动数据整合和数据仓库建设,全面涵盖本外币、贸易投资、机构个人等不同交易币种、项目和主体跨境资金流动情况,为监管提供"千里眼"和"顺风耳"。同时,继续完善跨境资金流动的监测预警指标体系和非现场检查指标体系,及时对资金流出入压力状况进行评估和预判。从充实政策预案来看,充实以逆周期调节为主的政策预案,深入研究推出"托宾税"、无息存款准备金、外汇交易手续费等价格调节手段,抑制短期投机套利资金流入。从优化外汇储备经营来看,坚持多元化和分散化投资,管好和用好外汇储备,加大优质资产配置,提高外汇储备经营管理能力,实现安全、流动、保值增值的经营目标。

资料来源:易纲,"外汇管理改革开放的方向",《中国金融》,2015 年第 19 期。

本章提要

1. 国际资本流动主要是指资本在国际间转移,或者说,资本在不同国家或地区之间做单向、双向或多向流动。

2. 长期资本流动是指期限在一年期以上,甚至不规定到期期限的资本跨国流动。

3. 国际资本流动的作用有积极和消极两个方面,强调其积极作用的国家或政府认为不应控制资本流动,主张资本自由流动;强调其消极作用的国家或政府则主张控制或限制资本流动。

4. 利用外债的适度规模是指实现既定宏观经济目标所需要的最小引进外资数量。

5. 资本外逃本身的不确定性,增加了政府获取信息的难度。

6. 债务危机严重干扰了国际经济关系发展的正常秩序,是国际金融体系紊乱的一大隐患,尤其对危机爆发国的影响更是巨大。

7. 在国际经济一体化背景下,债务危机威胁到整个国际金融领域及世界经济的稳定;同时,债务危机还威胁到国际货币体系的稳定。

思考题

1. 国际资本流动的积极影响和消极影响分别有哪些？
2. 一国外债的适度规模受到哪些因素的影响？
3. 国际债务危机产生的主要原因有哪些？
4. 导致资本外逃的主要原因是什么？
5. 抑制资本外逃有哪些主要对策？

第十二章 金融监管

[教学目的]

通过学习本章,应掌握金融监管的一般原理和监管模式,熟悉《巴塞尔协议》与《巴塞尔新资本协议》的主要内容和最新变化,了解我国金融监管的现状和国际金融监管的发展趋势。

[重点难点]

金融监管的含义与模式,《巴塞尔协议》与《巴塞尔新资本协议》的主要内容。

[引导案例]

银监会发布《商业银行资本管理办法(试行)》

根据国务院第 207 次常务会议精神,2012 年 6 月 8 日,中国银监会发布《商业银行资本管理办法(试行)》(以下简称《资本办法》),并于 2013 年 1 月 1 日起实施。

本轮国际金融危机表明,银行业实现稳健运行是国民经济保持健康发展的重要保障。金融危机以来,按照二十国集团领导人确定的改革方向,金融稳定理事会和巴塞尔委员会积极推进国际金融改革,完善银行监管制度。2010 年 11 月,二十国集团首尔峰会批准了巴塞尔委员会起草的《巴塞尔协议Ⅲ》,确立了全球统一的银行业资本监管新标准,要求各成员国从 2013 年开始实施,2019 年前全面达标。《巴塞尔协议Ⅲ》显著提高了国际银行业资本和流动性的监管要求。在新的监管框架下,国际银行业将具备更高的资本吸收损失能力和更完善的流动性管理能力。

近年来,我国银行业有序推进改革开放,不断提高资本和拨备水平,风险防控能力持续增强,为我国抵御国际金融危机的负面冲击、实现国民经济平稳健康发展做出了重要贡献。当前,银行业稳步实施新的资本监管标准,强化资本约束机制,不仅符合国际金融监管改革的大趋势,也有助于进一步增强我国银行业抵御风险的能力,促进商业银行转变发展方式、更好地服务实体经济。

银监会有关负责人表示,2011 年以来,银监会认真借鉴国际金融监管改革的成果,结合我国银行业的实际情况,着手起草《资本办法》,不断丰富完善银行资本监管体系。起草过程中,银监会认真考虑了当前复杂多变的国内外经济环境和银行业实际情况,多次公开征求意见,并对实施新监管标准可能产生的影响进行了全面评估,对《资本办法》的内容进行了慎重调整,构建了与国际新监管标准接轨并符合我国银行业实际的银行资本监管体系。《资本办法》分 10 章、180 条和 17 个附件,分别对监管资本要求、资本充足率计算、资本定义、信用风险加权资产计量、市场风险加权资产计量、操作风险加权资产计量、商业银行内部资本充足评估程序、资本充足率监督检查和信息披露等进行了规范。

资料来源：《商业银行资本管理办法（试行）》，中国银行业监督管理委员会，2012 年 6 月 8 日。

金融监管作为整个金融体系健康、有序、高效运行的重要保障，涉及金融体系运行的各个方面，对一国经济的协调运行和稳定发展起着十分重要乃至决定性的作用。本章将对金融监管的含义、目标、原则、体制模式、内容、方法、国际合作等基本理论加以阐述，并就金融监管发展与改革的最新动态进行分析，最后在一般理论研究的基础上对中国金融监管具体实践的有关问题加以论述。

第一节　金融监管概述

一、金融监管的含义

金融监管是"金融监督与管理"的简称，包括两方面的内容：一是金融管理部门依照国家法律和行政法规的规定，对金融机构及其金融活动实行外部监督、稽核、检查和对其违法违规行为进行处罚；二是金融管理部门根据经济、金融形势的变化，制定必要的政策，采取相应的措施，对金融市场中的金融产品和金融服务的供给和需求进行调节，对金融资源的配置进行直接或间接的干预，以达到稳定货币、维持金融活动的正常秩序、维护国家金融安全等目的。概括起来，金融监管就是一国或地区金融管理当局对金融机构、金融市场、金融业务进行审慎监督管理的制度、政策和措施的总和。一般说来，金融监管主要由金融管理部门承担。随着市场经济的发展，很多机构如会计师事务所、法律事务所、各金融同业公会、证券交易所等都参与了金融监管活动。现在，金融监管已经成为市场经济体制的重要组成部分。

金融监管主要有以下三种类型：

(1) 系统性监管，关注整个金融体系的健康，保证个别金融机构的风险不会冲击金融体系。这类监管是中央银行的主要任务，因为中央银行在稳定宏观经济、金融市场和减小系统性风险方面的能力较强。

(2) 审慎性监管，关注个别金融机构的健康程度，强调分析和监控金融机构资产负债表、资本充足率、信贷风险、市场风险、营运风险和其他审慎性指标。其目的是保护消费者利益，防止个别金融机构的倒闭冲击经济体系。

(3) 业务发展方式，关注金融机构如何与客户发展业务，注重保护消费者利益，如信息披露、诚实、统一和公平。在与客户打交道时，它强调制定正确的规则和指南，注重规范业务实践。

二、金融监管的历史沿革

从历史发展的角度分析，金融监管是随着金融交易的发展不断演进的，它的监管对象逐步从货币、银行扩展到整个金融体系，监管的重点也在效率和安全两方面因经济背景的不同而有所侧重,应该用动态的、发展的观点来把握。

最早的金融监管可以追溯到 18 世纪的英国。1708 年,英国政府颁布法令,规定对货币进行监管;在著名的"南海泡沫事件"(South Sea Bubble)发生后,为了防止证券投机过度,1720 年英国政府颁布实施了《反金融诈骗和投资法》,也称为《泡沫法》。1742 年英国政府又通过法律禁止新的银行设立和已有银行的扩张,这些都属于政府早期的监管行为。

现代意义上的金融监管产生于 19 世纪末 20 世纪初,是与中央银行的产生与发展直接相关的。中央银行制度建立的最初目的在于管理货币,也就是消除由于私人机构发行货币的不统一造成的经济混乱。但是在中央银行统一货币发行和票据清算以后,货币信用的不稳定并没有消失,仍然有很多的金融机构因为不谨慎的信用扩张而导致经济波动,这在客观上要求中央银行承担起信用"保险"的责任——履行"最后贷款人"的职能。正是这一职能迫使商业银行服从于中央银行的监督和管理,接受中央银行对其业务经营进行检查,为中央银行监管整个金融体系打下了基础。

尽管最后贷款人职能使中央银行可以干预金融机构的经营,但是直到 20 世纪 30 年代,中央银行对金融机构经营的具体干预并不普遍,只是集中在货币监管和防止银行挤兑方面。中央银行对金融机构的普遍干预是在 20 世纪 30 年代的世界经济大危机之后。这场史无前例的大危机表明,市场是不完全的,"看不见的手"并不能使经济体系始终保持稳定,避免危机。随着宏观经济领域内开始强调政府干预,要求强化对金融体系监管的理论主张也在金融领域内受到推崇。因此,传统上中央银行的货币管理职能开始演变成制定和执行货币政策,并为宏观经济的调控目标服务。从 20 世纪 30 年代到 70 年代,金融监管都在这一背景因素的影响下,呈现出"监管严格、强调安全"的特点,对金融机构的经营范围和方式进行了广泛、严格的管制和干预。

20 世纪 70 年代,困扰西方国家的滞胀宣告了政府干预主义的破产,金融领域内金融自由化的理论逐步抬头。这一理论认为,上一阶段政府实施的金融管制直接导致了金融体系和金融机构的效率下降,抑制了金融业的发展;同时,由于金融领域内政府失灵同样存在,政府干预的实际效果并不一定比市场做得更好。因此,金融自由化提倡效率优先,主张解除过去束缚在金融业身上的种种陈规旧习,放松金融管制。随着金融自由化的浪潮逐渐席卷全球,70 年代后各国金融管制普遍放松,金融创新层出不穷,金融业发生了全面而深刻的变化。

到 20 世纪 90 年代,金融自由化达到高潮,但是 90 年代以来出现的一系列金融危机又对过度放松管制敲起了警钟。金融监管依然重要,特别是在经济全球化进程逐步加快、金融活动不仅仅受一国监管的情况下,金融监管的理论和实务都应该为适应金融业发展的新特点做出转变。

三、金融监管的目标

金融监管的总体目标就是通过对金融业的监管维持一个稳定、健全、高效的金融制度。具体来说,金融监管的目标分为三个层面:一是保证金融机构的正常经营、保护消费者的利益和金融体系的稳定;二是创造公平、竞争的环境,鼓励金融业在竞争的基础上提高服务的效率;三是确保金融机构的经营活动符合市场经济条件下真正的市场主体的行为规范,从而能够使中央银行的货币政策传导途径畅通,充分发挥中央银行的调控作用。

虽然如此,在这三个层面上,各国在不同的时期,金融监管的侧重点又有所不同。比如在20世纪30年代前,金融监管的总目标是维持价格和银行业的稳定,即通过控制货币的发行,防止银行等金融机构倒闭;30年代至70年代,金融监管的总目标是维持金融业的安全、稳定,以防范金融危机的发生;70年代至80年代,金融监管的总目标是效率与公平竞争;90年代以来,金融监管的总目标是安全兼顾效率。

四、金融监管的原则

为了实现金融监管的目标,金融监管当局必须遵循以下监管原则:

(1) 独立原则。金融监管机构应保持相对的独立性,在职责明确的前提下,拥有制定监管条例和日常操作上的自主权,以避免受到某些利益集团或地方政府的影响或干预。

(2) 适度原则。金融监管的职能空间必须得到合理界定。金融监管应以保证金融市场内在调节机制正常发挥作用为前提。监管不应干扰市场的激励—约束机制:一方面,监管机构不能压制有活力的、正当的市场竞争;另一方面,不应承诺将采取措施拯救竞争中的失败者,因为监管的存在并不排除金融机构倒闭的可能性。监管不是阻碍竞争的优胜劣汰,而是为公平、有序的竞争创造条件。

(3) 法制原则。金融监管必须有法律依据,并依法实施。金融监管也应该受到约束和监督,以防止出现监管过度和监管松懈。监管过度是指监管者为了自身的声望或利益而过于强化监督,监管松懈则可能是因为监管者被俘虏,与被监管者达成共谋,或是放松监管以免与被监管者发生冲突。因此,法律部门对监管者的行为也要予以制约。

(4) 效率原则。金融监管必须建立成本—效益观念,尽可能降低监管成本,减少社会支出。这就要求精简监管体系,提高监管人员的整体素质,在监管工作中讲求实效,对监管方案进行优选,并采用现代化的先进技术手段。

(5) 动态原则。金融监管应与金融发展保持同步,以免成为限制金融业发展的羁绊。监管机构应尽快对不适应金融发展新形势的规则进行修订,避免压制金融创新的积极性。监管机构还应具备一定的前瞻性,把握金融市场走向和金融结构的演变趋势,提前做出相应的准备,缩短监管时滞,提高监管的事先性和先验性。

五、金融监管的模式

金融监管历史发展的变化表明,有效的监管实践在不同的时期有不同的特点和方式。时至今日,世界各国为达到金融监管的目标,分别采取了适应本国经济和金融体系特点的金融监管模式。根据监管组织体系设置的不同,大致可以分为统一的金融监管模式、分业金融监管模式和不完全统一的金融监管模式三种类型。

(一) 统一的金融监管模式

统一的金融监管模式是指金融监管权限集中在某一个中央机构,往往由中央银行或者金融管理局来负责。意大利、荷兰、比利时、日本、新加坡、印度等国家采用统一监管模式。这一模式的优点在于:首先,成本较低,有利于节约技术和人员投入,可以降低信息成本、改善信息质量，从而获得规模效益；其次，能够改善监管环境，提供统一的监管制度，避免被监管者因为多重机构重复监管和不一致性而无所适从；最后，适应性强。这一模式的缺陷在于缺乏竞争性，容易导致官僚主义等。

（二）分业金融监管模式

分业金融监管模式是针对金融领域的不同行业分别设立专职的监管机构，进行审慎监管和业务监管。目前，分业监管模式比较普遍，如美国、加拿大、法国等均采用此模式。分业监管模式的优点在于凭借专业化优势，监管效率得以提高，同时还具有竞争优势。它的缺点是：多重监管之下难免出现不易协调的局面，由此产生的"监管漏洞"可能引起"监管套利"行为，使监管对象逃避监管，而且各个监管机构规模庞大，监督成本相对较高。

（三）不完全统一的金融监管模式

不完全统一的金融监管模式是在金融业综合经营的体制下，对前两种模式进行改造和融合而形成的模式。这一模式主要分为"牵头式"监管和"双峰"式监管两种。"牵头式"监管是在多重监管主体之间建立及时的磋商协调机制，特别是指定一个牵头监管机构负责不同监管主体之间的协调工作。"双峰式"监管则是指根据监管目标设立两类监管机构，一类负责对所有金融机构进行审慎监管，控制金融体系的系统风险；另一类则对不同金融业务经营进行监管。

金融监管模式是随着银行业的发展变化而不断调整的。20世纪初，西方国家爆发了史无前例的金融危机，原因之一是银行在证券市场和房地产市场的过度投资导致了泡沫经济。这使他们认识到，在没有达到一定水平的情况下，银行、证券、保险和信托等金融机构的混业经营极易造成银行资金大量流向证券市场，产生泡沫经济。于是20世纪30年代大危机后，以美国、日本和英国为代表的国家实行了分业经营体制。

混业经营体制主要以德国、瑞士等国家为代表。但自20世纪80年代以来，随着信息技术的发展和竞争的加剧，传统业务不断受到侵蚀，银行开始突破货币市场的限制，向资本市场和保险市场渗透，一些实行分业经营的国家转向混业经营。英国、日本分别于1986年和1996年实行混业经营体制，美国在1999年通过了《金融服务现代化法案》，也开始进入混业经营年代。

第二节　金融监管的内容与措施

一、金融监管的内容

金融监管的内容主要有以下三个方面：

（一）市场准入监管

所有国家对金融机构的监管都是从市场准入开始的。市场准入监管是对金融机构进入市场有关环节的监管，主要考虑必要性和可能性。必要性是考察新设金融机构是否适合宏观经济发展的需要，是否符合金融业发展的政策和方向，是否符合地域分布合理化的要求。可能性是考察新设金融机构的资本金、经营场所、业务范围、高级管理人员等是否符合必需的条件。准入监管的目的是在金融机构审批环节上对整个金融体系实施有效的控制,保证各种金融机构的数量、种类、规模和分布符合国家经济金融发展规划和市场需要,同时保证与监管当局的监管能力相适应。在市场准入环节上实行严格控制,旨在事先将那些有可能对金融体系稳健运行造成危害的机构拒之门外,同时也是为了保证金融业竞争的适度性。

(二) 业务运作过程中的监管

业务运作过程中的监管是对金融机构业务经营及其相关活动的监督管理。主要包括以下几个方面:

(1) 资本充足性监管。合理、充足的资本金是金融机构正常运营的基本条件,是抵御风险的最后一道防线。通过对金融机构资本比率的监管,可以达到以资本规模制约资产规模特别是风险资产规模,从而降低金融业经营风险,实现金融经济稳定运行的目的。1988年《巴塞尔协议》关于核心资本和附属资本与风险资产的4%和8%的比率规定,已被世界各国普遍接受,是资本充足性监管的最重要的标准。

(2) 资产的流动性监管。这是对各类金融机构特别是银行的资产在无损失状态下迅速变现能力的监管。考核资产流动性的主要指标是资产流动性比例、备付金比例、中长期贷款比例等。流动性监管的目的是保证在正常情况下金融机构的清偿能力。

(3) 业务范围和经营活动的监管。从确保金融机构稳健经营,从而维护存款者利益和信用体系的安全性出发,各国一般均通过法律规定金融机构的业务范围和经营活动的内容。例如,一些国家把商业银行业务与投资银行业务分开,并禁止商业银行持有股票;一些国家则限制银行对工商企业进行直接投资。在日常经营活动中,监管当局的监管主要包括资产负债比例管理、贷款风险管理等,通过这些方面的监管达到降低金融风险和提高金融运行内在稳定性的目的。

(4) 贷款风险控制。商业银行的经营活动应该坚持"三性"原则,但由于道德风险的存在,商业银行具有追求高风险、高盈利投资活动的内在冲动。因此,大多数国家的金融监管都会尽可能地限制金融监管的贷款或投资过于集中,一般会对一家银行向单一贷款者的贷款比例做出限制。比如,意大利规定对单个客户的贷款不得超过银行的自有资本;美国规定不得超过自有资本的10%;日本为20%;中国为10%。而且,贷款风险分散,不仅要在贷款者之间分散,还要考虑在行业间和地区间分散。

按照国际通行的做法,将银行贷款资产分为以下五类,简称"贷款五级分类法":① 正常贷款,指借款人能够履行合同,没有足够理由怀疑贷款本息不能按时足额偿还;② 关注贷款,指尽管借款人目前有能力偿还贷款本息,但存在一些可能对偿还产生不利影响的因素;③ 次级贷款,指借款人的偿还能力出现明显问题,完全依靠其正常营业收入无法足额偿还贷款本息,即使执行担保,也可能会造成一定损失;④ 可疑贷款,指借款人无法足额偿还贷款本息,即使执行担保,也肯定要造成较大损失;⑤ 损失贷款,指在采取所有可能的措施或一切必要的法律程序之后,本息仍然无法收回,或只能收回极少部分。

(5) 准备金监管。合理规定和适时调整金融机构上缴中央银行的存款准备金率是为了保证金融机构的偿付能力,限制金融机构资产过度扩张,防范金融风险,保证金融业的经营安全。金融当局的主要任务是,确保金融机构的准备金是在充分考虑谨慎经营和真实评价业务质量的基础上提取的。

(6) 外汇风险管理。金融机构开展国际业务越来越普遍,因此外汇风险管理成为金融机构的重要内容。同时,由于国家收支均衡对一国经济稳定和发展具有重要意义,因此外汇风险管理在一些国家的金融监管中占有重要地位。比如,美国、日本、英国、瑞士、中国等国对外汇的管制较严。英格兰银行对所有在英国营业的银行的外汇头寸进行监控,要求任何币种的交易头寸净缺口数据不得超过资本基础的10%,各币种的净空头数之和不得超过资本基础的15%;对于外国银行分支机构,英格兰银行要求其总部及母国监管当局要对其外汇交易活动进行有效的控制。日本要求外汇银行在每个营业日结束时,其外汇净头寸(包括即期和远期外汇)不得突破核准的限额。荷兰、瑞士对银行持有未保险的外币款项,要求增加相应的资本金。

(三) 市场退出监管

市场退出监管是监管当局对经营管理存在严重问题或业务活动出现重大困难的金融机构采取的救助性或惩罚性强制措施。金融机构退出市场分为主动退出和被动退出两种,救助性措施主要用于主动退出,惩罚性措施主要用于被动退出。救助性措施主要包括接管、促成其兼并或收购;惩罚性措施主要包括吊销执照和进行清算。

市场退出监管的目的在于及时采取有力措施,防止由于个别金融机构的问题危及整个金融体系的安全稳定。当金融机构出现自身无法通过金融市场解决的流动性困难等时,监管当局出于保持金融体系稳定的目的,可以通过协调和组织行业支持,提供央行贷款等方式进行紧急救助,但没有保证任何监管机构都不倒闭的义务。吊销执照是处理有问题金融机构的最简单的方法,但是监管当局一般不会轻易采用。相对于吊销执照和破产清算,兼并和收购是成本低、震动小的方法。从国际金融监管实践来看,当个别金融机构遇到严重危机时,监管当局往往出面促成一些实力雄厚的金融机构对其进行并购;只有当所有的努力都无法奏效时,监管当局才会采取吊销执照的强制关闭措施。我国金融机构市场退出方式主要有接管、解散、撤销和破产四种。市场退出应该是一种市场行为,金融监管应该尽可能按市场规律办事。

二、金融监管的措施

金融监管的措施一般包括以下两种:

(一) 现场检查

所谓现场检查,是指银行业监管机构指派检查人员或者是委托外部审计师直接到被检查单位,按法定程序和方式实地进行检查监督。现场检查工作,不管是由银行业监督管理机构的检查人员实施还是由监管者委托外部审计师实施,应能独立地反映每家银行业金融机构是否有完善的治理结构,其提供的信息是否可靠。

现场检查给监管者提供了核实和评估一些事项的手段,包括:从银行收到的报告的精确性,银行的总体经营状况,银行风险管理制度和内部控制措施的完善程度,贷款资产组合的质量和贷款损失准备的完善程度,管理层的能力,会计和管理信息系统的完善程度,非现场或以前现场监管过程中发现的问题,以及银行遵守有关银行法规和条款的情况。

(二)非现场检查

所谓非现场检查,是指银行业监督管理机构对银行业金融机构报送的各种统计数据、报表和报告运用现代化手段进行分析,评价银行业金融机构的风险状况。非现场检查监管者应具有在单一和合并报表的基础上收集、检查、分析审慎报告的手段。非现场检查的内容主要包括审查和分析各种报告和统计报表。这类资料应包括基本的财务报表和辅助资料,详细说明银行的各种风险和财务状况,监管当局应有能力从其附属的非银行机构中收集信息。银行监管者应充分利用公开发布的信息分析资料。

银行业监管机构可使用这类报表检查审慎监管要求的遵守情况,如资本充足率。非现场检查常常反映出潜在问题,特别是现场检查间隔时期发生的问题,从而提前发现问题,并在问题恶化之前迅速要求银行拿出解决办法。不管是定期进行还是在问题发生时进行,这类报表将用来了解个别机构或整个银行体系的总体发展趋势,并作为与银行管理部门进行讨论的基础,报表还应作为计划检查工作的重要依据,从而使短时间的现场检查发挥最大的效力。

阅读专栏　　　　爱尔兰债务危机及其启示

全球金融危机爆发之前,爱尔兰的经济增速一直维持在较高水平,其经济发展模式亦备受赞誉,甚至被称为奇迹。1994—2000年期间,爱尔兰在经济增长、就业率及外资引进方面取得了较大进步,跃升至整个欧洲前列。1995—2007年,爱尔兰经济增长维持在5％以上的水平,但是在经济高速发展的同时,资产泡沫也不断膨胀,为日后危机的爆发埋下了隐患。

自1994年起,爱尔兰房地产价格一直不断上升,爱尔兰对外资进入房地产行业的不加限制更对房价上涨起到了推波助澜的作用。伴随着房价的上涨,银行信贷也在不断扩张。1994—2008年,私人信贷占GDP比重上升了近四倍之多,与此同时,银行机构的国外债务也大量累积。然而,2008年席卷全球的金融危机爆发,其连锁反应使得爱尔兰的房地产泡沫在一夕间破灭。房地产价格的剧烈下滑直接导致银行业贷款损失严重,爱尔兰五大银行濒临破产,尤其是盎格鲁—爱尔兰银行,亏损居于首位,2010年税前亏损预计为176亿欧元(约合240亿美元)。为稳定银行系统,爱尔兰政府开始向银行业大量注资,银行负债随即转移至政府身上,银行系统的危机也深化为整个国家的危机。2010年9月,爱尔兰政府称救助五大银行最高可能耗资500亿欧元,预计2010年财政赤字占GDP比重将达到32％,公共债务将占GDP的100％。此消息的公布导致了爱尔兰国债利率的飙升,债务危机也随之爆发。

对于爱尔兰来说,债务危机并非是短期内经济出现问题所引起的,而是政府缺乏对外资的有效监管,对银行业风险控制管理不力,导致不得不动用国家财政为其买单,从而使得整个国家主权信用恶化。

爱尔兰债务危机的启示是,单纯地监管财政状况并不能达到维持较高的国家主权信用的目标,主权信用的监管非常复杂,要以一国经济运行的各项指标为基础。国际信用评级机构对于一国主权信用评级所考察的因素非常全面,包括人均收入、GDP 增长、通货膨胀、财政平衡、外部平衡、外债、工业化程度和违约历史等。目前全球化程度不断加深,各国经济往来密切,维持外部平衡和可承受的外债规模对于国家主权信用来说非常重要。保证一国的主权信用,加强国内金融业的监管非常必要,尤其是开放程度较高的金融行业。外资的自由进入加大了金融行业的风险,一方面使国内经济泡沫化加重,另一方面容易造成外部失衡的状况。因此,从国家层面上对本国主权信用的管理,除控制政府负债规模及风险,维持总体平衡的财政收支之外,还应加强对本国金融系统的监管,保持外部平衡,将外债规模控制在可承受的范围之内。

资料来源:杨婧媛,"爱尔兰债务危机及主权信用监管问题研究",《时代金融》,2011 年第 7 期。

第三节　金融监管的国际合作

随着经济全球化和金融国际化的发展,跨国银行在世界经济中发挥着越来越重要的作用,各国金融业的联系和相互影响程度不断增加。随之而来的是,银行业风险的扩散对各国金融稳定的威胁越来越明显。以国界为范围的金融监管的漏洞开始被人们注意,各国金融监管当局之间加强联系和合作显得十分必要。推动金融监管国际合作的最主要国际组织之一是设在国际清算银行的巴塞尔银行监督委员会(以下简称"巴塞尔委员会")。下面对巴塞尔委员会的主要成果——《巴塞尔协议》《有效银行监管的核心原则》《关于内部控制制度的评价原则》——进行介绍。

一、《巴塞尔协议》

《巴塞尔协议》是国际清算银行成员国的中央银行在瑞士巴塞尔达成的若干重要协议的统称,是国际银行业风险管理的理论指导、行动指南和实践总结。协议的实质是完善与补充单个国家对商业银行监管体制的不足,减轻银行倒闭的风险与代价。据国际清算银行最新研究显示,全世界大约有 100 多个国家采纳了《巴塞尔协议》。

随着 20 世纪 70 年代以来金融全球化、自由化和金融创新的发展,国际银行业面临的风险日趋复杂,促使商业银行开始重视风险管理。20 世纪 80 年代债务危机和信用危机后,西方银行普遍重视信用风险管理,并由此催生了 1988 年的《巴塞尔协议》。在统一资本监管要求下,各银行积极构建以满足资本充足率为核心的风险管理体系,资本作为直接吸收银行风险损失的"缓冲器"得到了广泛认同。90 年代,金融衍生工具在银行领域迅速普及,市场风险问题日益突出,推动了巴塞尔委员会将市场风险纳入资本监管框架。1997 年亚洲金融危机后,国际银行业努力推动实施全面风险管理的新战略,以应对多风险联动的管理压力。经多次征求意见,2004 年巴塞尔委员会正式公布了《巴塞尔新资本协议》。而 2008 年金融危机的爆发使得巴塞尔委员会对金融风险资产做出了更为严格的规定,由此催生了《巴塞尔协议Ⅲ》。

从银行风险管理的角度看待《巴塞尔协议》，从 1988 年开始，协议始终强调稳妥处理"资本、风险、收益"三者关系，其中最重要的是"资本与风险"的关系。资本作为银行抵御风险的最后一道"防线"，要求银行有足够资本应对可能发生的损失。因此，新旧巴塞尔协议都把资本充足率作为协议框架的第一支柱。新资本协议更加强调了资本应精确地反映银行实际经营中的风险，保证银行稳健经营。

（一）《巴塞尔协议Ⅰ》

1988 年的《巴塞尔协议》全称为《统一资本衡量和资本标准的国际协议》（简称《巴赛尔协议Ⅰ》），其目的是通过规定银行资本充足率，减少各国规定的资本数量差异，加强对银行资本及风险资产的监管，消除银行间的不公平竞争。

《巴赛尔协议Ⅰ》的基本内容由以下四方面组成：

（1）资本的组成。巴塞尔委员会认为银行资本分为两级：第一级是核心资本，要求银行资本中至少有 50% 是实收资本及从税后利润保留中提取的公开储备所组成；第二级是附属资本，其最高额可等同于核心资本额。附属资本由未公开的储备、重估储备、普通准备金（普通呆账准备金）、带有债务性质的资本工具、长期次级债务和资本扣除部分组成。

（2）风险加权制。不同种类的资产根据其广泛的相对风险进行加权，制定风险加权比率，作为衡量银行资本是否充足的依据。这种权数系统的设计尽可能简单，目前使用的权数有五个，分别是：0、10%、20%、50%、100%。

（3）目标标准比率。为保证国际银行拥有一个稳健的资本比率，总资本与加权风险资产之比应为 8%（其中核心资本部分至少为 4%）。

$$银行资本充足率 = 总资本/加权风险资产$$

（4）过渡期和实施安排。过渡期从协议发布起至 1992 年年底止；到 1992 年年底，所有从事大额跨境业务的银行资本金应达到 8% 的要求。

《巴赛尔协议Ⅰ》主要有三大特点：一是确立了全球统一的银行风险管理标准；二是突出强调了资本充足率标准的意义；三是受 20 世纪 70 年代发展中国家债务危机的影响，强调国家风险对银行信用风险的重要作用，明确规定不同国家的授信风险权重比例存在差异。

《巴赛尔协议Ⅰ》的不足之处在于：第一，容易导致银行过分强调资本充足的倾向，从而忽略银行业的盈利性和其他风险，即使银行符合资本充足率的要求，也可能因为其他风险而陷入经营困境，如巴林银行；第二，对国家风险的风险权重处理比较简单；第三，仅注意到信用风险，而没有考虑到银行经营中影响越来越大的市场风险和操作风险等。

（二）《巴塞尔协议Ⅱ》

2004 年 6 月 26 日，十国集团央行行长和银行监管当局负责人一致同意公布《资本计量和资本标准的国际协议：修订框架》（即《巴塞尔新资本协议》以下简称《巴赛尔协议Ⅱ》），并宣布于 2006 年实施该协议，一些发展中国家也积极准备向实施新协议过渡。这一国际金融界普遍认同的国际标准，是商业银行在国际市场上生存的底线。

《巴赛尔协议Ⅱ》的基本内容由以下三大支柱组成：

支柱一为最低资本金要求。新协议保留了《巴塞尔协议》中对资本的定义以及相对风险加权资产资本充足率为8%的要求,但风险范畴有所拓展,不仅包括信用风险,同时覆盖市场风险和操作风险。内部评级法(IRB法)是《巴赛尔协议Ⅱ》的核心内容,银行将账户中的风险划分为以下六大风险:公司业务风险、国家风险、同业风险、零售业务风险、项目融资风险和股权风险。银行根据标准参数或内部估计确定其风险要素,并计算得出银行所面临的风险。这些风险要素主要包括:违约概率(PD)、违约损失率(LGD)、违约风险值(EAD)及期限(M)。根据内部风险评估结果确定风险权重、计提资本。

支柱二为监管当局的监督检查。目的是通过监管银行资本充足状况,确保银行有合理的内部评估程序,便于正确判断风险,促使银行真正建立起依赖资本生存的机制。监管当局的监督检查是最低资本规定的重要补充,它适合处理以下三个领域的风险:第一支柱涉及但没有完全覆盖的风险;第一支柱中未加考虑的风险;银行的外部风险(如经济周期影响)。第二支柱中更为重要的一个方面,是对第一支柱中较为先进的方法是否达到了最低的资本标准和披露要求进行评估,特别是针对信用风险IRB框架和针对操作风险的高级计量法的评估。监管当局必须确保银行自始至终符合这些要求。

支柱三为强化信息披露,引入市场约束。要求银行不仅要披露风险和资本充足状况的信息,而且要披露风险评估和管理过程、资本结构以及风险与资本匹配状况的信息;不仅要披露定量信息,而且要披露定性信息;不仅要披露核心信息,而且要披露附加信息。

《巴赛尔协议Ⅱ》主要有三大特点:一是要实现向以风险管理为核心的质量监管模式过渡;二是将信用风险、市场风险和操作风险全面纳入资本充足率计算,使资本状况与总体风险相匹配,提高了监管的全面性和风险的敏感度;三是推进解决信息不对称的信息披露,重点向资本充足率、银行资产风险状况等市场敏感信息集中,确保市场对银行的约束效果。

(三)《巴塞尔协议Ⅲ》

2008年以来全球金融危机的爆发,促使全球金融监管当局反思监管框架并加强了对大型金融机构的监管,尤其是系统性风险的防范问题,对次贷危机和《巴塞尔协议Ⅱ》的争议和反思,直接推动了《巴塞尔协议Ⅲ》的迅速出台。

这次新协议所进行的大规模监管改革,主要集中在以下领域:一是资本监管要求,包括资本的重新定义、资本留存缓冲、逆周期资本缓冲和杠杆比率;二是流动性监管要求,给出了流动性监管的一些工具;三是对《巴塞尔协议Ⅲ》的过渡期的时间表安排。

《巴塞尔协议Ⅲ》在资本结构的框架方面发生了较大变化:一是一级资本尤其是普通股的重要性上升,二级、三级等较低级的资本重要性削弱;二是资本充足率的顺周期性下降,逆周期或者风险中立的资本要求明显上升;三是正视"大而不能倒"问题并提出了资本配置要求,旨在确保银行拥有稳健运行的能力。新资本结构框架包括更强的资本定义、更高的最低资本要求以及新资本缓冲引入的组合,将确保银行能更好地抵御经济和金融的紧张时期,从而促进经济增长。

二、《有效银行监管的核心原则》

《有效银行监管的核心原则》于1997年9月正式公布,是巴塞尔委员会继《巴塞尔协议Ⅰ》之后正式推出的一份划时代的文件。它包括25条原则,对有效银行监管的先决条件、发照与结构、审慎法规与要求、持续银行监管手段、信息要求、正式监管权利、跨国银行业等方面提出了基本要求,也是最低要求。各国和国际监管组织可结合促进宏观经济发展和金融稳定的要求,利用核心原则强化其监管安排。这是确保一国及国际金融稳定的重要步骤。

《有效银行监管的核心原则》和《巴赛尔协议Ⅰ》共同构成对外资银行风险性监管的基本规定。《有效银行监管的核心原则》作为国际上有效银行监管的通行标准,不仅为评价银行监管体系的有效性提供了评判准绳,也为各国银行监管方面存在的差距和问题提供了评估方法;不仅为十国集团所遵循,也陆续得到其他国家的认同,并作为建立和完善各国银行监管体系的指导准则。

三、《关于内部控制制度的评价原则》

《关于内部控制制度的评价原则》于1998年2月公布。有效的内部控制制度是银行管理的重要组成部分,也是银行机构安全、良好运行的基础。一套健全有效的内部控制制度,有助于银行机构内部经营目标的实现,有助于确保银行财务与管理报告的可靠,有助于银行经营过程中遵循法律法规及银行内部的政策、计划、规定和程序,从而减少意外损失或银行信誉受损的风险。

巴塞尔委员会的内部控制原则共14条,分为六大组成部分,分别是:① 管理层应营造监管与控制的文化氛围;② 风险的识别与评估;③ 控制活动与职责分离;④ 信息与交流;⑤ 监督评审活动与缺陷的纠正;⑥ 银行监管当局对内部控制制度的评价。

第四节 我国的金融监管

1984年,中国工商银行从中国人民银行中分离出来,中国人民银行成为真正意义上独立的中央银行,中国开始有了现代意义上的金融监管。

为了规范银行管理,1986年1月7日国务院发布《中华人民共和国银行管理暂行条例》,提出中国人民银行依法对金融机构进行登记、核发经营许可证和办理年检。这是我国第一部有关金融监管的政策规定,受金融发展条件所限,当时并未提出审慎监管的有关原则和措施。

1990年11月,上海证券交易所成立。1991年7月,深圳证券交易所正式营业。1992年8月,国务院决定成立证券委员会和中国证监会。1993年上半年,将证券市场的监管职能从中国人民银行分离出去,中国人民银行主要负责对银行、保险、信托业的监管。1995年,《中华人民共和国中国人民银行法》和《中华人民共和国商业银行法》的颁布,从法律上确立了中国人民银行对银行、保险、信托业的监管地位。

1998年6月,中国人民银行将对证券机构的监管职责完全移交给中国证监会。1998年11月18日成立中国保监会,把保险业监管职能从中国人民银行分离出来,从而确立了金融监管"三分天下"的格局。2003年4月,中国银监会成立,部分金融监管职能从中国人民银行分出。

2003年12月,《中华人民共和国中国银行法》《中华人民共和国商业银行法》修订和《中华人民共和国银行业监督管理法》通过全国人大委员会的审批,中国银监会依法对银行、金融资产管理公司、信托公司以及其他存款类机构实施监督管理,中国人民银行仍然负责对同业拆借市场、银行间债券市场、黄金市场和外汇市场进行监督和管理。

一、我国目前的金融监管体系存在的问题

（一）分业监管组织结构存在的问题

(1) 机构重复严重,导致监管成本较高。银监会、证监会、保监会三个监管主体内部机构设置中2/3的部门职能相似,这还未包括按行政区划分设置的派出机构。一般而言,派出机构为与总部对接,部门设置与总部相似。这样,职能相似的部门数量相当可观。我国的金融监管队伍可能是世界上最为庞大的监管队伍,分业监管组织结构无疑是监管成本居高不下的一个重要原因。

(2) 分业监管组织沟通协调不畅,影响了监管效果。我国在监管协调机制方面进行了积极的尝试,2002年中国人民银行、中国证监会和中国保监会决定建立监管联席会议制度。中国银监会成立后,银监会、证监会、保监会于2003年9月召开首次联席会议,决定建立金融监管方面的协调合作机制。但事实上,监管联席会议只是一个论坛性质的组织,监管协调的效果很难让人满意。尤其是随着我国混业经营趋势和金融创新的发展,各监管机构之间的摩擦日益增多。因此,怎样明晰各监管主体的职责、完善监管协调机制,以形成监管合力,是迫切需要解决的问题。

(3) 分业监管组织结构在一定程度上阻碍了金融机构的创新。目前我国仍然实行对许多金融产品的审批制度,而分业监管组织结构在一定程度上阻碍了金融产品的创新,这主要是因为金融产品创新的趋势是朝着混业产品的方向发展,一项金融产品在推向市场前必须先确定它的监管机构和推出机构。而出于利益的考虑,各分业金融机构都争取成为新产品的推出者,各分业监管当局也争取成为新产品的监管者,这就存在一个各方利益权衡和平衡的过程。这个过程可能是漫长的,会打击金融机构进行金融产品创新的积极性。

（二）没有形成监管当局监管、金融机构自我监管、行业自律监管和社会外部监管的有效配合

金融发达国家大多形成了以金融当局的行政监管、金融机构的自我监管、行业自律监管和社会外部监管"四位一体"的监管体系。目前,我国的自我监管、行业自律监管和社会监管机制非常薄弱,并未形成监管当局监管、金融机构自我监管、行业自律监管和社会外部监管有效配合的局面。

二、中国金融监管体系的健全与完善

（一）加强金融机构的自我监管、行业自律监管和社会外部监管

在自我监管方面,由于我国的银行国有化程度较高,银行自身缺乏强有力的自我约束和自我管理机制,内部监管流于形式,因此完善金融机构的内部控制机制非常迫切。

我国应适应国际金融监管理念和监管方式发展的要求，逐步建立金融机构内部控制监管机制。内部控制监管的重点应放在内部控制系统各个控制环节的审查上，着眼于对整个系统的整体情况进行了解和分析，使内部控制成为金融风险的第一道防线。

就行业自律监管来看，我国金融行业的八个门类当中，银行业、证券业、保险业和期货业都建立了行业协会，但行业协会在行业规范的制定方面作用甚微，行业协会的金融监管作用有待加强。这需要监管当局适当地放权，调动行业协会的积极性，发挥行业协会作为监管补充应有的重要作用。

在社会监督方面，加强会计师事务所、审计师事务所和律师事务所等社会监督力量的作用，使社会监督成为金融监管的一种经常性补充。

（二）完善监管协调机制

我国应积极探索适合国情的监管协调机制，随着我国混业经营的发展，金融服务集团在金融业中的地位不断上升，我国的金融监管应该实现从机构性监管向功能型监管的转变，以实现跨产品、跨机构、跨市场的协调，减少监管部门之间的职能冲突、监管重叠和监管真空，提高监管效率，降低监管成本。依靠金融监管维护金融体系秩序的稳定，促进社会经济活动的健康发展，保障整个社会环境的安全。

第五节 互联网金融的监管

近年来，信息技术、电子通信手段在社会经济领域得到广泛应用，推动网络经济和电子商务等新兴经济蓬勃发展，互联网金融由此应运而生，并在我国经济金融活动中发挥着日益重要的作用。

一、互联网金融的形式与特征

从目前世界各国互联网金融发展的情况看，互联网金融已呈现出多种形式，总的来看主要有以下三种类型：

一是网络银行，是指在互联网络拥有独立网站，利用网络设备和其他电子手段向消费者提供信息、产品及服务的银行。

二是网络信贷，是指以网络信贷平台为媒介和载体，为个人与个人之间的借贷提供中介服务，资金汇划主要通过第三方支付机构完成。

三是第三方支付，是指与商业银行签约、具备一定实力和信誉保障的第三方独立机构提供的交易支持平台。

虽然近几年我国互联网金融发展迅速，但是从世界范围看，互联网金融的机构数量、资金规模以及业务交易量等在全球金融体系中的比重较小，还不足以撼动传统金融机构的主导地位。另外，互联网金融尚未改变金融的功能和本质。互联网金融是在交易技术、交易渠道、交易方式和服务主体等方面进行了创新，但其功能仍然主要是资金融通、发现价格、支付清算、风险管理等，并未超越现有金融功能的范畴。

二、互联网金融的风险及其监管的重要性

应当看到,互联网金融为传统金融业带来新的发展契机与影响的同时,其自身所具有的业务形态与风险特征也对现行金融监管提出了新挑战。

一是对全社会货币供给和货币政策操作产生影响。互联网金融的支付清算采取电子化方式,资金划转瞬间到账,很大程度上会减少社会中流通的现钞数量,提升货币流通速度,使得中央银行测算货币乘数、货币流通速度以及货币需求函数等面临较多困难,中央银行制定和实施货币政策变得更加复杂,更加难以掌控。

二是对维护金融业信息安全提出新的课题。与传统金融机构相比,互联网金融容易受到网络内部和网络外部的系统攻击,任何一个环节出现漏洞,都可能引发严重的信息安全问题。对金融监管当局而言,维护金融业信息安全,必须对互联网金融给予高度关注。

三是高风险性的金融与涉众性的互联网结合,必然使互联网金融比传统金融更具涉众性风险,风险面更广,传染性更强。由于互联网天然的涉众性,借贷和众筹融资作为互联网金融,在某种程度上与生俱来就具有"面向不特定人群"的特性,这也是一对多、资金池及期限和金额错配的网络信贷模式常遭人诟病为非法集资的根源。从风险防范角度看,对互联网金融活动实施监管不仅必要,而且意义重大。

三、互联网金融监管的原则

基于互联网金融的特殊性和不同经营模式,要选择区别于传统金融机构的监管主体、监管方式和监管制度,防范复杂、低效率、抑制创新的监管,要在维护互联网金融市场活力与做好风险控制之间实现平衡。互联网金融需要监管的认识基本一致,只是如何监管尚存争议,核心问题是监管主体、监管方式、监管制度如何选择。具体说来,互联网金融的监管应当遵循以下几个原则:

(一)确定监管主体

将新兴的互联网金融逐步纳入金融监管体系是各国规范和促进互联网金融发展的趋势,国内亦将如此。实施监管的首要问题是监管由谁来负责,即监管主体是谁,这一问题至关重要。目前,国内除第三方支付已被正式纳入央行监管体系外,P2P借贷和众筹融资仍游离于监管体系之外,监管主体仍待确定。应当根据互联网金融各种形式的不同特征,确定符合其发展要求的监管主体,以便进一步明确监管的制度与方式。

以美国为例,在监管政策、执照申请、金融消费者保护等方面,美国对网络银行的监管与传统银行的要求十分类似,但在监管措施方面采取了审慎宽松政策,强调网络和交易安全,维护银行经营的稳健和对银行客户的保护,重视网络银行在降低成本、服务创新方面的作用,基本上不干预网络银行的发展。美国对网络信贷的监管框架相对较为复杂,涉及多家监管机构,但与存款类金融机构相比,对网络信贷机构的监管较为宽松,基本没有市场准入的限制,重点是对放贷人、借款人利益的保护。美国对第三方支付实行功能监管,将第三方支付视为货币转移业务,把从事第三方支付的机构界定为非银行金融机构,监管机构涉及财政部通货监理署、美联储、联邦存款保险公司等多个部门,其监

管的重点是交易过程而非从事第三方支付的机构。

（二）确定监管方式

监管方式主要分为原则性监管与规则性监管两种。在原则性监管模式下，监管当局对监管对象以引导为主，关注最终监管目标能否实现，一般不对监管对象做过多、过细要求，较少介入或干预具体业务。在规则性监管模式下，监管当局主要依据成文法规定，对金融企业各项业务内容和程序做出详细规定，强制每个机构严格执行。它属于过程控制式监管，要求监管者针对不同的机构、机构运营的不同阶段、不同的产品和不同的市场分别制定详细规则，并根据监管对象的合规情况采取相应措施。

美国金融服务圆桌会议指出："规则导向的金融监管体系是指在该体系下由一整套金融监管法律和规定来约束即便不是全部也是绝大多数金融行为和实践的各个方面，这一体系重点关注合规性，且为金融机构和监管机构的主观判断与灵活调整留有的空间极为有限。原则导向的金融监管体系重点关注既定监管目标的实现，且其目标是为整体金融业务和消费者实现更大的利益。"

怎样监管，实施怎样的监管方式，这是确定监管主体之后必须考虑的问题。互联网金融目前还远未定型，发展方向和模式仍有待观察。

（三）加强信息披露

信息披露是指互联网金融企业将其经营信息、财务信息、风险信息、管理信息等向客户、股东、员工、中介组织等利益相关者，履行告知义务的行为。及时、准确、相关、充分、定性与定量相结合的信息披露框架，一是有助于提升互联网金融行业整体和单家企业的运营管理透明度，让市场参与者得到及时、可靠的信息，从而对互联网金融业务及其内在风险进行评估，发挥好市场的外部监督作用，推动互联网金融企业规范经营管理；二是有助于增强金融消费者和投资者的信任度，奠定互联网金融行业持续发展的基础；三是有助于避免监管机构因信息缺失、无从了解行业经营和风险状况而出台不适宜的监管措施，过度抑制互联网金融发展。

以网络信贷为例，P2P借贷和众筹融资平台可以理解为微型的互联网证券市场，都是沟通资金供需双方的信息桥梁。但不同的是，在监管制度方面，目前P2P借贷和众筹融资基本毫无规则制度可言，而证券市场的运行则具有一套缜密的制度安排，交易所运行、融资方发行证券或上市、资金和证券的结算都是建立在各种精密制度之上的。其中，信息披露制度在证券制度中处于核心地位。信息披露制度不仅适用于证券市场，而且也应适用于整个直接融资体系。互联网融资平台作为信息中介，融资人作为资金使用方，都具有如实披露融资相关信息的义务，以确保投资人做出投资决策之前有获取真实、准确信息的机会。当然，对互联网融资信息披露的要求标准应大幅低于证券市场，否则高成本将使互联网融资失去存在的价值。

（四）金融消费者保护

现实中，由于专业知识的限制，金融消费者对金融产品的成本、风险、收益的了解根本不能与互联网金融机构相提并论，处于知识劣势，也不可能支付这方面的学习成本。

其后果是，互联网金融机构掌握金融产品内部信息和定价的主导权，会有意识地利用金融消费者的信息劣势开展业务。

当前我国互联网金融领域消费者教育的重点是引导消费者加强对互联网金融的理解，厘清互联网金融业务与传统金融业务的区别，使广大消费者知悉互联网金融业务和产品的主要性质和风险。在此基础上，切实维护金融消费者在互联网金融产品和业务办理中的合法权益，包括放贷人、借款人、支付人、投资人等在内的金融消费者权益均应得到保障。金融消费者保护的重点是，加强客户信息保密，维护消费者信息安全，依法加大对侵害消费者各类权益行为的监管和打击力度。

阅读专栏　　　　互联网金融将纳入央行统计体系

近日，央行调查统计司司长盛松成透露，已将互联网金融统计制度纳入央行2016年将执行的银行业金融机构统计制度中，并在刚刚结束的年度统计制度工作会议上做了部署。

简评：由于互联网金融领域创新不断，如何准确界定各类新兴的互联网金融机构和业务、统计工作如何紧跟行业发展步伐、如何面对混业经营等一系列问题，都将面临较大挑战。有业内人士预计，在互联网金融统计监测体系基本完善并得到市场广泛接受后，全面互联网金融监管政策出台的时机才会成熟，所以相关监管政策最快也得在2016年下半年落地。

资料来源：《中华合作时报》，2015年12月4日第9版。

本章提要

1. 金融监管就是一国或地区金融管理当局对金融机构、金融市场、金融业务进行审慎监督管理的制度、政策和措施的总和。它包括三种类型：系统性监管、审慎性监管和业务发展方式。

2. 金融监管模式分为统一的金融监管模式、分业金融监管模式和不完全统一的金融监管模式三种。各国为达到各自的金融监管目标，应采取适应本国经济和金融体系特点的模式。

3. 金融监管的内容主要有三个方面：市场准入监管、业务运作过程中的监管和市场退出监管。市场准入监管是对金融机构进入市场有关环节的监管。业务运作过程中的监管是对金融机构业务经营及其相关活动的监督管理。市场退出监管是监管当局对经营管理存在严重问题或业务活动出现重大困难的金融机构采取的救助性或惩罚性强制措施。金融监管的措施一般包括现场检查和非现场检查两种。

4. 我国从20世纪90年代起先后建立了证监会、保监会和银监会，分别对证券业、保险业、银行及其他金融业实行监督管理，它们和中国人民银行一起构成一个比较完整的金融监管体系。

思考题

1. 金融监管有哪几种主要类型?
2. 金融监管应遵循什么原则?
3. 什么是巴塞尔协议?其主要内容有哪些?
4. 我国现行金融监管存在的主要问题有哪些?
5. 互联网金融的主要类型有哪些?

参 考 书 目

1. Abuaf, N. and Jorion, P., Purchasing Power Parity in the Long Run, *Journal of Finance*, March, 2000.
2. Adler, M. and Jorion, P., Universal Currency Hedges for Global Portfolios, *Journal of Portfolio Management*, Summer 2002.
3. Bailey, W. and Sultz, R. M., Benefits of International Diversification: The Case of Pacific Stock Markets, *Journal of Portfolio Management*, Summer 2003.
4. Baldwin, Krugman, The Persistence of the US Trade Deficit, *Booking Papers on Economics Activity*, No. 1.
5. Black, F., and Litterman, Universal Hedging: Optimizing Currency Risk and Reward in International Equity Portfolios, *Finance Analysts Journal*, July-August 1998.
6. Bodie, Z. and R. C. Merton, *Finance*, Prentice-Hall Inc., 2000.
7. Cavaglia, S., Verschoor, Further Evidence on Exchange Rate Expectations, *Journal of International Money and Finance*, February 2003.
8. Grabbe, O., *International Financial Markets*, New York: Elsevier, 1999.
9. Grabbe, O., *International Financial Markets*, Amsterdam: Elsevier, 1996.
10. International Monetary Fund, *International Finance Statistics*, October 2003.
11. John C. Hall, *Fundamentals of Futures and Options*, Prentice-Hall, 2002.
12. Tobin, J. and S. S. Golub, *Money, Credit and Capital*, McGraw-Hill Companies, Inc., 1998.
13. Walmsley, J., *International Money and Foreign Exchange Markets*, New York: Wiley, 2001.
14. Wolf, Martin, *Fixing Global Finance*, Yale University Press, 2010.
15. 〔美〕博迪等著,曹辉等译:金融学(第2版),中国人民大学出版社2013年版。
16. 曹龙骐:《金融学》,高等教育出版社2006年版。
17. 曹龙骐:《金融学案例与分析》,高等教育出版社2005年版。
18. 陈雨露:国际金融(第五版),中国人民大学出版社2015年版。
19. 弗雷德里克·S.米什金:《货币金融学》,中国人民大学出版社2005年版。
20. 弗雷德里克·S.米什金:《货币、银行和金融市场经济学》,北京大学出版社2002年版。
21. 弗雷德里克·S.米什金等:《金融市场与金融机构》,北京大学出版社2006年版。
22. 郭晓晶、丁辉关:《金融学》,清华大学出版社2007年版。
23. 郭也群、许文新:《金融概论》,上海财经大学出版社2005年版。
24. 何璋:《国际金融》,中国金融出版社2005年版。
25. 侯高岚:《国际金融》,清华大学出版社2006年版。
26. 姜波克、杨长江:《国际金融学》,高等教育出版社2004年版。
27. 劳埃德·B.托马斯:《货币银行与金融市场》,机械工业出版社2003年版。
28. 冷柏军:《国际贸易实务》,对外经济贸易大学出版社2005年版。
29. 李翀:《国际金融市场》,中山大学出版社2006年版。

30. 刘舒年:《国际金融》,对外经济贸易大学出版社2005年版。
31. 刘玉平:《金融学》,复旦大学出版社2006年版。
32. 刘园:《国际金融实务》,高等教育出版社2006年版。
33. 刘园:《外汇交易与管理》,首都经济贸易大学出版社2007年版。
34. 罗伯特·J.希勒:《金融新秩序》,中国人民大学出版社2004年版。
35. 莫林·伯顿、雷·隆贝拉:《货币银行学——金融体系与经济》,经济科学出版社2004年版。
36. 普格尔:国际金融(英文版·第15版),中国人民大学出版社2012年版。
37. 宋玮:《金融学概论》,中国人民大学出版社2004年版。
38. 王灵华:《国际金融》,清华大学出版社2007年版。
39. 杨长江、姜波克:国际金融学(第四版),高等教育出版社2014年版。
40. 伊肯斯:《金融学——投资 结构 管理》,西南财经大学出版社2005年版。
41. 曾康霖:《金融学教程》,中国金融出版社2006年版。
42. 祝文静:《金融学基础》,清华大学出版社2005年版。

金融经济类网站

http://www.imf.org(国际货币基金组织)
http://www.safe.gov.cn(国家外汇管理局)
http://www.cme.com/(芝加哥商业汇率网站)
http://www.globefinance.net(世界汇金网)
http://www.chinamoney.com.cn(中国货币网)
http://www.financialnews.com.cn/(金融时报网站)
http://www.pbc.gov.cn(中国人民银行)
http://www.ecomomist.com(经济学家)
http://www.worldbank.org.cn(世界银行)
http://www.eurobank.org(欧洲银行集团)
http://www.bis.org/(国际清算银行)
http://www.finance.sina.com.cn(新浪网财经报道)
http://www.forbes.com(福布斯)
http://www.cbot.com/(芝加哥期货交易所)
http://www.nybot.com/(纽约期货交易所)
http://www.liffe.com/(伦敦国际金融期货交易所)
http://www.euroexchange.com/(欧洲期货交易所)
http://www.simex.com.sg/(新加坡国际货币交易所)
http://www.cboe.com/(芝加哥期权交易所)
http://www.amex.com/(美国证券交易所)
http://www.sehk.com.hk/(香港证券交易所)
http://www.fow.com/(期货与期权世界)
http://www.riskpublications.com/jrisk/(风险期刊)
http://www.derivativesstrategy.com/(衍生工具应用策略网站)
http://www.fenews.com/(金融工程新闻网站)
http://www.cftc.com/(商品期货交易委员会网站)
http://www.optionscentral.com/(期权协会网站)
http://www.bloomberg.com/(彭博资讯)
http://www.zongjun.com.cn(世界投资网)
http://www.dhwf.com(世界融资网)
http://www.financing.sh.cn(中国融资网)
http://www.chinacapitalmarket.com.cn(中国资本市场网)

http://www.opec1000.com(美国盖瑞国际投资集团公司)
http://www.icma-group.org(国际资本市场协会)
http://www.fibv.com(国际证券交易所联合会)
http://www.moodys.com.cn(穆迪中国)
http://www.standardandpoors.com(标准普尔)
http://www.bankofny.com/(纽约银行)
http://www.intbanking.org(国际金融业服务协会)
http://www.ny.frb.org./pihome/mktrates/(纽约联邦储备银行)
http://www.iosco.org/(国际证券委员会组织)
http://www.nasd.com/(美国证券交易商协会)
http://www.nyse.com/(纽约股票交易所)
http://www.londonstockex.co.uk/(伦敦证券交易所)
http://www.isda.org(国际调换和衍生产品协会)
http://www.ratings.com(标准普尔评级网站)
http://www.fma.org/index.htm(国际金融管理协会)
http://www.jpmorgan.com(J.P.摩根公司网站)
http://www.msci.com/(摩根士丹利资本国际公司)
http://www.123world.com.ban(全球银行、金融机构和中央银行的官方网站全表)
http://www.citigroup.com(花旗集团)
http://www.loanpricing.com(贷款定价网站)
http://www.wsj.com(华尔街日报)
http://www.riskworld.com(风险世界)
http://www.prsgroup.com(有关政治风险服务的网站)
http://www.rims.org(风险和保险管理协会)
http://www.fidic.gov(联邦存款保险公司)
http://www.iafe.org/journal/(衍生工具期刊)
http://www.fiafii.org(期货行业协会)
http://www.futuresguide.com(有关期货市场指导的网站)
http://www.optionstrategist.com(有关期权市场指导的网站)
http://www.numa.com(金融衍生品网)
http://www.chinamarket.com.cn(中国外经贸网)
http://www.fasb.org(财务会计标准委员会网站)

教辅申请说明

北京大学出版社本着"教材优先、学术为本"的出版宗旨，竭诚为广大高等院校师生服务。为更有针对性地提供服务，请您按照以下步骤通过**微信**提交教辅申请，我们会在 1~2 个工作日内将配套教辅资料发送到您的邮箱。

◎扫描下方二维码，或直接微信搜索公众号"北京大学经管书苑"，进行关注；

◎点击菜单栏"在线申请"—"教辅申请"，出现如右下界面：

◎将表格上的信息填写准确、完整后，点击提交；

◎信息核对无误后，教辅资源会及时发送给您；如果填写有问题，工作人员会同您联系。

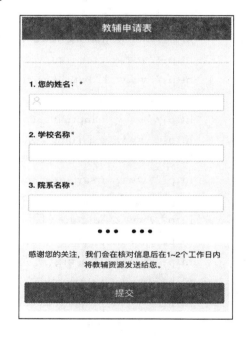

温馨提示：如果您不使用微信，则可以通过以下联系方式（任选其一），将您的姓名、院校、邮箱及教材使用信息反馈给我们，工作人员会同您进一步联系。

联系方式：

北京大学出版社经济与管理图书事业部
通信地址：北京市海淀区成府路 205 号，100871
电子邮箱：em@pup.cn
电　　话：010-62767312 /62757146
微　　信：北京大学经管书苑（pupembook）
网　　址：www.pup.cn